Lea Dohm, Felix Peter, Katharina van Bronswijk (Hg.)
Climate Action – Psychologie der Klimakrise

Forum Psychosozial

Lea Dohm, Felix Peter, Katharina van Bronswijk (Hg.)

Climate Action – Psychologie der Klimakrise

Handlungshemmnisse und Handlungsmöglichkeiten

Mit Illustrationen von Jai Wanigesinghe
Mit Beiträgen von Markus Barth, Katharina Beyerl, Julian Bleh, Helmut Born, Hans-Joachim Busch, Andreas Büttgen, Stuart Capstick, Parissa Chokrai, Felix Creutzig, Trevor Culhane, Aram de Bruyn Ouboter, Katja Diehl, Lea Dohm, Immo Fritsche, Erhard Georg, Robert Goldbach, Tobias Gralke, Delaram Habibi-Kohlen, Gregor Hagedorn, Karen Hamann, Markus Hener, Nicole Herzog, Karolin Heyne, Sandra Hieke, David Hiss, Remo Klinger, Jan-Ole Komm, Ebba Laing, William F. Lamb, Helen Landmann, Odette Lassonczyk, Sebastian Levi, Giulio Mattioli, Jan C. Minx, Finn Müller-Hansen, Felix Peter, David J. Petersen, Kay Rabe von Kühlewein, Gerhard Reese, Toni Raimond, Anne-Kristin Römpke, Kaossara Sani, Christin Schörk, Mareike Schulze, Sara Schurmann, Benedikt Seger, Katharina Simons, Maximilian Soos, Julia K. Steinberger, J. Timmons Roberts, Nisha Toussaint-Teachout, Katharina van Bronswijk, Marlis Wullenkord und Ingo Zobel

Psychosozial-Verlag

Gedruckt bei CPI buchbücher.de GmbH in Birkach
auf FSC-zertifiziertem Papier

MIX
Papier aus verantwortungsvollen Quellen
FSC® C083411

Bibliografische Information der Deutschen Nationalbibliothek
Die Deutsche Nationalbibliothek verzeichnet diese Publikation
in der Deutschen Nationalbibliografie; detaillierte bibliografische Daten
sind im Internet über http://dnb.d-nb.de abrufbar.

Originalausgabe

E-Mail: info@psychosozial-verlag.de
www.psychosozial-verlag.de

Umschlagabbildung: Jai Wanigesinghe, *Es liegt in unserer Hand*, 2021
Umschlaggestaltung und Innenlayout nach Entwürfen von Hanspeter Ludwig, Wetzlar
Printed in Germany
ISBN 978-3-8379-3110-5 (Print)
ISBN 978-3-8379-7801-8 (E-Book-PDF)

Inhalt

Illustration: Jai Wanigesinghe

Mit »Climate Action« aus der Klimakrise

Handlungshemmnisse und Handlungsmöglichkeiten angesichts eines globalen Notstandes

Editorial

Lea Dohm, Felix Peter & Katharina van Bronswijk

Stellen Sie sich vor, Sie paddeln für Ihr Leben gerne wilde Flüsse entlang und haben noch nie etwas von Wasserfällen gehört. Sie sind auf einem besonders wilden Fluss unterwegs, nennen wir ihn den »Fluss des Lebens«. Wenn Sie sich vorab die Mühe gemacht hätten, die Wasserwanderkarte für diesen Fluss zu studieren, wäre Ihnen aufgefallen, dass im Laufe des Flusses nach turbulenten Stromschnellen schließlich ein mächtiger Wasserfall in die Tiefe braust. Das haben Sie aber nicht. Sie verlassen sich darauf, dass dieser Fluss genauso befahrbar bleibt wie bisher und wie alle Flüsse, die Sie bislang schon befahren haben. Sie schauen bis zur nächsten Kurve, und das reicht Ihnen. Sie machen sich überhaupt keine Sorgen, denn was soll schon passieren, außer dass ein paar kleine Stromschnellen kommen, die Sie spielend beherrschen durch Ihre jahrelange Erfahrung. Lassen Sie uns dieses Szenario 1 als »Ahnungslosigkeit« bezeichnen.

Ein anderes Szenario: Sie paddeln immer noch leidenschaftlich auf Flüssen herum und im Unterschied zu ihrem Alter Ego in Szenario 1 haben Sie schon mal davon gehört, dass es Wasserfälle geben soll. Sie haben noch keinen gesehen, Ihnen ist auf Ihren vielen Flussfahrten noch keiner begegnet. Doch Sie können sich schon vorstellen, dass es mitunter vorkommt, dass Wasser auch mal rasant bergab fließen kann. Was Sie sich nicht vorstellen können, ist, dass Ihnen irgendwann einmal so ein Wasserfall begegnen wird. Sie sind schließlich schon länger auf Flüssen unterwegs und da gab es nie mehr als ein paar leicht zu überwindende Stromschnellen. »Kinderspiel«, denken Sie sich. Es gibt also nichts zu befürchten. Nennen wir dieses Szenario 2 »Bagatellisierung«.

Nächstes Szenario: Sie paddeln und paddeln und paddeln, wie sollte es auch anders sein. Denn Sie machen das ja, siehe Szenario 1, für Ihr Leben gerne. Sie haben auch schon mal etwas von Wasserfällen gehört und sogar schon ein Bild von einem Wasserfall gesehen und eine Dokumentation über Wasserfälle angeschaut. Und dann sind Sie Jahr für Jahr wieder auf dem Fluss des Lebens unterwegs und denken sich: »Ja, wenn da jetzt ein Wasserfall käme, dann wäre das nicht so berauschend, aber wird schon nicht passieren, ist ja bislang auch immer gut gegangen. Und zur Not: Ich kann ja bis zur nächsten Kurve sehen und werde schon rechtzeitig umkehren oder mich ans Ufer retten können.« Und so paddeln Sie gemütlich weiter. Vielleicht sind Sie auch in Begleitung und Ihre Begleitperson hat vorher sogar pflichtbewusst einen Blick auf die Paddelwanderkarte geworfen und sich – folgenlos – über das merkwürdige Gefahrenzeichen im weiteren Verlauf des Flusses gewundert. Oder sie hätte angesichts einer anderen Paddelwanderkarte von einem weltweit führenden Paddelboothersteller, auf der kein Wasserfall verzeichnet ist, gedacht: »Wird wohl nur ein Fehler sein.« Gäbe es einen besseren Titel für dieses Szenario 3 als »Leichtsinn«?

»Naja, was soll's: Selbst schuld, wenn etwas passiert«, könnten wir jetzt denken und Sie Ihrem ungewissen Schicksal überlassen. Doch wechseln wir nun einmal die Perspektive: Szenario 4. Sie paddeln zwar leidenschaftlich, haben aber gehört, dass es auf dem »Fluss des Lebens« sehr turbulent werden kann. Deshalb sind Sie diesmal mit dem Auto unterwegs zu einem Aussichtspunkt, der einen guten Überblick über die weltberühmten Stromschnellen bietet, die auf einen spektakulären Wasserfall hinauslaufen. Sie haben ein Fernglas dabei und schauen sich neugierig jedes Detail an: die Kraft des Flusses, das Brechen des Wassers an den Klippen. Sie nehmen das alles zur Kenntnis und denken sich: »Ach, wie interessant. So habe ich das noch gar nicht gesehen. Hoffentlich ist flussaufwärts niemand mit einem Boot unterwegs.« Nach einer Weile steigen Sie in Ihr Auto und fahren nach Hause, wo viel Arbeit auf Sie wartet. Der Wasserfall ist schnell wieder vergessen. Vielleicht können wir dieses Szenario als »Verdrängung« bezeichnen.

Stellen Sie sich jetzt einmal vor, dass Sie bei dem vorherigen Szenario in dem Moment, wo Sie darüber philosophieren, wie es wohl wäre, wenn da flussaufwärts ein Boot unterwegs wäre, ein solches Boot auf dem Fluss bemerken. Sie beobachten, vielleicht fasziniert oder entsetzt oder ängstlich oder emotional distanziert, wie das Boot in den Sog des Wasserfalls gerät. Vielleicht zerschellt es schon an dem ersten Felsen, vielleicht schaffen es das Fahrzeug und die Menschen darauf auch noch ein Stückchen weiter. Sie können sich aber in jedem Fall denken, was unweigerlich passieren wird: »Das Boot wird untergehen – wenn nicht gleich, dann doch zumindest zum Schluss.« Sie steigen in Ihr Auto und fahren nach Hause, wo schließlich viel Arbeit auf Sie wartet. Das Schicksal des Bootes und der Menschen in diesem Szenario 5 tangiert Sie ja nicht: weit weg, unbekannte Personen, Sie haben genug eigene Sorgen. Lassen Sie uns das als »Ignoranz« bezeichnen.

Letztes Szenario: Sie haben Szenario 4 und 5 nur geträumt und sind wie in Szenario 1 bis 3 auf dem »Fluss des Lebens« unterwegs, gemeinsam mit Ihrer üblichen Wasserwandergruppe. Sie haben ein Weilchen geschlafen und sich treiben lassen. Vielleicht auch in der Gewissheit, dass Ihre Begleitpersonen schon aufpassen und die Fahrt bei Gefahr rechtzeitig stoppen. Doch da haben Sie sich geirrt. Sie wachen auf, weil Ihr Boot ziemlich stark schaukelt, irgendetwas hat den Rumpf gestreift. Sie werden unruhig. In der Ferne hören Sie ein dumpfes Brausen. Sie schauen nach vorne und sehen kleine Felsen aus dem Wasser ragen. Gischt spritzt in Ihr Boot und so langsam werden Sie sich bewusst: Da kommt etwas Gewaltiges auf Sie zu, auf das Sie nicht vorbereitet sind. Schnell weicht die Sorge einem Gefühl der Bedrohung. Sie erinnern sich an die Dokumentation über Wasserfälle in jenem Moment, als jemand etwas von wegen »Wasserfall, auf der Wasserwanderkarte sah das gar nicht so schlimm aus« ruft. Sie fangen nun heftig an zu paddeln, doch der Strom zieht Sie unbarmherzig voran. Alle paddeln in ihren kleinen Booten wild durcheinander. Stoßen sich gegenseitig an, behindern sich. Den Zeitpunkt, an dem Sie es mit eigener Kraft zurück oder wenigstens ans Ufer geschafft hätten, haben Sie leider verschlafen. Furcht macht sich breit angesichts der Ihnen und Ihrer Wasserwandergruppe drohenden Gefahr, die nun real vor Ihnen liegt: Das Brausen wird immer stärker, der Strom immer schneller und schließlich sehen Sie das Ende des Flusses. Es fühlt sich an wie das Ende der Welt. Dieses Szenario 6 heißt »Angst«.

*

Sie haben es sicher schon längst geahnt: Der Fluss ist unser Leben im Zeitalter der menschengemachten Erderhitzung. Die Stromschnellen stellen die Klimakrise dar, die – ohne angemessene Gegenreaktion – schließlich in einer Katastrophe münden. Hätten wir nicht geschlafen, ignoriert, verdrängt oder bagatellisiert, hätten wir diese Lage verhindern können. Würde die gesamte Menschheit angesichts der vor uns liegenden Bedrohung gemeinsam handeln, könnten wir die schlimmsten Ausmaße abwenden und zumindest das rettende Ufer erreichen. Hätten wir seriöse Fakten frühzeitig zu Rate gezogen, verstanden und ernst genommen, wäre die Krise sogar weitgehend abwendbar gewesen. Doch dafür ist es längst zu spät und zurück geht es nun nicht mehr: Das Klima ist im Fluss und wir sind auf diesem Fluss in eine unfassbare, ungewisse Zukunft unterwegs. Es wird uns einiges an Kraft und Überwindung kosten, uns und viele Menschen heute, morgen und in der fernen Zukunft zu retten.

Die meisten heute lebenden Menschen können gar nichts für diese Lage, doch es waren Menschen, die den Fluss überhaupt erst in Richtung Stromschnellen und Wasserfall umgeleitet haben. Massive Eingriffe in unsere Umwelt über viele Jahrzehnte und mehrere Generationen hinweg fallen uns nun gewaltig auf die Füße. Dies ist kein Alarmismus. Es ist die nüchterne Realität. Darüber müssen wir in diesem Buch eigentlich auch gar nichts mehr schreiben, denn es ist schon so viel dazu gesagt und geschrieben worden. Es ist überhaupt nicht mehr kontrovers, auch wenn manche immer noch glauben, sie könnten darüber verhandeln.

*

Wir wollen uns in diesem Buch deshalb lieber auf menschliches Handeln in Reaktion auf die Klimakrise konzentrieren. Denn hier gibt es offensichtlich noch einiges zu tun. In *Teil 1* des Buches werden wir dafür zunächst auf *Handlungshemmnisse* blicken, also wie es dazu kommen konnte und weiterhin kommt, dass unsere obigen Szenarien 1 bis 6 in den verschiedensten Varianten mit einer viel größeren Wahrscheinlichkeit auftreten als ein (leider noch) fiktives Szenario 7, in dem jene sozialen Kipppunkte erreicht werden, mit denen es zu weltweiten, kooperativen, ausreichenden Anstrengungen zur Eindämmung der Klimakrise kommen kann.

Nach einem sehr persönlichen Appell der Soziologin Kaossara Sani aus Togo für mehr Klimagerechtigkeit im Anschluss an dieses Editorial steigen wir ebenso persönlich mit einem Dialog unserer Co-Herausgeberin Lea Dohm mit dem Facharzt und Buchautor Udo Boessmann ein, in dem sie sich darüber austauschen, was es braucht, um sich der Klimakrise nicht nur rational, sondern auch emotional bewusst zu werden. Im Anschluss beschreibt die Psychoanalytikerin Delaram Habibi-Kohlen anhand konkreter Beispiele, wie Menschen ganz individuell die Augen vor der Klimakrise verschließen, die Bewusstwerdung also »unterbrechen«. Es folgt ein psychotherapeutischer Blick von Toni Raimond auf die Parallelen zwischen unseren gesellschaftlichen Strukturen und denen einer Familie mit einem gewalttätigen Vater und darauf, was wir aus dieser erstaunlichen Parallelität für den Umgang mit der Zerstörung unserer Lebensgrundlagen ableiten können.

Es folgt ein Überblick von Sebastian Levi und seinem internationalen, zu Nachhaltigkeitsthemen forschenden Autor:innen-Team über jene vielfältigen Ausreden und Argumente gegen eine starke Klimapolitik, die wirksame Ausstiegsszenarien bislang leider äußerst wirksam verhindert haben. Warum das bislang nicht auf nennenswerten Widerstand in der breiten Bevölkerung gestoßen ist, sondern viele Menschen solche Ausreden und Argumente vielmehr bereitwillig angenommen haben, beleuchten Co-Herausgeberin Katharina van Bronswijk, der Umweltpsychologe Jan-Ole Komm und der Hochschullehrer Ingo Zobel anhand psychologischer Forschungsergebnisse: Sie fühlen Robert Giffords »Drachen der Untätigkeit« gemeinsam auf den Zahn. Einige dieser Drachen haben etwas damit zu tun, dass wir als Menschen innere Spannungszustände nur schwer aushalten können und sie deshalb positiv auflösen wollen. David Hiss beschreibt anhand Festingers Theorie der Kognitiven Dissonanz, warum diese Auflösung leider nicht immer zu nachhaltigen Verhaltensweisen führt. Teil 1 schließt mit einem Blick auf die Rolle der Medienwelt. Lea Dohm und die Journalistin Sara Schurmann leiten dabei mit konkreten Empfehlungen für Medienschaffende, die psychische Verarbeitung der Klimakrise voranzubringen, in den Handlungsteil über.

*

Im Gegensatz zu vielen anderen Werken, die sich mit menschengemachten Problemen beschäftigen, ist es uns zu unserer eigenen Erleichterung gelungen, dass der Lösungsfokus deutlich mehr Raum einnimmt als die »Problemtrance«. Wir können zwar keine Blaupause dafür vorlegen, wie ein echtes nachhaltiges Szenario erreichbar wäre. Doch wir möchten mit *Teil 2* den Blick weiten: auf *Handlungsmöglichkeiten*, die schon bestehen. Und zwar insbesondere solche, die uns als Individuen nicht fortlaufend überfordern.

Den Anfang machen der Biologe und Scientists-for-Future-Mitbegründer Gregor Hagedorn und Co-Herausgeber Felix Peter, die für die gesellschaftliche Ebene beschreiben, was wir anders machen müssen und können, um einer ganzen Reihe menschengemachter Probleme, darunter der Klima- und Nachhaltigkeitskrise, entgegenzuwirken. Ganz im Sinne des von beiden geforderten ökologischen Mainstreamings skizziert der Soziologe Hans-Joachim Busch im Anschluss einen Weg zu einem »Umwelt-Apriori«, einer neuen Beziehung des Menschen zur Umwelt.

Einer solchen »Beziehungsarbeit« haben sich spätestens seit den Klimaprotesten 2019 immer mehr Menschen gestellt. Warum sie auf die kollektive Ebene gehört und wie sie dort mehr Wirkung entfalten kann als auf der individuellen Ebene, das beleuchten die drei Sozial- und Umweltpsychologen Immo Fritsche, Markus Barth und Gerhard Reese in ihrem Beitrag zu kollektivem Klimaschutz. Auf ihrem Modell umweltfreundlichen Handelns aufbauend wirft der Sozialpsychologe Julian Bleh einen Blick auf die Erfolgsfaktoren und die weitere Perspektive der Klimabewegung. Und Anne Römpke rundet den sozialpsychologischen Exkurs auf die kollektive Ebene mit einem Einblick in die Umweltaktivitäten von und in Kirchengemeinden ab und stellt anhand des kirchlichen Kontextes beispielhaft dar, wie bestehende Institutionen Orte für gesellschaftlichen Wandel werden können.

Die Verantwortungsübernahme von Institutionen bzw. ganzer Berufsgruppen nimmt auch der Beitrag von Katharina Simons, Mareike Schulze, Felix Peter und Christin Schörk in den Fokus, die sich in unterschiedlichen Verbänden bzw. über die »Psychologists for Future« dafür einsetzen, dass die psychologischen und psychotherapeutischen Berufsgruppen mehr zur Lösung der Klimakrise beitragen. Dabei erhalten sie von der Juristin Karolin Heyne Unterstützung, die insbesondere die rechtlichen Möglichkeiten der Psychotherapeutenkammern ausgeleuchtet hat. Um Verantwortung geht es im Anschluss auch im Beitrag von Nisha Toussaint-Teachout und Maximilian Soos von den »Fridays for Future« gemeinsam mit David J. Petersen von den »Economists for Future«. Aus einer ethischen Perspektive arbeiten sie Wege zu einer nachhaltigen Transformation auf der gesellschaftlichen Ebene heraus.

Zurück auf der individuellen Ebene stellt die Psychologin Nicole Herzog die Theorie des geplanten Verhaltens vor, die Ansatzpunkte dafür liefert, wie Menschen, die umweltfreundlich leben und handeln und somit Verantwortung übernehmen wollen, dann tatsächlich auch entsprechendes Verhalten zeigen (können). Mit der in der Psychologie schon lange diskutierten Lücke zwischen Einstellungen und tatsächlichem Verhalten setzt sich auch der Beitrag der Nachhaltigkeitsforscherin und Umweltpsychologin Katharina Beyerl auseinander. Dabei blickt sie besonders auf die Rolle individueller Wahrnehmungen für eine sozio-ökologische Transformation. Wie die Erkenntnisse der Umweltpsychologie und Nachhaltigkeitsforschung einem breiteren Publikum nähergebracht werden können, stellt schließlich das Team aus Benedikt Seger, Marlis Wullenkord, Karen Hamann, Parissa Chokrai und Helen Landmann vor. Im Rahmen der Initiative Psychologie im Umweltschutz e. V. haben sie eine offene virtuelle Vorlesungsreihe entwickelt, die einen Bogen schlägt von den psychologischen Grundlagen einer sozialökologischen Transformation über Umwelt- und Risikowahrnehmung, individuellen und kollektiven Umweltschutz bis zur Frage nach einem guten Leben und sozial-ökologisch nachhaltigen Gesellschaften.

Der Handlungsschwerpunkt unseres Buches klingt schließlich mit weiteren Einblicken in die gelebte *Handlungspraxis* aus: Mareike Schulze beschreibt, wie es dazu kam, dass sie gemeinsam mit Co-Herausgeberin Lea Dohm die »Psychologists for Future« gegründet hat. Rechtsanwalt Remo Klinger skizziert die Möglichkeiten des Rechts für den Umweltschutz. Robert Goldbach erzählt, wie eine kleine Gruppe von Bürger:innen die örtliche Energieversorgung selbst in die Hand genommen hat. Helmut Born geht auf die Rolle der Gewerkschaften im Klimaschutz ein. Kay Rabe von Kühlewein berichtet vom Klimaaktivismus im ländlichen Raum und Odette Lassonczyk und Markus Hener erzählen von ihrem solidarischen Landwirtschaftsprojekt. Die Forstwirtin Sandra Hieke erklärt uns, warum wir den Wald nicht vergessen dürfen. Andreas Büttgen und Erhard Georg beschreiben den Aufstieg der Initiative »Buirer für Buir« zu einer gefragten Größe in der Klimaschutzbewegung. Und der Greenpeace-Aktivist Aram de Bruyn Ouboter teilt seine ersten Klimaschutzerfahrungen mit uns, bevor die Zukunftsaktivistin Katja Diehl uns abschließend auffordert, im Mobilitätssektor eine *#Autokorrektur* einzuleiten.

*

Fast zwei Drittel der Menschen weltweit betrachten die Klimakrise bereits als »globalen Notfall«. Dies belegt der Bericht »The Peoples' Climate Vote« des Entwicklungsprogramms der Vereinten Nationen und der Oxford-Universität, für den 2020 – im Jahr der Coronapandemie – weit über eine Million Menschen aus 50 Staaten der Erde befragt wurden. Diese größte Klimabefragung aller Zeiten zeigt eindrucksvoll: Die Menschheit erwacht aus einer langen Phase der Untätigkeit angesichts der größten

Krise, mit der sie in ihrer Entwicklung bislang konfrontiert wurde. Wir wollen mit unserem Buch einen kleinen Beitrag dazu leisten, dass sich dieses Erwachen beschleunigt und dass immer mehr Menschen das Gefühl dafür bekommen, selbst und gemeinsam wirksam werden zu können.

Wir bedanken uns vielmals und herzlich bei unserem kleinen »Klimakollektiv«: Jai Wanigesinghe für seine unverwechselbaren Illustrationen und unseren Autor:innen, die Ende 2020 mitten in der zweiten Corona-Welle sehr spontan zugesagt haben, binnen kürzester Zeit einen Beitrag für dieses Buch zu schreiben. Entspannt geht anders, doch uns läuft ja einfach auch die Zeit davon. Deshalb freut es uns sehr, dass so viele Menschen zum vielfältigen Inhalt dieses Einblicks in die »Psychologie der Klimakrise« und Ausblickes auf eine handlungsfähigere Menschheit beigetragen haben. Wir können das gar nicht genug wertschätzen!

Dieses Buch ist interdisziplinär, international und inklusiv gedacht. Und es ist ein Experiment. Denn es dehnt den Rahmen eines strengen Fachbuches ziemlich weit. Das haben wir anfangs eher unbewusst eingeleitet und dann auch immer bewusster forciert, weil es uns wichtig war, möglichst viele Leser:innen über verschiedene Zugänge, eine möglichst allgemeinverständliche Sprache und auch eine direktere Ansprache erreichen zu können. Im Zuge des Aufstieges der Klimabewegung 2019 sind viele Wissenschaftler:innen politischer geworden (mit Augenzwinkern könnte man auch sagen: »anwendungsorientierter«). Diesen Weg gehen wir gerne mit, denn uns ist bewusst, worum es geht: um unsere Lebensgrundlagen und das Überleben unzähliger Menschen heute, morgen und übermorgen.

Wir hoffen deshalb, dass das Buch nun nicht gerade den psychischen Prozessen, die wir in Teil 1 beschreiben, zum Opfer fällt, sondern im Gegenteil noch mehr Menschen die Augen öffnet, dass es höchste Eisenbahn ist. Verstehen Sie Teil 2 vor allem als Quelle für konstruktive Hoffnung und Zuversicht, handlungsleitende Motivation, wahrgenommene Verhaltenskontrolle, Entschlossenheit und regenerierende Energie. Als Ideen- und Impulsgeber dafür, dass wir es doch noch mit vereinten Kräften ans rettende Ufer schaffen.

Und nun: #ClimateAction!

Bad Nenndorf, Halle (Saale), Hamburg, 2021

Seid Ihr bereit, mutig zu sein?

Vorwort

Kaossara Sani

Mein Name ist Kaossara Sani. Ich komme aus Togo (Westafrika). Wie die meisten Menschen habe auch ich die Klimakatastrophe lange ignoriert, weil ich persönlich nicht davon betroffen war. Für mich war der Klimawandel nur ein Begriff oder Trend in den Mainstream-Medien.

Selbst als ich hörte, dass Einwohner*innen aus Aneho, einer wichtigen Küstenstadt meines Landes, aufgrund des steigenden Meeresspiegels flüchten mussten, habe ich das Problem nicht als Bedrohung erkannt. Ich dachte: »Na ja, solche Ereignisse sind normal. Sie sind früher auch schon passiert. Das sind Naturkatastrophen.«

Ich sagte zu mir, dass ich nichts dagegen tun könne, wenn Menschen ihr Zuhause verlieren – selbst wenn ich traurig darüber bin, dass andere Menschen leiden. »Was kann ich tun?«, fragte ich mich. »Nichts, ich habe keine Kraft und ich kann nicht gegen die Natur kämpfen.«

Seit meinem 15. Lebensjahr lebe ich in der Küstenregion meines Landes. Mein Zuhause ist nicht weit vom Meer und ich kann den Anstieg des Meeresspiegels jeden Tag sehen. Ich sehe, wie das Meer den Platz unserer Hauptstraße einnimmt, vieler Häuser und sogar einiger Hotels.

Ehrlich gesagt hatte ich keine Angst, weil ich nicht direkt betroffen war. Ich war mir sicher, dass die Regierung eine Lösung finden würde. Selbst wenn das Meer mich eines Tages zur Flucht zwingen würde, wäre das erst in zehn oder 20 Jahren und wir würden immer noch die neue Hauptstraße haben. Ich dachte mir: »Mach dir keine Sorgen!«

Gegen Ende meines Studiums in Soziologie, im Jahr 2019, arbeitete ich ehrenamtlich für Nichtregierungsorganisationen, die obdachlose Kinder und Kinder aus armen Familien unterstützen. Meine Arbeit bestand hauptsächlich darin, den Kindern zu helfen, wieder in die Schule zu gehen oder deren Familien finanziell zu unterstützen, um sie darin zu bestärken, ihre Kinder – vor allem auch die Mädchen – in die Schule zu schicken.

Diese Lebenserfahrung war ein wunderbares und schmerzhaftes Abenteuer. Ich habe so viele Kinder getroffen, die davon träumen und hart darauf hinarbeiten, trotz ihrer Armut etwas Außergewöhnliches in ihrem Leben zu erreichen. Ich habe auch viele Kinder unterstützt, die ein trauriges Leben in der Stadt führten, weit weg von ihren Familien. Sie müssen auf Märkten arbeiten und leben – und das schon im Alter von sieben Jahren.

Meine Arbeit mit diesen Kindern hat mir die Augen für die Kraft der Freundlichkeit und Menschlichkeit geöffnet. Viele Menschen haben Angst davor, auf Obdachlose zuzugehen – ich hatte diese Angst nicht.

Dann entschied ich mich dazu, ein Projekt zu starten, um Straßenkindern, Bettler*innen und obdachlosen Menschen mit körperlichen Behinderungen zu helfen. Leider konnte ich dafür keine Unterstützung bekommen. Darüber war ich sehr traurig.

Eines Tages, im Dezember 2019, traf ich auf dem Weg nach Hause einen Jungen auf dem Markt. Er sammelte Plastikverpackungen vom Boden auf, als eine Frau ihn anschrie und ihm sagte, er solle zur Schule gehen. Er antwortete, dass er arbeite und nicht zur Schule gehen könne, da er sich selbst versorgen müsse. Ich fragte ihn, wie alt er sei und wo seine Eltern seien. Er sagte mir, dass er neun Jahre alt sei und seine Eltern in einem Dorf leben.

Nach einem längeren Gespräch sagte ich ihm, dass ich ihm – mit Unterstützung einer NGO, die mit Straßenkindern arbeitet – dabei helfen könne, in sein Dorf zurückzukehren. Er war sehr glücklich und willigte ein, mit mir mitzukommen. Wir erreichten die NGO am Abend und dort sagte man mir, dass sie dem Jungen erst helfen könnten, wenn ich ihn bei einer Behörde registriert habe. Ich kannte den armen Jungen nicht, es war schon spät am Abend, und es wäre erst am nächsten Tag möglich gewesen, ihn zu einer anderen NGO zu bringen.

Wenn ich ihn mit nach Hause nehmen würde, könnte ich mit dem Gesetz in Konflikt geraten, wenn ihm etwas zustoßen sollte, und ich hatte nicht das Recht, ihn zurück in sein Dorf zu bringen. Was sollte ich tun?

Es war ein Dilemma. Ich brachte ihn zurück zum Markt, auf dem ich ihn gefunden hatte, und versprach ihm, am nächsten Tag wiederzukommen und ihn zu einer anderen NGO zu bringen.

Am nächsten Tag ging ich zurück zum vereinbarten Platz, an dem er auf mich warten sollte. Doch er war nicht da. Ich wartete den ganzen Tag auf ihn, aber er tauchte nicht auf. Ich war am Boden zerstört und fühlte mich leer. Ich fühlte mich wie eine Versagerin und sagte zu mir selbst, dass ich nutzlos sei, dass ich nicht einmal das Schicksal dieses Kindes ändern könne.

Wenig später, nach einer intensiven Recherche, wurde mir klar, dass die meisten Obdachlosen und Bettler*innen aus Dörfern in ländlichen Gegenden kommen und in der Stadt nach Arbeit suchen. Leider ist die Realität in der Stadt aber eine andere und sie werden Bettler*innen und obdachlos.

Mehr als 80 Prozent der Bevölkerung meines Landes lebt, wie überall in Afrika, in ländlichen Gegenden. Ihre Haupttätigkeit ist die Landwirtschaft. Ihr Überleben hängt von der Natur ab. Auch Fischer*innen in den Küstenregionen beklagen sich bereits darüber, dass ihre Arbeit nicht mehr produktiv sei. Durch den Klimawandel bricht alles zusammen: Viehzucht, Fischerei, Landwirtschaft. Der steigende Meeresspiegel wird uns vertreiben.

Ich war verärgert und beschuldigte die Regierung meines Landes abscheulich zu sein, den armen Menschen den Rücken zu kehren und die katastrophalen Auswirkungen des Klimawandels auf das Wohlergehen der Menschen – und vor allem der Kinder – nicht zu erkennen.

Ich begann mit Aktivismus in den sozialen Medien, um Bewusstsein für die Erosion der Küste meines Landes zu schaffen. Ich schloss mich der »Congo Rain Forest Campaign« an und gründete anschließend gemeinsam mit einer Gruppe von Aktivistinnen der Sahel-Region die Bewegung »Act On Sahel«.

Nach mehreren Monaten des Aktivismus und des Selbststudiums zum Klimawandel wurde mir klar, dass ich meiner Regierung nichts vorwerfen konnte. Ich erkannte, dass die reichen und industrialisierten Nationen die Schuld tragen, deren Fortschritt und Reichtum auf der Verbrennung fossiler Treibstoffe und auf transnationalen Finanzpartnerschaften beruht. Ohne die geringsten Schuldgefühle zu haben, nutzen sie die natürlichen Ressourcen dieser Welt auf Kosten armer Länder und der nächsten Generation im Übermaß. Ich verstand, dass die Weltwirtschaft auf einem unfairen System beruht, das den Reichtum der Reichen rund um die Welt vermehrt und in einer Zerstörung der Natur resultiert.

Ich erfuhr, dass Menschen in reichen und industrialisierten Ländern ihre Wohnungen beheizen, SUV fahren, mit dem Flugzeug in großartige Urlaube fliegen können und auf Kosten vieler unschuldiger Menschen zu viele Dinge einkaufen.

Dieses ganze moderne und luxuriöse Leben in den reichen und industrialisierten Ländern beruht auf dem Opfer indigener Völker, die in Wäldern leben und alles verlieren, die das Feuer auf ihren Flüssen sehen, kontaminiertes Wasser trinken und zusehen müssen, wie große Landwirtschaftsbetriebe, Fabriken und Mineralölfirmen in ihr Land einfallen. Ihre Kinder sterben an Krebs für die Weltwirtschaft und die Abhängigkeit von fossilen Brennstoffen. Erst jetzt habe ich erkannt, dass all diese Kinder in meinem Land und in Afrika an einem menschengemachten Problem leiden: dem Klimawandel.

Mein Kampf gegen den Klimawandel ist ein Kampf für Gerechtigkeit, ein Kampf für alle Bettler*innen, die ich getroffen habe, alle Kinder, mit denen ich gearbeitet habe, und für den armen Jungen, den ich getroffen habe und dem ich nicht helfen konnte.

Er ist für all jene, die ihr Leben auf offener See verlieren, auf ihrem Weg nach Europa von der Sahelzone in Afrika. Er ist für alle Menschen, Männer, Frauen, schwarz, weiß, braun, indigen und für die Natur. Mein Kampf ist ein Kampf ums Überleben.

An alle jene, die privilegierter sind als ich und das hier lesen: Der Klimawandel ist kein Spaß! Er ist die schlimmste Hinterlassenschaft der modernen Zivilisation für die nächste Generation.

Bitte wartet nicht, bevor ihr handelt, sagt nicht, dass es nicht dringend sei, unterschätzt nicht das Problem. Es ist real.

Bildet euch weiter, erhebt eure Stimme, geht auf die Straße und streikt, schreit eure Regierung an, handelt. Bitte hört auf, zu viel zu konsumieren, respektiert die Natur, geht einmal pro Woche wandern oder Fahrrad fahren.

Wenn ihr Schokolade esst, stellt sicher, dass dafür kein Wald zerstört wurde oder Kinder arbeiten mussten. Wenn ihr ein Elektroauto kauft, stellt sicher, dass keine Kinder dafür in einer Kobaltmine arbeiten mussten.

Der Kampf gegen den Klimawandel ist ein Kampf für Menschenrechte. Wenn ich kämpfen und meine Stimme erheben kann, kannst Du auch Dein Bestes für uns, für Dich und die nächste Generation tun. Möglicherweise können wir nicht gegen die Natur kämpfen, aber wir können gegen das System kämpfen, das die Natur zerstört!

Biografische Notiz

Kaossara Sani ist Soziologin, Klimagerechtigkeits- und Friedensaktivistin aus Togo und freie Autorin. Sie ist Gründerin der »Africa Optimism«-Bewegung und Mitbegründerin der »#ActOnSahel«-Bewegung.

Deutsche Übersetzung von *Rima Ashour*, Psychologin, Psychologische Psychotherapeutin in Ausbildung, Psy4F Nürnberg-Fürth-Erlangen. Das englische Original ist am Ende dieses Buches zu finden.

Teil 1
Handlungshemmnisse

Illustration: Jai Wanigesinghe

Über das Bewusstsein der Klimakrise

Analogien zur individuellen Berührbarkeit[1]

Lea Dohm

Zusammenfassung: Wie kann ein kollektiver und breiter Bewusstseinswandel zu einem wachsenden Klimabewusstsein, hin zu Berührbarkeit, Wahrnehmung globaler Verantwortung und Handlungsbereitschaft erfolgen? Im vorliegenden Beitrag werden auf Grundlage wesentlicher Modelle der Bewusstseinspsychologie kollektive psychische Entwicklungsaufgaben herausgearbeitet und konkretisiert. Um den Aspekt der Berührbarkeit und Emotionalität, aber auch typische Fallstricke auf dem Weg zu einem umfassenden Klimabewusstsein für die Leser*innen herauszuheben, stellt die Autorin dies im Einverständnis mit ihrem Gesprächspartner am Beispiel ihrer realen Zusammenarbeit dar.

1 Prolog

Sehr geehrter Herr Dr. Boessmann,

für ein Fachbuch zur Klimapsychologie bin ich aktuell auf der Suche nach einem Autor für ein Kapitel zum Klimabewusstsein. Konkret soll es darum gehen, wie sich das Klimabewusstsein über breite Bevölkerungsteile steigern ließe, um bestenfalls auf diese Weise das »Level of Engagement« zu vergrößern. Aufgrund Ihrer Vorerfahrungen und umfangreichen Kenntnisse im Bereich der Bewusstseinspsychologie würde ich gerne höflich anfragen, ob Interesse an einer Zusammenarbeit besteht.

Mit freundlichen Grüßen
Lea Dohm, Dipl.-Psych., Psych. Psychotherapeutin, Psychologists for Future (Psy4F)

1 Der Text basiert auf E-Mail-Verkehr. Für das Zitieren der Passagen von Udo Boessmann empfehlen wir »Boessmann, zit. n. Dohm, 2021«.

Sehr geehrte Frau Dohm,

klingt interessant. Aber ich muss mich da noch gründlicher reindenken. Gerne können Sie mich anrufen.

Herzliche Grüße
Udo Boessmann

2 Grundlagen der Bewusstseinspsychologie

Liebe Frau Dohm,

danke für das angenehme Telefonat und Ihre Textideen.

Ich schreibe Ihnen mal ein paar grundsätzliche Informationen vorab. Wenn Sie demnächst schon mit dem Formulieren beginnen möchten, wäre es aus meiner Sicht wichtig, Folgendes in den Artikel aufzunehmen:

Beim *Klimabewusstsein* handelt es sich ja ganz offensichtlich um ein Wahrnehmen und Erleben, das bisher uns Menschen vorbehalten bleibt. Das heißt, dass es zu den *höheren, kulturvermittelten Bewusstseinsformen* gezählt werden kann, und eben nicht so funktioniert wie das primäre, biologische Bewusstsein, das auch viele Tiere entwickelt haben. Das meint zunächst, dass es nur uns Menschen möglich ist, die Welt, uns selbst oder eben das Klima als Phänomene zu erleben und zu beschreiben. Wir können Sprache erwerben, Narrative und Symboltechniken (wie die Schrift) nutzen und ein Ich- oder Selbstbewusstsein haben (Edelman & Tononi, 2000; Boessmann, 2013).

Wenn wir über ein Klimabewusstsein nachdenken, sprechen wir also grundsätzlich von höheren Bewusstseinsformen. Dieses Bewusstsein ist enkulturiert, das heißt, es wird uns ganz überwiegend durch unsere Kultur/Gesellschaft antrainiert beziehungsweise durch die Erziehung unserer Eltern vermittelt oder auch aufgenötigt (Roth, 1996; Boessmann, 2013). Spezifisch menschlich ist wohl in weiten Teilen auch das qualitative, phänomenale Bewusstsein, das heißt das Erleben ganz persönlicher, subjektiver Empfindungen – Gefühle, Schmerzen, Gerüche, Farben, …

Ich schreibe das, um Ihnen zu verdeutlichen: Die intuitive Wahrnehmung unseres Bewusstseins als etwas in uns selbst Verortetes, mit einem freien Willen Verbundenes ist aus wissenschaftlicher Sicht in dieser Form nicht aufrechtzuerhalten.

Sobald wir eine Muttersprache erworben haben, haben wir teil an einem gemeinsamen und geteilten virtuellen Wirklichkeitsraum, den wir durch unsere Sprache ständig neu erschaffen. Das unterscheidet uns zum Beispiel von Menschenaffen, die scheinen nicht aus sich selbst heraus am Spracherwerb interessiert. Bei uns Menschen aber wird das Sprechen zur Kultur und damit zu einem komplexen Geflecht aus Gewohnheiten und Überzeugungen, Fühlen, Denken und Wollen.

Das finde ich wichtig, denn das heißt: Wenn wir denken, denken wir zumindest zum ganz überwiegenden Teil nicht unsere eigenen Gedanken, sondern die Gedanken, die zu denken wir von unserer Kultur »beauftragt« oder »berechtigt« sind. Wenn wir sagen (oder singen) »Die Gedanken sind frei«, stimmt das so in den meisten Fällen nicht. Denn genau genommen ist es eben nicht unser freier Wille, wenn wir etwas wollen, sondern der Willen, den zu wollen wir von unserem soziokulturellen Hintergrund beauftragt oder zumindest berechtigt sind.

Was wir durch unser kulturelles Umfeld lernen, erscheint uns so selbstverständlich, dass wir oft selbst dann noch an unseren Denk- und Verhaltensmustern und Glaubenssätzen festhalten, wenn sie schon lange nicht mehr geeignet sind, die aktuellen Lebensanforderungen zu bewältigen. Sieht man ja jetzt in der Klimakrise.

Zu den Problemen des Klima(-nicht-)handelns hat die Umweltpsychologie ja übrigens bereits einige Antworten gefunden: Neben dem Problembewusstsein braucht es zum Beispiel Verantwortungsgefühl und das Erleben von Selbstwirksamkeit, um unsere »persönliche ökologische Norm« und damit das Verpflichtungsgefühl, sich umweltbewusst zu verhalten, entstehen zu lassen und aufrechtzuerhalten (Matthies, 2005; Hamann et al., 2016). Übrig bleiben dann diverse weitere psychologische und soziale Hemmnisse, die das be- oder verhindern können – Verantwortungsdiffusion oder psychische Abwehrmechanismen. Mit Blick auf die Bewusstseinspsychologie würde ich für unseren Text aber vor allem die Frage des *(nicht) vorhandenen Leidensdrucks und der fehlenden emotionalen Verbindung* zum Thema ergänzen.

Aus meiner Sicht ist das Problem mit dem Klimabewusstsein doch, dass wir es aus dem Kopf in die Herzen bringen müssen und dass uns das bestenfalls auch mit unserem Artikel gelingen sollte. Möglicherweise verhält es sich da mit dem Leidensdruck durch Klima und Umwelt ähnlich wie bei Patient*innen, die an Diabetes mellitus oder Bluthochdruck erkrankt sind. Beides sind Krankheiten, die auf Dauer lebensgefährlich sind, aber dennoch über lange Zeit keine schweren Symptome und damit eben keinen anhaltenden Leidensdruck verursachen. Bekanntlich ändern viele Patient*innen – oft auch trotz anderslautender guter Vorsätze – ihr Gesundheitsverhalten nicht aus Einsicht über die medizinischen Fakten, sondern erst, wenn sie eine schmerzhafte Erfahrung gemacht haben, auf diese Weise auch ein emotionales Verständnis gegeben ist und sie dadurch genug leiden.

Mir selbst geht es auch so, dass ich intellektuell schon längst begriffen habe, dass es beim Klima fünf vor zwölf ist oder vielleicht schon fünf nach zwölf. Aber ich fühle es nicht. Mich bewegen täglich viele Dinge, das Klima gehört nicht dazu. Auch während ich dies schreibe noch nicht. Ich gehöre genau zu den Hornochsen, die Sie mit dem Artikel aufrütteln wollen. Aber mit intellektueller, abstrakter Sprache erreichen Sie nicht – um es neurobiologisch zu sagen – meine *limbischen Strukturen und mein emotionales Bewertungssystem*, über die ich aktiv werden würde.

Aber noch einmal zurück zur Bewusstseinspsychologie: Das, was wir als unser Bewusstsein erleben und es so benennen, ist eben nur eine sehr stark vereinfachte Rekonstruktion von Wirklichkeit und somit eine »Benutzerillusion« (Norretranders, 2002; Boessmann, 2013). Darin stecken ständige *drastische Wirklichkeitsverkürzungen*. Das ist im Alltag überlebenswichtig, aber schwieriger für neue Situationen oder Problemstellungen, in denen unsere bisherigen Wahrnehmungsroutinen, Denkmodelle und gewohnheitsmäßigen Verhaltensmuster an ihre Grenzen stoßen (van Bronswijk et al., 2021, in diesem Band). Es ist dann sehr schwer, zu adäquaten Lösungen zu finden – wir sind, so wie ich selbst, zu sehr im anderen normalen Alltag gefangen. Um da durchzudringen, braucht es schon etwas, das uns wirklich berührt, was Emotionen bei uns auslöst. Denn ansonsten wird die drohende Klimakatastrophe die Bewusstseinsfunktionen vieler Individuen und die Leistungsfähigkeit des kollektiven Bewusstseins vermutlich immerzu überfordern. So erlebe ich es selbst auch. Ich verstehe es intellektuell, aber ich kriege es emotional nicht zu fassen.

Aufgrund Ihrer Aktivismusvorgeschichte vermute ich, dass es Ihnen da anders geht? Vielleicht könnten Sie es im Sinne der Bewusstwerdung der Leser*innenschaft wagen, als Autorin selbst viel deutlicher Ihre Emotionen auszudrücken? Wie haben Sie es geschafft, ein Klimabewusstsein zu erlangen? Ich hoffe, ich gehe mit dieser direkten Frage an dieser Stelle nicht zu weit, gerne können wir dazu auch telefonieren.

Herzliche Grüße
Udo Boessmann

Hallo Herr Boessmann,

danke für Ihre schnelle Rückmeldung und Ihre persönliche Einschätzung, die ich sehr schätze. Ihre Argumentation kann ich gut nachvollziehen. Das Dilemma der Darstellung in einem Fachartikel entspricht ja möglicherweise genau dem Dilemma in der Bewusstwerdung der Klimakrise und in der wissenschaftlichen Kommunikation: Wir bleiben in der *Intellektualisierung* und damit zu abstrakt.

Zu Ihren Fragen: Ich selbst halte meine *Emotionalität* bisher aus dem Psy4F-Engagement überwiegend heraus. Letztlich aus Vorsicht und dem Bedürfnis, mich da zu schützen, aber auch aus Sorge, weil ich die Folgen nicht abschätzen kann; und ja, ich befürchte auch Abwertung. Dabei bin ich an sich als Person recht offen und wenig ängstlich.

Kurz zusammengefasst sieht es bei mir so aus: Die Bewusstwerdung der Klimakrise hat sich für mich angefühlt wie eine Krebsdiagnose. Das weiß ich, weil ich selbst vor ein paar Jahren mal eine Krebserkrankung überlebt habe.

Das Gefühl nach der Überbringung der schlechten Botschaft war das gleiche wie in dem Moment, als mir erstmals klar wurde, wie ernst es um unseren Planeten und damit die Zukunft von uns Menschen steht. Es fühlte sich an, als wenn die Welt plötzlich eine andere ist, der Alltag ein anderer ist, alles von einem dunklen Schatten und Schrecken überlagert und infrage gestellt. Anders ist auch, dass normaler Alltag mit empfundener Dankbarkeit mir jetzt wie ein luxuriöser Segen erscheint. Das empfinde ich im Tagesverlauf bis heute immer mal wieder.

Ich hatte nach dieser Erkenntnis ziemlich direkt und bis heute anhaltend starken Handlungsdruck und Anspannung und den Wunsch, auf jeden Fall den Anteil zur Gesundung (um mal in dem Bild zu bleiben) zu leisten, der mir persönlich möglich ist. Vor allem wahrscheinlich aus Angst, mich aus Sicht meiner Kinder schuldig zu machen, aber auch aus Angst um mich selbst. Nachts habe ich seither manchmal Alpträume von Naturkatastrophen, aus denen ich meine Kinder und mich retten muss. Als ich für einen anderen Artikel im vergangenen Jahr noch einmal die naturwissenschaftlichen Fakten recherchiert und zusammengefasst habe, habe ich mich auch über ein paar Wochen kraftlos, depressiv und machtlos gefühlt. Es gibt Situationen und Informationen, über die ich mich seither furchtbar ärgern kann, und meine Freundschaften haben sich dadurch verändert.

Eigentlich hat sich fast alles verändert, denn diese Krise hat auch Auswirkungen auf meine Arbeit mit Patient*innen. Ich spüre, dass wir dieses riesige Problem genauso wie diese hilfesuchenden Menschen haben und uns davon nicht unabhängig machen können, selbst wenn die Patient*innen es selbst (noch) nicht bewusst inhaltlich mitbringen. Wir sitzen da eben doch in einem Boot. Da fehlt aus meiner Sicht die Diskussion in der Kolleg*innenschaft noch gänzlich, obwohl wir es ja jetzt während Corona schon das erste Mal so ähnlich erleben.

Lange Rede, kurzer Sinn. Wir können gerne dazu noch einmal telefonieren.

Viele Grüße
Lea Dohm

3 Vertiefungsmöglichkeiten eines Klimabewusstseins

Liebe Lea,

wenn ich mich richtig erinnere, haben wir uns auf das Du geeinigt.

Ich ringe noch um eine passende Formulierung, die Deine für mich überaus berührende Krebsmetapher beinhaltet und die notwendige emotionale Berührung mit der gebührenden wissenschaftlichen Distanziertheit verbindet. Du solltest mit Deiner persönlichen Betroffenheit geschützt bleiben und doch müssen wir eine kontraproduktive Intellektualisierung der bisherigen Texte überwinden. Ist nicht genau dieser affektisolierte Stil auch Teil des Problems des unzureichenden »Levels of Engagement«? Nur wenn die Leser*innen sich emotional angesprochen erleben, können wir eine affektive (= emotionale) und damit potenziell motivationale Wirkung erreichen. Lieber wäre es mir, unsere persönlichen Gedanken selbst zum Artikel zu machen. Was denkst Du darüber?

Deine Offenheit bezüglich Deiner eigenen Krebserkrankung hat als drastische Metapher bei mir bewirkt, dass ich mich beim Thema Klimaschutz zum ersten Mal für einen Moment betroffen fühlte. Wie sehr dieses Sinnbild zur Klimakrise passt: Krebs ist lebensgefährlich, aber wir spüren oft nicht, dass er bereits in uns ist. In seinen Frühstadien ist Krebs meist noch heilbar, aber irgendwann ist es zu spät und die Krankheit führt unausweichlich zum Tod.

Doch können wir beim Klimaschutz mit der »Therapie« nicht warten, bis die fatalen Auswirkungen der Erderhitzung leidvoll auch über unseren eigenen Alltag einbrechen.

Was mich nachdenklich macht: Ich selbst verstehe, dass die Klimakrise ein Thema ist, dem höchste Priorität gebührt. Ich bin auch grundsätzlich bereit, durchaus einschneidende Veränderungen meines Lebens in Kauf zu nehmen, um die Lebensfähigkeit dieses Planeten dauerhaft sicherzustellen. Aber diese Einsicht läuft bei mir trotz der Krebs-Metapher und unserer gemeinsamen Arbeit weiterhin auf einer intellektuellen Ebene ab. Im Alltag bin ich sowohl mit meiner Aufmerksamkeit als auch kognitiv, emotional, motivational und handlungsbezogen komplett von anderen Anforderungen meines Lebens in Anspruch genommen, die gemessen an der Bedrohung durch Klima- und Biodiversitätskrise zweitrangig und nicht selten banal sind. Ich kann bei all diesen Ablenkungen mein besorgtes Klima-Bewusstsein zwar grundsätzlich erhalten, gleichzeitig nimmt die Aufmerksamkeit, die ich dieser Krise schenke, mit zunehmenden anderen Alltagsbelastungen ab. Ich habe dieses Prinzip jetzt bei Sisco et al. (2020) wiedergefunden: Sie nennen es »finite pool of attention« (auf Deutsch in etwa »begrenzter Pool an Aufmerksamkeit«).

Das passt übrigens auch zu den Erkenntnissen der Bewusstseinspsychologie: Es ist bekannt, dass unser Gehirn sich aus Gründen seiner begrenzten Informationsverarbeitungskapazität im Alltag ständig gegen eine Überflutung mit Informationen abschirmen muss. Unser Bewusstsein neigt dazu, sich besonders gegen solche Informationen zu wehren, die unseren stark vereinfachten Wirklichkeitsmodellen und -illusionen widersprechen – das findet sich auch im sogenannten *Confirmation Bias* wieder, das heißt in unserer menschlichen Neigung, dass wir unser bisheriges Denken durch weitere Information am liebsten bestätigt wissen wollen (CRED, 2009).

Ich denke, die Rede von einer Klimakatastrophe bedroht unsere Wirklichkeitsillusion von Sicherheit, Komfort und unbegrenztem Wachstum, was hier im globalen Norden inzwischen in weiten Teilen kulturimmanent ist und unserem menschentypischen Bewusstsein ein Wettbewerbs- und Überlebensvorteil war und zum Teil immer noch ist. Da ist es verständlich, dass unser Bewusstsein sein habituelles Überlegenheitsstreben und die Verteidigung seiner Vormachtstellung nicht aufgeben mag, nur um die Welt vor etwas zu retten, was die meisten von uns noch gar nicht spürbar betrifft. Da soll etwas Gewohntes, Etabliertes zu Ende gehen, während das Neue unklar bleibt und noch nicht da ist.

Und ich habe herausgefunden, dass es offenbar vielen wie mir geht: 2020 wünschten sich laut DBU Umweltmonitor zwischen 82 und 94 Prozent der Befragten (N > 1000) den Umwelt- und Klimaschutz als Voraussetzung für geplante Investitionsprogramme (forsa, 2020). Auch eine Umfrage vom BUND (Bund für Umwelt und Naturschutz Deutschland) hat dies Ende 2020 bestätigt: 86 Prozent der Deutschen seien »zu deutlichen Einschränkungen ihres Lebensstils bereit«, um das Klima zu schützen (BUND, 2020). Passiert ist dennoch wenig.

Denn über einzelne individuelle Verhaltensänderungen hinaus aktiv wird eben doch nur eine kleine Minderheit. Das Wissen verbleibt noch zu oft auf einer intellektuellen, abstrakten Ebene. Und ich bin Teil des Problems, denn im Ergebnis tue ich dann so gut wie nichts dafür, dass sich etwas ändert. Ich bin damit nicht allein. Wichtig fände ich, an dieser Stelle auf die psychodynamischen Abwehrmechanismen einzugehen, aber die finden sich meines Wissens bereits an anderer Stelle im Buch (Habibi-Kohlen, 2021, in diesem Band).

Was können wir den Menschen überhaupt raten, was sie konkret tun können/sollten? Sich als Erstes mal bei Euch Psychologists for Future für den Newsletter eintragen?

Dann lass uns, wenn Du auch nach Bedenkzeit damit einverstanden bist, auf ehrliche Weise Deine Krebserfahrung und damit subjektive Wahrnehmung der Klimakrise reinbringen. Das halte ich aus bewusstseinspsychologischer Sicht für wichtiger als die theoretischen Hintergründe, die ich beitragen kann. Ich kann mich gleichzeitig dazu bekennen, dass ich zu der Gruppe gehöre, die im Hinblick auf das Klimaproblem nichts tut. Damit erleichtere ich den Leser*innen, die so ticken wie ich, die Identifikation und schaffe es hoffentlich eher, unter dem Radar ihres Widerstands zu navigieren. Ich hoffe, dass es uns so gelingen kann, das Problem des unzureichenden Klima-Engagements authentisch, anschaulich, realitätsnah und hoffentlich fesselnd rüberzubringen. Das Fachliche können wir einbauen.

Ich bin gespannt auf Deine Gedanken,

herzliche Grüße
Udo

Lieber Udo,

ok, lass es uns probieren – gemeinsame Autor*innenschaft inklusive ehrlichem »Outing« unserer persönlichen Hintergründe. Dann machen wir ein

Fachgespräch daraus und wo es passt, lassen wir sanft fachliche Informationen zur Bewusstseinspsychologie einfließen. Spannend!

Zunächst: danke für Deine ehrlichen Worte, was Deine emotionale (Nicht-)Involviertheit betrifft. Sich so aus einer Metaposition heraus selbst kritisch zu hinterfragen, ist meines Wissens nach auf jeden Fall eine höhere Bewusstseinsfunktion, aus der heraus es gelingen kann, in unseren stets unzureichenden Wirklichkeitsmodellen doch immer wieder über uns hinauszuwachsen.

Mit Blick auf die Klimakrise könnte gerade ein solcher innerer Perspektivenwechsel für viele Menschen nötig sein. Um dann auf diese Weise die Zuverlässigkeit und die Grenzen der eigenen Erkenntnismöglichkeiten zu hinterfragen. Damit kann es dann vielleicht gelingen, die Funktionalität und Angemessenheit der erlernten Automatismen, Gewohnheiten und Routinen zu bezweifeln und zu überprüfen, neue Prioritäten zu setzen, willentlich etwas dazuzulernen und neue Verhaltensweisen zu erproben. Passt doch. Könnte auch heißen: Diese hohen Bewusstseinsfunktionen könnten Voraussetzung für die Anstrengung sein, eine Klimakatastrophe abzuwenden.

Dürfen und können wir diese Bewusstseinsfunktionen von der Mehrheit unserer Mitmenschen verlangen? Peter Fonagy, der sich genau in diesen Fragestellungen verdient gemacht hat, schreibt zum Beispiel, dass »Selbstreflexion und die Fähigkeit, über andere innere Welten nachzudenken […], aus den ersten Beziehungen hervorgehen (oder in diesen Beziehungen verhindert werden)« (Fonagy et al., 2004, S. 13). Entwicklungspsychologisch bedeutet dies, dass für die »Fähigkeit, sich emotional berühren zu lassen und in emotionalen/verbalen Austausch einzutreten (Wir-Bildung)«, eine bis dahin hinreichend gute »Beelterung« stattgefunden haben muss (Rudolf, 2011, S. 13). Das heißt, wer die Dramatik der Klima- und Biodiversitätskrise nicht auf längere Sicht wahrnehmen kann, kann vielleicht gar nichts dafür und es bräuchte oftmals lange Zeit und authentische Bindungen, um überhaupt die Möglichkeit zu schaffen. Und manchmal gelingt es nie.

Das passt für mich zu folgender Frage: Wie könnte es mir gelingen, Dich aus der Intellektualisierung heraus zum Klimaengagement zu motivieren?

Was Deine Frage nach Handlungsmöglichkeiten angeht: Ich halte das kollektive Handeln in der aktuellen politischen und gesellschaftlichen Situation für bedeutsamer als individuelle Verhaltensänderungen. Unter'm Strich geht es aus meiner Sicht auch um das Setzen von zeitlichen und finanziellen Prioritäten und dann: Ideen entwickeln, mutig sein, groß denken und sich Fehler erlauben.

Soweit meine Gedanken,
LG Lea

Liebe Lea,

derzeit bin ich in Österreich und mit einem dortigen Projekt total überfordert.

Udo

einige Wochen später …

Hallo Udo,

ich bin verunsichert. Uns bleibt nur noch wenig Zeit, unseren Artikel weiterzuschreiben. Unser Briefwechsel, also unser Artikel, ist bis zu diesem Punkt nachvollziehbar, aber nach meinem Gefühl fehlt das (hoffentlich gute) Ende. Du sagst, Du intellektualisierst. Und ich frage mich: Wie wäre es bei Dir, wenn Du Gefühle zur Klimakrise hättest? Welche wären das? Eigentlich ist doch der Briefwechsel bis hierhin nur eine Einleitung zu einem weiteren Dialog, in dem Du den nächsten Schritt Richtung Fühlen und/oder Handeln machen könntest?

LG Lea

Lea,

Du warst es doch, die mich eingeladen hat, etwas Intellektuelles zu Papier zu bringen. Ich bekannte gleich, dass ich emotional durch den Klimawandel nicht so betroffen bin, wie es mir angemessen erscheint. In der Gesellschaft von psychologisch geschulten Klimaaktivist*innen eine gewagte Aussage. Ich habe auch darüber nachgedacht, was da eigentlich schief läuft mit meinem Hornochsen-Bewusstsein.

Wirklich berührt war ich von Deiner Aussage, dass du die Klimakrise wie deine Krebserkrankung erlebst. Das hat mich aufgerüttelt, und ich ringe seit Wochen um einen guten Artikel, der gemessen an meinen aktuell vielen anderen (gefühlt dringenderen) Aufgaben eigentlich zurückstehen müsste. Also emotional bin ich dafür, dass ich vor zwei Monaten noch glaubte, das Klimathema ginge mich nichts an, schon ganz schön involviert. Gerne kannst Du mir einen Vorschlag machen, wie ich mich noch mehr outen und mich aus meiner Intellektualisierung befreien könnte.

Herzliche Grüße
Udo

Hallo Udo,

ich denke viel darüber nach, wie Deine »Befreiung aus der Intellektualisierung« und ein gutes Ende unseres Artikels aussehen könnte, und wage mich da jetzt in Anbetracht der drängenden Zeit mal einen Schritt vorwärts: Unter der Annahme, dass es uns dann besser gelingt, einen emotionalen Bezug zur Klimakrise herzustellen, wenn wir selbst einerseits im halbwegs guten Kontakt mit den eigenen Gefühlen sind und andererseits eine Verknüpfung zur eigenen Geschichte hinbekommen (so erlebe ich es jedenfalls bei vielen Klimaengagierten, die ich persönlich kennenlernen durfte): Was ich mutig und naheliegend fände, wäre eine Verbindung zu Deinen Lebensthemen, von denen Du mir am Telefon so offen berichtest hattest – eine Brücke für die Leser*innen aus Deiner Generation. Eine Verknüpfung der Klimakrise mit den Themen der Nachkriegsgeneration.

Du hattest mir so nachvollziehbar und berührend von all diesen »Altlasten« berichtet, die Dich aus Deiner Familiengeschichte heraus noch heute prägen und beeinflussen. Und immerhin sind fast ein Viertel der deutschen Gesamtbevölkerung und ein Drittel aller Erwachsenen heute über 65 Jahre alt (Radebold, 2015). Wenn wir die reichlich vorhandenen Parallelen herausschälen, könnte das ein emotionales Anknüpfen erleichtern. Du kämst raus aus der intellektualisierenden Position und könntest vielleicht sogar einer breiten Masse als Vorbild in dieser Sache dienen.

Du steckst in diesen Themen ja viel mehr drin als ich, einige mögliche Anknüpfungspunkte fallen mir aber auch ein: Wenn ich zum Beispiel an die (vererbten) Traumata durch die Zeugenschaft von Sterben und menschlicher Grausamkeit, Hunger, Flucht und Vertreibung denke. Derartige Katastrophen wiederholen sich ja bereits heute und drohen uns zukünftig mit der Ausweitung unbewohnbarer Regionen auf der Erde in nie gekanntem Ausmaß. Vor unseren Augen und noch zu unseren Lebzeiten. Was wird das mit unserer Gesellschaft machen? Es fällt mir schwer, dafür überhaupt angemessene Worte zu finden.

Letztlich sind es doch diese traumakompensatorischen Muster, die sich bis heute gesellschaftlich fortsetzen (»nicht drüber sprechen«, »lieber nicht fühlen«, aber auch »wir haben in unserem Leben genug gedarbt«, »das habe ich jetzt aber verdient«) und gleichzeitig aber gefährlich die existenziellen Krisen von Klima und Biodiversität zu überdecken und damit zu wiederholen drohen.

Oder wenn ich mich hineinversetze in die von Dir beschriebenen Gefühle der Einsamkeit und Entwurzelung – zum Beispiel mitausgelöst durch eine emotionale Unberührbarkeit der Eltern oder ganz generell unseres Umfelds: Wie schön wäre es, dieser kulturellen Ent-Emotionalisierung (vielleicht auch zurückzuführen auf Aussagen wie »Was uns nicht umbringt, macht uns stärker«, oder gar: »Hart wie Krupp-Stahl«) eine Alternative entgegenzusetzen?

Einen Absatz lang mag ich das noch weiterträumen: Die wichtigste kollektive Entwicklungsaufgabe, um ein Klimakrisen-Bewusstsein zu fördern, wäre dann vielleicht ein Sich-(Wieder-)Zuwenden, ein ehrlicher Kontakt – zwischen den Generationen, aber auch ganz grundsätzlich. So wie wir es hier versuchen. Ein trotz Unterschiedlichkeiten nicht abreißender, einander zugewandter Austausch über die Klimakrise an sich, aber auch über unsere Werte und Träume bei wertschätzendem Ernstnehmen unseres Gegenübers und haltgebender Strukturierung, wenn diese*r sich zum Beispiel in geschlossenen Weltbildern zu verlieren droht. Nach Rudolf (2011) und Fonagy et al. (2004) könnte genau dies die nötige »Nach-Beelterung« darstellen, die nötig ist, um zu höheren Bewusstseinsfunktionen und Reflexionsebenen zu gelangen.

Und dann könnten wir am Ende des Artikels helfen, den mit den eigenen Lebensthemen stets verbundenen und so vielleicht reaktualisierten Schmerz auszuhalten, indem wir den Leser*innen Handlungsmöglichkeiten bieten. Vorzugsweise kollektive und mit so einer Bandbreite, dass für alle etwas dabei ist, zum Beispiel

- die eigene Vorstellungskraft über die Klima- und Biodiversitätskrise trainieren, sich informieren, darüber lesen und darüber sprechen,
- zu Klimastreiks und Demonstrationen gehen,
- selbst Vorbild sein, neue Verhaltensweisen wagen, Emissionen reduzieren,

- das Klima in den eigenen sozialen Kontexten immer wieder zum Thema machen (Arbeitsplatz, Sportverein, Kirche, Freund*innen, Familie, Lokalzeitung ...),
- sich Klimagruppen anschließen und dranbleiben, dieser Arbeit Priorität einräumen,
- Mut, eigene Ängste zu konfrontieren und auch mal Fehler zu machen.

Was denkst Du dazu? Wäre das für Dich ein rundes, vorstellbares Ende unseres Kapitels?

Diesmal hoffe ich andersrum, ich trete Dir damit jetzt nicht zu nahe.

LG Lea

Liebe Lea,

bitte schreibe den Artikel alleine. Ich habe wenig Zeit und finde mich in einigen Formulierungen nicht wieder. Gerne schaue ich am Ende nochmal drüber und mache Korrekturvorschläge, wenn ich mich falsch verstanden fühle. Wir ticken sehr unterschiedlich, vielleicht liegt es am Altersunterschied.

Der Austausch mit Dir war für mich sehr befruchtend, und Deine persönliche Betroffenheit durch das Klima- und Krebsthema hat mich sehr aufgerüttelt. Bei mir zumindest hat sich schon was beim Level of Engagement getan. Insofern hast Du im Kleinen durchaus Wirksamkeit entfaltet.

Herzliche Grüße
Udo

> In einfachen Worten
>
> Die Klimakrise kennen viele, aber oft fehlen die Gefühle, wenn wir an sie denken. Wenn wir möchten, dass andere sich auch für das Klima interessieren, können wir versuchen herauszufinden, was das Problem mit ihrem Leben zu tun hat. Zwischen allen Lebensthemen und der Klimakrise finden sich Zusammenhänge.
>
> Wichtig ist auch, dass wir unser eigenes Verhalten hinterfragen und überdenken können. Das können nicht alle Menschen, zum

Beispiel weil sie auch mit anderen Dingen sehr beschäftigt sind. Sie können es eher, wenn wir ihnen dabei helfen. Es ist deshalb wichtig, mit vielen verschiedenen Menschen über die Klimakrise zu sprechen und sie auf das Problem aufmerksam zu machen.

Literatur

Boessmann, U. (2013). *Bewusstsein – Unbewusstes. Bd. 1: Bewusstsein*. Berlin: Deutscher Psychologen Verlag.

BUND (2020). BUND-Umfrage zu Natur- und Umweltschutz. https://www.bund.net/service/presse/pressemitteilungen/detail/news/bund-umfrage-zu-natur-und-umweltschutz-grosse-mehrheit-der-deutschen-zu-deutlichen-aenderungen-des-eigenen-lebensstils-bereit-wahljahr-muss-weichen-fuer-verkehrs-agrar-und-ressourcenwende-stellen/ (23.12.2020).

CRED – Center for Research on Environmental Decisions (2009). *The Psychology of Climate Change Communication. A Guide for Scientists, Journalists, Educators, Political Aides, and the Interested Public*. New York: Columbia University. http://guide.cred.columbia.edu/pdfs/CREDguide_full-res.pdf (15.07.2020).

Dohm, L. & Klar, M. (2020). Klimakrise und Klimaresilienz. Die Verantwortung der Psychotherapie. *psychosozial, 161*, 99–114.

Edelman, G. & Tononi, G. (2000). *A Universe of Consciousness. How Matter Becomes Imagination*. New York: Basic Books.

Fonagy, P., Gergely, G., Jurist, E.L. & Target, M. (2004). *Affektregulierung, Mentalisierung und die Entwicklung des Selbst*. Stuttgart: Klett-Cotta.

forsa Politik und Sozialforschung (2020). DBU-Umweltmonitor »Corona-Folgen«. https://www.dbu.de/2985ibook82907_38647_.html (23.12.2020).

Habibi-Kohlen, D. (2021). Zur zeitbedingten Abwehr der Klimakrise. Wie wir uns die Klimakrise bedeutungslos machen und wie der Zeitgeist uns dabei hilft. In L. Dohm, F. Peter & K. van Bronswijk (Hrsg.), *Climate Action – Psychologie der Klimakrise. Handlungshemmnisse und Handlungsmöglichkeiten* (S. 45–64). Gießen: Psychosozial-Verlag.

Hamann, K., Baumann, A. & Löschinger, D. (2016). *Psychologie im Umweltschutz. Handbuch zur Förderung nachhaltigen Handelns*. München: oekom verlag.

Lancet Planetary Health (2019). Looking for Leaders. Editorial. *The Lancet, 3*(10). https://www.thelancet.com/journals/lanplh/article/PIIS2542-5196(19)30196-2/fulltext (15.07.2020).

Matthies, E. (2005). Wie können PsychologInnen ihr Wissen besser an die PraktikerIn bringen? Vorschlag eines neuen integrativen Einflussschemas umweltbewussten Alltagshandelns. *Umweltpsychologie, 9*, 62–81.

Norretranders, T. (2002). *Spüre die Welt – Die Wissenschaft des Bewusstseins* (4. Aufl.). Hamburg: Rowohlt.

Radebold, H. (2015). *Die dunklen Schatten unserer Vergangenheit. Hilfen für Kriegskinder im Alter*. Stuttgart: Klett-Cotta.

Roth, G. (1996). *Das Gehirn und seine Wirklichkeit. Kognitive Neuropsychologie und ihre philosophischen Konsequenzen.* Frankfurt/M.: Suhrkamp.

Rudolf, G. (2011). *Strukturbezogene Psychotherapie. Leitfaden zur psychodynamischen Therapie struktureller Störungen* (2. Aufl.). Stuttgart: Schattauer.

Sisco, M. R., Constantino, S. M., Gao, Y., Tavoni, M., Cooperman, A. D., Bosetti, V. & Weber, E. U. (2020). *A Finite Pool of Worry or a Finite Pool of Attention? Evidence and Qualifications.* https://assets.researchsquare.com/files/rs-98481/v1/8b2de3051b95d4c6e21b0f81.pdf (02.01.2021).

Spitzer, M. (2018). *Einsamkeit – die unerkannte Krankheit: schmerzhaft, ansteckend, tödlich.* München: Droemer.

van Bronswijk, K., Komm, J.-O., Zobel, I. (2021). Die Evolution der Drachen der Untätigkeit. In L. Dohm, F. Peter & K. van Bronswijk (Hrsg.), *Climate Action – Psychologie der Klimakrise. Handlungshemmnisse und Handlungsmöglichkeiten* (S. 105–140). Gießen: Psychosozial-Verlag.

Biografische Notiz

Lea Dohm, Dipl.-Psych., ist tiefenpsychologisch fundierte Psychotherapeutin und selbstständig in eigener Praxis für Erwachsene und Gruppen. Sie ist Mit-Initiatorin der Psychologists for Future und Fachjournalistin.

Zur zeitbedingten Abwehr der Klimakrise

Wie wir uns die Klimakrise bedeutungslos machen und wie der Zeitgeist uns dabei hilft

Delaram Habibi-Kohlen

Zusammenfassung: Wir alle wehren die Wahrnehmung der Klimakrise mehr oder weniger ab. Es wird gezeigt, dass die Angst vor dem Hinsehen (die innere Realität) zu tun hat mit der seit Jahrzehnten größer werdenden Individualisierung, mit Entfremdung und Beschleunigung (äußere Realität), und wie sich äußere und innere Realität verzahnen und gegenseitig dynamisieren. Neoliberale Denkstrukturen, die vor 40 Jahren Einzug hielten, haben einen Exzeptionalismus in uns bewirkt, in dem wir uns für berechtigt halten, uns alles »zu nehmen«, und Grenzen, Einschränkung und Verzicht zu brandmarken als arbeitsplatzgefährdend. Der Glaube an grenzenloses Wachstum sowie eine sich auf alles ausweitende Kommodifizierung prägen seither unsere Abwehrorganisation in spezifischer Weise. So gibt es im Zusammenhang mit der Implantierung von neoklassischen Arbeits- und Organisationsstrukturen einen enormen Selbstoptimierungsdruck, in dem unser Denken sehr kurzfristig geworden ist und wir nur noch in Quartalen denken können. Solidarisches Denken und Handeln ist uns eher fremd geworden, und das Ich-Ideal hat das Über-Ich in weiten Teilen ersetzt. Die Abwehrmaßnahmen, derer sich das Seelische bedient, sind geprägt von solchen Strukturen, die das Seelische invadiert haben. Anhand konkreter Beispiele wird beschrieben, welche Abwehrmechanismen bewirken, dass wir sehen und doch nicht sehen, und was diese Formen der Verleugnung so stabil macht.

Ein Wissen um den Klimawandel existiert seit langer Zeit: Bereits im 19. Jahrhundert wurde der Treibhauseffekt beschrieben. Die systematische Erforschung und Hypothesenbildung geriet jedoch erst in den öffentlichen Diskurs durch die Publikationen des Club of Rome 1972 und 1974 und die nachfolgenden Institutionen, die die anthropogene Erderwärmung untersuchten bzw. Studien sammelten und analysierten (z. B. der IPCC).

Seitdem ist die Erforschung der globalen Erderwärmung und deren Zusammenhang mit dem Anstieg von Kohlenstoffdioxid und anderen sogenannten Treibhausgasen enorm gewachsen, und es besteht bei den WissenschaftlerInnen kaum noch ein Zweifel am menschengemachten Klimawandel.

Auch dass sich der Klimawandel schneller vollzieht als angenommen und die prognostizierten Zahlen des Weltklimarates überstiegen werden, kommt allmählich in das öffentliche Bewusstsein. Die Frage all jener, die sich mit globaler Erwärmung beschäftigen, bleibt jedoch virulent: Warum gibt es auf politischer wie aber auch auf individueller Seite keine adäquate Reaktion auf die bekannten Fakten?

Erklärungen dafür kann es nur mit interdisziplinärer Forschung aus Psychologie, Soziologie, Politologie und anderen relevanten Wissenschaften geben.

In diesem Kapitel soll es nun um die Kunstgriffe der seelischen Abwehr im Individuum gehen, und wie sich die gesamtgesellschaftliche Entwicklung der Postmoderne in die Abwehr eingeschrieben hat.

1 Die Wirkungsweise des Seelischen

Das Seelische ist unglaublich anpassungsfähig. Es ermöglicht uns das Überleben auch in traumatischen Situationen. Es sucht Schmerz zu vermeiden und es will uns schützen. Dabei geht es gefährliche Manöver ein: Es spaltet, es produziert Risse, es verbiegt sich, es wirft Unliebsames aus sich heraus ohne Rücksicht auf Verluste.

Freud teilte zu Beginn seiner Odyssee durch den »seelischen Apparat« diesen auf in Bewusstes und Unbewusstes. Dann merkte er jedoch, dass dies zu einfach war. Denn das, was Unliebsames und Schmerzliches un-bewusst hält oder macht, ist selbst dem Bewusstsein nicht zugänglich. So kam er dazu, drei Instanzen anzunehmen: Das Ich, das Es, und das Über-Ich (Freud, 1923b). Im Spätwerk verwarf er dies zwar nicht gänzlich, kam aber zu der Hypothese des Lebens- und des Todestriebs, die er als Antagonisten verstand, die sich aber gleichwohl ergänzen. In jedem Stadium seiner Forschung sah er das Seelische, und als Teil davon dessen Manager, das Ich, immer als konflikthaft, kompliziert und äußerst wendig an. Und auch als ständig im Kampf begriffen: gegen die eigenen Wünsche, die Angst machen könnten; gegen die Realität, die übermächtig, enttäuschend und versagend, schmerzhaft ist; gegen die eigenen Schuldgefühle, die einschränkend, peinigend und qualvoll sein können.

Kurz: Unser Seelenleben ist komplex, ambivalent, in weiten Teilen unbewusst und nicht-rational.

2 Der kulturelle Kontext der Abwehr

Die innere Realität, die PsychoanalytikerInnen als ihr Hauptarbeitsgebiet betrachten, ist nun aber eingebettet und interagiert mit der äußeren Realität. Interagieren ist dabei ein zu einfaches Wort: Vielmehr sind innere und äußere Realität miteinander verwoben und prägen sich gegenseitig in einem andauernden Prozess. Was wir außen wahrnehmen, ist von unserem Inneren zumindest teilweise mit »gemacht«. Sehen wir zum Beispiel jemanden aufgrund unserer lebensgeschichtlichen Erfahrungen eher als gefährlich und aggressiv an, verhalten wir uns entsprechend, zum Beispiel angreifend oder auch submissiv, und der andere »wird« dann in Teilen aggressiv, weil er sich so behandelt fühlt und sich glaubt verteidigen zu müssen gegen die von ihm wahrgenommene Anschuldigung. Aber auch die Gegenstände und Dinge außerhalb unserer selbst »kommen in uns hinein« und prägen uns. Das augenscheinlichste Beispiel sind die *Digital Natives*, deren smartphone-gewohnte Daumen ein vergrößertes entsprechendes Hirnareal hervorrufen.

Der Zeitgeist, in dem wir uns sehr selbstverständlich bewegen und der uns unhinterfragbar erscheint, prägt unser Bewusstsein und unser Unbewusstes, und damit auch unsere Abwehr.

Ein an der äußeren Realität sehr interessierter Psychoanalytiker, Shmuel Erlich, stellt die These auf, dass die gegenwärtige zivilisatorische Entwicklung einen Wohlstand erreicht hat wie noch niemals zuvor, und dass gerade dies unser subjektives Unglücklichsein ausmacht:

> »Wenn wir unter ›Zivilisation‹ in erster Linie die heutige westliche Kultur und ihre globalen Erscheinungen verstehen, müssen wir anerkennen, dass wir in einem Zeitalter der Omnipotenz leben – der Mensch ist tatsächlich an die Stelle Gottes getreten und hält nichts mehr für unmöglich. Diese Omnipotenz, diese Hybris, spiegelt sich in Grandiosität, Selbstsucht und in einer Tendenz wider, das Über-Ich durch das Ideal-Ich zu ersetzen [...] Eine Ursache für das Unbehagen des Subjekts ist deshalb das omnipotente Versprechen der heutigen Zivilisation – eine Verheißung von Glück, Gesundheit, Herrschaft und einer alles überwältigenden Liebe. All dies wird nicht nur mit großem Aufwand in Aussicht gestellt, sondern schablonenhaft, gebrauchsfertig, zum sofortigen Konsum angeboten [...]. So ist es unvermeidlich, dass das Individuum sich einer Spannung zwischen seinem täglichen Los und seinen omnipotenten Phantasien von Liebe und Glück, Schönheit

> und Klugheit, Frieden und einem Leben ohne Leiden ausgesetzt fühlt. Diese Spannung wird ständig genährt durch die Wahrnehmung dessen, was fehlt, und schürt die stets abrufbaren Gefühle von Neid und Gier« (Erlich, 2020, S. 106f.).

Das Immer-mehr-haben-Wollen erklärt sich also aus der Spannung zwischen dem heutigen Paradiesanspruch und der Realität. Sie stellt die Frage nach möglichem Verzicht und Einhaltung von Grenzen.

Wir leben seit der Industrialisierung mit dem Versprechen und dem Glauben, dass alles machbar ist, dass Entwicklung Wachstum ist, dass dem menschlichen Geist kaum Grenzen gesetzt sind in dessen Erfindungsreichtum und Forscherdrang, und dass dies nicht nur dem globalen Wohlstand dient, sondern auch einer Befreiung von einschränkenden Grenzen. Wir leben in den westlichen Industrienationen in einem Überfluss, der uns Mangel nicht mehr vorstellbar sein lässt. Zudem unterliegt die Verfügbarkeit von Dingen kaum noch einer Wartezeit, und wir haben uns an das Schlaraffenland sehr gewöhnt.

Der Preis für all dies ist die Entfremdung im weitesten Sinne: Nicht nur die Entfremdung der Arbeitenden von ihren Produkten und vom Arbeitsprozess ist hier gemeint, sondern die Entfremdung zwischen den Menschen, auch zwischen den Generationen, von der Natur und auch von den Dingen. Es geht um eine Beziehung zur Welt, die gestört ist, da der Mensch sich mit ihr nicht mehr verbunden fühlt.

Angesichts der Globalisierung mit ihren Interdependenzen mutet dies paradox an. Globale Verbundenheit ist jedoch nur möglich, indem jede/r Einzelne sich gewissermaßen einsperrt in eine Kleinst-Parzelle oder umgangssprachlich: in seine/ihre »bubble«, die Sicherheit und Geborgenheit verspricht. Dies betrifft nicht nur die hochspezialisierte Arbeitswelt, sondern auch die Gruppen der eigenen Gesinnung oder des eigenen Lebensstils. Dieser uns umgebende kulturelle Kontext ist der gemeinsame Boden für die Abwehren der Klimakrise, da die gesamte Abwehr durchdrungen ist von Entfremdung (vgl. Jaeggi, 2005). Die Entfremdung führt zu funktionalen und instrumentalisierten Beziehungen in Arbeitsbezügen, aber auch im Privatleben, sowie zu einem immer weiter fortschreitenden Optimierungs- und Perfektionszwang im Zusammenhang mit immer rasanterer Beschleunigung (Rosa, 2013). Dieser betrifft ebenfalls das Arbeitsleben genauso wie die Beziehung zum eigenen Körper, zur Fitness und zur Belastbarkeit wie auch die Beziehungen zu anderen Menschen, die einem »etwas bringen sollen« (vgl. King et al., 2019).

Perfektionsdruck führt im Verbund mit der Glorifizierung von Wettbewerb zu weiterer Individualisierung, zu dem Bedürfnis nach Rückzug und Freiheit im Kontrast zum Performancezwang. Zugleich ist dieser Druck aber auch verbunden mit dem narzisstisch gratifizierenden Versprechen, etwas Besonderes zu sein und etwas Besonderes verdient zu haben. Dieser soziokulturelle Kontext führt gesamtgesellschaftlich zu einer Entsolidarisierung und zu Apathie: Die Unüberschaubarkeit und immer weitere Verdichtung der globalen Verflechtungen und Abhängigkeiten minimiert die Gefühle von (Selbst-)Wirksamkeit des Einzelnen und trägt weiter zu Rückzug und Konsumismus bei (Lertzman, 2015). All dies gilt es zu berücksichtigen bei der Beschreibung der heute gängigen Abwehrformen, die eingebettet sind in diese gesellschaftliche Ausgangslage.

3 Die verschiedenen Facetten der Abwehr

Sprechen wir von *Verleugnung* als Oberbegriff der Abwehr des Klimawandels, so ist diese in ihren verschiedenen Ausdrucksformen durchdrungen von Entfremdung. Bei der Verleugnung handelt es sich um mehr als eine schlichte Verneinung des Klimawandels. Diese kommt natürlich immer noch vor, weicht aber allmählich der wissenschaftlichen Faktenlage.

Fossiler Lobbyismus zum Beispiel arbeitet mit Verdrehungen und Lügen zur Erreichung seines Ziels, also mit bewusster Manipulation, die organisiert, geplant und institutionalisiert ist. Zur Manipulation sei allerdings gesagt, dass das Individuum die Lüge dann unhinterfragt und unbewusst übernimmt, wenn das Reflektieren kulturell entwertet ist und dem Menschen verspricht, schnell das haben zu können, was er will: Das Zeitalter der *fake news*, in dem ungeniert und entgegen aller nachprüfbaren Tatsachen deren Gegenteil behauptet werden kann, verweist darauf, dass die Regression auf anstrengungsloses Wunschdenken und scheinbare innere Konfliktlosigkeit weit fortgeschritten ist. Das bedeutet, dass das schlichte Verneinen (ich will nicht, dass es wahr ist, also ist es nicht wahr) doch wieder mehr Boden gewinnen kann.

Meist geht es auf individueller Ebene bei der Verleugnung um eine sehr stabile Abwehrform im Verbund mit anderen Abwehrmechanismen, in der etwas zugleich gewusst und nicht gewusst wird.

Menschen aus Großbritannien nennen das, was passiert, wenn jemand etwas weiß oder sieht, es aber nicht sehen will, »turning a blind eye«. Der Ausdruck geht zurück auf Admiral Nelson, der bei der Seeschlacht um Kopenhagen 1801 das Flaggensignal zum Rückzug missachtete, indem er sein Fernglas an sein Glasauge hob und korrekterweise sagte, er sähe nichts.

Diese Art der Abwehr, die sich – anders als bei Admiral Nelson – unbewusst vollzieht, folgt einem sehr komplexen Manöver, in dem mehreres verdichtet wird. Es wird etwas gesehen/geahnt/gewusst, aber dies wird einer sekundären Bearbeitung unterzogen, an deren Ende das Gewusste keinerlei Bedeutung mehr hat.

Begleitet und unterstützt wird dies von vielen anderen Weggefährten der Abwehr wie:

- Verdrängung (etwas wird »vergessen«/beiseitegeschoben),
- Rationalisierung (der Grund, weshalb etwas nicht veränderbar sein soll, wird »vernünftig« untermauert),
- Verschiebung (etwas wird auf einen Nebenschauplatz verschoben),
- Projektion (eine Schuld oder Verursachung wird jemand anderem zugeschoben),
- Isolierung (eine Vorstellung wird vom dazugehörigen Gefühl getrennt),
- Entwertung (etwas oder jemand ist es nicht wert, wahrgenommen/ernst genommen zu werden),
- Idealisierung (jemand oder etwas wird überhöht und mit für ihn/sie nur guten Motiven und Fähigkeiten ausgestattet),
- Omnipotenz (man selbst oder andere werden als unverwundbar, allwissend und allmächtig wahrgenommen)
- u.v.m.

Diese Formen der Verleugnung sind auch deshalb so stabil, weil die wissenschaftliche Faktenlage gar nicht abgestritten wird. Sie wird »gesehen«, aber in ihren Konsequenzen für bedeutungslos erklärt.

Zunächst gilt es festzustellen, dass wir alle eine mehr oder weniger abwehrende Haltung gegenüber dem Klimawandel haben, sonst könnten wir vermutlich psychisch nicht überleben. Sich permanent bewusst zu halten, wie die Welt in 60 Jahren oder weniger aussehen wird, sich also einen zivilisatorischen Kollaps im Bewusstsein zu halten, der passieren wird, wenn es nicht globale Großanstrengungen zur Reduktion des fossilen Verbrauchs gibt, übersteigt nicht nur das Fassungsvermögen, sondern auch das Aushaltepotenzial des Individuums, das dann nicht mehr alltagsfähig wäre (Hitzewellen, Stürme, Fluten, Unbewohnbarkeit der südlichen Hemisphäre, Hungersnöte, globale Migrationsbewegungen, Kriege um Wasser, Bürgerkriege, eskalierender Terrorismus, steigernder Totalitarismus der Regierungen usw.).

Um sich dies zumindest so weit bewusst zu machen, dass der Mensch in ein klimabezogenes sinnvolles Handeln kommt, muss die Notwendigkeit zumindest einer teilweisen Abwehr erst einmal anerkannt werden. Denn Klimawandel, -krise und -katastrophe sind in ihrer letztendlichen Botschaft identitätserschütternd. Sie sagen: Du musst etwas ändern; und sie ziehen die Frage nach sich: Aber was kann ich ändern? Mit im Verbund sind Ängste vor Verlust vom eigenen Besitz, vom bisherigen Lebensstil, der Ansehen, Bequemlichkeit und damit Gefühle von Sicherheit und Geborgenheit ermöglicht. Nicht zuletzt sind Schuldgefühle über den eigenen Lebensstil, mit dem die bestehenden Ungerechtigkeiten zwischen nördlicher und südlicher Hemisphäre weiter zementiert werden, virulent (vgl. Weintrobe, 2012). All dies muss nivelliert und beschwichtigt werden, damit wir uns nicht »schlecht fühlen«, damit wir uns nicht in massiverer Form infrage stellen müssen, damit wir weitermachen können wie bisher.

Letztendlich wird es dabei um die Frage einer Balance gehen, nämlich wie viel Abwehr wir einerseits brauchen und wie viel Abwehr andererseits die Grundlage unseres Daseins vernichten wird. Im Folgenden werde ich nur einige Abwehrkonstellationen als Beispiele beleuchten.

3.1 Verdrängung

Bei der Verdrängung wird etwas »vergessen«, »nach hinten geschoben« (und manchmal nicht wieder hervorgeholt). Meist nimmt es die Form an, etwas nicht zu Ende zu denken, und es ist dann schon im Vorfeld nicht mehr gefühlt, zum Beispiel, wenn angesichts der Kipppunkte gesagt wird »das will ich mir lieber nicht ausmalen«. Es kann sich hinterher, wenn man wieder darüber nachdenkt, erstaunlich anfühlen, dass es »wirklich weg« war, und es kann auch wieder gänzlich verschwinden. Dieser Vorgang wiederholt sich im Alltag sehr oft und hilft bei der Bewältigung des Nächstliegenden.

3.2 Omnipotenz, Entwertung, Idealisierung und Projektion

KlimawandeI-SkeptikerInnen, wie sie sich fälschlich nennen (denn sie sind nicht »skeptisch« oder »zweifelnd«, sondern glauben fest an die Nichtexistenz der anthropogenen globalen Erwärmung), verstehen sich gern als vernünftig und rational und verlangen »beweisbare Zahlen«, die »sicher« sind. Hier wird zum Beispiel behauptet, dass es Klimawandel immer schon gegeben hat (was zweifellos richtig ist). Das ausschlaggebende Detail, dass die Schnelligkeit der Erwärmung einen Zusammenhang mit der Zeit seit der Industrialisierung aufweist, wird dabei jedoch »mit dem blinden Auge« bedacht. Zugleich findet häufig eine Polarisierung statt, indem Klimaaktive pauschal beschimpft werden als »Hassprediger gegen wissenschaftliche Methoden«, als »Lügner«, »Fantasten«, als »hysterisch«, als »Sozialisten«, »Verrückte« usw. (Stokoe, 2019, S. 11–15) – hier findet sich auch der Mechanismus der Projektion. In klimaverleugnender medialer Propaganda verbirgt sich hinter der scheinbaren Rationalität eine Irrationalität, die zum Vorschein kommt im Affekt der Wut, mit der klimabewegte Menschen lächerlich gemacht, denunziert, entwertet und erniedrigt werden.

Die hier sichtbare Omnipotenz ist eine Abwehrform, in der man sich für unverwundbar hält und in der man den anderen zum Schwachen erklärt, um Gefühle eigener Schwäche, Abhängigkeit und Hilflosigkeit nicht spüren zu müssen. Die Vehemenz der Verachtung für den anderen zeugt von der Gefährlichkeit dieser Gefühle, wenn man sie für sich selbst anerkennen würde.

Diese Form der Verleugnung ist häufig anzutreffen in der organisierten Form von fossilem Lobbyismus. Stokoe benennt hierfür einige typische Kennzeichen wie die Annahme von Verschwörungen, zum Beispiel gegen das Kapital, die Verwendung falscher ExpertInnen in scheinbaren Belegen und Zitaten, das Herauspicken der schwächsten wissenschaftlichen Artikel zur Verunglimpfung des gesamten Feldes, die Forderung nach immer noch mehr wasserdichten Zahlen sowie die Verwendung falscher Analogien und logischer Fehlschlüsse.

Wichtig erscheint dabei, dass die AkteurInnen meist eine unlautere Verallgemeinerung, eine Emotionalisierung, Polarisierung und Dramatisierung verwenden, in der gar nicht mehr der Anschein einer sachlichen Auseinandersetzung gewahrt werden soll. Es geht dabei mehr um ein Aufputschen, in dem die Gegenseite zum *absoluten* Feind erklärt wird (oft zusammen mit dem Bild, selbst aufrechtes Opfer eines dogmatischen oder fundamentalistischen Mainstreams zu sein, zum Beispiel einer »Ökodiktatur«). Omnipotenz und Entwertung basieren dabei auf der Intoleranz für die anderen/einen anderen Standpunkt, und zugleich multiplizieren sie diese immer weiter und gefährden damit die demokratische Basis einer Weiterentwicklung, die alle mitnehmen will.

In der organisierten Form kann es durchaus vorkommen, dass jemand, der die Werte seines Konzerns nach außen vertritt, »als Privatperson« durchaus an die Existenz des anthropogenen Klimawandels glaubt und hier das Privatleben vom Arbeitsleben abspaltet (vgl. Long, 2008).

Projektion funktioniert aber auch bei der oder dem Einzelnen, wenn als »die Bösen« ausschließlich Konzerne, Banken und Regierungen gesehen werden, in deren Windschatten sich gut weiter konsumieren lässt, ohne dass man etwas verändert oder das eigene Verhalten reflektiert. Hier verstärkt die Projektion letztendlich sogar die Gefühle der eigenen Machtlosigkeit und Verantwortung und schwächt Gefühle der Selbstwirksamkeit. Bei der *Idealisierung* erwartet man von der eigenen Gruppe, dass sie die eigenen hoch gehängten Normen erfüllt, was häufig enttäuscht wird. Dann kippt es entweder in Entwertung oder man verfällt in depressive Stimmung.

3.3 Isolierung

Die Klimakrise ist derart gewaltig, alle Lebensbereiche und -räume (Wasser, Erde, Luft) betreffend, dass sie nicht zum parzellierten Leben passt. Eine der wichtigsten Abwehren besteht darin, sie dennoch zurück in die Parzelle zwingen zu wollen. Beim *Isolieren* wird die Klimakrise getrennt gehalten von anderen Problemen, die ebenfalls krisenhaft sind.

So werden folgende Weltprobleme als gleichwertig nebeneinanderstehend aufgezählt und ihr Zusammenhang zerstört: Pandemie, Klimakrise, Wirtschaftskrise, gesellschaftliche Polarisierung und Fundamentalismus, Terrorismus, Flüchtlingskrise (die Verlängerung der Liste ist vorstellbar). Die multikausalen Verflechtungen zwischen diesen Problemen können dabei übersehen werden, sodass jedes Problem für sich gesehen kleiner und bewältigbarer erscheint. Beiseite geschoben werden soll damit die Angst: dass die Klimakrise – in der südlichen Hemisphäre jetzt schon viel existenzbedrohender als hier – Migrationsbewegungen bedingt und mindestens verstärkt; dass sie wirtschaftlichen Druck und Massenarbeitslosigkeit erzeugt und dass sie Kriege bedingt (zum Beispiel um Wasser, aber auch um andere Rohstoffe und um Territorien); dass die Angst, die dabei entsteht, zu weiterem Fundamentalismus und zu gesellschaftlicher Spaltung führt; dass es durch die Abholzung der Regenwälder zu Annäherung zwischen Tier und Mensch und zu Begünstigung von Viren und deren Mutationen kommt. All diese Ängste sind vielen Menschen gar nicht bewusst, weil die vorbewusst gefühlten Zusammenhänge schon im Vorfeld gekappt werden: Die Ängste wirken dann *unbewusst* weiter.

Die Isolierung der verschiedenen Probleme zieht eine Nivellierung aller Probleme nach sich: Dadurch, dass eine Vielzahl von Krisen aufzählbar ist, geschieht eine unmerkliche Angleichung in der Priorisierung. Wenn wir zehn verschiedene Probleme hintereinander nennen, hat dies den Effekt, dass alle gleich wichtig erscheinen. Allerdings können sie nicht gleichzeitig angegangen werden, also beschäftigt man sich zuerst mit dem, was die geringsten Schwierigkeiten bereitet und am »leichtesten« aus der Welt zu schaffen ist mit konkretem Tun. Hierbei bildet der Klimawandel immer das Schlusslicht, weil zu komplex, zu interdependent, zu wenig erfolgversprechend, zu langfristig.

Diese »Prokrastination« ist eingebettet in eine über Dekaden gelernte Quartalsfokussierung, in der die Profite der nächsten drei Monate (die immer weiter wachsen sollen) ausschlaggebend sind für das jetzige Handeln. Gibt man »Denken in Quartalen« ins Netz ein, erscheinen bezeichnenderweise eine Menge Artikel über familiengeführte oder naturverbundene, bäuerliche Betriebe, die diesem Denken ein Denken in Generationen gegenüberstellen. Dies kann auch beinhalten, für eine bessere Produktion jetzt auf etwas zu verzichten (zum Beispiel das Beibehalten einer Brache zur Regeneration der Böden). Eine solche Sichtweise ist weniger entfremdet, da sie einen unmittelbaren Zugang zum Produkt beinhaltet. Sie bedenkt große Zusammenhänge. Jedoch ist sie nicht häufig anzutreffen, und sie ist anstrengend. Dass etwas, was wir heute tun oder nicht tun, Folgen haben wird für die nächsten Generationen, ist für viele von uns vielleicht abstrakt einsichtig, aber determiniert nicht das Handeln: Wir sind nicht mehr verbunden mit den folgenden Generationen, da Familienbindungen aufgrund individualisierender Dynamiken weit weniger stark sind als noch vor 50 Jahren.

Diese Unverbundenheit findet sich auch in den Abwehren, die unsere Abhängigkeit und Verflechtung mit Natur gar nicht mehr erkennen:

»Das ist so traurig mit den Eisbären, die sind so süß!« »Menschen brauchen die Natur, um sich zu erholen vom stressigen Stadtleben.« Natur wird erlebt als etwas außerhalb unserer selbst und unseres Lebensmittelpunkts. Mehr noch: Sie wird funktionalisiert als etwas, das unserem Wohlergehen dient, aber wir selbst erleben uns kaum als Natur. Zyklen von Wachstum und Vergehen sind nicht mehr spürbar, was auch mit der immerwährenden Verfügbarkeit von allem Essbaren zu tun hat, was wir alle nicht mehr missen möchten. Es ist aber ausgeblendet, dass dies einen Preis hat, der auch mit fossilem Raubbau zu tun hat. Rosa (2016) nennt dies eine stumme Weltbeziehung, in der wir keine Resonanz mehr mit der Natur haben. Die Folge ist eine Spaltung, in der die Natur entweder romantisiert wird (süße Eisbären, schöne Landschaften) oder unterworfen werden muss als bedrohlich. Ein Virus wird dann nicht gesehen als von Menschen in seiner Ausbreitung begünstigt durch das Näherrücken von Tieren und Menschen auf dicht gedrängten Märkten oder durch die Vernichtung von tierischen Lebensräumen; also als etwas, das eine logische Konsequenz unseres Lebensstils ist. Auch das Aussterben der Arten, der Tod der Korallenriffe wird nicht als etwas gesehen, das uns selbst in höchstem Maß gefährdet, sondern als etwas, was »schade« ist.

3.4 Rationalisierung

»Was kann ich denn schon bewirken, wenn es weiterhin Fleischgroßbetriebe gibt, der Hambacher Forst abgeholzt wird zugunsten der Braunkohlegewinnung, wenn – selbst wenn ganz Deutschland mitzöge – China, Indien, Australien, USA weiterhin so gewaltige Emissionen in die Luft schleudern?«

»Die Politik ist doch zuständig, die großen Strukturen müssen sich ändern! Die Politik wälzt ihre Verantwortung ab auf den Einzelnen, wenn sie nur Verzicht auf Konsum fordert und Appelle von sich gibt!«

»Wie kann ich von Drittländern verlangen, dass sie auf den Wohlstand verzichten, den wir hier haben, nachdem wir so von ihnen profitiert haben? Das heißt aber potenzierte Emissionen!«

All dies stimmt – zu einem Teil. Rationalisierung bedeutet, dass in der Argumentation etwas Wahres ist, dies aber das eigentliche Motiv – nämlich eine Abwehr – verschleiern soll. Die genannten Argumente sollen begründen, warum ein Verzicht auf Konsum bzw. Ressourcenverbrauch sinnlos erscheint und keinen Effekt haben wird. Dahinter verbirgt sich jedoch oft der heimliche und sehr verständliche Wunsch, es im Windschatten der guten Begründung weiter wie bisher machen zu können (das Fliegen, das Amazon-Bestellen, das individualisierte Autofahren, kurz: das Konsumieren). Es handelt sich dabei um eine sehr komplexe Gemengelage: Denn es geht beim Konsum nicht nur um Bequemlichkeit. Die Bequemlichkeit, der Überfluss und die Anstrengungslosigkeit, die nicht aufgegeben werden wollen, wurzeln letztlich in der Abwehr von Angst und Hilflosigkeit; diese entstehen unter dem Anforderungsdruck an ein aus sozialen Bindungen oftmals isoliertes Individuum: Erhöhte Mobilitätsanforderungen, ständige Verfügbarkeit per E-Mail und Handy und eine extreme Diffusion von Arbeits- und Privatleben führen oft dazu, dass sich das Individuum nicht mehr verwurzelt fühlt und sich schließlich nur noch auf lose Beziehungen einlassen kann aus Angst vor Enttäuschung. Dieses Individuum soll sich permanent erfinden, steigern und verwirklichen, ist dabei aber bei aller scheinbaren Freiheit fremdbestimmt aufgrund der Vielzahl von Interdependenzen, in die es verwickelt ist. Rosa beschreibt anschaulich, dass im Vergleich zu früher ein Mensch heute ständig seine Krankenkasse, seine Bankverbindung, seine Handynummer wechselt (weil es alle drei Monate ein günstigeres Angebot gibt), viel freier in der Berufs- und Partnerwahl ist als früher, aber eben auch viel verlorener und unsicherer. Bequeme orale Sicherheiten (oral steht hier für sicher haben, sich einverleiben können), die der Konsum zur Verfügung stellt, bieten eine Kompensationsmöglichkeit für diese Unsicherheiten (Rosa, 2013).

3.5 Fetischisierung

Eine andere Abwehr, die auch auf die Aufrechterhaltung des Status quo setzt, ist eine im Infantilen gründende Hoffnung auf Versorgung durch »die Großen«, hier: auf eine Technologie, die alles gut machen wird.

Die Phantasie, dass es keine Wasserknappheit geben wird, wenn erst einmal die Technologie effizient genug ist, Meerwasser zu entsalzen; dass es kein Waldsterben, kein Aussterben der Arten mehr geben wird, wenn CO_2 aus der Atmosphäre gesaugt und wieder im Boden eingelagert werden kann; dass es genügend Schutz für alle geben wird, wenn wir uns völlig unabhängig gemacht haben von der »Um-Welt« und unter einer Kuppel leben werden; dass Hunger und Migrationswellen gestoppt werden, wenn wir Nahrung völlig synthetisch herstellen können werden; all diese Phantasien setzen dem Schrecken der Kipppunkte, der völligen Unkontrolliertheit der Stürme, Dürren, Froste, Hitzewellen, Fluten etwas Beruhigendes entgegen und verheißen, dass das Leben seinen gewohnten Gang weitergehen wird ohne Einschränkung.

Hier wird die jeweilig gehypte Technologie zu einem Fetisch, einer Wunderwaffe, die alles heilen kann, die uns Unabhängigkeit, Kontrolle und Verfügbarkeit verspricht; und vor allem, dass wir auf nichts verzichten müssen (ein Beispiel für den Widerstand gegen Einschränkung ist der Rebound-Effekt: Sparen wir Energie ein durch effizientere Technologie, »gleichen wir das aus« durch häufigere Nutzung, prestigeträchtigere Modelle bei Autos, Handys usw.). Verzicht oder Einschränkung bedeutet häufig, dass man auf der Loser-Seite steht und dass man es nicht geschafft hat, der Grenze zu beweisen, dass es sie nicht gibt.

3.6 So tun als ob

Sieht man sich die Erfolge der grünen Bewegung und der Partei an, könnte man meinen, dass sich doch ein Bewusstsein durchgesetzt hat, das den Klimaschutz ganz oben auf die Agenda stellt. Die Flut der Bio-Lebensmittel selbst in den Discountern zeugt von der Notwendigkeit der gesellschaftlichen Selbstberuhigung. Hörten Außenstehende, wie oft am Tag das Wort »nachhaltig« fällt, müssten sie uns für eine ausgesprochen ressourcenschonende Gesellschaft halten. Tatsächlich führt der Versuch, in allem ökologisch sinnvoll zu handeln, jedoch in Patt-Situationen, in denen der Mensch nicht mehr weiß, wie er aus den Widersprüchen herauskommen soll: Biosprit führt zur Rodung von Wäldern ebenso wie der Anbau von Waschnuss-Plantagen. E-Autos sind durch die aufwändige Herstellung am Ende nicht wirklich ökologischer. Die Liste ist fortsetzbar.

Eine Art der Abwehr ist an dieser Stelle ein Denkstopp und eine Selbsttäuschung: Das Gewissen wird beruhigt, wenn alles immer »grüner« wird, was man verbraucht. Die offensichtliche Falschetikettierung führt meist nicht zur Frage, ob es wirklich so viel »Bio« zu so günstigen Preisen geben kann; ob es sich hier nicht um Greenwashing handelt, also um Strategien, in denen minimal ökologische Verfahren oder Ingredienzen die maximalen umweltzerstörenden Methoden und Produkte in Alibi-Manier bemänteln sollen.

3.7 Verschiebung

Wenn ein Mensch im Bioladen einkauft, andererseits aber häufig das Flugzeug benutzt und sich Autos kauft, die sehr viel Benzin verbrauchen, kann er eine Verschiebung vornehmen, indem er das »grüne Einkaufen« verrechnet mit dem Rest. Eine Verschiebung liegt auch vor, wenn Menschen etwas als besonders unökologisch brandmarken, womit sie etwas anderes, das sie praktizieren, rechtfertigen als »nicht so schlimm wie das andere«.

3.8 Rückzug und Apathie

Auch bei dieser Abwehr wird wieder ein Zusammenhang gespalten: Die Entpolitisierung kennzeichnet die Entwicklung der letzten Jahrzehnte. Ausschließlich die Politik (und das bedeutet meist: »Die da oben«) wird hier als zuständig für die Klimakrise betrachtet: Das Persönliche wird nicht als politisch gesehen. Die eigene Person wird hier entpolitisiert ohne ein Bewusstsein für die eigene Wirkung auf und die Eingebundenheit in ein Kollektiv. Unmerklich hat sich der Zusammenhang zwischen dem/der Einzelnen und der Gesellschaft aufgelöst und die Solidargemeinschaft wird nur noch als Abstraktum wahrgenommen.

Individualisierung wird begleitet von Exzeptionalismus und Abspaltung der Betroffenheit: »Man gönnt sich ja sonst nichts« und »Klimawandel ist noch nicht hier und wird mich auch nicht betreffen«. Die in den 1980er Jahren vorherrschende Doktrin von Thatcher und Reagan (»reagonomics«) setzte auf die Verantwortungsübergabe an die/den Einzelnen für sein Glück, während die Rolle des Staates immer weiter zurückgedrängt werden sollte und wurde. Im Alltag der Einzelnen dominierte die Idee, etwas Besonderes zu sein oder sein zu müssen, um mithalten zu können. Dies verkam immer mehr zu der Berechtigung, ja zur Verpflichtung, sich rücksichtsloser durchsetzen zu müssen (vgl. Reckwitz, 2019). Wettbewerb entwickelte sich zu einem absolutistischen Qualitätsgaranten: Das Hochwertige würde sich durchsetzen.

Unmerklich geriet Solidarität hier zu etwas Altmodischem. Begleitet wird dies oft von einem leicht manischen Wind. Unsere Sprache legt hier Zeugnis ab: In den letzten Jahrzehnten wurden die Verwendung von Superlativen und der »Event«-Charakter kultureller Veranstaltungen zur Normalität, rauschhaftes »Feiern« prägt das normale Wochenende (vor

Corona), Langeweile ist absolut zu vermeiden. Depression und Manie sind jedoch zwei Seiten einer Medaille, und so wundert es nicht, dass die Jagd nach dem Neuen, dem Ultimativen als Abwehr einer depressiven Stimmung und Hoffnungslosigkeit fungiert. Entsprechend ist die Angst auch groß vor einer realistischen Darstellung der Klimakrise.

Das »Klima« der 80er Jahre mit seinem Narrativ des ewigen Wachstums hat uns bis in die tiefsten Seelenschichten hinein geprägt im Hinblick darauf, »gut drauf« sein zu müssen, immer eine uneingeschränkte und absolute, aber zutiefst unrealistische Hoffnung aufrechterhalten, vertrauen zu müssen auf ein Happy End (vgl. Lertzman, 2015). Dem entgegen steht jedoch, dass im Zuge der Globalisierung die internationalen Verflechtungen immer undurchschaubarer wurden, die Debatten um den Klimawandel immer unverständlicher (Emissionshandel zum Beispiel), Klima-Ungerechtigkeiten erscheinen immer schwieriger auflösbar. Die daraus resultierende Resignation, der Rückzug aus den Debatten und die damit einhergehende Apathie und Lähmung haben zu tun mit dem erdrückenden Gefühl, ohnehin unwichtig zu sein, nichts ausrichten zu können. Trauer um immer weiter verlorene Natur, um das Sterben der Fichten vor der Haustür und um das irrsinnig schnelle Schwinden der Biodiversität kann von den meisten Menschen nicht zugleich tief gefühlt *und* ertragen werden. Es »friert ein«, gerät zu Apathie und Rückzug, der sich äußert in reinem Funktionieren und der Zuwendung zu Konsum als einem immerhin kleinen Trost.

3.9 Omnipotenz als kulturelle Leitlinie gegen Schuldgefühle

Schuldgefühle sind sinnvoll für das seelische Gleichgewicht und das soziale Miteinander, sofern sie moderat sind. Sie sind dann verbunden mit einer Hoffnung, eigenes Fehlverhalten wiedergutmachen zu können. Sind die Schuldgefühle jedoch zu groß, werden sie verdrängt, in ihr Gegenteil verkehrt, projiziert usw. – mit einem Wort: Sie werden *unspürbar* gemacht. Konsum und Beschleunigung des Tempos, sei es in der eigenen Arbeitsweise, sei es in Beziehungen, sei es im Freizeitbereich, sind hier zunächst tröstlich und auffangend, da sie das Gefühl vermeiden helfen, allein, hilflos, abhängig und schuldig zu sein. Dies ist paradox, denn die existierenden Schuldgefühle werden dadurch latent verschlimmert. Es entsteht ein Teufelskreis, in dem wir immer weniger nachdenken wollen, um uns vor unerträglichen Phantasien, Schuldgefühlen und apokalyptischen Bildern retten zu wollen, die gerade dadurch aber immer mehr unbewusst anwachsen.

Das vorher genannte Zitat von Shmuel Erlich besagt unter anderem, das Über-Ich (die innere Instanz, die Schuldgefühle generiert) werde durch das Ideal-Ich ersetzt. Dies bedeutet, dass Gewissensfragen ersetzt werden durch die Frage nach Selbstoptimierung. In Zeiten der Postmoderne beschäftigt sich dann diese Selbstoptimierung (noch) weniger damit, wie man ein ethisch handelnder Mensch werde, sondern damit, wie man sein Äußeres, seine Gesundheit, seinen Besitz, sein Ansehen, seine Stellung, seine Macht vergrößern, erweitern und verbessern kann: Seit den 1970er Jahren ergreift diese Grenzen verleugnende Marktdoktrin immer mehr Besitz von uns. Sie invadiert alle Lebensbereiche: Im Gesundheitssystem kommodifiziert sie die Gesundheit, das heißt, macht sie zur Ware, und das Krankenhaus zum Beispiel muss genauso Rendite abwerfen wie ein Unternehmen auf dem freien Markt. Im Seelischen werden Körper und Gefühle zu Waren, die immer weiter optimiert und mittels chirurgischer Eingriffe oder (missverstandener) Psychotherapie verändert werden müssen, um mithalten zu können (das »Schlechte« oder »Negative« muss weg). Im Sozialen erscheinen Beziehungen zum Beispiel bei der PartnerInnensuche per App austauschbar (einmal zur Seite wischen). Entsprechend verändert diese äußere Realität mit ihren Möglichkeiten auch unsere Abwehrmöglichkeiten, die ja immer eingebettet sind in unsere Kultur und von dieser mitgeformt werden. Das Ideal-Ich formt sich gesellschaftlich durch den Zeitgeist der Doktrin vom ewigen Wachstum. Dies ist eng verknüpft mit dem Glauben an die eigene Omnipotenz. Es beinhaltet auch ein Ideal von Grenzenlosigkeit und einen Anspruch auf »das Beste«. Sätze, die uns vertraut sind aus Kommerz und Werbung, sagen uns zum Beispiel »ich bin es mir wert«, und sie vermitteln zunehmend, dass es zu den neuen Tugenden gehört, sich selbst immer der/die Erste zu sein. Dies stellt ein Gegengewicht her zu dem Druck, sich selbst ständig neu erfinden, kreativ, hochmobil und dynamisch sein zu *müssen,* um nicht abgehängt zu werden.

Der digitale Kapitalismus transformiert und *verdreht* schleichend unsere Werte, stellt das Wirtschaftsdiktat über das Gemeinwohl (TTIP), prangert die Schwäche an als etwas Minderwertiges (das Wort »Opfer« fungiert unter Jugendlichen als Schimpfwort), ordnet Empathie der Schwäche zu (Empathie wird als Führungsschwäche umgedeutet), stellt den Profit über das soziale Miteinander (»Geiz ist geil«), verwandelt Muße in betriebsame Unterhaltung (Beschleunigungsdynamik auch in Freizeit). Dies ist wichtig, will man die gängigen inneren Haltungen tiefer verstehen, die den Klimawandel betreffen. Sie teilen sich mit über unseren Lebensstil, den Ressourcenverbrauch und das, was uns wichtig ist an Werten.

Erich Fromm, Herbert Marcuse, Pierre Bourdieu, später Hartmut Rosa und andere haben dies in einen Zusammenhang mit der Entfremdung gestellt und einen spezifischen Beziehungsmodus zur Welt skizziert, der vielleicht am anschaulichsten von Fromm beschrieben wurde als der Modus des »Habens« im Kontrast zum Modus des »Seins«. Im Haben-Modus geht es um die Effizienz, eine scheinbare Rationalität; es geht um das Zweckdienliche, den Wettbewerb, und dieser Modus führt zu einer Verdinglichung und Kommodifizierung. Gefühle sind dabei schnelllebig und kick-artig. Zivilisationskritiker haben dafür sich ähnelnde Bilder gefunden wie den »rasenden Stillstand« (Virilio, 1992), die »flüchtige Moderne« (Baumann, 2003), die »Beschleunigung« (Rosa, 2013) usw. Die von diesen Autoren beschriebene Entleerung des Seelischen zugunsten einer material-konkreten Oberflächenwelt im Außen brachte sie zu der paradoxen Erkenntnis, dass »mehr« und »schneller« zu immer weniger Befriedigung und dem Versanden von kreativer Entwicklung und fruchtbaren Beziehungen führt. Die Durchökonomisierung unserer Welt erzeugt einen enormen Druck per Individualisierung und über die mittlerweile als Wahrheit akzeptierte Doktrin, dass jeder selbst seines Glückes Schmied ist. Selbst Kreativität und zwischenmenschliche Beziehungen sind der Frage unterworfen: »Wie bringt mich das weiter?«

Wenn die Angst vor dem »Abgehängt-werden« größer wird, wie in diesen Zeiten, massiv verstärkt durch die Pandemie und das Gewahrwerden der Unplanbarkeit der Zukunft, wachsen Neid und auch die Angst vor dem Neid der anderen. So sind häufig anzutreffende Haltungen die, die die mangelnde Gerechtigkeit in Bezug auf das Haben und das Anrecht ins Zentrum stellen: »Wenn mein Nachbar so viel Auto fährt, wieso soll ich mich dann zurückhalten? Nimmt man den Nahverkehr, wird man nur bestraft durch höhere Preise und längere Anfahrt.« »Wenn alle Länder mitmachen würden, wäre es ja ok, aber wieso soll das kleine Deutschland den Vorreiter machen und die großen Staaten, die es in Wirklichkeit verursachen, verbrauchen weiter so viel.«

Letztendlich zielen diese Argumente darauf ab, dass es ohnehin keinen Zweck habe, weil es nicht gerecht zugehen könne und man deshalb weitermachen könne wie bisher. Es schmerzt, wenn man dastehen könnte als VerliererIn, als jemand, die oder der auf etwas verzichtet und am Ende »weniger hat« als vorher. Die Vorstellung, dass man »mehr« haben könnte durch weniger Verbrauch, kommt nicht zustande, da sich das Wertesystem bemisst an Geld, Besitz, Schnelligkeit, Wohlstand, das heißt an Veräußertem und Veräußerbaren, weniger an Gemeinwohl, Beziehungen, Zusammenhalt, gemeinsamer Gestaltung usw. Ebenso verschärft die Pandemie die Angst, in vorher nicht gefühltem Maße abhängig zu sein – von der Natur, vom Nachbarn, von Lieferketten.

Die nicht unrealistische Phantasie, in eine Welt hinabzustürzen, in der wir womöglich mit ständigen Pandemien leben müssen, mit Zusammenbrüchen von Wirtschaft, Stromversorgung, womöglich mit Lebensmittelknappheit, aber eben auch mit Zusammenbruch von Strukturen und Ordnungen wie Rechtsstaatlichkeit, Demokratie, ethischen Grundsätze usw., muss um jeden Preis gebannt werden.

Die letzte Bastion ist hier: »Ich werde es nicht mehr erleben«, was die Fridays for Future entlarvt haben als Gleichgültigkeit der Alten gegen die Jungen.

4 Abwehr wächst mit der Unausweichlichkeit der Krise

Klimawandel fordert eine globale Bremse: Dies betrifft nicht nur den Ressourcenverbrauch, sondern Grundlegendes: Wie wollen wir zusammen leben?

Wachsende Mobilität und Digitalisierung haben uns eine enorme Freiheit und Flexibilität ermöglicht, uns aber auch tiefergehende Verbindung zu anderen, zu uns selbst und zur Natur genommen.

Die Spaltung finden wir auch wieder in – einerseits – einer irrationalen Hoffnung, dass schon alles wieder gut werden wird und – andererseits – einer Art apokalyptischem Rausch: Die Dystopien in Buch und Film erfahren einen Peak, die Verschwörungsnarrative ebenfalls, und Radikalisierungstendenzen begegnen uns auf der Basis einer fundamentalistischen Geisteshaltung: Da ist die Idee von einer Freiheit, die mit allen Mitteln verteidigt werden muss, ebenso wie die Idee einer notwendigen Ökodiktatur, da die Menschheit gesehen wird als unreif und als »nicht schade drum«. In Äußerungen wie »wir haben es auch nicht anders verdient, als dass wir untergehen«, schwingt oft eine Verbitterung mit, die die schöpferischen Leistungen des Menschen insgesamt diskreditiert, Fürsorge, Liebe und Empathie nicht als wirklich existent anerkennt, sondern misstrauisch als falscher Schein entwertet. Wut und Enttäuschung sind hier im Hintergrund spürbar, meist geboren aus der Hilflosigkeit, nichts tun zu können. Dies paart sich mit der triumphalen Phantasie, dass dann »alle Bösen« mit untergehen und einsehen werden, was sie angerichtet haben.

In dieser spaltenden Bewegung gibt es lediglich eine Hoffnung auf ein vielleicht noch erlösendes Ende, aber keine Hoffnung, selbst etwas bewegen zu können für eine bessere Zukunft. Apathie ist häufig das, was am Ende bleibt.

5 Fazit

Was wir brauchen, um nicht zu verzweifeln, ist paradoxerweise eine realistische Betrachtung der Klimakrise, die nicht verleugnet, dass die Welt bereits in diesem Jahrhundert drastischen Veränderungen ausgesetzt sein wird. Wenn wir heute darüber nachdenken, dass die Welt, in der unsere Kinder und EnkelInnen zurechtkommen müssen, bei Weitem nicht mehr so sicher sein wird wie unsere (und nicht nur »vielleicht nicht«), können wir gezielter darüber nachdenken, was zu tun ist, um Erderwärmung zu reduzieren – weil jedes zehntel Grad zählt.

> In einfachen Worten
>
> In konkreten Beispielen wird beschrieben, wie Menschen die Augen zumachen vor der Klimakrise. Das Wegschauen passiert über viele verschiedene Wege, die hier gezeigt werden. Seit den letzten 40 Jahren glauben Menschen immer mehr, dass man alles haben und machen kann, was man will, und wollen auf nichts verzichten. Das macht den Planeten kaputt. Wenn wir verstehen, warum wir das mitmachen, können wir eher damit aufhören.

Literatur

Baumann, Z. (2003). *Flüchtige Moderne*. Berlin: Suhrkamp.
Erlich, S. (2020). *Die Couch auf dem Marktplatz*. Gießen: Psychosozial-Verlag.
Freud, S. (1923b). *Das Ich und das Es*. GW XIII, 237–289.
Jaeggi, R. (2005). *Entfremdung: Zur Aktualität eines sozialphilosophischen Problems*. Berlin: Suhrkamp.

King, V., Gerisch, B. & Rosa, H. (Hrsg.). (2019). *Lost in Perfection. Impacts of Optimisation on Culture and Psyche*. London: Routledge.
Lertzman, R. (2015). *Environmental Melancholia*. London: Routledge.
Long, S. (2008). *The Perverse Organisation and its Deadly Sins*. London: Karnac.
Reckwitz, A. (2019). *Das Ende der Illusionen: Politik, Ökonomie und Kultur in der Spätmoderne*. Berlin: Suhrkamp.
Rosa, H. (2013). *Beschleunigung und Entfremdung*. Berlin: Suhrkamp.
Rosa, H. (2016). *Resonanz. Eine Soziologie der Weltbeziehung*. Berlin: Suhrkamp.
Stokoe, P. (2019). Where have all the adults gone? In D. Morgan (Hrsg.), *The Unconscious in social and political Life*. Oxfordshire: Phoenix.
Virilio, P. (1992). *Rasender Stillstand*. Frankfurt/M.: S. Fischer.
Weintrobe, S. (Hrsg.). (2012). *Engaging with Climate Change*. London: Routledge.

Biografische Notiz

Delaram Habibi-Kohlen, Dipl.-Psych., ist niedergelassene Psychoanalytikerin (DPV/IPA/DGPT) und Lehranalytikerin. Sie arbeitet in verschiedenen Gruppierungen zum Klimaschutz und veröffentlicht Literatur zur Klimakrise und Durcharbeitung der Gegenübertragung.

Hegemonie und Gewalt

Sozialökologische Transformation als Befreiung aus der Verstrickung

Toni Raimond

Zusammenfassung: In diesem Beitrag werden klinische, sozialpsychologische und soziologische Grundlagen verknüpft, um einen erklärenden Rahmen für Gefühle in der Gesellschaft zu erhalten, und in einem Familienmodell für die gegenwärtige Gesellschaft konkretisiert: Es gibt wesentliche Übereinstimmungen zwischen einer Familie mit einem gewalttätigen Vater, der massive Macht und Kontrolle ausübt, und der gesellschaftlichen Dynamik einer hegemonialen Wirtschaft. Die Gefühle der familiären Opfer, die durch ihre Verstrickung mit dem Täter therapeutisch nur schwer aufzulösen sind, werden auf die Gesellschaft übertragen und Folgerungen für die Bedingungen einer sozial-ökologischen Transformation ausgeführt.

Die meisten Menschen in Deutschland schätzen den Klimawandel als ein zentrales Zukunftsproblem ein, für dessen Bewältigung wesentlich mehr getan werden müsste. Trotzdem bleibt das Handeln, sowohl individuell als auch gesellschaftlich, weit hinter dem Notwendigen zurück. Auch andere natürliche und soziale Grenzen des Planeten sind bereits erreicht oder überschritten. Die Bewältigung dieser Probleme setzt eine globale sozial-ökologische Transformation voraus. Die bisherigen Schritte in diese Richtung sind sowohl national als auch international unzureichend, obwohl es entsprechende Ziele bereits seit Jahrzehnten gibt. Hier soll betrachtet werden, welche Mechanismen die individuelle und gesellschaftliche Transformation erschweren. Dabei spielen die Grundbedürfnisse der Menschen und ihre Befriedigung im gesellschaftlichen Kontext eine zentrale Rolle, da sie der Motor für Handeln sind.

1 Grundbedürfnisse in der Gesellschaft als Motive für Handeln

Motivierte Handlungen werden bei Menschen nicht nur durch physische Bedürfnisse ausgelöst, wie etwa Nahrungssuche durch Hunger, sondern insbesondere durch die psychologischen Grundbedürfnisse: Bindung, Kontrolle, Lust, Selbstwert (Grawe, 2004). Die Möglichkeiten, diese Grundbedürfnisse zu erfüllen oder ihre Verletzung zu verhindern, werden im Verlauf der individuellen Entwicklung gelernt und können durch vielerlei Annäherungsziele oder Vermeidungsziele realisiert werden. So kann etwa durch das Ziel »beruflicher Erfolg« das Bedürfnis nach Kontrolle erfüllt werden, aber auch der Selbstwert gesteigert werden. Dieses Ziel kann aber auch im Widerspruch zu einem anderen stehen, etwa »Familie gründen« für das Bedürfnis nach Bindung. Oder das Befriedigen des Bedürfnisses nach Lustgewinn, etwa durch eine Flugreise in den Urlaub, kann im Widerspruch zum Bedürfnis nach Selbstwert stehen, wenn man sich als umweltbewusste Person wertschätzt.

Wie Grundbedürfnisse erfüllt werden, ist kulturell geformt. Gerade in der Werbung ist deutlich zu sehen, wie auf die Befriedigung einzelner Grundbedürfnisse abgezielt wird. Hier zeigen die Zielgruppen, wie verschieden die Voraussetzungen für die Erfüllung der Grundbedürfnisse sind. Sowohl der situative Kontext als auch die sozioökonomische Positionierung, die Herkunft, die Hautfarbe und das Geschlecht beeinflussen, welche Annäherungs- und Vermeidungsziele für Einzelne möglich bzw. nötig sind und als legitimiert gelten, welche Mittel ihnen dafür zur Verfügung stehen und welche Verletzungen von Grundbedürfnissen als akzeptabel gelten. Wie komplex und subtil diese Faktoren interagieren, zeigt die Forschung zu sozialer Ungleichheit (Kraus et al., 2012; Keller, 2016). Die Befriedigung der Grundbedürfnisse unterliegt also zahlreichen Bedingungen. Wenn sich diese Bedingungen widersprechen und die Erfüllung der Grundbedürfnisse behindert wird, erleben wir innerpsychische Konflikte und in der Folge Angst, aber auch andere Gefühle wie Wut, Trauer, Scham oder Schuld.

Gängige soziologische Theorien, etwa zu gesellschaftlich bedingter Angst (Dehne, 2017), betrachten vornehmlich Kontingenzangst, also die Verletzung des Bedürfnisses nach Orientierung und Kontrolle. Die anderen Grundbedürfnisse – Bindung, Lust, Selbstwert – spielen jedoch ebenfalls eine bedeutende Rolle.

Die Bedingungen, denen die Befriedigung der Grundbedürfnisse unterliegt, werden den Menschen durch ein komplexes Netz von Deutungsmustern (Schütz, 1932) vermittelt. Diese sagen ihnen nicht nur, was sie wann tun sollen, dürfen oder unterlassen müssen, sondern liefern auch Begründungen dafür. Dieses Netz ist Teil der Kultur, in der Mitglieder einer Gesellschaft aufwachsen, wobei sich die Deutungsmuster je nach gesellschaftlicher Positionierung unterscheiden (Jost et al., 2003). Sie vermitteln Stabilität und Zugehörigkeit und können die Gefühle, die durch die Widersprüche in der Befriedigung der Grundbedürfnisse entstehen, auffangen. Wenn allerdings Deutungsmuster infrage gestellt werden, können Ängste und andere Gefühle dekompensieren.

Eine grundlegende gesellschaftliche Transformation, wie sie uns angesichts der Umweltkrise bevorsteht, *by design* oder *by disaster*, verändert die Art, wie Menschen ihre physischen und psychologischen Bedürfnisse befriedigen. Das zeigt sich in offenen Interessenkonflikten, aber auch in Angst oder Wut, die durch die Bedrohung der Grundbedürfnisse ausgelöst werden. Mehr noch, das tiefe Gefüge von etablierten, teilweise unbewussten Deutungsmustern wird infrage gestellt, mit heftigen, widersprüchlichen Gefühlen. Dies ist wesentlich schwerer zu erkennen und zu verändern und soll hier in einem Familienmodell der Gesellschaft nachvollziehbar gemacht werden. Die Wirtschaft als »eine Veranstaltung zur Befriedigung menschlicher Bedürfnisse der Lebenserhaltung und der Lebensqualität« (Ulrich, 2008, S. 11) steht dabei im Zentrum der Betrachtung.

2 Das Familienmodell der Gesellschaft

Eine Analogie zwischen Gesellschaft und Familie ist in unserem Denken über das Gemeinwesen tief verwurzelt. Da sogar unser abstraktes Denken in Metaphern verwurzelt ist (Lakoff, 2012), brauchen wir auch für abstrakte Begriffe wie Staat, Gesellschaft oder Wirtschaft Metaphern, um sie denken zu können. Die Metapher der Familie ist im Denken über den Staat und die Gesellschaft tief verankert, da die Familie als erste Erfahrung unserer sozialen Bezüge prägend ist (Lakoff, 2002). Auch Vorstellungen von Macht und Gerechtigkeit in Staat und Gesellschaft lassen sich auf unterschiedliche Familienbilder zurückführen (ebd.). Familienmetaphern für Staat und Gesellschaft haben nicht nur eine beschreibende, sondern eine starke normative Macht: Die Wahl der vorherrschenden, normativen Familienmetapher bestimmt den gesellschaftlichen Diskurs (ebd.).

Das Denken in Metaphern impliziert aber nicht nur kognitive Prozesse, sondern auch emotionale, in zweierlei Hinsicht: Einerseits bringen Menschen der Gesellschaft und ihren Teilsystemen Gefühle entgegen, die durch die Beziehung, die sie in ihnen und ihnen gegenüber einnehmen, und durch ihre Erfahrungen mit ihnen ausgelöst und geprägt werden. Andererseits werden die verschränkten emotionalen und kognitiven Prozesse komplexer Gefühle bereits von Beginn der Sozialisation an durch die Gesellschaft und ihre Teilsysteme geformt.

So kann man von kognitiv-emotionalen Beziehungen der Menschen zur Gesellschaft und ihren Teilsystemen sprechen, die von der Kindheit an prägend sind: Wie Menschen in der Gesellschaft und ihren Teilsystemen positioniert sind und mit ihnen interagieren, wird als Beziehung analog zu Eltern repräsentiert. Die Familienmetaphern, in denen Gesellschaft, Staat und Wirtschaft gedacht werden, enthalten also eine kognitive, emotionale, relationale und normative Repräsentation der gegenwärtigen Konstellation von BürgerInnen, Staat und Wirtschaft, die bei den Einzelnen durch die Sozialisation, gesellschaftliche Positionierung und relevante soziale Bezugsgruppen geprägt ist.

In einem weiteren Schritt soll über die subjektive Ebene, wie Menschen die Gesellschaft erleben, in die sie hineingewachsen sind, hinausgegangen werden: Auf der Metaebene lässt sich anhand der soziologischen Merkmale einer Gesellschaft ein Gesellschaftsmodell entwickeln, welches die Familienmetapher aufgreift und ausführt und einen Erklärungsrahmen für die subjektive Ebene bietet. Dieses Modell verbindet Luhmanns soziologisches Konzept der Gesellschaft als System mit Subsystemen mit der Repräsentation der Gesellschaft und ihrer Teilsysteme als Familie durch eine eindeutige Zuordnung von gesellschaftlichen Teilsystemen und Familienmitgliedern. Gesellschaften können damit als Familien aufgefasst werden, die historisch und geografisch variieren. Dabei können nationale (Staaten) oder übernationale (Weltsystem) Gesellschaften betrachtet werden. Zugehörigkeit und Ausgrenzung können im Modell ebenso abgebildet werden wie Stabilität und Entwicklung.

In der soziologischen Systemtheorie werden Staat (politischer Bereich) und Wirtschaft, neben anderen Subsystemen, wie etwa dem kulturellen oder dem wissenschaftlichen, als die großen Subsysteme der Gesellschaft angesehen, die von ihrer jeweiligen Umwelt abgrenzbar sind und mit ihr interagieren, eigenen Regeln unterliegen und sich selbst erhalten (Luhmann, 1997). Diese formale Beschreibung bekommt dann Erklärungswert, wenn sie mit Inhalten gefüllt wird: die Regeln der Subsysteme und die Art ihrer Interaktion. Hier soll die Rolle der Wirtschaft näher betrachtet werden.

Eine breitere Definition von arbeitsteiliger Wirtschaft ist »eine gesellschaftliche Veranstaltung zur Befriedigung menschlicher Bedürfnisse der

Lebenserhaltung und der Lebensqualität« (Ulrich, 2008). Diese Definition wird bei Luhmann, wie auch in der Wirtschaftswissenschaft, verengt auf Wirtschaft als das über Geld kommunizierende Subsystem. Ausgeschlossen werden alle nicht in Geldwert umgesetzte oder umsetzbare Tätigkeiten und Güter, wie private Care-Arbeit, Leistungen der Commons, Subsistenzwirtschaft und alle Leistungen und Belastungen der Natur, soweit sie nicht mit einem Preis versehen werden. Seit dem Beginn der Industrialisierung wurden immer größere Bereiche des Wirtschaftens monetarisiert, und auch Probleme, die dadurch entstehen, will man dadurch lösen, dass man Gütern und Tätigkeiten einen Preis zuweist, wie etwa die Behebung der Reproduktionslücke durch Elterngeld und die Begrenzung der Erderhitzung durch CO_2-Bepreisung. Dabei hat die nicht-monetarisierte Wirtschaft eine erhebliche Bedeutung: Nicht nur, dass in diesem Bereich erheblich mehr Arbeitsstunden geleistet werden, auch kann der Wert von zeitintensiver Zuwendung oder von intakten Ökosystemen letztendlich nicht in Geld gemessen werden, selbst wenn für einzelne ökologische Dienstleistungen, wie die Bestäubung von Blüten durch Bienen, hohe Zahlen angegeben werden.

Die Wahrnehmung von Wirtschaft ist in der klassischen wie auch kritischen wirtschaftswissenschaftlichen Theorie, der politischen Praxis wie im öffentlichen Diskurs meist auf den monetarisierten Teil, die Marktwirtschaft, eingeschränkt. Diese hat, gegenüber den anderen, marginalisierten Formen von Wirtschaft, eine hohe Präsenz und gilt zusammen mit dem Staat als Pfeiler der Gesellschaft. Staat und Wirtschaft, hier also Marktwirtschaft, sind die funktionellen Entitäten, die heute mit besonderer Macht versehen sind und durch formelle wie informelle Rollen, durch Zusammenarbeit und Aufgabenteilung unterschiedliche Aspekte unseres privaten und öffentlichen Lebens prägen und ihnen Form und Struktur geben. Insofern können sie funktionell als Eltern in einer traditionellen Familie gedeutet werden. Hier soll das politische Subsystem die Mutter und das wirtschaftliche Subsystem den Vater repräsentieren. Für andere, historische Gesellschaften können die Rollen der Eltern durch andere Institutionen bzw. Subsysteme repräsentiert werden, wie etwa im Mittelalter das religiöse Subsystem, die Kirche, als Mutter.

Aus dieser systemischen Perspektive ergeben sich für die einzelnen Menschen zwei Zuordnungen:

- Sie sind in ihren unterschiedlichen Rollen Teile des Systems und verschiedener Subsysteme, etwa als WählerInnen und PolitikerInnen

Teile des politischen und als Werktätige, KonsumentInnen oder ArbeitgeberInnen Teile des wirtschaftlichen Subsystems.

- In der Familienanalogie sind sie die Kinder. Das bedeutet nicht, dass sie nicht mündig entscheiden und handeln können, sondern beschreibt die psychische Verfasstheit, die durch ihre Sozialisation innerhalb des Systems und seiner Teilsysteme entsteht. Ihre Positionierung in verschiedenen Milieus oder gesellschaftlichen Gruppen kann durch die unterschiedliche Positionierung von Kindern in einer Familie abgebildet werden und damit die Gefühle, die dadurch entstehen.

Weil Menschen die Gesellschaft in ihren Familienmetaphern repräsentieren, kann ein soziologisch fundiertes Familienmodell die Gefühle der Menschen in der Gesellschaft und ihre emotionale Dynamik beschreiben und dabei die makroskopischen Institutionen berücksichtigen: Die Gefühle der Menschen in der Gesellschaft können also einerseits durch ihre konkreten Möglichkeiten der Bedürfnisbefriedigung und deren Deutungsmuster innerhalb ihrer sozialen Bezugsgruppe beschrieben werden, andererseits durch ihre relationalen Gefühle gegenüber den Institutionen und Teilsystemen als Eltern oder anderen gesellschaftlichen Gruppen als Geschwister oder Außenseiter.

So können aus der Individualpsychologie und Familientherapie Rückschlüsse auf gesellschaftlich bedingte Gefühle gezogen werden. Wesentlich dabei ist die Wahl des passenden Familienmodells, das auf der Metaebene nicht nur die Gefühle der Menschen innerhalb ihrer Lebenswelt, sondern auch gegenüber den Institutionen und Subsystemen und letztlich auch ihre subjektiv wirksame Gesellschaftsmetapher erklären kann. Dieses Modell berücksichtigt nicht nur die Prägung der AkteurInnen durch Sozialisation und soziales Umfeld, sondern auch die aktive Konstruktion und Gestaltung ihrer Lebenswelt innerhalb dieses Rahmens.

3 Ein konkretes Familienmodell der Gesellschaft

3.1 Hegemoniale Wirtschaft und Gewalt

Deutungsmuster und Familienmetaphern sind Teil der kulturellen Matrix, in der die Welt konzipiert wird. Sie enthält bewusste und unbewusste, kognitive und emotionale Schemata. Ein Teil der kulturellen Matrix kann als »kulturelle Gewalt«, die strukturelle Gewalt legitimiert, aufgefasst werden (Galtung, 1997, S. 141ff.). Auch die Ausbeutung der Natur, die Zerstörung der natürlichen Lebensgrundlagen und die Folgen für die Menschen werden so legitimiert.

In den westlichen Demokratien, für die dieses Familienmodell gelten soll, dominieren die neoliberalen Grundannahmen innerhalb der kulturellen Matrix und legitimieren Ungleichheit in den Möglichkeiten, Grundbedürfnisse zu erfüllen oder zu verletzen. Die Wirtschaft als funktionelles Subsystem, welches die Produktion und Verteilung von Gütern regelt und über Geld kommuniziert, wurde in ihrer kapitalistischen Form häufig als Form von Gewalt beschrieben, die sich zum Beispiel auf die soziale Klasse oder Rassismus bezieht. Ein soziologisches Familienmodell muss Gewalt berücksichtigen, nur so kann die Dynamik von Gefühlen in der Gesellschaft valide beschrieben werden.

Die Umweltkatastrophe ist eine reale Bedrohung für Gesundheit und Leben. Ihre Ursache ist die gegenwärtige Art zu produzieren, zu verteilen, zu konsumieren und monetäre Werte darzustellen. Dies sind die Funktionen des wirtschaftlichen Subsystems, sodass die Wirtschaft abstrakt als Verursacher bezeichnet werden kann. Die Umweltkatastrophe kann also als kulturelle und strukturelle Gewalt des wirtschaftlichen Subsystems aufgefasst werden. Daher soll die emotionale Dynamik von Umweltgefühlen und Handlungsmotivation hier im Gewalt-Familienmodell untersucht werden.

Natürlich sind verschiedene AkteurInnen in unterschiedlichem Maße an der Umweltkatastrophe beteiligt. Energiekonzerne, die fossile Energieträger noch immer forcieren, oder ihre AktionärInnen, die das einfordern, sind Beispiele besonderer Beteiligung. Dass hier jedoch die Wirtschaft als Ganzes als Verursacher genannt wird, beruht auf der starken Vernetzung aller AkteurInnen. Dadurch werden, gewollt oder ungewollt, die Bedingungen hergestellt und aufrechterhalten, die die Umweltkrise verursachen.

Das konkrete soziologische Familienmodell, das hier vorgestellt und ausgeführt wird, beschreibt die Folgen der Gewalt, die durch die hegemoniale Wirtschaft verursacht wird, mit besonderem Blick auf die Umwelt: Das wirtschaftliche Subsystem wird als ein gewalttätiger Vater aufgefasst, der eine unbeschränkte, unangefochtene Machtposition missbraucht. Zu einer solchen Familie analoge Merkmale sind in der Soziologie allgemein und für viele spezielle Fragestellungen ausgeführt worden, insbesondere unter dem Gesichtspunkt der Hegemonie der Wirtschaft.

Gewalt wird oft als zentraler Bestandteil der neoliberalen Marktwirtschaft beschrieben: Das Konzept der strukturellen Gewalt (Galtung, 1997) lässt sich auf die gegenwärtige Wirtschaftsform anwenden, und im Konzept der kulturellen Gewalt wird ungebremstes Wirtschaftswachstum als eine der überdauernden Ursachen dieser gewaltsamen Strukturen benannt (Galtung, 2004, Abs. 34).

Auch aktuellere Publikationen beschäftigen sich ausführlich mit den Zusammenhängen zwischen Wirtschaft und Gewalt: Sie beschreiben die Mängel der theoretischen neoliberalen Grundlagen (Keen, 2011; Mirowski & Plehwe, 2009; Kirman, 2011), das Durchdringen der Gesellschaft mit neoliberalem Gedankengut (Nelson, 2016), gehen auf direkte wie strukturelle Gewalt ein (Ruggie, 2013, 2017) und zeigen, dass wesentliche Ursachen dafür im auf neoliberalen Prinzipien aufgebauten Wirtschaftssystem liegen (Nelson, 2016).

Durch Kolonialisierung, Sklavenhandel und Arbeiterelend war wirtschaftliches Handeln seit Jahrhunderten mit Gewalt verknüpft. Mit der Globalisierung und Digitalisierung, insbesondere in der Finanzwirtschaft, erhält die Entwicklung in diesem Jahrtausend eine neue Dimension.

Die arbeitsteilige Wirtschaft ist spätestens seit der neolithischen Revolution integraler Teil der Gesellschaften. Die Stellung der Subsysteme Politik, Wirtschaft und Kultur (Religion) zueinander und die Wechselwirkung mit ihrer jeweiligen Umwelt haben im Laufe der Geschichte viele Formen angenommen. Die jetzige Form, und mit ihr die Dominanz der Marktwirtschaft über andere Formen des Wirtschaftens, hat sich mit dem Aufkommen des Kapitalismus entwickelt, und mit ihr die vorherrschenden Einstellungen und Erklärungen, vom Menschenbild, das vom wirtschaftlichen Nutzen geprägt ist, bis zu den Aufgaben der Institutionen. Diese Entwicklung kann als Aufbau einer Hegemonie der Wirtschaft bezeichnet werden (Gramsci, 1929, 1991; Borg, 2001), und dieser Anspruch der Vorherrschaft der Wirtschaft wird auch explizit formuliert und durchgesetzt (Mirowski & Plehwe, 2009).

Dabei geht die Hegemonie der Wirtschaft mit einer zunehmenden Kontrolle einher:

Die Entwicklung einer zunehmenden Selbstkontrolle im Verlauf der Industrialisierung wird von Norbert Elias als zentraler Aspekt im »Prozess der Zivilisation« beschrieben (Elias, 1939; Welzer, 2011). Die Zeiterfassung der Arbeit und die Taktung der Prozesse hat sich generalisiert zu einem Paradigma des »Zeit ist Geld«, in dem der wirtschaftliche Aspekt von Zeit dominiert und gesellschaftliche Prozesse beschleunigt, bis weit in unser Privatleben hinein (Berghold, 2020; Rosa, 2016). Auch die zunehmende Kontrolle über den öffentlichen Raum war ein Merkmal des aufsteigenden Kapitalismus, und dieser Prozess dauert bis heute an.

Lobbyismus, Schwächung des Staates, Einfluss auf politischen Diskurs und demokratische Willensbildung oder die Macht der Digitalkonzerne sind weitere Aspekte von Kontrolle des wirtschaftlichen Subsystems über andere gesellschaftliche Akteure und Subsysteme.

Das soll nicht bedeuten, dass vom Staat keine Gewalt ausgehen kann. Kriege, missbräuchliche staatliche Übergriffe und strukturelle staatliche Gewalt sollen nicht kleingeredet werden. Sie können jedoch nur angemessen bewertet werden, wenn ihr Zusammenhang mit der überragenden Macht der Wirtschaft berücksichtigt wird. Für andere Gesellschaftsformen, wie die kommunistische Diktatur der Vergangenheit oder die gegenwärtige chinesische, könnte analog ein anderes, passendes Familienmodell aufgestellt werden, um gesellschaftlich bedingte Gefühle zu beschreiben.

Auch Umweltzerstörung, Artensterben und Erderhitzung können unter dem Gesichtspunkt der Gewalt einer hegemonialen Wirtschaft betrachtet werden:

Die gegenwärtige Form der Wirtschaft, also die Art zu produzieren, konsumieren, verteilen und monetären Wert zuzuordnen, ist verantwortlich für den Verlust der natürlichen Lebensgrundlagen. Dies hat direkte gesundheitliche, aber auch gesellschaftliche Folgen, die den Staat und die anderen Subsysteme destabilisieren und so eine indirekte Wirkung entfalten können.

Der UNO-Bericht GEO-6 liefert Daten dazu (UN, 2019, S. XXIX):

> »The planet is becoming increasingly unhealthy through the negative impacts of biodiversity loss (including pollinators, coral reefs and mangroves), climate change and other air pollution, water pollution, ocean pollution and depletion, and land use change. An unhealthy planet has huge social costs in terms of human health and well-being as well as on the formal economy and livelihoods worldwide. As with ecosystem goods and services, these costs are difficult to express comprehensively in monetary or other terms. However, GEO-6 provides data that illustrate the sort of costs involved.«

Er führt zudem aus, wie wirtschaftliche Interessen eine zentrale Rolle dabei spielen (ebd., S. XXIX):

> »The drivers and pressures result from a continuing failure to internalize environmental and health impacts into economic growth processes, technologies and city design. The pressures arise from massive use of chemicals (many with toxic health and environmental implications), huge waste streams (many largely unmanaged), committed and intensifying climate change impacts, and inequality which contributes to demographic changes and other drivers and pressures.«

Die Erderhitzung, eine Folge der ungebremsten Ausbeutung fossiler Rohstoffe, sieht auch der UN-Sicherheitsrat als eine Bedrohung für die Sicherheit der Menschen (S/PRST/2011/15).

Auf der Systemebene können nicht nur Einzelne, sondern insbesondere auch der Staat als Opfer aufgefasst werden. Da der Staat auch eine zentrale Rolle beim Schutz der Bürger vor Übergriffen der Wirtschaft hat, ist hier die Analogie als Mutter naheliegend, deren Aufgabe es ist, ihre Kinder zu schützen. Diese Aufgabe des Staates wurde explizit in den den »Guiding Principles on Business and Human Rights: Implementing the United Nations ›Protect, Respect and Remedy‹ Framework« der Vereinten Nationen ausgeführt und beschlossen (UNO Resolution 17/4 vom 16. Juni 2011).

Auch der Verlauf in Krisen und in Zyklen ist vergleichbar: Nach Naturkatastrophen wird die Macht der Wirtschaft oft gestärkt, die des Staates geschwächt, ebenso in den Zyklen der Wirtschaft, insbesondere des Finanzmarktes: Eine Machterweiterung der Wirtschaft entsteht durch die Bekämpfung der negativen Auswirkungen ihrer Tätigkeiten wieder durch marktwirtschaftliche Methoden. Oft sind es Krisen, etwa durch Naturkatastrophen, die Staaten zu Privatisierungen zwingen (Klein, 2007).

Die neoliberalen Narrative spielen bei der Umweltzerstörung und der Verhinderung einer sozial-ökologischen Transformation eine relevante Rolle:

- Utilitarismus: Es gilt für alles nur der ökonomische Wert. Das hat ganz praktische Auswirkungen: Das DICE-Modell zur ökonomischen Folgenabschätzung und CO_2-Bepreisung empfiehlt einen CO_2-Preis als ökonomisch optimal, der in der Konsequenz zu einer Temperaturerhöhung der Erdatmosphäre von 3,5° C führen würde (Boyce, 2017). Hier zeigen sich die Grenzen der gängigen Wirtschaftsmodelle als Kosten-Nutzen-Rechnungen der monetarisierten Wirtschaft im Gleichgewicht: Sie berücksichtigen weder die natürlichen und sozialen Grenzen des Planeten noch disruptive Entwicklungen, schreiben zukünftige

Kosten der Erderhitzung in einer mangelhaften Theoriebildung ab, haben keine adäquate Berücksichtigung von nicht-monetarisierten Leistungen und sie können wenig darüber sagen, welche Entwicklungen wünschenswert sind oder nicht.

- »Homo oeconomicus«: Nutzenmaximierung wird als einzig relevantes Motiv der Menschen angesehen. Alle Werte werden monetarisiert, jede weitergehende Verantwortung wird negiert. Es wird angenommen, dass die Akteure ihre Entscheidungen rational zum eigenen finanziellen Vorteil treffen. Dies widerspricht psychologischen Forschungsergebnissen, kann aber zu einer selbsterfüllenden Prophezeiung werden und sich nachteilig auf Kooperation, Altruismus und Kreativität auswirken, wie etwa bei den Verhandlungen zur Reduktion der Treibhausgase (Kopec, 2017).
- Die »unsichtbare Hand«: Die unregulierte Privatwirtschaft wird als maximal leistungsfähig angesehen, die dem Staat in allem überlegen ist, mit der Forderung nach einem schlanken Staat, der sich in wirtschaftliche Prozesse nicht einmischen sollte. Damit wird staatlichen Regulierungen die Legitimation entzogen, das Primat des Shareholder Value (der Marktwert des Eigenkapitals von Unternehmen) wird festgeschrieben. Die Bewältigung der Umweltzerstörung wird als Aufgabe der Individuen gesehen, gesellschaftliche Regulierung und Verbote werden abgelehnt. Auch Innovationen, die eine sozial-ökologische Transformation begleiten müssen, können behindert werden, wenn der Staat zur Passivität gezwungen wird (Mazzucato, 2011).
- Leistungsgesellschaft (*Just World*, Meritokratie): Arbeit und Leistung werden nur im monetarisierten Teil der Wirtschaft gewürdigt und an der Höhe ihrer Entlohnung gemessen. Die Leistungen der Commons und Care-Arbeit werden marginalisiert. Eigentum wird grundsätzlich als unangreifbar angesehen, da angenommen wird, dass es durch die einzig als wertvoll erachtete Arbeit angemessen zustande gekommen ist. Das führt zum Anspruch unbegrenzter Verfügungsgewalt über die natürlichen Ressourcen der Erde, und zukünftig sogar darüber hinaus, als privates Eigentum derer, die sie erschließen und besitzen. Wohlstandsunterschiede werden als verdient und gerecht angesehen, die größeren Freiheiten, der größere politische Einfluss und der größere ökologische Fußabdruck der Wohlhabenden werden legitimiert. Das behindert eine soziale Transformation, ohne die eine ökologische Transformation nicht möglich ist.

- Liberal Peace: Es wird angenommen, dass freier Handel den Frieden fördert, die Hauptursache für die Vermeidung von Kriegen zwischen Staaten ist, dass dies überall bedingungslos gilt und dass dieser Zusammenhang umso stärker ist, je größer das Handelsvolumen ist und je mehr Handelsbereiche dereguliert sind. Neoliberale Theoretiker legen damit ein moralisches Konzept vor, das wirksame Maßnahmen zum Schutz von Natur und Mensch, die den Handel beeinträchtigen könnten, in einen Widerspruch zur Friedenssicherung stellt. Wissenschaftlich ist dieses Konzept nicht haltbar (vgl. Tandon, 2015; Patomäki, 2007). So sind etwa Konflikte unterhalb der staatlichen Ebene und strukturelle Gewalt dabei nicht berücksichtigt.

Diese Narrative sind vielfach kritisiert worden und viele ihrer theoretischen Grundannahmen wurden widerlegt (Keen, 2011; Mirowski & Plehwe, 2009; Kirman, 2011). Inzwischen wächst auch innerhalb der Wirtschaftswissenschaften die Kritik an unzureichender Modellbildung, und alternative theoretische Grundlagen werden erarbeitet.

3.2 Gewalt in Familien: Ein Prototyp

Um die Dynamik einer Familie mit einem gewalttätigen Vater auf die einer Gesellschaft mit einer hegemonialen Wirtschaft übertragen zu können, soll hier eine prototypische Familie dargestellt werden.

Gewalt in Familien wird in verschiedenen kategorialen Konzepten (Holtzworth-Munroe & Stuart, 1994; Holtzworth-Munroe & Meehan, 2004; Johnson, 2008; Kelly & Johnson, 2008; Johnson, 2010) beschrieben, wobei für eine spezielle Tätergruppe übereinstimmend eine spezifische Dynamik beschrieben wird: Bei einem hohen Grad der Gewalt übt der Täter innerhalb der Familie nicht nur körperliche Gewalt, sondern in hohem Maße psychologische Gewalt aus, mit der die Opfer kontrolliert (coercive control) und manipuliert werden (Nevala, 2017). Diese besondere Dynamik ist nicht selten, psychologisch gut untersucht und soll hier als Vorlage zum Verständnis gesellschaftlicher Dynamiken genommen werden (eine ausführliche Darstellung mit umfassenden Literaturangaben findet sich in Bancroft et al., 2012).

Typisch für einen solchen Täter ist ein Set an Einstellungen und Überzeugungen, allen voran das am besten englisch ausgedrückte »entitlement«. Es bezeichnet die Überzeugung der eigenen Überlegenheit, Wichtigkeit und des Vorrangs, dass man in seiner Einschätzung der Welt Recht hat und andere sich unterordnen müssen. Dies führt zu einem Anspruch, andere abwerten und kontrollieren zu dürfen. Psychische Erkrankungen des Täters sind in der Regel nicht Ursache der Gewalt, können aber ihre Ausprägung formen. Besondere Gefahr besteht bei einem psychopathischen Täter. Mangel an Empathie zeigt sich im Ignorieren der Bedürfnisse der Opfer, aber auch im Quälen von Tieren.

Typischerweise bilden die Opfer Symptome aus. Viele Opfer berichten, dass sie nicht die physische Gewalt als größte Belastung erlebt haben, sondern die Macht des Täters, seine Kontrolle über ihren Alltag, ihre Gefühle und Gedanken und den Zerfall der Familie durch seine Manipulation. Das bedeutet, dass Verstrickung mit dem Täter bei familiärer Gewalt ein besonderes Merkmal und Risiko ist. Dies gilt nicht nur für die direkten Opfer, sondern auch für die Kinder, die in den Familien aufwachsen. Sie reagieren mit ähnlich starker Symptomatik, als würden sie selbst geschlagen (Holt et al., 2008), aber sie übernehmen auch Einstellungen des Täters, identifizieren sich mit ihm, und oft ist es für sie besonders schwierig, sich aus der Verstrickung mit dem Täter zu lösen.

Eine spezifische Charakterisierung der Opfer wurde nicht gefunden: Es sind primär Eigenschaften des Täters, die die Dynamik bestimmen. Allerdings gibt es große Unterschiede, wie weit die Mutter ihre Autonomie erhalten und ihre Erziehungsfunktion wahrnehmen kann und ob sie noch angemessene Autorität und Fürsorge aufbringen kann. Das hängt vom Grad der Gewalt ab, aber auch von ihren persönlichen Ressourcen wie Bildung, soziale Kompetenz oder finanzielle Unabhängigkeit, von der Solidarität innerhalb der Familie und von der sozialen Unterstützung der Umwelt.

Zyklischer Verlauf: In Familien liegt der Beginn offen gewalttätiger Übergriffe häufig in einer Übergangssituation der Familie, etwa bei der Geburt von Kindern, in denen die Familienmitglieder besonders vulnerabel sind. In Zyklen wechseln sich Gewalt und Zeiten der Ruhe ab. Die entsprechenden Einstellungen des Täters sind allerdings durchgehend wirksam. Der Täter erhält zunehmend Macht, die in familiären Regeln und Gewohnheiten festgeschrieben wird.

Narrativ des Täters: In Familien mit einem Gewalttäter bestimmt dieser das gemeinsame Narrativ, mit dem er seine Handlungen rechtfertigt und sich von Schuld befreit, Misserfolge dem Opfer und Erfolge sich selbst zuschreibt und ein Bild von sich aufbaut, in welchem er rational, großartig und stark erscheint. Oft präsentiert er sich selbst auch als Opfer, obwohl die Fakten, wie beispielsweise Polizei- und Krankenberichte, das Gegenteil beweisen. Es ist typisch in solchen Familien, dass er so großen Erfolg damit hat, dass sein Narrativ von der Außenwelt und sogar von den Familienmitgliedern übernommen wird.

Kontrolle: Ein typisches Merkmal psychologischer Gewalt in Familien ist die Kontrolle, die Täter über verschiedene Lebensbereiche der Opfer ausüben und sukzessive erweitern. Dies betrifft die Überwachung und Reglementierung der sozialen Beziehungen, der Finanzen, der Zeiteinteilung, Beeinflussung von Alltags- und Lebensentscheidungen sowie die Privatsphäre, beispielsweise durch Lesen des Tagebuchs oder Überwachung der Kommunikation über Telefon und Internet. Das bewirkt oft eine gegenseitige Kontrolle der Familienmitglieder, um den Täter nicht zu provozieren, und insbesondere Kinder internalisieren diese Kontrolle als Selbstkontrolle, die oft nicht mehr hinterfragt wird.

Schutzräume: Nicht der gesamte Alltag ist von Angst geprägt. Die Opfer entwickeln ein besonderes Gespür für Situationen, Zeiten und Orte, die eher von Unsicherheit geprägt sind oder die eine Oase der Zuflucht bieten können. Diese Oasen ermöglichen das Aufrechterhalten eines eigenen Narrativs, von Fürsorge und Solidarität, und sind eine Basis für Widerstand.

Entmachtung der Mutter: Der Täter macht sie lächerlich, lässt sie labil und unglaubwürdig erscheinen, untergräbt ihre Autorität, lässt sie bewusst scheitern und untergräbt ihre Beziehung zu den Kindern. In der Entfremdung der Kinder von der Mutter zeigt sich der Erfolg solcher Manipulation. Das Untergraben ihrer Autorität und Handlungsfähigkeit führt nicht selten zu erheblichen Mängeln ihrer Erziehungsfähigkeit, in unangemessener Strenge und Vernachlässigung. Diese Mängel werden ihr vom Täter vorgehalten, um seine Vorherrschaft zu begründen.

Manipulation der Kinder: Das Ausspielen der Familienmitglieder untereinander, in Rollen von Lieblingskind, Stiefkind und Sündenbock, ist ein Mittel des Täters, Solidarität mit der Mutter und untereinander zu verhindern. Diese Rollen können gelegentlich wechseln, sodass jeder fürchtet, in die verspottete, gehasste oder bekämpfte Position zu geraten. Dies kann zu einer tiefgreifenden Entfremdung führen, die kaum noch überwunden werden kann.

Für zentrale Merkmale von Familien mit einem Gewalttäter finden sich die Entsprechungen in einer Gesellschaft mit einer hegemonialen Wirtschaft, wie in Kapitel 3.1 beschrieben, etwa zum Narrativ, zur Kontrolle, zur Entmachtung der Mutter und zum (zyklischen) Verlauf. Für weitere gibt es in der soziologischen Literatur zahlreiche Ansatzpunkte.

4 Klimakrise und Umweltkrise: Die Bedeutung von Verstrickung

Das Familienmodell der Gesellschaft bietet die Möglichkeit, die emotionale Dynamik der Menschen, die die gegenwärtige Umweltkatastrophe erleben, aber sie wider besseres Wissen weiter fortführen, zu beschreiben. Dabei können die Gefühle und Konflikte der Familienmitglieder eines Gewalttäters auf die gesellschaftliche Situation übertragen werden. Hierbei spielt die Verstrickung mit dem Täter, dem Subsystem Wirtschaft, eine zentrale Rolle. Sie bewirkt reale Abhängigkeiten und eine komplexe kognitiv-emotionale Dynamik, die schwer aufzulösen ist.

In der analogen Familie variiert diese Dynamik so stark zwischen Geschwistern, dass es oft scheint, sie seien in verschiedenen Familien aufgewachsen. Prozesse wie die Identifikation mit dem Täter, Übernahme der Schuld und Selbstbild als Sündenbock, Schuldzuweisung an die Mutter, Verlassenheit durch die Mutter, gegenseitige Fürsorge oder Schuldzuweisung und Entfremdung unter Geschwistern, Parentifizierung oder Regression spielen dabei eine Rolle.

Der Täter ist eine enge Bezugsperson, es besteht enge Interaktion und Abhängigkeit, und Kinder wachsen in diese Beziehung mit dem Täter hinein. In ihrer Entwicklung übernehmen viele das Narrativ des Täters, welches das Bestimmende innerhalb der Familie ist, und identifizieren sich mit ihm. Angstwahrnehmung und Angstbewältigung sind durch die anderen Gefühle, wie Wut, Empörung, Hilflosigkeit, Schuld, Scham, Trauer, Enttäuschung, aber auch Bewunderung, Liebe, Dankbarkeit und Loyalität, überlagert. Bis in die eigene Identität geht die Verbundenheit mit dem Täter. Diejenigen, die ihre Vulnerabilität wahrnehmen und sich Zugang zu ihren widersprüchlichen Gefühlen erarbeiten, haben oft die besseren Chancen, sich aus der familiären Verstrickung zu lösen.

Analog in der Gesellschaft: Die Verstrickung mit dem Täter hält die Menschen in der Situation gefangen, sogar wenn ein Ausweg sichtbar ist. Sie manifestiert sich in verschiedenen gesellschaftlichen Gruppen unterschiedlich, wie auch Familienmitglieder ihre Familien unterschiedlich erleben, je nach Positionierung.

Jeder Einzelne ist Teil des wirtschaftlichen Subsystems, allerdings mit unterschiedlichen Möglichkeiten der Einflussnahme. Das wirtschaftliche Subsystem bestimmt die möglichen Ziele und Mittel, wie Grundbedürfnisse erfüllt werden, ist aber auch für die Umweltzerstörung verantwortlich. Eine Veränderung würde die Umweltbedrohung reduzieren, aber auch die Art, wie Grundbedürfnisse erfüllt werden, und damit die bisherigen Deutungsmuster, die die Art der Erfüllung von Grundbedürfnissen vorgeben und Widersprüche neutralisieren, infrage stellen. Das zeigt sich verschieden in unterschiedlichen Lebenswelten, etwa den sozioökonomischen Milieus. Aber schon eine grobe Unterscheidung nach sozialer Schicht lässt Schlussfolgerungen zu, die auch global übertragbar sind:

Für Angehörige der Mittel- und Oberschicht stellt die Umweltkatastrophe bislang weniger eine akute reale Bedrohung dar, sondern eine antizipierte, und ist für viele eine neue und eher isolierte Erfahrung. Eine nachhaltige Transformation stellt gerade bei ihnen die bisherige Erfüllung der Grundbedürfnisse und ihre Legitimierung infrage. Das führt insbesondere bei denen, die sich mit der Wirtschaft identifizieren, zu verschiedenen Abwehrmechanismen, etwa Leugnen oder Rationalisieren. Umweltbewusste Mitglieder dieser Gruppe haben mit erheblichen kognitiven Dissonanzen zu kämpfen, die sie ohne ein Hinterfragen ihrer Deutungsmuster nicht wirksam auflösen können.

Für Angehörige der Unterschicht bedeutet die Umweltkatastrophe eine neue Dimension bisheriger Erfahrungen, da sie auch jetzt schon häufiger Umweltbelastungen sowie sozialen Belastungen ausgesetzt sind. Ihre Mittel, die Grundbedürfnisse zu erfüllen, sind begrenzter, von mehr Widersprüchen und eher von Vermeidungszielen geprägt. Dadurch kann die Transformation zu einer erheblichen zusätzlichen Belastung werden, die ihre Anpassungsfähigkeit überfordert, zumal ihre gesellschaftliche Gestaltungsmacht und Teilhabe eingeschränkt sind. Obwohl sie einen kleineren ökologischen Fußabdruck haben, werden sie häufig als Sündenbock präsentiert. Wie Familienmitglieder, die derart ausgegrenzt werden, reagieren viele mit Resignation oder Reaktanz. Sie benötigen eine besondere Solidarität und Validierung, um die gesellschaftliche Spaltung, wie die Spaltung der analogen Familien, aufzulösen.

Ein Aspekt der Auseinandersetzung mit den Ursachen der Umweltkrise ist der des fehlenden Schutzes durch den Staat, den Menschen als unfähig erleben, sie vor den Folgen der Umweltzerstörung zu schützen. Analog ist das Erleben von Familienmitgliedern unter der Herrschaft eines Gewalttäters gegenüber ihrer Mutter. Das führt zu einer Entfremdung bei denen, die den Schutz einfordern, während diejenigen, die mit dem Täter, der Wirtschaft, identifiziert sind, eine Ermächtigung des Staates und Eingrenzung der Wirtschaft nicht tolerieren. Das Dilemma des Staates entspricht dem einer Mutter in dieser Situation und ist nur durch internationale Kooperation aufzulösen.

Auch Schuldgefühle finden ihre Entsprechung in der Umweltkrise. Wie das Narrativ des Täters, der Wirtschaft, übernommen wird und ihre Opfer in einen double-bind verstrickt, wird dabei gut sichtbar. Das vorherrschende Narrativ der Wirtschaft, das von staatlichen Institutionen, gesellschaftlichen Gruppen und der Bevölkerung breit übernommen wird, ist das des mündigen Verbrauchers und das des Staates, der Umweltinvestitionen mitfinanzieren, jedoch nur minimale Vorgaben machen soll.

Die Menschen stellt das vor ein unlösbares Dilemma: Einerseits soll die Wirtschaft wachsen, Arbeitsplätze sollen gesichert werden, der Konsum soll weiter steigen, um die Gesellschaft im gegenwärtigen Modus zu stabilisieren. Der Wert eines Menschen wird in seiner ökonomischen Potenz gemessen und ein konsequent nachhaltiges Verhalten würde den Verlust der Teilhabe in dieser Gesellschaft bedeuten. Andererseits führt genau das zur Zerstörung unserer natürlichen Grundlagen. Einerseits wird den Einzelnen die Verantwortung für die Veränderung auferlegt, andererseits ist ihr individueller Einfluss auf politische und vor allem wirtschaftliche Entscheidungen marginal, und ein konsequent nachhaltiges Verhalten würde sie zu gesellschaftlichen Außenseitern machen. Ein Verhalten wird gleichzeitig gefordert und bestraft, ohne Einfluss auf diese Bedingungen zuzulassen: Das ist ein Merkmal eines double-bind und typisch in Familien von Gewalttätern.

Indem dieses Narrativ übernommen wird, sind Schuldgefühle, Scham, Angst und Ohnmacht angesichts des individuellen und gesellschaftlichen Scheiterns eine häufige Reaktion, und auch Reaktanz als Zeichen der Überforderung wird nachvollziehbar.

Das Narrativ des Täters, der ungezügelten neoliberalen Marktwirtschaft, ist Teil unserer kulturellen DNA, und trotz der tödlichen Konsequenzen sind wir diesem System so sehr verhaftet, dass wir Alternativen kaum denken oder wollen können. Aber auch hier gilt wie in den Familien: Diejenigen, die sich ihrer Vulnerabilität und ihrer Gefühle bewusster sind, haben die besseren Chancen, sich aus der Verstrickung zu lösen.

5 Der Weg aus der Verstrickung: Befreiung und Ermächtigung

Bei familiärer Gewalt müssen mehrere Aufgaben zeitgleich bewältigt werden: Die Beendigung der Gewalt und Garantie von Sicherheit, der Täter muss sich mit der Tat und den Folgen für die Opfer auseinandersetzen und die Opfer müssen sich mit ihrer Verstrickung mit dem Täter auseinandersetzen und ihre Kompetenzen und Handlungsfähigkeit wieder aufbauen. Eines ist ohne die anderen nicht möglich. Diese Transformation ist oft die schmerzhafteste und gefährlichste Zeit in einem langen Prozess und der Beginn eines neuen Lebens ist in der Regel zuerst mit Verlusten und Belastungen verbunden, wie auch nicht selten einem sozialen Abstieg, bis auch die positiven Seiten erfahrbar werden können.

Um familiäre Gewalt wirksam zu beenden, müssen Sozialarbeiter und Therapeuten sehr gut einschätzen können, wo Potenziale zur Veränderung liegen und wo nicht (Korittko, 2013). Wenn nicht die familiären Machtverhältnisse verändert werden, dominiert in der Regel der Täter das Gespräch, und die Opfer haben nicht die Kraft, ihre Bedürfnisse und Standpunkte zu vertreten. Selten sind Täter einsichtig und oft ist eine Verurteilung der einzige Weg, sie zur Therapie zu bewegen. Der Aufbau der Ressourcen der Opfer ist essenziell, um den unberechtigten Ansprüchen des Täters und seinen Übergriffen Grenzen setzen zu können, auch nach einer Trennung.

Wenn der Täter Teil der Familie bleibt und innerhalb der Familie eine Änderung erreicht werden soll, so muss zuerst die Gewalt benannt und seine Verantwortung anerkannt werden. Das ist für alle ein schmerzhafter Prozess. Dem Täter muss jede Möglichkeit, die Verantwortung abzuschieben, konsequent genommen werden, und alle anderen müssen sich widersetzen, von ihm manipuliert und gegeneinander ausgespielt zu werden. Jeder Übergriff muss Konsequenzen haben. Die Mutter muss ihre Autorität zurückgewinnen und sie muss ihre Erziehungskompetenzen verbessern, um auch in diesem schwierigen Transformationsprozess ein angemessenes Gleichgewicht zwischen Fürsorge, Strenge und Freiheit zu finden und um die entstandenen Schäden ausgleichen zu können.

In der Therapie der Opfer werden psychische Störungen behandelt, aber auch ihre Beziehung zum Täter, die eigene Vulnerabilität, die eigene Schuld und Täterintrojekte (Eigenschaften des Täters, die Opfer in ihre eigene Identität übernommen haben) werden bearbeitet. Und es müssen Ressourcen aufgebaut und neue Gewohnheiten eingeübt werden. Die vielfältigen, widersprüchlichen Gefühle müssen ihren Platz bekommen, sie müssen validiert und bearbeitet werden.

Das reale Leben muss neu eingerichtet werden, mit den Beziehungen zur Umwelt der Familie. Dabei werden auch Einstellungen und Wertordnungen überarbeitet und die Beziehungen sämtlicher Familienmitglieder werden neu geordnet.

Die wesentlichen Gesichtspunkte, die den Weg einer Familie beschreiben, finden ihre Entsprechung in der Gesellschaft: Verantwortungsübernahme und Begrenzung des Täters, Stärkung der Mutter und Verbesserung der Beziehungen der Familienmitglieder untereinander bedeuten analog die Verantwortungsübernahme und Regulierung der Wirtschaft, demokratische Stärkung des Staates, Partizipation aller Gesellschaftsgruppen und sozial-ökologische Gerechtigkeit.

Auch die realen Hindernisse für die notwendige Transformation sind vergleichbar: Ein Abschied von der Vorherrschaft der Wirtschaft und der Ausbeutung der Natur muss reale Abhängigkeiten und Verluste berücksichtigen, den sozialen Abstieg von Einzelnen und Gruppen sowie die Unsicherheiten und Belastungen einer anderen Wirtschaftsweise.

Die emotionale Dynamik, die Menschen durch die Umweltkatastrophe, die soziale Spaltung, ihre Verstrickung und die nötige oder erzwungene gesellschaftliche Transformation erleben, hat mehrere, der Familientransformation vergleichbare Aspekte:

- Die Risiken werden zuerst größer: Gruppen, die Privilegien verlieren und vom Status quo profitieren, wehren sich massiv. Es gibt aber auch gesellschaftliche Verwerfungen, die durch neue, reale Bedrohungen wie häufigere Naturkatastrophen entstehen oder durch andere Umwälzungen wie die Digitalisierung. Durch den Transformationsprozess werden negative Gefühle ausgelöst. Reaktanz, Verleugnung oder Radikalisierung sind erwartbar in solchen Prozessen. Sie als Teil eines schwierigen Transformationsprozesses zu sehen, kann hilfreich sein, um sie zu bewältigen.
- Die Konfrontation mit der eigenen Beteiligung, der Ohnmacht und der Verstrickung mit dem Täter, der Wirtschaft, ist ein schmerzhafter Prozess, der abgewehrt wird.
- Die bisherigen Deutungsmuster, die Gefühle wie Angst, Wut usw. aufgefangen haben, werden infrage gestellt und können diese Gefühle nicht mehr kompensieren. Menschen, die ihre Benachteiligung bisher akzeptiert hatten, können heftig aufbegehren.

- Wie die Grundbedürfnisse befriedigt werden, ändert sich durch die Transformation. Damit entstehen neue Widersprüche, die Ängste hervorrufen, bis sie in eine neue kulturelle Matrix eingebunden werden können.
- Die Beziehungen der Menschen zur Gesellschaft und ihren Institutionen unterliegen einem fundamentalen Wandel, wenn die Wirtschaft als Verursacher der Umweltkatastrophe einen neuen Platz in der Gesellschaft bekommen soll. Ein neues Verständnis von Gesellschaft, Staat und Wirtschaft muss ausgehandelt werden, wie auch die Beziehungen zwischen Staaten.
- Wenn die wirtschaftliche Bedeutung von Care-Arbeit, Commons und Staat im Verhältnis zur Wirtschaft ansteigt und mehr gesellschaftliche Anerkennung findet, verändern sich auch die Maßstäbe für Leistung, Verdienst und Entlohnung. Diejenigen, die ihr Bedürfnis nach Selbstwert durch ihre Arbeit und deren Anerkennung befriedigen, haben dann nicht nur finanzielle Einbußen, sondern erleben auch eine massive Bedrohung ihres Selbstwerts. Dies gilt auch im Generationenwechsel, wenn Menschen ihre Lebensleistung als abgewertet erleben, oder im Verhältnis der Geschlechter.

Wie in Familien gibt es Ressourcen in der Gesellschaft, und diese sind der Schlüssel zur Bewältigung der Krise. Werden Kinder erwachsen und emanzipieren sich vom Einfluss des Vaters, so solidarisieren sich einige mit der Mutter und den geschlagenen Geschwistern. Sie können erreichen, was vorher undenkbar schien: Sie weisen den gewalttätigen Vater in seine Schranken. Meistens sind es die Kinder, die sich ihrer eigenen Vulnerabilität erfolgreich stellen konnten. Und genauso, wie eine Emanzipation nicht allein und nicht innerhalb der Grenzen einer Familie möglich ist, sondern eine solidarische Unterstützung von außen braucht, ist eine Entmachtung der Wirtschaft nur in nationaler und internationaler Solidarität möglich.

Dieser Prozess der Ermächtigung verlangt einen intensiven Diskurs über unsere Lebensweise und deren Voraussetzungen. Widersprüchliche Gefühle, wie sie sich in verschiedenen Bewegungen und Verhaltensweisen manifestieren, müssen bearbeitet werden. Für diesen notwendigen Diskurs kann das Bild einer Familie hilfreich sein, um die Gesellschaft und ihre Gruppierungen, den Staat und die Wirtschaft abzubilden, die zu einer neuen Grundlage finden müssen.

Auch innerhalb der Wirtschaftswissenschaften findet inzwischen ein

Diskurs um neue Narrative statt. Sie setzen etwa der Wirtschaft natürliche und soziale Grenzen, wie im Donut-Modell von Kate Raworth (Raworth, 2017), stellen die Leistungen der Care-Arbeit, der Commons oder des Staates in den Mittelpunkt oder diskutieren wirtschaftliche Ethik.

Der Kultur kommt für die emotionale Bewältigung der Transformation eine zentrale Aufgabe zu: Gefühle Einzelner können exemplarisch dargestellt werden und das psychologische Wissen und die Selbstwahrnehmung anderer erweitern, wenn sie kulturell verfügbar gemacht werden. So wie auch andere Themen in der Vergangenheit durch das kulturelle Sichtbarmachen bearbeitet wurden, kann die kulturelle Thematisierung von Gefühlen gegenüber dem Verlust unserer Lebensgrundlagen, der Naturzerstörung durch die Wirtschaft, der gespaltenen Gesellschaft und der eigenen Verstrickung die emotionalen Prozesse der Transformation für viele erlebbar und bearbeitbar machen. Erst dann wird die Transformation möglich, ohne die Gesellschaft zu zerreißen.

6 Fazit

Es gibt wesentliche Gemeinsamkeiten zwischen einer Gesellschaft mit einer hegemonialen Wirtschaft und einer Familie mit einem gewalttätigen Vater. Das Subsystem der Wirtschaft bestimmt wesentliche Narrative der Gesellschaft und die Deutungsmuster, mit denen die gegenwärtige Zerstörung unserer natürlichen Lebensgrundlagen und die gesellschaftliche Spaltung legitimiert wird. Eine nachhaltige Transformation setzt die schonungslose Auseinandersetzung mit eigenen Anteilen und Verstrickungen, Solidarität der gesellschaftlichen Gruppen und bürgerliche Unterstützung des Staates voraus. Andere wirtschaftliche Narrative müssen Verbreitung finden. Die kulturelle Bearbeitung der auf Umwelt, Staat und Wirtschaft bezogenen Gefühle ermöglicht die emotionale Bewältigung der Transformation durch die Gesellschaft.

In einfachen Worten

Viele Menschen wissen, dass wir Menschen die Umwelt zerstören und die Erde heißer machen. Sie wollen das ändern, aber trotzdem wird nicht genug getan. Die Wirtschaft ist der Teil der Gesellschaft, der Nahrung und Dinge herstellt und in dem gekauft und verkauft wird, was oft unsere Umwelt schädigt. Wenn wir alle eine Familie wären, könnten wir uns vorstellen, dass der Staat unsere Mutter und die Wirtschaft unser Vater wäre. Dieser Vater schadet aber uns und der Natur. Darum ist unsere Gesellschaft ähnlich wie eine Familie, in der der Vater gewalttätig ist. Kinder, die in solchen Familien aufwachsen, werden von ihrem Vater beeinflusst. Sie lernen, wie er zu denken, und viele finden es richtig, was er tut, obwohl es ihnen schadet. Es ist sehr schwer für sie, sich davon zu trennen und etwas anderes zu denken und zu tun. Genau das macht es auch so schwierig, die Umwelt besser zu schützen: Wir denken, dass es keinen anderen Weg gibt, um Nahrung und Dinge herzustellen und sie zu kaufen und verkaufen, und viele finden es sogar richtig, wie es ist. Wir müssen lernen, anders darüber zu denken, und uns vorstellen, wie es anders gehen kann: besser für die Umwelt und gerechter für die Menschen.

Literatur

Bancroft, L., Silverman, J. & Ritchie, D. (2012). *The batterer as parent: Addressing the impact of domestic violence on family dynamics* (2. Aufl.). Thousand Oaks, CA: Sage.

Berghold, J. (2020). Beschleunigungsprozesse: Historische und sozialwissenschaftliche Streiflichter. In M. Scherer, J. Berghold & H. Hierdeis (Hrsg.), *Medizinische Versorgung zwischen Fortschritt und Zeitdruck: Auswirkungen gesellschaftlicher Beschleunigungsprozesse auf das Gesundheitswesen* (S. 43–102). Göttingen: Vandenhoeck & Ruprecht.

Borg, E. (2001). *Projekt Globalisierung. Soziale Kräfte im Konflikt um Hegemonie Vol. 27.* Hannover: Offizin.

Boyce, J. K. (2017). *The humble economist: What economics can – and can't – tell us about climate change*. Paper prepared for the INET Plenary Conference Edinburgh, Scotland 21.–23. October 2017. Dieser Beitrag stützt sich auf das in Kürze erscheinende Buch des Autors *The Case for Carbon Dividends*: Polity Press, 2018.

Dehne, M. (2017). *Soziologie der Angst*. Wiesbaden: Springer.

Elias, N. (1939). *Über den Prozeß der Zivilisation. Soziogenetische und psychogenetische Untersuchungen*. Basel: Verlag Haus zum Falken.

Galtung, J. (1997). *Der Preis der Modernisierung. Struktur und Kultur im Weltsystem*. Wien: Promedia.

Galtung, J. (2004). Gewalt, Krieg und deren Nachwirkungen. Über sichtbare und unsichtbare Folgen der Gewalt. *polylog. Forum für interkulturelle Philosophie 5*. https://them.polylog.org/5/fgj-de.htm (07.03.2021).

Gramsci, A. (1929/1991). *Gefängnishefte*. Hamburg: Argument-Verlag.

Grawe, K. (2004). *Neuropsychotherapie*. Göttingen: Hogrefe.

Holt, S., Buckley, H. & Whelan, S. (2008). The impact of exposure to domestic violence on children and young people: a review of the literature. *Child Abuse & Neglect, 32*(8), 797–810.

Holtzworth-Munroe A. & Meehan, J.C. (2004). Typologies of Men Who Are Maritally Violent: Scientific and Clinical Implications. *Journal of Interpersonal Violence, 19*(12), 1369–1389.

Holtzworth-Munroe A. & Stuart, G.L. (1994). Typologies of male batterers: three subtypes and the differences among them. *Psychological Bulletin, 116*(3), 476–497.

Johnson, M.P. (2008). *A Typology of Domestic Violence: Intimate Terrorism, Violent Resistance, and Situational Couple Violence*. Lebanon, NH: Northeastern University Press.

Johnson, M.P. (2010). Langhinrichsen-Rolling's Confirmation of the Feminist Analysis of Intimate Partner Violence: Comment on »Controversies Involving Gender and Intimate Partner Violence in the United States«. *Sex Roles, 62*, 212–219.

Jost, J.T., Pelham, B.W., Sheldon, O. & Sullivan, B.N. (2003). Social inequality and the reduction of ideological dissonance on behalf of the system: Evidence of enhanced system justification among the disadvantaged. *European Journal of Social Psychology 33*(1), 13–36.

Keen, S. (2011). *Debunking Economics – Revised and Expanded Edition: The Naked Emperor Dethroned?* London: Zed Books Ltd.

Keller, H. (2016). Psychological autonomy and hierarchical relatedness as organizers of developmental pathways. *Philosophical Transactions of the Royal Society B: Biological Sciences, 371*(1686): 20150070.

Kelly, J.B. & Johnson, M.P. (2008). Differentiation among types of intimate partner violence: research update and implications for interventions. *Family Court Review, 46*(3), 476–499.

Kirman, A. (2011). The Crisis in Economic Theory. *Rivista italiana degli economisti, 1/2011*, 9–36.

Klein, N. (2007). *The Shock Doctrine: The Rise of Disaster Capitalism*. New York: Metropolitan Books/Henry Holt.

Kopec, M. (2017). Game theory and the self-fulfilling climate tragedy. *Environmental Values, 26*(2), 203–221.

Korittko, A. (2013). Kinder als Zeugen häuslicher Gewalt. Umgang um jeden Preis oder Neuanfang ohne Angst? In M. Weber, U. Alberstötter & H. Schilling (Hrsg.), *Beratung von Hochkonflikt-Familien im Kontext des FamFG* (S. 256–272). Weinheim/ Basel: Beltz Juventa.

Kraus, M., Piff, P., Mendoza-Denton, R., Rheinschmidt, M. & Keltner, D. (2012). Social Class, Solipsism, and Contextualism: How the Rich Are Different From the Poor. *Psychological Review, 119*(3), 546–572.

Lakoff, G. (2002). *Moral Politics: How Liberals and Conservatives Think*. Chicago: The University of Chicago Press.

Lakoff, G. (2012). Explaining Embodied Cognition Results. *Topics in Cognitive Science, 4*, 773–785.

Luhmann, N. (1997). *Die Gesellschaft der Gesellschaft*. Frankfurt/M: Suhrkamp.

Mazzucato, M. (2011). *The Entrepreneurial State*. London: Demos.

Mirowski, P. & Plehwe, D. (2009). *The Road from Mont Pèlerin. The Making of the Neoliberal Thought Collective*. Harvard: Harvard University Press.

Nelson, J.A. (2016). Poisoning the Well, or How Economic Theory Damages Moral Imagination. In G.F. DeMartino & D. McCloskey (Hrsg.), *The Oxford Handbook of Professional Economic Ethics*. Oxford: Oxford University Press.

Nevala, S. (2017). Coercive Control and Its Impact on Intimate Partner Violence Through the Lens of an EU-Wide Survey on Violence Against Women. *Journal of Interpersonal Violence, 32*(12), 1792–1820.

Patomäki, H. (2007). *The Political Economy of Global Security: War, Future Crises and Changes in Global Governance*. New York: Routledge.

Raworth, K. (2017). *Die Donut-Ökonomie*. München: Carl Hanser Verlag.

Rosa, H. (2016). *Resonanz. Eine Soziologie der Weltbeziehung* (2. Aufl.). Berlin: Suhrkamp.

Ruggie, J.G. (2013). *Just Business: Multinational Corporations and Human Rights*. New York: W.W. Norton & Company.

Ruggie, J.G. (2017). Multinationals as Global Institution: Power, Authority and Relative Autonomy. *Regulation & Governance, 12*(3), 317–333.

Schütz, A. (1932). *Der sinnhafte Aufbau der sozialen Welt. Eine Einleitung in die verstehende Soziologie*. Wien: Springer.

Tandon, Y. (2015). *Trade Is War*. Or Books.

Ulrich, P. (2008). *Integrative Wirtschaftsethik. Grundlagen einer lebensdienlichen Ökonomie*. Bern/Stuttgart/Wien: Haupt.

UN-Bericht GEO-6 (2019). *Global Environment Outlook – GEO-6: Healthy Planet, Healthy People*. Cambridge: Cambridge University Press.

Welzer, H. (2011). *Mentale Infrastrukturen: Wie das Wachstum in die Welt und in die Seelen kam*. Heinrich-Böll-Stiftung: Schriften zur Ökologie, Bd. 14.

Biografische Notiz

Toni Raimond, Dipl.-Phys., Dipl.-Psych., erhielt die Approbation für Kinder- und Jugendlichenpsychotherapie mit dem Schwerpunkt Traumatherapie und unterstützt aus dem Ruhestand die Klimabewegung.

Klimaschutz-Ausreden

Mit welchen Argumentationsmustern Klimaschutz verzögert wird[1]

Sebastian Levi, Finn Müller-Hansen, William F. Lamb, Giulio Mattioli, J. Timmons Roberts, Stuart Capstick, Felix Creutzig, Jan C. Minx, Trevor Culhane & Julia K. Steinberger

Zusammenfassung: Die politische Diskussion über notwendigen Klimaschutz ist oft geprägt von Argumenten, welche die Umsetzung ambitionierter Maßnahmen blockieren oder herauszögern. Diese »Klimaschutz-Ausreden« akzeptieren zwar die Realität des menschengemachten Klimawandels, aber untergraben den akuten Handlungsbedarf. Dabei wird Verantwortung auf andere abgeschoben oder die Nachteile der Energiewende werden überbetont. Andere Klimaschutz-Ausreden versuchen durch ineffektiven Aktionismus von grundlegendem Wandel abzulenken oder wecken gar Zweifel, ob die Klimakrise überhaupt noch abzuwenden sei. In diesem Beitrag präsentieren wir eine Typologie der zwölf gängigsten Klimaschutz-Ausreden. Dies soll dabei helfen, diese Argumentationsmuster zukünftig einfacher zu erkennen und sie effektiver zu entkräften.

Mit wachsender Aufmerksamkeit für die Klimakrise häufen sich auch Stimmen, die Klimaschutzmaßnahmen als übertrieben darstellen (McKie, 2019; Norgaard, 2011). Die GegnerInnen von Klimapolitik leugnen immer wieder die Realität des menschengemachten Klimawandels (Farrell et al., 2019), spielen seine schwerwiegenden Folgen herunter (Harvey et al., 2018) oder zweifeln den wissenschaftlichen Konsens zum Klimawandel an (Oreskes & Conway, 2011). Eine vierte Strategie hat bisher allerdings nur wenig Aufmerksamkeit erhalten: Das Hinauszögern effektiver Klima-

1 Hinweis: Dieser Beitrag basiert auf dem englischsprachigen Forschungsartikel »Discourses of Climate Delay« (Lamb et al., 2020), den das AutorInnen-Team im Jahr 2020 in der Fachzeitschrift *Global Sustainability* veröffentlicht hat. Der englischsprachige Online-Anhang mit methodischen Hintergrundinformationen, weiteren Details zu den einzelnen Argumentationsmustern und einer Vielzahl von empirischen Beispielen kann hier abgerufen werden: https://doi.org/10.1017/sus.2020.13 (»Supplementary materials«).

politik in politischen Debatten zu konkreten Klimaschutzmaßnahmen. Wir nennen diese Diskurse »Klimaschutz-Ausreden«, weil sie zu politischen Stillstand führen oder den Anschein erwecken, dass es unüberwindbare Hindernisse für einen umfassenden Klimaschutz geben würde.

Solche Klimaschutz-Ausreden folgen verschiedenen Argumentationsmustern, die teilweise bereits in der Literatur identifiziert wurden. So spielen oft radikaler Individualismus (Maniates, 2001), Greenwashing (Sheehan, 2018), unbedingter Fortschrittsglaube (Peeters et al., 2016) oder die Überbetonung von Kosten eine zentrale Rolle in Argumenten gegen schnelle und effektive Klimapolitik (Bohr, 2016; Jacques & Knox, 2016). Diese Muster wurden bereits vielfach mittels Umfragen und in BürgerInnen-Versammlungen beobachtet (Bickerstaff & Walker, 2002; Norgaard, 2011), aber auch in Medienberichten (Bohr, 2016; Jacques & Knox, 2016; Peeters et al., 2016; Sheehan, 2018) und anderen politischen Diskursen (Bache et al., 2015; Gillard, 2016; McKie, 2019). Einige dieser Klimaschutz-Ausreden wurden auch in zentralen wissenschaftlichen Texten über KlimaskeptikerInnen dokumentiert, wie beispielsweise in *Merchants of Doubt, Deceit and Denial* oder *The Triumph of Doubt* (Brulle & Aronczyk, 2019; Freudenburg et al., 2008; Markowitz & Rosner, 2003; Michaels, 2008, 2020; Oreskes & Conway, 2011).

In diesem Artikel präsentieren wir eine umfangreiche (wenn auch nicht vollständige) Zusammenstellung der gängigen Klimaschutz-Ausreden. Dabei orientieren wir uns an Projekten, die bereits umfassende Argumente von KlimawandelskeptikerInnen zusammengetragen haben und so wichtige Informationen für die Wiederlegung von Klimawandel-LeugnerInnen liefern (wie bspw. www.skepticalscience.com). Unser zweites Ziel in diesem Artikel ist es, zentrale Gemeinsamkeiten der gegenwärtigen Klimawandel-Ausreden zu identifizieren und so deren grundlegende Logik näher zu bestimmen. Dabei gehen wir deduktiv vor: Zuerst haben wir durch eine Erhebung unter den Ko-Autoren dieser Studie eine anfängliche Liste von möglichen Klimaschutz-Ausreden zusammengetragen. Diese ursprüngliche Liste haben wir iterativ erweitert und verfeinert, indem wir eine Vielzahl von empirischen Klimaschutz-Ausreden zusammengetragen und kategorisiert haben. Dabei haben wir zum einen systematisch zusammengestellte politische Kommentare ausgewertet, insbesondere all jene, die zwischen 2013 und 2018 in energie- und klimapolitischen Gesetzesentwürfen im US-Bundesstaat Massachusetts eingereicht wurden. Zum anderen haben wir besonders wichtige Medienartikel zu klimapolitischen

Gesetzesentwürfen in Deutschland, Großbritannien, Norwegen und den USA gesammelt und ausgewertet. Mehr Informationen zu unserem methodischen Vorgehen und zu unseren Quellen sind in dem englischsprachigen Anhang beigefügt, der am Ende des Artikels verlinkt ist.

Basierend auf unserer empirischen Sammlung haben wir eine Reihe von Gemeinsamkeiten typischer Klimaschutz-Ausreden identifiziert. Da Klimaschutz-Ausreden per Definition Klimaschutzmaßnahmen ablehnen, bezweifeln sie entweder, dass diese Maßnahmen möglich sind oder dass sie wünschenswert sind. Diese empirischen und normativen Ablehnungen reichen von fundamentalen Einwänden, dass Klimaschutz überhaupt nicht mehr möglich sei, bis hin zu konkreten Ablehnungen spezifischer Maßnahmentypen. In absteigender Reihenfolge von fundamentalen zu spezifischeren Einwänden verneinen Klimawandel-Ausreden somit mindestens eine der folgenden vier Fragen:

1. Kann der Klimawandel (noch) gebremst werden?
2. Soll der Klimawandel gebremst werden, auch wenn hierfür Kosten und Anstrengungen aufgewendet werden müssen?
3. Sollen ausgerechnet wir diese Kosten und Anstrengungen auf uns nehmen?
4. Müssen die Klimaschutzmaßnahmen umfassend sein?

Auf Basis der Antworten zu diesen vier Fragen lassen sich vier unterschiedliche Typen von Klimaschutz-Ausreden klassifizieren:

1. vor dem Klimawandel kapitulieren,
2. Nachteile betonen,
3. Verantwortung weitergeben,
4. auf Schein-Lösungen verweisen (siehe Abb. 1).

Diese Typologie ermöglicht es, die unterschiedlichen Motive und diskursiven Strategien der Klimaschutz-GegnerInnen zu identifizieren, um passende Antworten und so Gegenstrategien zu entwickeln. Die Einwände, die Klimaschutz-Ausreden typischerweise anführen, betreffen einige der konflikthaftesten Aspekte des gesellschaftlichen und politischen Wandels zu einer nachhaltigen Gesellschaft. Sie funktionieren deshalb so gut, weil Klimaschutz-Ausreden oft ein Körnchen Wahrheit beinhalten und ähnliche Argumente auch ohne die Absicht vorgebracht werden, Klimapolitik generell zu verhindern. So ist es zum Beispiel tatsächlich eine große Herausforderung, die Kosten der ökologischen Transformation gerecht zu

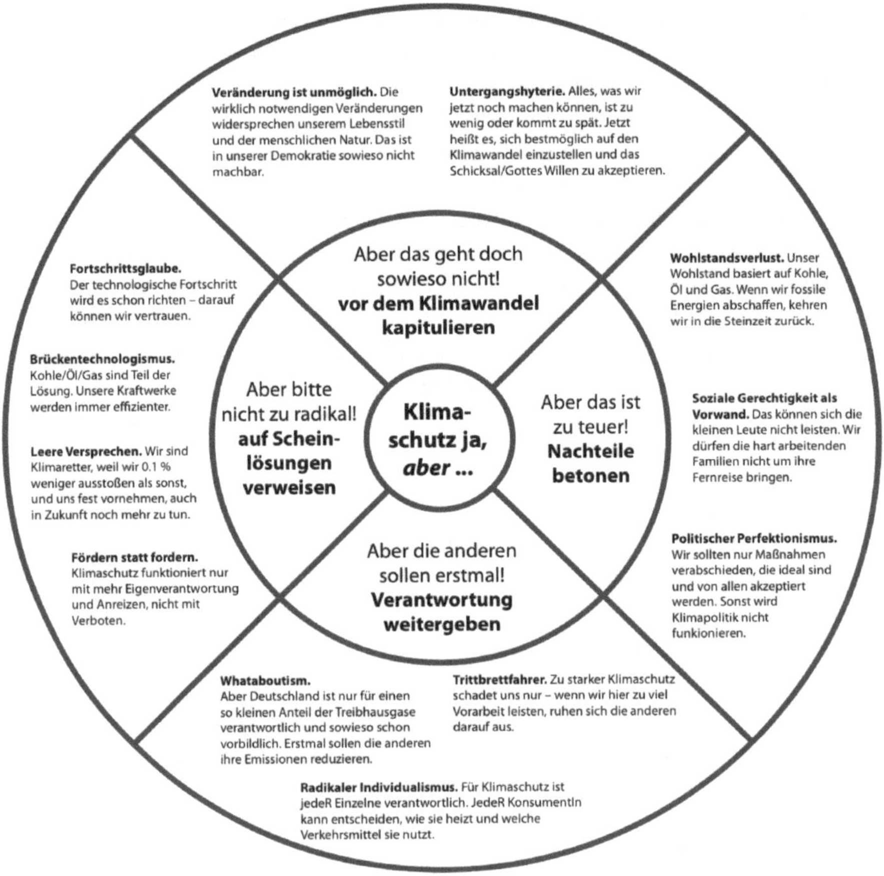

Abbildung 1: Typologie der Klimawandel-Ausreden.

verteilen. Nicht jeder Einwand, dass zum Beispiel BergbauarbeiterInnen nicht die Kosten der Energiewende tragen sollten, ist deshalb automatisch eine Klimaschutz-Ausrede. Aber jeder legitime Einwand kann dann zu einer Klimaschutz-Ausrede werden, wenn er nur dafür genutzt wird, Klimaschutzmaßnahmen abzuwehren, ohne andere und ebenso effektive Interventionen zu explorieren. Über viele wichtige Fragen der Klimaschutzpolitik findet aktuell kein umfassender öffentlicher Diskurs statt und regelmäßig nutzen deshalb auch Interessengruppen legitime Bedenken, um notwendige Klimaschutzregulierung abzuwehren. Klimaschutz-Ausreden verdienen deshalb eine besondere Aufmerksamkeit. *Eine viel stärkere öffentliche Debatte der thematisierten Konflikte ist zwingend notwendig, um eine zügige, umfassende, und sozial gerechte Transformation zu einer emissionsfreien Gesellschaft zu ermöglichen* (Farrell et al., 2019; van der Linden et al., 2017). In den folgenden vier Abschnitten diskutieren wir hierfür die wichtigsten Merkmale unserer übergreifenden Typologie und 12 spezielle Typen von Klimaschutz-Ausreden. Die Quellen für die verwendeten Zitate sowie eine umfassende Liste von weiteren Beispielen von Klimaschutz-Ausreden jedes Types sind in unserem Online-Anhang zu finden.

1 Typologie der Klimawandel-Ausreden

1.1 Vor dem Klimawandel kapitulieren

Ist es noch möglich, den Klimawandel einzudämmen? Politische Aussagen können Klimaschutz-Ausreden werden, wenn sie Zweifel daran sähen, dass Klimaschutz angesichts der politischen, sozialen oder physikalischen Herausforderung überhaupt (noch) möglich ist. Oft entwickelt sich dieses Narrativ in eine von zwei Richtungen. Einerseits wird häufig argumentiert, dass die Abkehr von der kohlenstoffbasierten Wirtschaftsweise so radikal wäre, dass sie unrealistisch sei. Wir nennen diesen Typ Klimaschutz Ausrede »Veränderung ist unmöglich«, weil er annimmt, dass die menschliche oder politische Natur es unmöglich macht, einen grundlegenden gesellschaftlichen Wandel herbeizuführen. So argumentierte beispielsweise ein Meinungsartikel in der *New York Times*: »Um den Ausstoß von überschüssigem Kohlenstoff in den nächsten fünf bis zehn Jahren einzustellen, müssten wir alle ökonomischen und sozialen Prozesse radikal umorganisieren. Das ist nicht nur auf beängstigende Art und Weise unvorstellbar, sondern auch unmöglich.« Anstatt nach Lösungen für die ja tatsächlich existierenden Herausforderungen zu suchen, werden diese lieber als Ausrede genutzt, um sich mehr oder weniger mit den bestehenden Verhältnissen abzufinden und sich nur noch an den Klimawandel anzupassen.

Ein anderer Typ Klimaschutz-Ausrede ist die »Untergangshysterie«. Jegliches Handeln sei zu spät und nicht mehr effektiv genug, um die Klima-Katastrophe zu dem jetzigen Zeitpunkt noch abzuwenden: »Die Klima-Apokalypse kommt. Um uns darauf vorzubereiten, müssen wir zuallererst anerkennen, dass wir sie nicht mehr aufhalten können« (Meinungsartikel der *New York Times*, siehe Online-Anhang Abschnitt 3.12). Solche Aussagen schüren Angst und können zu einem paralysierenden Zustand des Schocks und der Resignation führen (Hulme, 2019). Untergangshysterien suggerieren, dass große Anstrengungen den Klimawandel zu bremsen weitestgehend sinnlos wären und dass die einzige Lösung nun sei, sich auf die Katastrophe einzustellen oder – in der religiösen Variante – unser Schicksal »in Gottes Hände« zu geben. Wie auch die anderen Klimaschutz-Ausreden weicht auch dieses Argumentationsmuster den schwierigen Herausforderungen der Dekarbonisierung aus und verzichtet darauf, nach effektiven Lösungen für die bevorstehenden Herausforderungen zu suchen.

1.2 Nachteile betonen

Auch wenn wir den Klimawandel aufhalten könnten, sollten wir wirklich die massiven Anstrengungen in Kauf nehmen, die hierfür notwendig sind? Klimapolitische Beiträge können Klimaschutz-Ausreden werden, wenn sie die kurzfristigen Kosten der Klimaschutzpolitik überbetonen und implizieren, dass diese größer wären als jene langfristigen Gewinne, die uns Klimaschutz in Form von sicheren atmosphärischen Bedingungen bereitstellen kann. Dieser Fehlschluss taucht häufig in Debatten auf, in denen die sozialpolitischen Herausforderungen von Klimaschutzpolitik thematisiert werden, beispielsweise in Debatten über die Auswirkungen von Klimapolitik auf Arbeitsplätze, auf Konsumfreiheit oder generell die »westliche Lebensweise«. Diese Bedenken können gerade bei jenen auf offene Ohren treffen, die bereits in der gegenwärtigen Gesellschaft marginalisiert werden und die die weiteren Anstrengungen für den Klimaschutz nur schwer schultern können, wie beispielsweise Menschen in schlechten Arbeitsverhältnissen oder jene aus Entwicklungsländern.

Deshalb wird häufig *soziale Gerechtigkeit als Vorwand* genutzt, um beispielsweise die Energiewende als eine untragbare Belastung für die Gesellschaft darzustellen. So forderte Bundeswirtschaftsminister Peter Altmeier im März 2019 beispielsweise, dass »wir es nicht zulassen dürfen, dass Klimaschutz unseren Wohlstand und unsere Arbeitsplätze gefährdet« (siehe Lamb et al., 2020: »Supplementary materials« Abschnitt 3.8). Solche Bedenken sind oft legitim und ein zentraler Aspekt einer gesellschaftlichen Diskussion über Klimaschutzpolitik. Aber immer wieder werden solche Bedenken als Klimaschutz-Ausrede genutzt. Dies passiert vor allem dann, wenn verschwiegen wird, dass gerade fehlender Klimaschutz das größte Risiko für unseren Wohlstand ist. Oder auch wenn all jene Wohlstandsgewinne ausgeklammert werden, die in der Transformation zu einer nachhaltigen Gesellschaft langfristig entstehen, wie etwa eine bessere öffentliche Gesundheit und neue Arbeitsplätze. Klimaschutz-Ausreden lassen diese beiden zentralen Aspekte systematisch außer Acht und stellen Klimaschutzpolitik stattdessen immer wieder als ein besonderes Risiko für marginalisierte Bevölkerungsgruppen dar. So wurde beispielsweise behauptet, dass eine Luftverkehrsabgabe »hart arbeitende Familien am meisten trifft und sie um ihren wohlverdienten Urlaub bringt«. Und das obwohl von allen möglichen Klimaschutzmaßnahmen gerade eine Steuer auf Flugreisen am allermeisten die oberen Einkommensgruppen betreffen würde.

Eine extreme Form, die Nachteile zu betonen, ist die Debatte um möglichen *Wohlstandsverlust*. Sie behauptet, dass Klimaschutz die Pfeiler unseres Wohlstandes und unseres Lebensstandards gefährdet: »Wenn wir morgen aufhören würden, fossile Energieträger zu verbrennen, wären die Konsequenzen katastrophal – Menschen würden verhungern, weil zum Beispiel die Traktoren kein Benzin mehr hätten« (David J. O'Donnell, Associate Director, Massachusetts Petroleum Council; siehe Lamb et al., 2020: »Supplementary materials« Abschnitt 3.9). Diese dramatische Fehldarstellung einer geordneten Transformation als plötzlich hereinbrechende Dystopie ist Teil jener andauernden Versuche, fossile Energieträger als eine unersetzliche Basis für menschliches Wohlergehen darzustellen: »Fossile Kraftstoffe möglichst schnell zu reduzieren, wie es viele Umweltaktivisten ja immer wieder fordern, würde jenes Wirtschaftswachstum gefährden, das Milliarden Menschen aus der Armut geholt hat«, behauptet beispielsweise Bjørn Lomborg, Präsident des Copenhagen Consensus Centres. Verschiedene Organisationen wie beispielsweise Peabody Energy haben wiederholt ähnliche Argumente genutzt, um jede Form von Klimaschutz zu delegitimieren (siehe Online-Anhang Abschnitt 3.9)

All diese Einwände führen dazu, dass Klimaschutz oft nur sehr vorsichtig angegangen wird – ein Ansatz, den wir »politischer Perfektionismus« nennen. Perfektionistische Klimapolitik traut sich nur jene Klimaschutzmaßnahmen zu, die keiner Bevölkerungsgruppe vor den Kopf stoßen, und befürchtet, andernfalls jegliche öffentliche Unterstützung für Klimapolitik generell zu verlieren. Ein Beispiel hierfür ist die deutsche Bundesregierung, die sich im September 2019 nur auf einen Bruchteil jenes CO_2-Preises einigen konnte, der notwendig wäre, um die deutschen Klimaschutzziele im

Jahr 2030 zu erreichen. Als Begründung gab Bundeswirtschaftsminister Altmeier an, dass er »den sozialen Frieden in diesem Land« nicht gefährden wolle (siehe Lamb et al., 2020: »Supplementary materials« Abschnitt 3.10). Den sozialen Frieden zu bewahren, ist sicherlich ein berechtigtes Anliegen. Diese Aussage kann und wurde aber dennoch als Klimaschutz-Ausrede verwendet, weil sie nur genutzt wurde, um Klimaschutz abzuschwächen. Stattdessen hätte die Politik proaktiv nach Möglichkeiten suchen können, um ambitionierten Klimaschutz sozial gerecht zu gestalten, wie beispielsweise mit einer umfassenden sozialpolitischen Rückverteilung der CO_2-Preiseinnahmen an die Bevölkerung oder indem man die Akzeptanz für umfassendere Maßnahmen in partizipativen und deliberativen Verfahren wie BürgerInnenräten erhöhen kann. Argumentationsmuster, die nur die Nachteile von Klimapolitik betonen, lenken davon ab, dass der Verzicht auf Klimaschutz zu einem weitaus größeren Wohlstandsverlust führen würde. Vor allem aber ignorieren sie, dass Klimaschutz sowohl ökologisch effektiv als auch sozial gerecht sein kann und so auch breiten Zuspruch in der Bevölkerung gewinnen würde.

1.3 Verantwortung weitergeben

Wenn sich nun die für den Klimaschutz notwendigen Anstrengungen lohnen, muss denn ausgerechnet ich mich daran beteiligen? Klimapolitische Äußerungen werden zu Klimaschutz-Ausreden, wenn sie genutzt werden, um sich aus der eigenen Verantwortung zu stehlen. Ein prominentes Beispiel hierfür ist der *radikale Individualismus*, der Klimaschutz als rein private und nicht gesellschaftliche Angelegenheit versteht. Individualismus kann als Klimaschutz-Ausrede genutzt werden, wenn politische Regulierungen mit dem Verweis auf die Eigenverantwortung der BürgerInnen delegitimiert werden. Dabei wird die Bandbreite an möglichen Klimaschutzmaßnahmen ausschließlich auf individuelle Kaufentscheidungen verkürzt, wie beispielsweise auf Wärmeschutzrenovierungen oder die Anschaffung eines Elektroautos. Dies verschleiert, dass politische und gesellschaftliche Entscheidungen die Möglichkeit und Wirksamkeit eben jener individuellen Entscheidungen maßgeblich beeinflussen (Maniates, 2001). Gelegentlich wird hierbei ganz offen die Schuld für die Klimakrise den BürgerInnen und KonsumentInnen zugewiesen. So proklamiert beispielsweise die *Yale University*: »Es ist Yale's Grundüberzeugung, dass der Verbrauch, nicht die Produktion von fossilen Energieträgern die Hauptursache der Klimakrise ist«. Oft operiert dieser Diskurs aber auch viel subtiler, so beispielsweise, wenn *British Petroleum*, ein fossiles Energieunternehmen, in ihrer Social-Media-Kampagne BürgerInnen dazu anhält, ihren individuellen CO_2-Fußabdruck zu kennen und zu senken (siehe Lamb et al., 2020: »Supplementary materials« Abschnitt 3.1). Es ist zwar richtig, dass auch individuelle Verhaltensänderungen notwendig sind, um gesellschaftlichen Wandel herbeizuführen. Individualistische Klimaschutz-Ausreden ignorieren allerdings, dass individuelle Bemühungen nur dann transformativ wirken, wenn sie in ihrer Gesamtheit dazu führen, dass sich gesellschaftliche Normen und politische Rahmenbedingungen ändern.

Ein anderer Typ Klimaschutz-Ausrede ist es, anzumerken, dass andere Länder weitaus mehr Emissionen zu verantworten hätten und dass hierzulande deshalb erst einmal keine weiteren Maßnahmen notwendig wären. Wir nennen diesen Typ Ausrede »Auf andere zeigen«, oder auf Englisch: *Whataboutism*. Für diese Form der Klimaschutz-Ausrede wird oft auf Statistiken verwiesen, die zeigen sollen, wie klein der eigene Anteil an den globalen Treibhausgasemissionen sei, gerne im Vergleich zu besonders großen Volkswirtschaften wie China. So meinte der britische Politiker Nigel Farage: »Unsere Nation emittiert nur 1,8 % der globalen Emissionen – also verstehe ich nicht, warum unsere Aluminiumhütten, unsere Stahlproduktion und jetzt auch noch unsere Raffinerieindustrie schließen müssten.« Ähnliche Debatten werden auch regelmäßig auf der Ebene von Industriesektoren geführt. So fordern beispielsweise VertreterInnen der Automobilbranche immer wieder gerne, dass zuerst einmal die Emissionen aus der Landwirtschaft reduziert werden müssen: »Ein CO_2-Preis mag ja im Prinzip eine gute Idee sein, aber das funktioniert nicht, wenn nicht auch die Landwirtschaft mitmacht. Erstmal soll auch die Landwirtschaft mit einbezogen werden, bevor wir hierzu verpflichtet werden sollen« (anonymisiertes Zitat, Vorstandsmitglied eines Automobilherstellers). Es ist nicht überraschend, dass die Gegenseite solche Schuldzuweisungen in gleichem Maße umkehrt:

> »Haben Sie sich jemals gefragt, warum sich Landwirte immer als die Sündenböcke der Klimapolitik fühlen? Dann schauen Sie mal die Daten aus dem gestrigen @EPAIreland-Klimareport an. Der zeigt, dass die Nutzung von effizienteren Fahrzeugen die mit Abstand wichtigste Maßnahme ist, um das Klima zu schützen. #UnterstütztLandwirtschaft«,

postete beispielsweise der Irische Bauernverband auf Twitter (siehe Lamb et al., 2020: »Supplementary materials« Abschnitt 3.2).

Oft sind jene, die gerne die Verantwortung für Klimaschutz an andere abgeben wollen, auch gleichzeitig sehr besorgt, dass andere Staaten oder Individuen es gezielt ausnutzen würden, wenn sie selbst zu viel für den Klimaschutz tun. Diese »Trittbrettfahrer«-Ausrede wurde beispielsweise von Josh Manuatu, Vorsitzender der australischen Jungen Liberalen, geäußert: »Wenn wir morgen aufhören würden, Treibhausgase auszustoßen, würde das überhaupt gar keine Auswirkungen haben, weil andere Staaten dann einfach ihre Emissionsbudgets entsprechend erhöhen würden.« Ein besonders prominenter Vertreter der Trittbrettfahrer-Ausrede ist der ehemalige US-Präsident Donald Trump, der des Öfteren verkündet hat, dass das Pariser Klimaabkommen »wenig mit dem Klima zu tun hat, sondern nur damit, einen finanziellen Vorteil über die Vereinigten Staaten zu erhalten« (siehe ebd.: »Supplementary materials« Abschnitt 3.3).

Alle drei Klimaschutz-Ausreden, die Verantwortung auf andere abschieben, können überzeugend wirken, weil es tatsächlich schwierig ist, einen umfassenden, weltweiten und fairen Klimaschutz zu organisieren. Aber legitime Bedenken werden hier zu Klimaschutz-Ausreden, wenn sie unrealistische Bedingungen für das eigene Handeln stellen und stattdessen von allen anderen fordern, zuerst einmal selbst mit Klimaschutz zu beginnen. Durch diese Erwartungshaltung und durch das geschürte Misstrauen erschweren sie den niederschwelligen Einstieg in gemeinschaftliche Klimaschutzmaßnahmen, da gemeinschaftliches Handeln auch ein Mindestmaß an Vertrauen und an Eigeninitiative benötigt.

1.4 Auf Scheinlösungen verweisen

Wenn schon jeder einen Beitrag zum Klimaschutz leisten muss, reicht denn dann nicht auch einfach nur ein bisschen? Klimapolitische Beiträge können Klimaschutz-Ausreden werden, wenn sie mit dem Hinweis auf weitestgehend ineffektive Klimaschutzmaßnahmen grundlegendere und wirksamere Lösungen delegitimieren. Ein prominentes Beispiel hierfür ist der *Technologieoptimismus*, der fest darauf vertraut, dass technologischer Fortschritt allein schon für die notwendigen Emissionsreduktionen sorgen wird. Dieser Diskurs tritt in vielen Variationen auf. In einigen Fällen sind es vage Versprechungen, dass »der menschliche Einfallsreichtum unendlich ist«, auch wenn die Ressourcen der Erde es nicht sind (Kommentar des Cato-Instituts). In anderen Fällen wird blind auf Technologien vertraut, die zwar potenziell große Emissionsreduktionen verheißen, aber noch sehr weit von der Marktreife entfernt sind, wie beispielsweise wasserstoffbetriebene Flugzeuge oder die direkte Abscheidung von Treibhausgasen aus der Luft (Peeters et al., 2016). Obgleich technologischer Fortschritt einen wichtigen Beitrag zur Dekarbonisierung leisten kann, wird Technologieoptimismus zur Klimaschutzausrede, wenn vage Versprechen auf bevorstehende technische Durchbrüche genutzt werden, um die Notwendigkeit von politischen Maßnahmen herunterzuspielen (»Mir wurde gesagt, dass elektrische Flugzeuge schon am Horizont zu sehen sind«, so der britische Gesundheitsminister Matt Hancock; siehe Lamb et al., 2020: »Supplementary materials« Abschnitt 3.4). Die Ablehnung von politischen Regulierungen aufgrund von Fortschrittsversprechen ist unplausibel, da ein klarer regulatorischer Rahmen notwendig ist, damit UnternehmerInnen sicher in hochinnovative treibhausgasneutrale Technologien investieren können.

Eine besondere Spielart des Technologieoptimismus ist der *Brückentechnologismus:* die Idee, dass fossile Brennstoffe nicht Teil des Problems, sondern »Teil der Lösung des Klimaproblems« (OPEC-Generalsekretär Mohammed Barkindo; siehe Lamb et al., 2020: »Supplementary materials« Abschnitt 3.5) wären. Der Brückentechnologismus ist das zentrale Element in den Bemühungen der fossilen Brennstoffindustrie, die Klimaschutzpolitik zu untergraben. So finanziert das *American Petroleum Institute* beispielsweise Werbespots im Wert von mehreren Millionen US-Dollar, die für »sauberere« fossile Brennstoffe werben sollen, indem sie diese mit positiven Alltagsaktivitäten in Verbindung setzt (Sheehan, 2018). Die Grundannahmen des Brückentechnologismus stehen jedoch im starken Kontrast zur wissenschaftlichen Realität. Das 1,5-Grad-Ziel des Pariser Klimaabkommens wird nicht erreichbar sein, wenn weiterhin Infrastruktur zur Förderung fossiler Energieträger (inklusive Erdgas) aufgebaut wird.

Eine weitere beliebte Strategie, um transformativen Maßnahmen zu entgehen, ist es, sich möglichst geringe Klimaschutzziele zu setzen, um sich anschließend als erfolgreiche KlimaretterIn selbst zu feiern. Nicht wenige Klimaziele entpuppen sich später als *leere Versprechen.* Sie können als Klimaschutz-Ausrede genutzt werden, indem kleine (oft relative) Fortschritte im Klimaschutz genutzt werden, um von der Notwendigkeit grundlegenderen Handelns abzulenken (Gillard, 2016). Ähnliches passiert auch nicht selten, wenn Regierungen sich ambitionierte Langzeit-Ziele setzen, dann aber darauf verzichtet, diesen abstrakten Ziele mit konkretem Maßnahmen Leben einzuhauchen (Bache et al., 2015). Ein Beispiel hierfür ist die britische Regierung, die auf eine spezifische parlamentarische Anfrage zu ihren Klimaschutzmaßnahmen zwar erwähnt »Wir sind zu Recht stolz auf unsere weltweit führenden Klimaschutzziele«, dann aber nichts Inhaltliches dazu sagen kann, wie sie diese Ziele erfüllen will (siehe Lamb et al., 2020: »Supplementary materials« Abschnitt 3.5).

Viele AkteurInnen scheuen aus ideologischen Gründen vor Maßnahmen zurück, welche die Wirtschaft oder den individuellen Konsum allzu stark einschränken könnten. Dies wird besonders deutlich, wenn gefordert wird, zu »fördern, statt zu fordern«. Dabei wird allein auf freiwillige Selbstverpflichtungen und Anreize gesetzt, insbesondere jene, welche die individuelle Konsumauswahl erweitern, wie zum Beispiel die Förderung von Hochgeschwindigkeitszügen, um innerländische Flüge zu ersetzen. Effektivere, aber restriktivere Maßnahmen wie Luftverkehrsabgaben hingegen werden als »paternalistisch« abgetan oder als »Verbotspolitik« beiseite gewischt. Dabei wird übersehen, dass Fördermaßnahmen und restriktivere Regulierungen komplementär zueinander sind und ihre volle Wirkung gerade erst im Zusammenspiel miteinander entfalten. So können Fördermaßnahmen einerseits wichtige technische Alternativen zu fossilen Energieträgern zur Marktreife bringen, während gleichzeitig restriktive Maßnahmen mögliche Mitnahmeeffekte, die Förderungen von ineffizienten Technologien und die Subventionierung von ausuferndem Konsum verhindern. In der Vergangenheit hat die deutsche Freie Demokratische Partei (FDP) des Öfteren Klimaschutzpolitik mit dem Verweis auf »Fördern statt fordern«-Ausreden abgelehnt, indem sie zwar die ressourcenschonende Wirkung von Energieeffizienz lobt, aber es gleichzeitig ablehnt, »nachhaltiges Verhalten durch Regulierungen vorzuschreiben« (siehe ebd.: »Supplementary materials« Abschnitt 3.6).

Klimaschutz-Ausreden, die grundlegenden Wandel verhindern wollen, vermeiden systematisch all jene Maßnahmen, welche die gegenwärtigen Machtstrukturen und Gewohnheiten infrage stellen. Obwohl jeder gesellschaftliche Wandel klein beginnt, kann die Überbetonung von ineffektiven Maßnahmen gerade dann zu einer Klimaschutz-Ausrede werden, wenn die Notwendigkeit von grundlegenderen Maßnahmen und die dafür notwendigen Regulierungen heruntergespielt werden.

2 Schlussfolgerungen

Die hier aufgeführten Klimaschutz-Ausreden können häufig sehr überzeugend wirken. Sie basieren meist auf legitimen Sorgen und auf realen Konflikten, die umso stärker zutage treten werden, umso ernsthafter die Dekarbonisierung der Wirtschaft in Angriff genommen wird. Diese legitimen Bedenken werden allerdings zu Klimaschutz-Ausreden, wenn sie genutzt werden, um konkrete Klimaschutzprojekte zu sabotieren, anstatt konstruktive Lösungen zu suchen. Unsere Typologie zeigt die idealtypische Struktur der gängigsten Klimaschutz-Ausreden. In der Praxis werden aber oft mehrere Argumentationsmuster kombiniert, um effektive Klimaschutzmaßnahmen zu verhindern oder zu verzögern. Ein Beispiel hierfür ist das verbreitete Argument, dass die wachsende Weltbevölkerung der wichtigste Treiber des globalen Klimawandels sei. Dies suggeriert, dass der Anstieg von Treibhausgasen fast unumgänglich wäre *(Wandel ist unmöglich)* und schiebt die Verantwortung für die Klimakrise auf Länder mit starkem Bevölkerungswachstum *(Whataboutism)*. Der Verweis auf die wachsende Weltbevölkerung übersieht allerdings die Emissionsminderungsmöglichkeiten im Globalen Norden durch Technologiewandel oder Konsumreduktion und ignoriert die global sehr unterschiedliche Verantwortung für den gemeinsamen Klimaschutz. Klimawandel-Ausreden sind oft raffiniert und sie entwickeln sich kontinuierlich weiter. Nicht selten treten sie gemeinsam und im inhaltlichen Zusammenhang mit direkteren und indirekten Formen der Klimawandel-Skepsis auf oder gehen einher mit persönlichen Anfeindungen von BefürworterInnen von Klimapolitik, wie WissenschaftlerInnen und AktivistInnen (Jacques & Knox, 2016).

Unser Artikel identifiziert, diskutiert und kategorisiert Klimaschutz-Ausreden. Wir können jedoch noch nicht aufzeigen, in welchem Ausmaß diese Ausreden Klimaschutzinitiativen hemmen, ob in der Politik auf nationaler, regionaler oder lokaler Ebene, in Schulen, Kirchen oder sogar Familien. Auch wissen wir nicht zuverlässig, wie häufig die einzelnen Klimaschutz-Ausreden auftreten und von wem genau sie geäußert werden. Vor allem ist es wichtig, besser zu verstehen, wie solche Argumentationsmuster systematisch das Verhalten und die politischen Präferenzen von Menschen beeinflussen und somit Politik bestimmten. Dies sind wichtige Fragen, denen sich zukünftige Forschung verstärkt annehmen müssen. Wir hoffen deshalb, dass diese und ähnliche Fragen zukünftig verstärkt systematisch analysiert werden – mittels traditioneller Methoden wie Interviews und

Fokusgruppen, aber auch mit modernen computerunterstützten automatisierten Dokumentenanalysen.

Wie können WissenschaftlerInnen, AktivistInnen und politische EntscheidungsträgerInnen diesen Klimaschutz-Ausreden begegnen? Erkenntnisse aus der Forschung zur Wirksamkeit von Klimaleugnung deuten darauf hin, dass eine präventive Aufklärung über die Hintergründe von Klimaschutz-Ausreden bereits helfen könnte, um die Öffentlichkeit gegen deren lähmende Wirkung zu »impfen« (Farrell et al., 2019; van der Linden et al., 2017). Unsere Charakterisierung und Typologisierung der Klimawandel-Ausreden soll deshalb helfen, eine solche Aufklärung zu unterstützen, indem sie gängige Argumentationsmuster systematisch einordnet. Es wird jedoch eine kontinuierliche Aufgabe bleiben, die weitere Entwicklung der Klimaschutz-Ausreden zu beobachten und neue Argumentationsmuster in der Öffentlichkeit zu thematisieren. Dies allein wird jedoch nicht genügen, um der lähmenden Wirkung der Klimaschutz-Ausreden Einhalt zu gebieten. Da sie auf komplexen normativen Grundannahmen fußen, ist es für die Überwindung der Klimaschutz-Ausreden notwendig, die öffentliche Debatte über die Klimakrise zu stärken, angemessene Klimaschutzmaßnahmen zu identifizieren und öffentlich immer wieder diskursiv und praktisch aufzuzeigen, dass ein effektiver Klimaschutz möglich ist und sozial gerecht umgesetzt werden kann.

> **In einfachen Worten**
>
> Manche Menschen versuchen, Klimapolitik zu verhindern. Sie nutzen dafür bestimmte Argumente gegen starke Klimapolitik. Sie meinen zum Beispiel, dass Klimaschutz zu teuer ist. Oder sie fordern, dass erst andere Klimapolitik machen sollen, bevor sie selbst etwas tun wollen. Wieder andere glauben nicht, dass wir den Klimawandel noch aufhalten können. Oder sie wollen nur ganz wenig für den Klimaschutz tun. In diesem Text stellen wir zwölf von diesen Klimaschutz-Ausreden vor. Außerdem entwickeln wir Kategorien, in die diese Ausreden passen. Damit wollen wir helfen, diese Ausreden besser zu erkennen.

Literatur

Bache, I., Reardon, L., Bartle, I., Flinders, M. & Marsden, G. (2015). Symbolic meta-policy: (not) tackling climate change in the transport sector. *Political Studies, 63*(4), 830–851.

Bickerstaff, K. & Walker, G. (2002). Risk, responsibility, and blame: an analysis of vocabularies of motive in air-pollution(ing) discourses. *Environment and Planning A, 34*(12), 2175–2192.

Bohr, J. (2016). The »climatism« cartel: why climate change deniers oppose market-based mitigation policy. *Environmental Politics, 25*(5), 812–830.

Brulle, R. & Aronczyk, M. (2019). Environmental countermovements: organised opposition to climate change action in the United States. In A. Kalfagianni, D. Fuchs & A. Hayden (Hrsg.), *Routledge Handbook of Global Sustainability Governance* (S. 218–230). New York: Routledge.

Farrell, J., McConnell, K. & Brulle, R. (2019). Evidence-based strategies to combat scientific misinformation. *Nature Climate Change, 9*, 191–195.

Freudenburg, W.R., Gramling, R. & Davidson, D.J. (2008). Scientific certainty argumentation methods (SCAMs): science and the politics of doubt. *Sociological Inquiry, 78*(1), 2–38.

Gillard, R. (2016). Unravelling the United Kingdom's climate policy consensus: the power of ideas, discourse and institutions. *Global Environmental Change, 40*, 26–36.

Harvey, J.A., van den Berg, D., Ellers, J., Kampen, R., Crowther, T.W., Roessingh, P., Verheggen, B., Nuijten, R.J.M., Post, E., Lewandowsky, S., Stirling, I., Balgopal, M., Amstrup, S.C. & Mann, M.E. (2018). Internet blogs, polar bears, and climate-change denial by proxy. *BioScience, 68*(4), 281–287.

Hulme, M. (2019). Is it too late (to stop dangerous climate change)? An editorial. *Wiley Interdisciplinary Reviews – Climate Change, 11*(1), e619.

Jacques, P.J. & Knox, C.C. (2016). Hurricanes and hegemony: a qualitative analysis of micro-level climate change denial discourses. *Environmental Politics, 25*(5), 831–852.

Lamb, W., Mattioli, G., Levi, S., Roberts, J., Capstick, S., Creutzig, F., Minx, J.C., Müller-Hansen, F., Culhane, T. & Steinberger, J. (2020). Discourses of climate delay. *Global Sustainability, 3*, E17. https://doi.org/10.1017/sus.2020.13

Maniates, M.F. (2001). Individualization: plant a tree, buy a bike, save the world*? Global Environmental Politics, 1*(3), 31–52.

Markowitz, G. & Rosner, D. (2003). *Deceit and Denial: The Deadly Politics of Industrial Pollution*. Berkeley: University of California Press.

McKie, R.E. (2019). Climate change counter movement neutralization techniques: a typology to examine the climate change counter movement. *Sociological Inquiry, 89*(2), 288–316.

Michaels, D. (2008). *Doubt Is Their Product: How Industry's Assault of Science Threatens Your Health*. Oxford: Oxford University Press.

Michaels, D. (2020). *The Triumph of Doubt: Dark Money and the Science of Deception*. Oxford: Oxford University Press.

Norgaard, K.M. (2011). *Living in Denial: Climate Change, Emotions, and Everyday Life*. MIT Press.

Oreskes, N. & Conway, E.M. (2011). *Merchants of Doubt: How a Handful of Scientists Ob-*

scured the Truth on Issues from Tobacco Smoke to Global Warming. London: Bloomsbury Press.

Peeters, P., Higham, J., Kutzner, D., Cohen, S. & Gössling, S. (2016). Are technology myths stalling aviation climate policy? *Transportation Research Part D, 44*, 30–42.

Sheehan, K. (2018). This ain't your daddy's greenwashing: an assessment of the american petroleum institute's power past impossible campaign. In M. Rimmer (Hrsg.), *Intellectual Property and Clean Energy* (S. 301–321). Wiesbaden: Springer Nature.

Traufetter, G. & Amann, M. (2019). »My Generation Has Been Fooled«. *Spiegel*, 19. März 2019. https://www.spiegel.de/international/germany/the-climate-activist-vs-the-economics-minister-my-generation-has-been-fooled-a-1258429.html (20.03.2021).

van der Linden, S., Leiserowitz, A., Rosenthal, S. & Maibach, E. (2017). Inoculating the public against misinformation about climate change. *Global Challenges, 1*(2), 1600008.

Biografische Notizen

Sebastian Levi ist Wissenschaftler am Sustainability Center der Hertie School, wo er schwerpunktmäßig zu Klimapolitik und der Rolle von öffentlicher Meinung forscht.

William F. Lamb und *Finn-Müller Hansen* sind Wissenschaftler in der Gruppe »Angewandte Nachhaltigkeitsforschung« am Mercator Research Institute on Global Commons und Climate Change (MCC), die von Jan Minx geleitet wird. Dort untersuchen sie wissenschaftliche, öffentliche und politische Diskurse über die Energiewende, oft unter Anwendung von Methoden des maschinellen Lernens und bibliometrischer Analysen.

Felix Creutzig leitet die Arbeitsgruppe Landnutzung, Infrastruktur und Transport am MCC, war Leitautor im Fünften IPCC-Sachstandsbericht und unterrichtet an der Technischen Universität Berlin »Climate Change and Infrastructure«.

Giulio Mattioli ist wissenschaftlicher Mitarbeiter am Fachgebiet Verkehrswesen und Verkehrsplanung an der Technischen Universität Dortmund, wo er zu Auto-Abhängigkeit und »carbon lock-in« im Verkehrssektor sowie zur Mobilitäts- und Energiearmut forscht.

J. Timmons Roberts ist Ittleson Professor of Environmental Studies and Sociology an der Brown University. Davor leitete er den Bereich Umweltwissenschaften und Umweltpolitik an der Brown University, dem College of William and Mary und der Tulane University und war Professor am Environmental Change Institute der University of Oxford.

Trevor Culhane ist wissenschaftlicher Mitarbeiter an dem von Timmons Robert geleiteten Climate and Development Lab der Brown University.

Julia K. Steinberger ist Professor of Social Ecology & Ecological Economics an der Universität Leeds. Dort unterrichtet sie Umweltökonomie und erforscht schwerpunktmäßig den Zusammenhang zwischen Ressourcennutzung und gesellschaftlichem Wohlstand.

Stuart Capstick ist Wissenschaftler an der School of Psychology der Cardiff University, wo er erforscht, wie Menschen über Klimawandel denken.

Die Evolution der Drachen der Untätigkeit

Aktuelle Erkenntnisse zur Lücke zwischen Wissen und Handeln

Katharina van Bronswijk, Jan-Ole Komm & Ingo Zobel

Zusammenfassung: Mit den »Drachen der Untätigkeit« beschrieb der Umweltpsychologe Robert Gifford (2011) psychologische Handlungsbarrieren im Kontext der Klimakrise – sie liefern Erklärungsansätze für die Diskrepanz zwischen Handlungsabsicht und tatsächlicher Umsetzung auf individueller Ebene. Warum setzt sich die Mehrheit der Menschen einerseits mit Nachhaltigkeitsfragen auseinander, ergreift andererseits aber nicht die notwendigen Handlungsschritte für positive Veränderungen? Die Ursachen für dieses Ungleichgewicht sind vielfältig. Im nachfolgenden Kapitel werden psychische Barrieren dargestellt, die notwendige Handlungsweisen behindern. Die in diesem Kapitel vorgestellten Drachen der Untätigkeit setzen sich aus sieben »Drachenfamilien« zusammen, welche ihrerseits »Unterarten« haben. Abseits von Barrieren, die das eigene Verhalten behindern, können letztlich aber auch die Versuche, klimagerecht zu handeln, ineffektiv oder gar kontraproduktiv sein. Faktoren außerhalb der eigenen Handlungsmöglichkeiten werden mit den Drachen nicht betrachtet.

Unsere Zeit ist geprägt von Widersprüchen. Der medizinische Fortschritt ermöglicht es uns, Krankheiten immer erfolgreicher heilen zu können, und gleichzeitig mangelt es vielen Menschen an gesundheitlicher Grundversorgung, während sie unter Hunger und Armut leiden. Umweltbewusstsein, Klimaschutz und Nachhaltigkeit sind in aller Munde und dennoch passiert so wenig, wenn es um die Veränderung des eigenen Verhaltens geht. Wir fragen uns: Woran liegt das? Woran liegt es, dass Menschen einerseits darum wissen, dass wir uns in einer globalen ökologischen Krise befinden, die nur dadurch bewältigt werden kann, dass wir alle an einem Strang ziehen, und sie es gleichzeitig nicht schaffen zu handeln? Die Umweltpsychologe Robert Gifford (2011) liefert eine Antwort, die so umfassend wie praxisnah ist: *Die sieben Drachen der Untätigkeit.* Ihnen wollen wir in diesem Kapitel auf den Grund gehen, ihre Ausprägungsformen erklären und um neueste Erkenntnisse aus der Wissenschaft erweitern. Was begrenzt mein Denken? Welchen Einfluss haben Ideologien und welche

Rolle spielt es, was andere Menschen um mich herum tun? Was hindert mich daran so zu handeln, dass ich mit meinem Verhalten der Umwelt nicht schade, sondern zu einer zukunftsfähigen und klimagerechten Alternative unserer Gesellschaft beitrage? Um die Drachen der Untätigkeit zähmen zu können, kommen wir nicht drum herum, ihnen zunächst direkt ins Auge zu blicken.

1 Begrenztes Denkvermögen

Menschliches Denken ist nicht immer logisch oder rational (Gifford, 2011). Spätestens seit den Untersuchungen von Tversky und Kahneman (1974) konnte gezeigt werden, dass wir Menschen dazu neigen, unser Denken durch Faustregeln *(Heuristiken)* zu vereinfachen. Das hat vor allem den Zweck, Unsicherheit zu reduzieren und so gut wie möglich mit einer begrenzten Menge an Zeit und Wissen umzugehen. Auch wenn diese Heuristiken oft nützlich für Entscheidungen sind, können sie leicht systematischen Fehlern *(Biases)* zum Opfer fallen. In der ersten Drachenfamilie *Begrenztes Denkvermögen* erklärt Robert Gifford am Beispiel der Klimakrise, wie sich irrationales Denken auf unsere Entscheidungen auswirken kann. Abgesehen von fehleranfälligen Faustregeln kann unser Handeln auch ganz allgemein durch begrenzte kognitive Kapazitäten (z. B. *Finite Pool of Worry*, Hansen et al., 2004) bzw. ein begrenztes Aufmerksamkeits-Budget beeinflusst werden (*Finite Pool of Attention*, Sisco et al., 2020).

Die Drachenarten der Familie *Begrenztes Denkvermögen* unterteilen sich in:

- Uraltes Gehirn – *Ich lebe im Hier und Jetzt.*
- Unwissenheit – *Was ich nicht weiß, macht mich nicht heiß.*
- Umweltbezogene Abstumpfung – *Schon wieder Klimawandel in den Nachrichten?*
- Unsicherheit – *Ich kann nicht, ich weiß nicht, ich will nicht.*
- Optimistische Verzerrung – *Es wird schon alles gut werden!*
- Relativierung – *Woanders ist es schlimmer und wann anders ist es schlimmer.*
- (Fehlende) wahrgenommene Handlungskontrolle und (fehlende) wahrgenommene Selbstwirksamkeit – *Kann ich denn überhaupt etwas verändern?*

1.1 Uraltes Gehirn

Zeitgeschichtlich war der Mensch lange damit beschäftigt, sich bestmöglich im Hier und Jetzt zurechtzufinden – sei es hinsichtlich der Versorgung mit Nahrungsmitteln, der Anforderungen der sozialen Gruppe oder der Abwehr von Gefahren. Im Kontrast dazu stehen heutige Herausforderungen wie die Klimakrise, die sich langsam und teils gar unbemerkt sowie unabhängig vom persönlichen Wohlergehen entfalten. Dadurch fühlen sich Personen oft nicht (unmittelbar) betroffen. Das kann dazu führen, dass sie eine geringe Motivation haben, ihr Verhalten anzupassen und dadurch zum Beispiel die Reduktion von CO_2-Emissionen unwahrscheinlicher ist (Gifford, 2011). Auch Trope und Libermann (2012) beschrieben in ihrer Construal Level Theory, dass wir Menschen den Fokus unserer Wahrnehmung auf die Gegenwart richten und diese in unseren Entscheidungen überbewerten. Mit der psychologischen Distanz (zeitlich, räumlich, zwischenmenschlich) steigt die Selbstregulationsfähigkeit und die Grundwerte einer Person werden betont. Bei geringerer psychologischer Distanz nehmen situative Bewertungen an Bedeutung zu. Am Beispiel eines Bürger:innenentscheids zu Windkraftanlagen könnte das bedeuten, dass das Wahlverhalten bei geringerer psychologischer Distanz stärker von der Umgebung abhängt, also zum Beispiel der Meinung der sozialen Gruppe. Diese geringere psychologische Distanz könnte durch die räumliche Nähe der Planungsfläche oder ein zeitnahes Abstimmungsende entstehen. Bei größerer psychologischer Distanz würde die Entscheidung wiederum mehr auf eigenen Werten und Überzeugungen basieren.

1.2 Unwissenheit

Unwissenheit entsteht aus mangelndem Bewusstsein darüber, dass bestimmte Probleme überhaupt existieren, oder weil bestimmte Zusammenhänge unbekannt sind. Erschwerend kann dann noch mangelndes technisches und wissenschaftliches Verständnis dazukommen (Gifford, 2011). Heißt das also: Es muss einfach mehr Wissen vermittelt werden? Nicht unbedingt. Zu viele Informationen für eine Entscheidung zu präsentieren, kann nämlich zu Überforderung führen (Artinger et al., 2016). Es kann sogar sein, dass in manchen Situationen die eben angesprochenen Heuristiken zu besseren Entscheidungen führen als die Auswertung vieler Informationen (Gigerenzer & Selten, 2002). Grund dafür ist der *Weniger-ist-mehr-Effekt* – viele Informationen bedeuten viel Aufwand und können es dadurch erschweren, eine optimale Entscheidung zu treffen (Goldstein & Gigerenzer, 2002). Das soll im Umkehrschluss nicht bedeuten, dass Sachverhalte unvollständig dargestellt werden, sondern trotzdem klar und korrekt formuliert sein müssen.

Unwissenheit kann auch durch Medien entstehen: Unterschiedliche Darstellungen in Berichten können zu Verwirrung führen und damit zu verringerter Handlungsbereitschaft (Gifford, 2011; Hoggan & Littlemore, 2009). Der Einfluss von Medien hängt aber auch von der Motivation ab, überhaupt eine korrekte und begründete Meinung entwickeln zu wollen (Valentino & Nardis, 2013). Gemäß dem Effekt der selektiven Auseinandersetzung mit Informationen (Klapper, 1960) ist es nämlich so, dass Menschen teilweise dazu tendieren, nur nach den Berichten zu suchen, die die bereits bestehenden Ansichten bestätigen. Der Grund ist, dass sich bei widersprechenden Informationen ein unangenehmes Gefühl der inneren Spannung einstellen könnte (siehe *Kognitive Dissonanz*; Festinger, 1957). Und genau das soll durch die Wahl von Berichten, die die eigene Sichtweise bestätigen, vermieden werden.

1.3 Umweltbezogene Abstumpfung

Viele Situationen enthalten mehr Informationen und Details, als wir verarbeiten können (Artinger et al., 2016; Gifford, 2011). Das trifft auch auf ein umfangreiches Problem wie die Klimakrise zu. Durch eine übermäßige Konfrontation mit dem Thema »Klimawandel« findet sodann eine Gewöhnung statt, die bewirkt, dass unsere Aufmerksamkeit zunehmend weniger erregt wird (Gifford, 2011; Stoknes, 2014). Die Konsequenz: Menschen stumpfen in ihrer Auseinandersetzung mit der Klimaproblematik ab. Nur den Schweregrad der Umweltzerstörung zu kommunizieren, kann aber auch kontraproduktiv sein. Es ist wichtig, gleichzeitig Lösungsmöglichkeiten und Chancen aufzuzeigen. Das liegt daran, dass sonst die emotionale Belastbarkeit überschritten wird und es dadurch nicht nur zu Abstumpfung kommt, sondern die Problematik an sich »abgewehrt wird« – also als Thema verdrängt wird, statt sich damit zu beschäftigen. Klimakommunikation muss sich also verändern, das heißt, sich nicht nur auf das bloße Senden einer Botschaft konzentrieren, sondern auch zum Handeln anregen.

1.4 Unsicherheit

Die nächste Art der Drachenfamilie *Begrenztes Denkvermögen* ist der Zustand von Unsicherheit. Unsicherheit bedeutet Zögern, und Zögern bedeutet Handlungshemmnis (Gifford, 2011). Unsicherheit kann manchmal sogar nützlich sein, nämlich dann, wenn wir sie für unser eigenes Gewissen »missbrauchen«. Denn: Unsicher zu sein ist eine hilfreiche Ausrede, um die eigenen (Handlungs-)Möglichkeiten zu relativieren und dabei insgeheim die Absicht zu verfolgen, das eigene egoistische Verhalten zu rechtfertigen (siehe Drache *Verleugnung*). Wissenschaftler:innen stehen also vor der Herausforderung, dem Anspruch akkurater und wahrscheinlichkeitsbasierter Berichterstattung gerecht zu werden, ohne aber im schlechtesten Fall Unsicherheit und eine systematische Unterschätzung von Risiken zu »provozieren«.

Unsicherheiten und Wahrscheinlichkeiten begegnen Menschen im Zusammenhang mit dem Klimawandel an vielen Stellen (Gifford, 2011; Yousefpour & Hanewinkel, 2016). Welches Verhalten ist am sinnvollsten? Welche Möglichkeiten stehen mir überhaupt zur Verfügung? Und wie kann ich es trotzdem schaffen, meine eigenen Bedürfnisse und Gewohnheiten zu schützen?

Roelich und Giesekam (2019) untersuchten den Einfluss von Unsicherheit bei Entscheidungsträger:innen, zum Beispiel aus der Politik. Schwierigkeiten bei der Entscheidungsfindung sind hier zum Beispiel, dass Treibhausgase diverse Verursacher:innen haben und es nicht immer eindeutig zu sagen ist, wer welchen Anteil beiträgt. Außerdem müssen auch sie sich wieder auf Modelle und Vorhersagen berufen, deren Prognosen nur unter gewisser Wahrscheinlichkeit Gültigkeit haben. Eine langfristige Reduktion von CO_2-Emissionen ist also komplex und an verschiedenen Stellen von Unsicherheiten geprägt.

1.5 Optimistische Verzerrung

Die nächste Drachenart heißt *optimistische Verzerrung*. Durch übertriebene Zuversicht kann es sein, dass Menschen die Risiken klimawandelbedingter Umweltkatastrophen unterschätzen (Gifford, 2011). Wir gehen dann davon aus, dass eine positive Zukunft entsteht, auch ohne dass wir etwas dafür tun oder unterlassen müssen. Durch diesen Optimismus fühlen wir uns außerdem weniger schuldig für unser Handeln und übernehmen weniger Verantwortung für die Konsequenzen. Optimistische Verzerrung kann außerdem selbstwertdienlich sein. Menschen nehmen zum Beispiel an, dass sie sich im Vergleich zu anderen ohnehin stärker umweltaktivistisch engagieren (Bergquist, 2020).

1.6 Relativierung

Wenn wir uns gemeinsam der Herausforderung stellen wollen, die globale Temperaturerhöhung auf 1.5°C zu begrenzen, müssen wir Verantwortung übernehmen. Jede:r einzelne. Das kann überfordern und dazu motivieren, die Verantwortung im Hinblick auf Umweltzerstörung abzugeben. Eine einfache Möglichkeit, genau das zu tun, ist zu beteuern, dass die Ereignisse in ferner Zukunft oder an anderen Orten viel schlimmer seien als im subjektiven »Hier und Jetzt« (vgl. Drachenart *Uraltes Gehirn*; Gifford, 2011). Hierdurch wird die Bereitschaft, vor Ort und in der Gegenwart zu handeln, gehemmt. Der Grund: Wir fühlen uns weniger betroffen und damit auch weniger verantwortlich.

1.7 Fehlende wahrgenommene Handlungskontrolle und Selbstwirksamkeit

Die letzten beiden Drachenarten der Familie *Begrenzte Denkfähigkeit* heißen *fehlende wahrgenommene Handlungskontrolle* und *fehlende Selbstwirksamkeit* (Gifford, 2011). Auch sie führen zur Hemmung von Handlungsabsichten.

Wenn Menschen aufgrund der Größe eines Problems wie dem Klimawandel glauben, nichts tun zu können, schreiten sie auch gar nicht erst zur Tat (Ajzen, 2002). In extremer Form führt das sogar dazu, dass geglaubt wird, auch kein anderer Mensch könne etwas tun (Gifford, 2011; Mayer & Smith, 2019). Die psychische Ursache dafür ist unter anderem die subjektive Einschätzung, wer oder was wie viel Kontrolle über das tatsächliche Geschehen hat – oder eben keine Kontrolle (siehe *Locus of Control*; Rotter, 1966).

Dazu kommt, dass sehr viele Personen und Organisationen am Ausstoß von Treibhausgasen beteiligt sind. Wieder entsteht die Frage: Wie viel Verantwortung trage ich persönlich eigentlich? Und vor allem: Wie viel Kontrolle habe ich eigentlich darüber, ob sich etwas ändert? Das Empfinden mangelnder Kontrolle wird durch die (berechtigte) Vermutung befeuert, dass wir noch so viel gegen den Klimawandel tun können und es trotzdem nichts bringt, wenn andere Länder und Firmen nur an ihre eigenen Gewinne denken und weiterhin Treibhausgase ausstoßen (Stoknes, 2014).

Unsicherheit darüber, wie wir handeln sollen, entsteht also aus der Unsicherheit darüber, wer an welcher Stelle wie viel Verantwortung trägt bzw. Einfluss hat. Es kommt zur *Verantwortungsdiffusion.* Diese lässt sich bereits in alltäglichen Situationen beobachten: Stellen wir uns einmal vor, wir stehen zusammen mit einer Gruppe anderer Menschen im Park und plötzlich wird um Hilfe gerufen. Oft schreiten die wenigsten zur Tat, entweder weil sie verunsichert sind oder weil sie die Menschen um sich herum nachmachen – stehen bleiben und nichts tun. Dieses Verhalten in Gruppensituationen heißt *Bystander-Effekt* (Darley & Latané, 1968; Latané & Darley, 1969).

In der Klimakrise wird sogar ein *globaler Bystander-Effekt* sichtbar (Mills, 2020): Regierungen und Meinungsführer:innen nehmen keine umweltschützende Vorbildfunktionen ein, die von Bürger:innen nachgemacht werden könnte. Sie machen nichts oder viel zu wenig. Dem tun es viele Menschen gleich. Genauso wie einzelne Bürger:innen zeigt sich »die gesellschaftliche Führung« oftmals überfordert, ist unrealistisch optimistisch und unterschätzt die Risiken. Mit anderen Worten: Allesamt stehen daneben, während das Klima um Hilfe ruft.

Doch es gibt auch gute Nachrichten: Menschen gehen auf die Straßen, protestieren und brechen die Ohnmacht (Swim et al., 2019). Es entstehen Momente kollektiver Kraft und die geschwächte Selbstwirksamkeit wird durch das Gruppengefühl gestärkt (Jugert et al., 2016). Auch Menschen, die vorher nur tatenlose Beobachter:innen bzw. Bystander waren, werden mobilisiert, denn: Streiks stärken nicht nur den Glauben an gemeinschaftliches Potenzial, sondern können auch einstige Vorurteile gegenüber den Demonstrierenden reduzieren (Swim et al., 2019).

2 Ideologien

Als zweite Drachenfamilie der Untätigkeit identifiziert Gifford (2011) Ideologien. Hiermit sind beispielsweise politische oder religiöse Denksysteme gemeint. Ideologische Überzeugungen können diverse Lebensbereiche betreffen. Gleichzeitig liefern sie für vieles eine Erklärung und erfüllen so das Bedürfnis nach Sicherheit und Vereinfachung. Nicht zuletzt dienen sie auch dem Selbstwert und stärken soziale Bindungen (Jost et al., 2009). Bei alledem gibt es leider einen entscheidenden Haken: Viele Ideologien widersprechen einer nachhaltigen Umwelt- und Klimaschutzhaltung und stellen dadurch ein zentrales Hindernis dar, wenn es darum geht, das eigene Verhalten für den Klimaschutz zu ändern (Gifford, 2011).

Die Drachenarten der Familie *Ideologien* lauten

- Weltanschauungen – *Weil nicht sein kann, was nicht sein darf.*
- Übermenschliche Kräfte – *Das ist Schicksal.*
- Technikglaube – *Die Technik wird uns retten.*
- Systemrechtfertigung – *Aber mir geht es doch gut damit.*

2.1 Weltanschauungen

Einige Weltanschauungen und Glaubenssätze hemmen klimaschützendes Verhalten nicht nur, sondern tragen gar zur Zerstörung der Natur bei (Gifford, 2011). Ein Beispiel ist eine unreflektierte Befürwortung kapitalistischer Systeme und die damit einhergehende Einstellung, dass der Planet Erde vor allem als Ressource fungiert, die nach eigenen Interessen genutzt bzw. *ausgebeutet* werden kann. Diese selbsterteilte Freiheit im Umgang mit der natürlichen Welt führt unmittelbar zu negativen Konsequenzen – nicht nur für die Natur, sondern auch für ihre Nutznießer:innen. Wir leben in einer Welt mit begrenzten Ressourcen und einer zugleich stetig wachsenden Bevölkerung. Bereits in den 1960er Jahren wurde postuliert, dass unter diesen Umständen der Wunsch, den persönlichen Gewinn immer weiter zu steigern, zur Zerstörung der eigenen sowie der gemeinsamen Lebensgrundlagen führt (Hardin, 1968).

Dieses Dilemma ist höchst aktuell und auf vielen Schauplätzen der (kapitalistisch) globalisierten Welt zu beobachten: Überfischung der Ozeane, Zerstörung von Landschaften durch Monokulturen oder Abholzung von Wäldern sind Beispiele, die gegenwärtige wie künftige Lebensbedingungen zerstören (Gifford, 2011; Gardiner, 2001). Viele gemeinschaftliche Probleme, die vor allem durch Kooperation und Koordination effektiv bewältigt werden könnten, werden jedoch häufig mit individuellen statt kollektiven Lösungsansätzen beantwortet (Gross & De Dreu, 2019). Gründe sind die Angst, bei einer Investition in kooperative Lösungsversuche individuelle Verluste zu machen, Misstrauen gegenüber anderen Gruppenmitgliedern oder mangelnder Glaube daran, dass die kooperative Strategie erfolgversprechend ist. Durch Innovationen und Veränderungen der wirtschaftlichen Strukturen der letzten Jahre wurden kollektive Lösungsansätze von einer *Notwendigkeit* zu einer *Möglichkeit*. Es verstärkte sich die Tendenz, individualistische Strategien vorzuziehen. Das Problem: Sowohl für die Gemeinschaft als auch für das Individuum werden hierdurch oft schlechtere Ergebnisse erzielt (Gross & De Dreu, 2019).

2.2 Übermenschliche Kräfte

Der Glaube an übermenschliche Kräfte stellt einen weiteren ideologischen Drachen dar (Gifford, 2011). Hierzu zählen zum Beispiel der Glaube an eine Göttlichkeit oder eine Kraft wie »Mutter Natur«, welche die Klimakrise löst. Die Einzelperson kann sich somit aller Verantwortung entbunden fühlen. Das Vertrauen auf übermenschliche Mächte geht mit Wissenschaftsskeptizismus, Reaktanzverhalten und den bereits dargestellten Drachen *fehlender wahrgenommener Handlungskontrolle*, *fehlender wahrgenommener Selbstwirksamkeit* und *optimistischer Verzerrung* einher (Gifford et al., 2018).

2.3 Technikglaube

Die Macht »fremder Kräfte« verbirgt sich auch hinter dem Drachen des Technologievertrauens (Gifford, 2011). Es herrscht die Überzeugung, dass technologische Errungenschaften die entscheidende Quelle zur Bewältigung der Klimakrise sind. Durch diese Haltung werden nicht nur die praktischen Möglichkeiten überschätzt, sondern auch das eigene Verhalten zur Emissionsreduktion gehemmt. Ein Beispiel stellt in diesem Zusammenhang der Bereich *Geoengineering* dar, also das Eingreifen in natürliche Systeme zur großflächigen und schnellen Entfernung von CO_2 aus der Atmosphäre. Die Algenmasse in den Ozeanen erhöhen, um das Photosyntheseprodukt anzukurbeln, künstliche Wolken erzeugen, um die Sonneneinstrahlung zu reduzieren, oder riesige Mengen CO_2 im Boden einschließen: verlockend einfach klingende Szenarien, die eine positive

Zukunft prognostizieren (Lawrence et al., 2018). Doch diese vielversprechend anmutenden Möglichkeiten, den Treibhauseffekt zu bewältigen, können zu fahrlässigem Verhalten führen – zum Beispiel in Form eines gesteigerten CO_2-Ausstoßes. Warum mein Verhalten anpassen oder ändern, wenn dem Anschein nach bereits eine Lösung gefunden wurde? Es lockt die Versuchung, die eigenen Freiheiten weniger einschränken zu müssen (Lin, 2013; Santarius, 2012).

2.4 Systemrechtfertigung

Der letzte Ideologie-Drachen ist der psychologische Mechanismus der *Systemrechtfertigung* (Jost & Banaji, 1994; Gifford, 2011). Pro-Umwelt-Verhalten wird dadurch gehemmt, dass Menschen ihren komfortablen Status quo nicht aufgeben wollen. Durch Anpassungen an die Klimakrise müsste das Leben, wie wir es gewohnt sind, allerdings schon in alltäglichen Situationen wie dem Einkauf infrage gestellt werden. Um das zu vermeiden, wird eine Krise einfach als »natürlicher Lauf der Dinge« gerechtfertigt. Der Vorteil: Gleichzeitig wird hierdurch die Existenz sowie das Fortbestehen des angenehmen Status-quo-Gefühls legitimiert. Auf der anderen Seite jedoch werden Umweltprobleme relativiert und der Wille zum Klimaschutz geschwächt (Feygina et al., 2010; Weber, 2016).

Eng in Verbindung mit Systemrechtfertigung steht der *Glaube an eine gerechte Welt*, also die Sichtweise, dass alles so geschieht, wie es geschehen soll (Osborne & Sibley, 2013). Das erzeugt ein Grundgefühl des Vertrauens und kann sogar gerechtigkeitsstiftendes Verhalten bewirken. Aber: Wird solches Verhalten als außerhalb der eigenen Möglichkeiten wahrgenommen, kann es im Sinne einer kognitiven Assimilation auch zur Ausblendung oder einer unrealistischen, positiven Umdeutung von Ungerechtigkeiten führen (Dalbert, 2001; Peter, 2012). Diese Art und Weise, für ein ruhiges Gewissen den Zustand von Ungerechtigkeit aufzulösen, führt zu einer verringerten Bereitschaft, gegen entsprechende Missstände vorzugehen (Osborne & Sibley, 2013).

Systemrechtfertigung wird dadurch unterstützt, dass einseitig nur nach solchen Argumenten gesucht wird, die die eigene Sichtweise bestätigen (*Motivated Reasoning*; Kunda, 1990). Drehen wir den Spieß doch einmal um: Was, wenn klimaschützendes Verhalten zum neuen System-Standard wird? Die Vermutung: Menschen, die dazu tendieren das System zu rechtfertigen, haben dann ebenfalls die Motivation, Emissionen zu reduzieren und die Umwelt zu schonen (Feygina et al., 2010).

3 Vergleiche mit anderen Menschen

Wir entwickeln unsere Identität nicht in einer Leere oder allein, sondern im Kontext mit anderen Menschen: Wir arbeiten, spielen und leben zusammen, beobachten andere, spekulieren über sie und vergleichen uns mit ihnen. Diese Vergleiche wiederum helfen uns dabei, die Ausprägung unserer Fähigkeiten und Eigenschaften zu definieren (Festinger, 1954). Bin ich gut in Mathe? Woher soll ich das wissen, wenn es keinen objektiven Standard gibt – also eine Norm – oder ich mich nicht mit anderen vergleiche? Bezogen auf umweltfreundliches Verhalten bedeutet dies auch, dass wir Menschen uns immer erst einmal an anderen Menschen orientieren, um einzuschätzen, welches Verhalten »normal« ist und »sich gehört«.

Die Drachenarten der Familie *Vergleiche mit anderen Menschen* sind

- Soziale Normen und Vergleiche – *Das gehört sich (nicht).*
- Wahrgenommene Ungerechtigkeit – *Fair sein muss es!*

Eine neuere Drachenart dieser Familie wurde 2018 entdeckt und erhielt den Namen Autoritätshörigkeit (Authority rules; Gifford et al., 2018). Sie soll sich darauf beziehen, dass Autoritäten wie Chef:innen oder Organisationen von uns verlangen, viel zu reisen oder uns auf ein anderes CO_2-intensives Verhalten einzulassen. Eine genauere Beschreibung dieser Gattung fehlt allerdings noch.

3.1 Soziale Normen und soziale Vergleiche

Soziale Normen sind Regeln und Standards, die von den Mitgliedern einer Gruppe geteilt werden (Jonas et al., 2014). Man unterscheidet hierbei *injunktive* und *deskriptive Normen* (Cialdini et al., 1991). Injunktive Normen (*Ideale* oder *Sollnormen)* beschreiben, ob ein Verhalten von einer sozialen Gruppe anerkannt wird (zum Beispiel mit geschlossenem Mund essen) oder missbilligt wird (zum Beispiel in der Nase bohren). Da allerdings viele soziale Regeln nicht in Büchern verfasst sind oder uns anerzogen werden, müssen wir häufig aus Wahrnehmungen von Situationen und Interaktionen schlussfolgern, was das anerkannte Verhalten ist.

Als deskriptive Norm *(Ist-Norm)* wird das wahrgenommene tatsächliche Verhalten der Mitglieder einer sozialen Gruppe ungeachtet der moralischen Komponente bezeichnet. Aus ihr geht also nicht hervor, ob ein Verhalten richtig oder falsch ist. Ein von Menschen ausgetretener Pfad, der uns den Weg durch den Wald weist, ist eine deskriptive Norm (Harré, 2011). Wenn ich in einem Raum voller Menschen sitze und die Mehrheit klatscht, dann werde ich wahrscheinlich auch klatschen. Wenn ich das nicht tue, könnte ich unangenehme Aufmerksamkeit auf mich ziehen.

Deskriptive Normen zeigen ihre Wirkung auch im Nachhaltigkeitskontext: Hotelgäste lassen weniger Handtücher waschen, wenn man ihnen sagt, andere Gäste seien ebenfalls sparsam, und Haushalte mit hohem Energieverbrauch verändern ihr Verhalten, wenn ihnen Informationen über den durchschnittlichen Verbrauch in ihrer Nachbarschaft zur Verfügung gestellt werden (Goldstein et al., 2008; Schultz et al., 2007). Umweltfreundliches Handeln ist laut Barth und Kolleg:innen (2021) mittlerweile eine injunktive Norm in den meisten Gesellschaften.

Wenn allerdings zwei soziale Normen in Konflikt geraten, zieht pro-ökologisches Handeln offenbar den Kürzeren (Steentjes et al., 2017). Das Autor:innenteam brachte in seiner Untersuchung zwei soziale Normen in Konflikt: das Gebot, den Schutz des Klimas für gut und wichtig zu halten, gegen das Gebot, oberflächlichen Bekannten im Smalltalk eher nicht direkt zu widersprechen. Die Smalltalk-Norm erwies sich dabei als bedeutsamer. Dies deutet darauf hin, dass klimaschädliches Verhalten nicht als so unmoralisch angesehen wird, dass dafür andere soziale Normen (wie die unverbindliche Höflichkeit im Smalltalk) zurückgestellt werden – unabhängig davon, was man selbst denkt: Die Proband:innen selbst lehnten Rassismus und klimafeindliches Verhalten annähernd gleich stark ab (Steentjes et al., 2017).

Eine Überblicksarbeit von 42 Originalstudien zur Wirkung von umweltfreundlichen Interventionen mittels sozialer Normen konnte zeigen, dass soziale Normen trotz einiger Ausnahmen einen signifikanten Einfluss auf umweltfreundliche Verhaltensweisen aus den Bereichen Energieverbrauch, Recycling, Müllvermeidung, grüner Konsum, Handtuchnutzung und Pestizidnutzung zu haben scheinen (Farrow et al., 2017). Die Konsistenz, mit der deskriptive Normen das Verhalten relativ häufiger erfolgreich beeinflussen (80 % der Studien) verglichen mit injunktiven Normen (40 %), wird von den Autoren teilweise auf die Tatsache zurückgeführt, dass Menschen bei Abwesenheit einer injunktiven Norm davon ausgehen können, dass ein sehr weit verbreitetes Verhalten auch angemessen und erwünscht ist. Wenn man zudem Normen nicht erinnert oder sie nicht wahrnimmt, dann wird man auch kein gewünschtes Verhalten zeigen oder falsch schlussfolgern – ein Ergebnis, das die Drachenfamilie des sozialen Vergleichs mit der des begrenzten Denkvermögens in Zusammenhang bringt.

Im Unterschied zu sozialen Normen spielen soziale Vergleiche insbesondere dann eine Rolle, wenn ich mich ausdrücklich und direkt mit meistens auch für mich wichtigen Personen vergleiche. Untersucht wird dieser direkte soziale Vergleich häufig mit Studien, bei denen die Teilnehmer:innen in Echtzeit über die Entscheidungen anderer Personen informiert werden, bevor sie ihre eigene Entscheidung für oder gegen ein umweltfreundliches Verhalten treffen. Hier kann man davon ausgehen, dass Normen eher hervortreten und somit gemessen werden können (Biel & Thøgersen, 2007). Ein Beispiel betrifft die Verwendung öffentlicher Kompostbehälter und vor allem die Frage danach, wie deren Nutzung gefördert werden kann. Der Ansatz: Undercover-Mitarbeiter:innen der Forschungsgruppe zeigten in lokalen Fast-Food-Restaurants das gewünschte Verhalten und benutzten die Kompostbehälter zur Abfalltrennung. Wenn Restaurantgäste die Verwendung der Behälter direkt beobachteten, war es auch wahrscheinlicher, dass sie dies auch taten (Sussman & Gifford, 2013). Auch für Stromsparen konnte der positive Effekt direkter Vergleiche mittels gamifizierter Apps belegt werden (Wemyss et al., 2016; Ro et al., 2017).

3.2 Wahrgenommene Ungerechtigkeit

Niemand lässt sich gern ausnutzen. Das würde zudem der sozialen Norm »Gleichheit« widersprechen. Entsprechend ist es unfair, wenn ich mein Verhalten ändern soll, andere das aber nicht tun. Wahrgenommene Fairness erstreckt sich über verschiedene Ebenen – mindestens drei Arten von Vergleichen können hier durchgeführt werden und in unterschiedlichen politischen Entscheidungen resultieren: intraindividuelle, zwischenmenschliche und generationsübergreifende Vergleiche (Schuitema & Bergstad, 2019).

Leonardo DiCaprio kämpft zum Beispiel gegen Fracking, für Sibirische Tiger, gegen Elfenbeinhandel und für Umweltbewusstsein bei Promis, die sich sonst nur für ihr Luxusleben interessieren. Doch sein Lebensstil ist alles andere als ökologisch (Koch, 2016): Er fährt gern schnelle Autos, und ausgerechnet zu einem Umweltpreis ließ sich der Hollywood-Star aus Cannes nach New York einfliegen. Und Otto Normalverbraucher denkt dann: »Wenn nicht einmal DiCaprio, der große Umweltschützer, auf Klimasünden verzichtet, warum soll dann ich?«

Man kann beispielsweise Gesetze zur Etablierung von Windkraft als unfair und inakzeptabel betrachten, wenn man der Meinung ist, dass die Windräder einem die Aussicht beeinträchtigen (intraindividueller Vergleich). Ein Fischer oder eine Fischerin kann eine Fangquote für Kabeljau als unfair ansehen, weil es sein bzw. ihr, aber nicht das Geschäft von Herings-Fischer:innen, beeinträchtigt (zwischenmenschlicher Vergleich). Vergleiche zwischen den Generationen implizieren, dass Menschen aktuelle politische Entscheidungen mit den Entscheidungen für künftige Generationen und den Auswirkungen auf Natur und Umwelt vergleichen.

Studien zur öffentlichen Unterstützung umweltpolitischer Maßnahmen zeigen, dass diese, neben der Effektivität, auch stark von der wahrgenommenen Fairness abhängt (z.B. Eriksson et al., 2006; Schuitema et al., 2011; Huber et al., 2019; Sommer et al., 2020). Fairness spielt auch im Vergleich zwischen dem eigenen Handeln und dem großer Akteur:innen eine Rolle: Man kann sich hilflos fühlen und eigene pro-ökologische Handlungen als »Tropfen auf dem heißen Stein« ansehen, wenn man sie mit den Umweltschäden vergleicht, die durch ganze Länder wie zum Beispiel China entstehen (Hope et al., 2018).

4 Unumkehrbare Kosten

Der Begriff »sunk cost« stammt aus der Betriebswirtschaft und bezieht sich auf unumkehrbare oder nicht mehr beeinflussbare Kosten. So können zum Beispiel die bereits angefallenen Planungs- und Baukosten des Berliner Flughafens BER nicht mehr zurückgedreht werden, auch wenn die Einstellung des Projektes beschlossen würde. Diese Kosten sind ohnehin da. Der psychologische Sunk-Cost-Effekt *(sunk cost fallacy)* beschreibt darüber hinausgehend die Tendenz, ein Vorhaben (zum Beispiel ein Projekt, eine Investition, eine Beziehung) fortzusetzen, wenn bereits Geld, Zeit oder Anstrengung investiert wurde (Arkes & Blumer, 1985).

Zu den Drachenarten der Familie *Unumkehrbare Kosten* zählen

- Finanzielle Investitionen – *Das muss sich doch gelohnt haben.*
- Gewohnheiten – *Ich habe das schon immer so gemacht.*

- Widersprüchliche Ziele und Bestrebungen – *Ich habe auch noch ein eigenes Leben.*
- Fehlende Ortsbindung – *Mein Zuhause ist mir am wichtigsten.*

4.1 Finanzielle Investitionen

Wer sich für teures Geld ein schickes Kleidungsstück für einen besonderen Anlass kauft und es Jahre später im Kleiderschrank wiederfindet, denkt sich vielleicht: »Ja, das müsste ich auch mal wieder anziehen, es war ja wirklich teuer. Es passt zwar nicht mehr zu meinem heutigen Geschmack, aber …« – und wird es wieder im Kleiderschrank verstauen, ohne es je wieder zu tragen. Wir haben eher Schwierigkeiten uns von Dingen zu trennen, für die wir viel Geld bezahlt haben. Wir wollen nichts vergeuden, haben eine Abneigung gegen Verluste (Novemsky & Kahnemann, 2005).

Ein weiteres Beispiel dafür, »gutes Geld Schlechtem hinterherzuwerfen«, stammt aus dem Bereich der Finanzinvestitionen: Trotz verfügbarer Alternativen gibt es weiter öffentliche und private Investitionen in fossile Energiequellen (Arbuthnott & Dolter, 2013). Börsenteilnehmer:innen orientieren sich bei ihrer Verkaufsentscheidung häufig am Kaufpreis aus der Vergangenheit, obwohl dieser für die künftige Kursentwicklung unwichtig ist.

Die Beispiele verdeutlichen, dass Sunk-Cost-Effekte als kognitive Verzerrungen auf individueller Ebene angesehen werden können. Sie können jedoch rational übertrumpft werden: Wenn es die beste Option ist, eine frühere Entscheidung aufzugeben, können wir dies auch unabhängig von früheren, »verlorenen« Investitionen (Engler et al., 2019).

Hier stoßen wir also wieder auf andere Drachenfamilien wie Begrenztes Denkvermögen, Gewohnheiten und Wahrgenommene Risiken (siehe auch Bartczak et al., 2017). In einer neueren Arbeit der Arbeitsgruppe um Gifford (Lacroix et al., 2019) findet sich deshalb auch der Drache *Finanzielles Investment* in der Drachenfamilie *Wahrgenommene Risiken* wieder.

4.2 Gewohnheiten

Inwiefern sind Gewohnheiten »unumkehrbare Kosten«? Beim ersten Besuch in einem neuen Supermarkt muss ich Zeit investieren, um herauszufinden, wo die Milch steht, welche Alternativen es gibt und wie viel sie kosten. Beim zweiten Mal geht es schon schneller: Ich weiß, wo die Produkte stehen, und häufig wähle ich das gleiche Produkt. Mit der Zeit wird daraus eine Gewohnheit, die mir eine gewisse Stabilität gewährt, für die ich aber erstmal investieren musste. Diese Investition möchte ich nicht vergeuden.

Ernährungsgewohnheiten sind bekanntermaßen schwer zu ändern, da sie ein zentraler Aspekt des Lebensstils der Menschen und ihres soziokulturellen Umfelds sind (Vermeier et al., 2020). Eine Entscheidung für ein spezielles Lebensmittel erfolgt häufig gewohnheitsmäßig (Neal et al., 2012), das heißt in bestimmten Kontexten häufig und automatisch (De Houwer, 2019).

Ähnlich ist es bei der Mobilität: Bin ich es gewohnt, regelmäßig mit dem Auto zur Arbeit zu fahren, habe ich Geld für das Auto und Zeit in die Bestimmung der optimalen Route investiert und möchte das nicht vergeuden. Erschwerend kommt hinzu, dass diese Gewohnheit einen indirekt negativen Einfluss auf die Einstellung zu öffentlichen Verkehrsmitteln hat, wie eine Untersuchung von Liu und Kolleg:innen (2016) zeigt: Je mehr eine Person ihr Auto nutzte, desto mehr zeigte sie sich mit dem öffentlichen Verkehr unzufrieden. Ein Ergebnis, das ein Hindernis bei einer Umstellung auf den öffentlichen Verkehr darstellen würde.

Gamification (die Anwendung spieltypischer Elemente in einem spielfremden Kontext) kann die Gewohnheitsbildung erleichtern und Menschen dazu bringen, umweltfreundliches Verhalten wiederholt auszuführen (Geelen et al., 2012). So konnten Studien zum Stromsparen mittels Gamification positive Ergebnisse präsentieren (Ro et al., 2017), dabei haben Personen mit hohem Energieverbrauch ihr Umweltverhalten und ihre Einstellungen sogar am meisten verändert.

4.3 Widersprüchliche Ziele und Bestrebungen

Menschen haben Ziele wie Geld zu sparen, sich etwas zu gönnen oder kurzfristig einer bequemen und komfortablen Lebensweise zu folgen (Gleim et al., 2013; White & Simpson, 2013; Lanzini & Thøgersen, 2014; Tate et al., 2014). Ein Beispiel: Es macht mir Spaß, Familienvideos am PC zu schneiden und zu bearbeiten. Zusätzlich möchte ich meiner Familie damit eine Freude machen. Ich habe Zeit und Energie investiert, die Videos fast professionell zu filmen und die Bearbeitungs-Software kennenzulernen. Mein

PC verbraucht nun aber jede Menge Strom beim Schneiden. Da ich mich selbst als umweltbewusster Mensch sehe, habe ich ein ungutes Gefühl, wenn ich den PC nutze, und ich nutze ihn oft. Kurz gesagt: Meine anderen Ziele und Bestrebungen widersprechen umweltfreundlichem Verhalten. Um mit solchen Konflikten zurechtzukommen, verändern wir als Menschen (auch kurzfristig) unsere Ansichten oder verdrängen sie. So können wir zwar die Auswirkungen eines Verhaltens auf die Umwelt beurteilen, ignorieren zum Zeitpunkt der Entscheidung aber bereitwillig relevante Informationen (Gawronski & LeBel, 2008).

Umweltfreundliches Verhalten wird häufig durch intrinsische Lebensziele (zum Beispiel Selbstentwicklung, Beteiligung an Gemeinschaft, Beziehungen) erleichtert und durch extrinsische Lebensziele (zum Beispiel Geld, Ruhm, Image) begrenzt (Unanue et al., 2016). Personen, die soziale Gerechtigkeit schätzen, scheinen zum Beispiel eine niedrigere Hürde für eine Verringerung des Fleischkonsums zu haben als Personen, die Tradition und Wohlstand schätzen (Pohjolainen et al., 2015).

4.4 Fehlende Ortsbindung

Wenn ich zu dem Ort, an dem ich lebe, eine starke Bindung habe, kümmere ich mich eher um ihn. Bezogen auf umweltfreundliches Verhalten kann diese Bindung verstärkend oder hemmend wirken: Wie Scannell und Gifford (2013) und andere (z. B. Brown et al., 2012; Devine-Wright & Howes, 2010) festgestellt haben, kann die Ortsbindung auch Handlungen zugrunde liegen, die für den eigenen Ort langfristig schädlich sind, etwa wenn Klimaschutzmaßnahmen (zum Beispiel Windräder) den Status quo verändern und man das ablehnt. Ortsbindung ist ein mehrdimensionales Konstrukt (Scannell & Gifford, 2017) und scheint vor allem dann mit umweltfreundlichem Verhalten verbunden zu sein, wenn sie naturbezogen ist (Scannell & Gifford, 2010).

Wenn man den Begriff Ortsbindung breiter als positive Zuneigung zu einem bestimmten Ort definiert, lassen sich auch aus dem Tourismus positive Zusammenhänge mit umweltfreundlichem Verhalten aufzeigen (Cheng & Wu, 2015). Auch bei Anwohner:innen in touristischen Gebieten, die in den vergangenen Jahren Naturkatastrophen erlebt haben, war Ortsbindung noch vor Risikowahrnehmung der stärkste Prädiktor für umweltfreundliches Verhalten (Zhang et al., 2014).

5 Missbilligung

Die Drachenarten der Familie *Missbilligung* heißen
- Misstrauen und Verschwörungsmentalität – *Die Klimakrise ist erfunden.*
- Unpassende Maßnahmen – *Das ist nicht das Richtige für mich.*
- Verleugnung – *Das kann überhaupt nicht sein!*
- Reaktanz – *Das sehe ich nicht ein!*

5.1 Misstrauen und Verschwörungsmentalität

Vertrauen hat mit Blick auf die Klimakrise eine wichtige Bedeutung: Ein Problembewusstsein kann nur entstehen, wenn den Informationsquellen geglaubt wird. Vertrauen in die Politik ist wesentlich für die Akzeptanz von Lösungsansätzen wie zum Beispiel einer CO_2-Steuer (Fairbrother et al., 2019). Fehlt hingegen Vertrauen in Wissenschaft, Politik, Medien oder andere öffentliche Institutionen, fällt es leichter, die von ihnen beschriebenen Probleme nicht ernst zu nehmen.

In den USA scheint es seit den 1970er Jahren einen Vertrauensverlust in die Wissenschaft gegeben zu haben – allerdings nur bei Konservativen (Lewandowsky & Oberauer, 2016). Dies diene dem Schutz der eigenen Identität, da die Wissenschaft der letzten Jahrzehnte vor allem konservative Weltanschauungen (zum Beispiel die Überlegenheit freier Märkte) infrage stellt. Verschwörungsmythen liefern einen psychischen Ausweg, wissenschaftliche Erkenntnisse zu diskreditieren und sie nicht ernst nehmen zu müssen, sodass die Verleugnung aufrechterhalten werden kann. Sie liefern »Erklärungen« für Ereignisse und unterstellen als mächtig empfundenen Personen wie Politiker:innen (Imhoff & Bruder, 2014), dass sie der Gesellschaft – oder zumindest der eigenen Gruppe in der Gesellschaft – schaden wollen (Douglas et al., 2017). Dies wird dadurch verstärkt, dass offiziellen Quellen mit potenziell gegenteiligen Informationen nicht vertraut wird (Imhoff & Lamberty, 2018) oder die Verschwörungsbehauptungen nicht eindeutig widerlegt werden können. Verschwörungsmythen sind also selbstbestätigend – wer widerspricht, wird als Teil der Verschwörung gesehen (Lewandowsky et al., 2015).

Verschwörungsmentalität, also der Glaube an Verschwörungsmythen, wird als eine politische Einstellung klassifiziert (Imhoff & Bruder, 2014), ähnlich wie zum Beispiel die Unterstützung sozialer Hierarchien oder rechter Autoritarismus (*right-winged authoritarianism* bezeichnet die Tendenz, sich Autoritäten unterzuordnen, traditionelle Normen zu unterstützen und Menschen zu bestrafen, die von diesen Normen abweichen; Stanley & Wilson, 2019). Verschwörungsmentalität ist eine Denkweise, auf deren Spektrum wir alle uns mehr oder weniger stark ausgeprägt befinden. Ein kritisches Hinterfragen des Systems kann angesichts von Lobbyeinflüssen und Geheimdienstaktivitäten angebracht sein. Verschwörungsmentalität kann jedoch schnell über ein kritisches Denken hinausreichen: Sie erfüllt das narzisstische Bedürfnis danach, etwas Besonderes – besonders wissend oder durchschauend – zu sein, und erzeugt ein Gefühl von Kontrolle angesichts eines Ohnmacht auslösenden Systems (Imhoff & Bruder, 2014). Verschwörungsmentalität ist unabhängig von Persönlichkeitsfaktoren und auch die Einflüsse von Intelligenz, Geschlecht, Ethnizität, Religion und Einkommen sind gering (Imhoff & Lamberty, 2016). Die Befunde zur Beeinflussbarkeit von Verschwörungsmentalität durch Bildung sind uneindeutig (z. B. Constantinou et al., 2020), jedoch wird angenommen, dass eine bessere Wissenschaftskommunikation hier positive Effekte haben kann (Constantinou et al., 2020; Lewandowsky & Oberauer, 2016; Ma et al., 2018).

5.2 Unpassende Maßnahmen

Politische Programme zur Förderung einer freiwilligen Verhaltensänderung können an vielen Punkten scheitern. Zentral ist die Frage nach der intrinsischen Motivation, das heißt, ob man die Verhaltensänderung selbst wünscht. Bei extrinsischer Motivation – zum Beispiel Belohnung von außen – fällt man eher in alte Muster zurück, wenn die Belohnung irgendwann wegfällt (Pelletier et al., 1999). Darüber hinaus können politische Maßnahmen zur Förderung von umweltfreundlichem Verhalten auch aus anderen Gründen »nicht gut genug« sein. In Anbetracht der Größe des Problems und der Komplexität der Lösungen sind wir nicht nur kognitiv an unseren Grenzen (siehe »Begrenztes Denkvermögen«), sondern auch emotional und motivational. Wenn wir denken, dass unser umweltbezogenes Verhalten keinen ausreichenden Effekt haben kann (Handlungsergebniserwartungen), wir uns nicht zutrauen, es umzusetzen (Selbstwirksamkeitserwartung) oder wir es im Alltag nicht dauerhaft aufrechterhalten können – dann demotiviert uns das, wir fühlen uns hilflos und ändern nichts (Pelletier et al., 1999).

Diese drei Variablen hängen mit inneren und äußeren Faktoren zusammen. Einige innere Faktoren kennen wir schon durch die anderen Drachen, äußere Faktoren können so etwas sein wie zum Beispiel die Verfügbarkeit von nachhaltigen Alternativen oder auch soziale Normen.

Was kann uns also helfen, Verhaltensänderungen mittelfristig umzusetzen? Verschiedene Maßnahmen setzen an verschiedenen Stellschrauben an (Grilli & Curtis, 2021): Informationsprogramme und Workshops sollen Problembewusstsein und Handlungswissen vermitteln. Manche Programme machen sich zunutze, dass wir als Menschen soziale Wesen sind (siehe »Vergleiche mit anderen Menschen«) und uns Verhaltensweisen von anderen abgucken – insbesondere von Leuten, die uns wichtig sind (zum Beispiel Freunde oder Familie). Mit dem sogenannten *Nudging* wird uns das umweltbewusste Verhalten als Standardeinstellung mitgeliefert oder die Auswahlmöglichkeiten stupsen uns in eine bestimmte Richtung (nudging ist in der Tierwelt zum Beispiel der Stupser aus dem Nest) und wir müssten uns aktiv anders entscheiden, um umweltschädlicher zu handeln. (Nicht-)monetäre Anreize können auch hilfreich sein – Flaschenpfand wirkt zum Beispiel auf dieser Ebene.

In einer Meta-Analyse von Grilli & Curtis (2021), die die Daten von 155 Programmen zur Förderung nachhaltigen Verhaltens zusammenfassend auswerteten, zeigte sich recht deutlich: Reine Informationskampagnen helfen nur Menschen, die sowieso schon entschlossen sind zu handeln, aber noch nicht wissen wie. Wenn in den Informationen soziale Vergleiche kommuniziert werden (wie zum Beispiel bei den Drachen *soziale Normen* und *soziale Vergleiche* beschrieben), dann sind sie deutlich wirksamer. (Monetäre) Anreize wirken in vielen Fällen nur für den Zeitraum, in dem sie auch gegeben werden. Eine Langzeitwirkung im Sinne einer nachgeschalteten Einstellungsänderung wird angezweifelt – höhere Kosten tun vor allen Dingen weh, überzeugend sind sie aber nur, solange sie auch anfallen. Nudging und Projekte, in denen wir von anderen (zum Beispiel durch Abgucken) lernen, sind am wirksamsten, aber auch sehr aufwändig und können nicht in allen Fällen eingesetzt werden. Die Erfolge von Nudging hängen nach ersten Erkenntnissen nicht nur vom Kontext, der Art des Nudges, sondern auch von der Persönlichkeit der entscheidenden Person ab (Hummel & Maedche, 2019). Wichtig für alle Programme ist: Die Handlungsmöglichkeiten, die Ressourcen und Infrastruktur müssen gegeben sein. Welches Programm das richtige ist, ist vom Kontext abhängig, aber auch von der Zielgruppe und dem Zielverhalten.

5.3 Verleugnung

Die Verleugnung der Klimakrise kann sich auf verschiedene Inhalte des Problems beziehen: Der Klimawandel kann an sich infrage gestellt werden, seine Ursache im menschlichen Verhalten genauso wie der eigene Beitrag zur Klimakrise oder ihrer Lösung.

Neben fehlendem Wissen kann auch gezielte Desinformation oder die Fehlinterpretation wissenschaftlicher Daten die Verleugnung der Klimakrise bewirken oder begünstigen.

Wenn das eigene Einkommen davon abhängt, nicht an die Klimakrise zu glauben, dann tut man das auch mit größerer Wahrscheinlichkeit nicht (vgl. Hiss, 2021; in diesem Band). Fossile Industrien betonen in Desinformationskampagnen verschiedene Aspekte: Es begann mit der Unsicherheit klimawissenschaftlicher Erkenntnisse. Hinzu kam ein Framing, das katastrophale Wirtschaftseinbußen durch Klimaschutz proklamierte. Es ging dann vor allem in Europa über in ein Framing, das den Anspruch der Wirtschaft darauf betont, die Führung in der Lösung der Klimakrise zu haben (Schlichting, 2013). Es soll aktuell die wirtschaftliche Vormachtstellung der fossilen Industrie sichern, weil sie die »rettende Technologie« verkauft.

Darüber hinaus konnte nachgewiesen werden, dass die eigene Weltanschauung, Ideologie, politische Einstellungen (wie rechter Autoritarismus und die Unterstützung sozialer Hierarchien) und Werte die richtige Interpretation von wissenschaftlichen Daten beeinflusst (Stanley & Wilson, 2019; Hornsey et al., 2016; Lewandowsky & Oberauer, 2016). Die Nutzung von Heuristiken (siehe »Begrenztes Denkvermögen«) und die Risikowahrnehmung sind abhängig von der eigenen Weltanschauung und politischen Ansichten. Menschen gewichten Informationen unterschiedlich, sodass sie in ihr Weltbild passen. Hier kann die Verleugnung der Bedeutung von Informationen also dem Schutz des eigenen Weltbildes dienen.

Im Sinne der *Appraisal Theory* (Lazarus, 1991) kann eine Verleugnung dieser Aspekte als eine Art emotionales Coping verstanden werden – unangenehme Affekte (z. B. Angst; Gifford, 2011) werden ins Unbewusste verschoben.

Die Klimakrise ist eine existenzielle Bedrohung unserer Lebensgrundlagen, daher kann zur Erklärung von Verleugnung auch auf die Terror-Management-Theorie Bezug genommen werden (Solomon et al., 2015; Chmielewski, 2019). Im Angesicht der eigenen Sterblichkeit wird die Todesangst (Terror) mit dem Streben nach einer symbolischen Unsterblichkeit oder dem Hochhalten der Ingroup bekämpft (Management). Die Konfrontation mit der eigenen Sterblichkeit könnte so den zunehmenden Rechtsruck, Populismus und den Wunsch nach einfachen Erklärungen in unserer Gesellschaft verstehbar machen.

5.4 Reaktanz

Reaktanz beschreibt in der Psychologie die Gegenwehr, wenn man sich in seiner Entscheidungsfreiheit und der Freiheit, zu leben, wie man will, eingeschränkt fühlt. Der Verweis auf den wissenschaftlichen Konsens und andere Klimabotschaften können bei Klimaleugner:innen diesem Phänomen folgend sogar einen gegenteiligen Effekt *(backfiring effect)* haben (Ma et al., 2018). In allen politischen Lagern kann die Konfrontation mit wissenschaftlichen Ergebnissen, die ihren Ansichten widersprechen, dazu führen, dass ihr Vertrauen in Wissenschaft abnimmt – nicht, dass sie ihre Ansichten korrigieren (Nisbet et al., 2015). Dieser Drache ist also eng verwandt mit dem »Misstrauens-Drachen«.

Auch wenn Maßnahmen als unfair oder sehr einschränkend wahrgenommen werden, reagieren Menschen ablehnend (Huber et al., 2019 siehe Drache *wahrgenommene Ungerechtigkeit*). Bürger:innen sehen dann nicht ein, warum ausgerechnet sie sich einschränken sollten.

6 Wahrgenommene Risiken

Die Entscheidung für nachhaltiges Verhalten – insbesondere den Kauf nachhaltiger Produkte – ist von vielen Faktoren abhängig und mit Unsicherheiten behaftet. In der Marketing-Forschung wird hier von einer Risikoabwägung vor einer Kaufentscheidung ausgegangen und es werden sechs Kategorien von Risiken dieser wirkmächtigen Drachenfamilie unterschieden: funktionale, physische, finanzielle, soziale und psychologische Risiken (Durif et al., 2012; Boksberger et al., 2007; vgl. Mitchell, 1999).

Die Gewichtung des Einflusses der einzelnen Risikofaktoren ist von soziodemografischen Einflüssen abhängig (zum Beispiel geografische Region, Einkommen, Bildungsstand, Gender) und vom Konsumverhalten, um das es geht (Li et al., 2020; Boksberger et al., 2007).

Mit Blick auf den Konsum nachhaltiger Produkte scheinen funktionale, finanzielle und zeitliche Risiken ein besonderes Gewicht zu haben. Physikalische (gesundheitliche) und psychologische oder soziale Risiken sind eher geringer – mit dem Kauf nachhaltiger Produkte kann man einen guten Eindruck bei anderen hinterlassen (Durif et al., 2012).

Die Drachenfamilie *Wahrgenommene Risiken* besteht aus den Arten

- Funktionale Risiken – *Das funktioniert sowieso nicht!*
- Finanzielle Risiken – *Das ist zu teuer. Das lohnt sich nicht.*
- Psychische und soziale Risiken – *Was denken die anderen dann über mich?*
- Zeitliche Risiken – *Dafür habe ich keine Zeit.*

6.1 Funktionale Risiken

Ein Pionier oder eine Pionierin zu sein bedeutete schon immer, den Weg für andere zu bahnen – und dabei besonders stark mit Hürden zu kämpfen zu haben. Wer heute, im Jahr 2021, in Deutschland ein Elektroauto fährt, weiß ganz genau, was das bedeutet. Elektrofahrzeuge sind teuer, die Ladesäuleninfrastruktur ist noch unzureichend, es gibt nicht nur eines, sondern viele Abrechnungssysteme, ein Ladevorgang kann – je nach Säule – unterschiedlich lang dauern (Bühler et al., 2014). Wenn also funktionale Risiken im Weg stehen, ist eine Verhaltensveränderung weniger wahrscheinlich.

Die Fahrradinfrastruktur in vielen deutschen Städten ist ebenfalls völlig unzureichend – etwa 450 Fahrradfahrer:innen sterben jährlich bei Unfällen mit Autos oder LKW im deutschen Straßenverkehr (Lottsiepen et al., 2019). Wenn die Alternativen eine Gefahr für die körperliche Unversehrtheit bieten, wenn sie nicht selbstverständlich und sicher sind, dann werden sie nicht gewählt. Umgekehrt zeigen Städte wie Kopenhagen, dass ein gut ausgebautes Fahrradwegenetz sehr wohl großes Potenzial zur Verhaltensänderung hat (Gössling, 2013).

6.2 Finanzielle Risiken

Die Umstellung auf klimafreundliche Infrastruktur braucht häufig eine Veränderung des Status quo – und damit auch ein finanzielles Investment. Die Solaranlage auf dem Dach, die Dämmung des Hauses, das Elektroauto, das regional-saisonale Bio-Essen, die faire und ökologische Mode – sie alle kosten Geld. Die finanziellen Vorteile sind eher langfristig, oft muss zunächst Geld investiert werden – gegebenenfalls über Kredite finanziert. Auch wenn Menschen bereit sind, für nachhaltige Produkte mehr Geld auszugeben, ist das finanzielle Risiko eine wesentliche Hürde (Durif et al., 2012).

6.3 Psychische und soziale Risiken

Menschen sind soziale Wesen – unsere Gruppenzugehörigkeit und soziale Identität sind wesentliche Selbstwertfaktoren (*social identity theory*; Tajfel & Turner, 1979). Wir wollen ungern von unseren Freund:innen, Kolleg:innen und Nachbar:innen als »die/der komische Öko« wahrgenommen werden. Wie oben bereits geschildert, haben soziale Normen einen starken Einfluss auf menschliches Verhalten: Wenn wir Angst haben, unangenehme Konsequenzen zu erfahren, werden wir dieses Verhalten eher nicht zeigen. Ein nachhaltiger Lebensstil wird zunehmend zum Trend – auch international findet dies eine Mehrheit der Befragten wichtig (vgl. Durif et al., 2012), demnach ist dieses Risiko eher weniger einflussreich, solange das Gegenüber sich dadurch nicht angegriffen fühlt (siehe *Verleugnung* und *Reaktanz*).

6.4 Zeitliche Risiken

Von den ausgetretenen Pfaden der Gewohnheit abzuweichen und eigene Verhaltens- und Konsummuster zu hinterfragen, braucht Zeit. Wir müssen neue Produkte auswählen und das Für und Wider abwägen. Auch das umweltfreundliche Handeln an sich benötigt mitunter mehr Zeit (zum Beispiel Fahrrad statt Auto fahren). Wenn der zeitliche Aufwand im Missverhältnis zum möglichen Ergebnis steht, verändern wir uns ungern. Dieser Drache ist eng verwandt mit dem Sunk-Costs-Drachen *Gewohnheiten* und Studien zufolge beim Kauf nachhaltiger Produkte sehr mächtig (Durif et al., 2012).

7 Begrenztes Handeln

Bei den meisten Menschen gibt es noch Spielraum für einen geringeren CO_2-Fußabdruck durch Verhaltensveränderungen. Viele von uns sind trotzdem ganz zufrieden mit ihrem aktuellen Umweltverhalten. Das ist mit

Spill-over-Effekten erklärbar: Ein Verhalten wirkt sich hier auf nachfolgendes Verhalten aus – es schwappt sozusagen herüber.

Die letzte Drachenfamilie *Begrenztes Handeln* setzt sich aus den folgenden Arten zusammen:

- Symbolische Handlungen – *Ich trenne ja den Müll.*
- Rebound-Phänomen – *Das Auto ist so sparsam, da kann ich ruhig zum Bäcker fahren.*

7.1 Symbolische Handlungen

Viele beliebte individuelle Maßnahmen des Klima- und Umweltschutzes, wie zum Beispiel der Verzicht auf Plastiktüten, haben leider nur einen geringen Klimaschutz-Effekt (Gifford & Chen, 2016; Huddart Kennedy et al., 2013). Dies ist mit dem *Single Action Bias* (eine Variante *negativer Spill-over-Effekte*) erklärbar (Truelove et al., 2014) – wir tun eine gute Tat und haben den Eindruck, dann genug getan zu haben, um das Problem zu lösen. Die Angst vor der Klimakrise nimmt ab, wir fühlen uns besser.

Erschwerend kommt hinzu, dass in der Klima- und Biodiversitätskrise individuelle Verhaltensänderungen nicht mehr ausreichend sind, sondern insbesondere auch das kollektive, politische Handeln in den Mittelpunkt rücken muss. Hier fehlt es vielen Menschen noch an konkreten Handlungsmöglichkeiten und Selbstwirksamkeitserfahrungen.

7.2 Rebound-Phänomen

Wird ein klimafreundlicher Effekt dadurch verringert, dass wir uns mehr davon erlauben, ist ein Rebound-Effekt entstanden: Wenn mein Auto spritsparender fährt, dann fahre ich es dafür häufiger *(direkter Rebound-Effekt).* Das Verhalten sinkt auf der moralischen Verwerflichkeitsskala – dann können wir wieder ohne schlechtes Gewissen handeln, denn wir haben ja genug getan (*Moral Licensing*; Dütschke et al., 2018). *Moral Licensing* führt auch dazu, dass wir uns nach klimafreundlichem Handeln so moralisch integer fühlen, dass wir anderes klimafreundliches Handeln oder politische Klimaschutzmaßnahmen weniger unterstützen würden *(indirekter Rebound-Effekt)* – wir uns also auf den Lorbeeren ausruhen (Truelove et al., 2014).

Das Rebound-Phänomen kann auch makroökonomisch betrachtet

werden – im Mobilitätssektor etwa macht der Rebound-Effekt Effizienzsteigerungen zwischen zehn und 30 % zunichte (Dimitropoulos et al., 2018), über alle Bereiche (Mobilität, Energie etc.) wird ein weltweiter Rebound-Effekt von etwa 30 % vorhergesagt, der sich bis 2030 auf über 50 % steigert (Barker et al., 2009).

Wie beim *Self-Efficacy*-Drachen schon geschildert, kann mit kleinen Schritten anzufangen auch dazu führen, dass wir uns schwieriger umzusetzendes Nachhaltigkeitsverhalten zutrauen, weil unsere Selbstwirksamkeitserwartungen steigen (Lauren et al., 2016). Es gibt in verschiedenen Bereichen also auch *positive Spillover-Effekte* (Truelove et al., 2014).

Wann ein vorheriges Verhalten dazu führt, dass wir danach weniger nachhaltig handeln (negativer Spill-over-Effekt) oder uns mehr davon zutrauen (positiver Spill-over-Effekt), hängt von verschiedenen Faktoren ab.

Ein Faktor ist, dass wir als Menschen danach streben, möglichst konsistent zu handeln, damit man uns im Nachhinein nicht vorwerfen kann, wir wären scheinheilig. Wir handeln aber auch konsistent, also stimmig zu vorherigem Verhalten, wenn niemand zuguckt; das erklären Psycholog:innen damit, dass wir das Verhalten in unsere Identität aufnehmen, eine »Environmental Identity« ausbilden: »Ich bin eine Person, die sozial/umweltfreundlich/… handelt« – und dazu wollen wir dann auch später stehen und bleiben dabei. Eine *Environmental Identity* sagt positive Spillover-Effekte von umweltrelevantem Verhalten voraus.

Damit wir das Verhalten als Teil unserer Persönlichkeit begreifen, ist es wichtig, dass die Entscheidung für das erste umweltfreundliche Verhalten nicht extrinsisch motiviert (also von außen vorgeschrieben) ist, aus rein rationalen Gründen (zum Beispiel Geldersparnis) getroffen wurde oder um unangenehme Emotionen (zum Beispiel Schuld oder Angst) zu beseitigen, sondern weil die Erwartung an die Rolle (oder die soziale Norm) es vorgibt (Truelove et al., 2014) – es also zur Erfüllung der Identität dient.

8 Fazit und Ausblick

Eine Vielzahl von Drachen lauern in uns und um uns herum und versuchen, die Rettung unserer Lebensgrundlagen zu verhindern. Sie alle können gezähmt werden, wenn wir ihre Eigenarten kennen und sie bei der Kommunikation wissenschaftlicher Fakten und in der Umsetzung effektiver Klimapolitik beachten. Die Drachen halten uns davon ab, unser individuelles Verhalten zu verändern – sie erzeugen eine Lücke zwischen unserem Wissen, unseren Einstellungen und unserem Handeln.

Doch auch wenn wir die Drachen gezähmt haben: Die CO_2-Emissionen nehmen, trotz steigenden Klimabewusstseins, weltweit weiter zu. Das kann nicht nur durch den Einfluss der oben genannten Drachen erklärt werden.

Das aktuelle wirtschaftliche und gesellschaftliche System macht eine klimaneutrale Lebensweise noch unmöglich (vgl. Csutora, 2012; Huddart Kennedy et al., 2013). Csutora (2012) spricht hier von einer Behaviour-Impact Gap (BIG-Problem): Der CO_2-Fußabdruck von Personen mit umweltbewusstem Konsumverhalten unterscheidet sich im Durchschnitt nicht groß von dem einer Person, die darauf nicht achtet (Csutora, 2012; Tabi, 2013).

Obwohl es in einzelnen Bereichen (wie zum Beispiel Mobilität) signifikante Unterschiede im CO_2-Fußabdruck zwischen mehr oder weniger nachhaltig lebenden Personen gibt, wird dies durch strukturelle Hindernisse in anderen Bereichen, wie zum Beispiel bei Wohnungsgröße oder Heizsystemen, ausgeglichen. Individuelles umweltfreundliches Verhalten leistet zwar in der Summe über viele Menschen hinweg einen wichtigen Beitrag, es ist aber notwendig, auch die strukturellen Rahmenbedingungen zu verändern. Ansonsten können Desillusionierung und Hoffnungslosigkeit die Folge sein (vgl. Grund & Brock, 2019). Wie man sich für strukturelle Veränderungen einsetzen kann – also seinen *Handabdruck* vergrößern kann –, wird im zweiten Teil des Buches an vielen Beispielen deutlich.

In einfachen Worten

Robert Gifford ist Umweltpsychologe. In seiner Arbeit über die *Drachen der Untätigkeit* beschreibt er psychologische Barrieren. Er nennt diese Barrieren *Drachen*, die unserem Aktivwerden für Klima und Natur im Wege stehen. Hinter jedem Drachen steckt ein Problem, das wir überwinden müssen, um das Klima zu schützen. Dabei gibt es äußere und innere Barrieren. Äußere Barrieren sind zum Beispiel begrenzte Möglichkeiten. Innere Barrieren haben mit dem menschlichen Denken, Gefühlen oder der Persönlichkeit zu tun. So erklärt Gifford den Unterschied zwischen der Art, wie Menschen handeln wollen, und der Art, wie sie es tun.

Literatur

Ajzen, I. (2002). Perceived behavioral control, self-efficacy, locus of control, and the theory of planned behavior. *Journal of Applied Social Psychology, 32*, 665–683. https://doi.org/10.1111/j.1559-1816.2002.tb00236.x

Arbuthnott, K.D. & Dolter, B. (2013). Escalation of commitment to fossil fuels. *Ecological Economics, 89*, 7–13.

Arkes, H. & Blumer, C. (1985). The psychology of sunk cost. *Organizational Behavior and Human Decision Processes, 35*, 124–140. https://10.1016/0749-5978(85)90049-4

Artinger, F.M., Bortoleto, A.B. & Katsikopoulos, K.V. (2016). Environmental Behavior and Fast and Frugal Heuristics. In F. Beckenbach & W. Kahlenbach (Hrsg.), *New Perspectives for Environmental Policies Through Behavioral Economics*. Wiesbaden: Springer.

Barker, T., Dagoumas, A. & Rubin, J. (2009). The macroeconomic rebound effect and the world economy. *Energy Efficiency, 2*(4), 411–427. https://doi.org/10.1007/s12053-009-9053-y

Bartczak, A., Chilton, S., Czajkowski, M. & Meyerhoff, J. (2017). Gain and loss of money in a choice experiment. The impact of financial loss aversion and risk preferences on willingness to pay to avoid renewable energy externalities. *Energy Economics, 65*, 326–334. https://10.1016/j.eneco.2017.04.020

Barth, M., Masson, T., Fritsche, I., Fielding, K. & Smith, J.R. (2021). Collective Responses to Global Challenges: The Social Psychology of Pro-Environmental Action. *Journal of Environmental Psychology, 73*, 101541. https://doi.org/10.1016/j.jenvp.2021.101562

Bergquist, M. (2020). Most People Think They Are More Pro-Environmental than Others: A Demonstration of the Better-than-Average Effect in Perceived Pro-Environmental Behavioral Engagement. *Basic and Applied Social Psychology, 42*(1), 50–61. https://doi.org/10.1080/01973533.2019.1689364

Biel, A. & Thogersen, J. (2007). Activation of social norms in social dilemmas: A review of the evidence and reflections on the implications for environmental behavior. *Journal of Economic Psychology, 28*, 93–112. https://doi.org/10.1016/j.joep.2006.03.003

Boksberger, P.E., Bieger, T. & Laesser, C. (2007). Multidimensional analysis of perceived risk in commercial air travel. *Journal of Air Transport Management, 13*(2), 90–96. https://doi.org/10.1016/j.jairtraman.2006.10.003

Brown, B.B., Altman, I. & Werner, C.M. (2012). Place attachment. In M. Pareja-Eastaway (Hrsg.), *The international encyclopedia of housing and home*. Oxford, UK: Elsevier.

Bühler, F., Cocron, P., Neumann, I., Franke, T. & Krems, J.F. (2014). Is EV experience related to EV acceptance? Results from a German field study. *Transportation Research Part F: Traffic Psychology and Behaviour, 25*, 34–49. https://doi.org/10.1016/j.trf.2014.05.002

Campbell, T. & Kay, A.C. (2014). Solution aversion: On the relation between ideology and motivated disbelief. *Journal of Personality and Social Psychology, 107*, 809–824.

Chan, M.-P.S., Jones, C.R., Jamieson, K.H. & Albarracín, D. (2017). Debunking: A meta-analysis of the psychological efficacy of messages countering misinformation. *Psychological Science, 28*(11), 1531–1546.

Cheng, T.M. & Wu H.C. (2015). How do environmental knowledge, environmental sensitivity, and place attachment affect environmentally responsible behaviour? An integrated approach for sustainable island tourism. *Journal of Sustainable Tourism, 23*, 557–576.

Chmielewski, F. (2019). Die Verleugnung der Apokalypse – der Umgang mit der Klimakrise aus der Perspektive der Existenziellen Psychotherapie. *Psychotherapeutenjournal, 3/2019*, 253–260.

Cialdini, R.B., Kallgren, C.A. & Reno, R.R. (1991). A focus theory of normative conduct: A theoretical refinement and reevaluation of the role of norms in human behavior. *Advances in Experimental Social Psychology, 24*, 201–234.

Constantinou, M., Kagialis, A., Karekla M. et al. (2020). *COVID-19 Scientific Facts Vs. Conspiracy Theories: 0–1: Science Fails to Convince Even Highly Educated Individuals*, 8. Juni 2020, Research Square, https://doi.org/10.21203/rs.3.rs-33972/v1

Csutora, M. (2012). One More Awareness Gap? The Behaviour–Impact Gap Problem. *Journal of Consumer Policy, 35*(1), 145–163. https://doi.org/10.1007/s10603-012-9187-8

Dalbert, C. (2001). *The justice motive as a personal resource.* New York: Kluwer Academic/ Plenum Publ.

Darley, J.M. & Latané, B. (1968). Bystander intervention in emergencies: Diffusion of responsibility. *Journal of Personality and Social Psychology, 8*(4), 377–383. https://doi.org/10.1037/h0025589

De Houwer, J. (2019). On how definitions of habits can complicate habit research. *Frontiers in Psychology, 10*: 2641. https://doi.org/10.3389/fpsyg.2019.02642

Devine-Wright, P. & Howes, Y. (2010). Disruption to place attachment and the protection of restorative environments: A wind energy case study. *Journal of Environmental Psychology, 30*, 271–280.

Dimitropoulos, A., Oueslati, W. & Sintek, C. (2018). The rebound effect in road transport: a meta-analysis of empirical studies. *Energy Economics, 7*, 163-178. https://doi.org/10.1016/j.eneco.2018.07.021

Douglas, K., Sutton, R.M. & Cichocka, A. (2017). The psychology of conspiracy theories. *Current Directions in Psychological Science, 26*(6), 538-542. https://doi.org/10.1177/0963721417718261

Dütschke, E., Frondel, M., Schleich, J. & Vance, C. (2018) Moral Licensing – Another Source of Rebound? *Frontiers in Energy Research, 6*(38). https://doi.org/10.3389/fenrg.2018.00038

Durif, F., Roy, J. & Boivin, C. (2012). Could Perceived Risks Explain the »Green Gap« in Green Product Consumption? *Electronic Green Journal, 1*(33). https://doi.org/10.5070/G313310923.

Engler, J.O., Abson, D.J. & von Wehrden, H. (2019). Navigating cognition biases in the search of sustainability. *AMBIO A Journal of the Human Environment, 48*(6), 605–618. https://doi.org/10.1007/s13280-018-1100-5

Eriksson, L., Garvill, J. & Nordlund, A.M. (2006). Acceptability of travel demand management measures: The importance of problem awareness, personal norm, freedom, and fairness. *Journal of Environmental Psychology, 26*(1), 15–26. https://doi.org/10.1016/j.jenvp.2006.05.003

Fairbrother, M., Johansson Sevä, I. & Kulin, J. (2019). Political trust and the relationship between climate change beliefs and support for fossil fuel taxes: Evidence from a survey of 23 European countries. *Global Environmental Change, 59*. https://doi.org/10.1016/j.gloenvcha.2019.102003

Farrow, K., Grolleau, G. & Ibanez, L. (2017). Social Norms and Pro-environmental Behavior: A Review of the Evidence. *Ecological Economics, 140,* 1–13. https://doi.org/10.1016/j.ecolecon.2017.04.017

Festinger, L. (1954). A theory of social comparison processes. *Human Relations, 7,* 117–140.

Festinger, L. (1957). *A theory of cognitive dissonance.* Evanston, IL: Row, Peterson.

Feygina, I., Jost, J.T. & Goldsmith, R.E. (2010). System justification, the denial of global warming and the possibility of »system-sanctioned change.« *Personality and Social Psychology Bulletin, 36,* 326–338. https://doi.org/10.1177.0146167209351435

Gardiner, S.M. (2001). The Real Tragedy of the Commons. *Philosophy and Public Affairs, 30*(4), 387–416. https://doi.org/10.1111/j.1088-4963.2001.00387.x

Gawronski, B. & LeBel, E.P. (2008). Understanding patterns of attitude change: when implicit measures show change, but explicit measures do not. *Journal of Experimental Social Psychology, 44,* 1355–1361. https://doi.org/10.1016/j.jesp.2008.04.005

Geelen, D., Keyson, D., Stella, B. & Brezet, H. (2012). Exploring the use of a game to stimulate energy saving in households. *Journal of Design Research, 10*(1/2). 102–120.

Gifford, R. (2011). The dragons of inaction: Psychological barriers that limit climate change mitigation and adaptation. *American Psychologist, 66*(4), 290–302. https://doi.org/10.1037/a0023566

Gifford, R. & Chen, A.K.S. (2016). Why aren't we taking action? Psychological barriers to climate-positive food choices. *Climatic Change, 140*(2), 165–178. https://doi.org/10.1007/s10584-016-1830-y

Gifford, R., Lacroix, K. & Chen, A. (2018). Understanding responses to climate change: Psychological barriers to mitigation and a new theory of behavioural choice. In S. Clayton & C. Manning (Hrsg.), *Psychology and climate change: Human perceptions, impacts, and responses* (S. 161–184). New York: Academic.

Gigerenzer G. & Selten, R. (2002). *Bounded rationality: the adaptive toolbox.* Cambridge, MA: MIT Press.

Gleim, M.R., Smith, J.S., Andrews, D. & Cronin, J.J.Jr. (2013). Against the green: a multi-method examination of the barriers to green consumption. *Journal of Retailing, 89,* 44–61. https://10.1016/j.jretai.2012.10.001

Goldstein, D.G. & Gigerenzer, G. (2002). Models of ecological rationality: the recognition heuristic. *Psychological Review, 109*(1), 75–90.

Goldstein, N.J., Cialdini, R.B. & Griskevicius, V. (2008). A room with a viewpoint: Using social norms to motivate environmental conservation in hotels. *Journal of Consumer Research, 35,* 472–482.

Gössling, S. (2013). Urban transport transitions: Copenhagen, City of Cyclists. *Journal of Transport Geography, 33,* 196–206. https://doi.org/10.1016/j.jtrangeo.2013.10.013

Grilli, G. & Curtis, J. (2021). Encouraging pro-environmental behaviours: A review of methods and approaches. *Renewable and Sustainable Energy Reviews, 135,* 110039. https://doi.org/10.1016/j.rser.2020.110039

Gross, J. & De Dreu, C.K.W. (2019). Individual solutions to shared problems create a modern tragedy of the commons. *Science Advances, 5*(4). https://doi.org/10.1126/sciadv.aau7296

Grund, J. & Brock, A. (2019). Why We Should Empty Pandora's Box to Create a Sustainable Future: Hope, Sustainability and Its Implications for Education. *Sustainability 11*(3), 893.

Hansen, J.W., Marx, S.M. & Weber, E.U. (2004). *The role of climate perceptions, expectations, and forecasts in farmer decision making: the Argentine Pampas and South Florida: Final Report of an IRI Seed Grant Project*. https://doi.org/10.7916/D8N01DC6

Hardin, G. (1968). The Tragedy of the Commons. *Science, 162*, 1243–1248.

Harré, N. (2011). *Psychology for a better world*. Auckland: Department of Psychology, University of Auckland.

Hiss, D. (2021). Hitze, Extremwetter und kognitive Dissonanz. Warum die kognitive Dissonanz in der Klimakrise allgegenwärtig ist und was das für die Klimakommunikation bedeutet. In L. Dohm, F. Peter & K. van Bronswijk (Hrsg.), *Climate Action – Psychologie der Klimakrise. Handlungshemmnisse und Handlungsmöglichkeiten* (S. 141–157). Gießen: Psychosozial-Verlag.

Hoggan, J. & Littlemore, R. (2009). *Climate cover-up: The crusade to deny global warming*. Vancouver, Canada: Greystone Books.

Hope, A.L.B., Jones, C.R., Webb, T.L., Watson, M.T. & Kaklamanou, D. (2018). The Role of Compensatory Beliefs in Rationalizing Environmentally Detrimental Behaviors. *Environment and Behavior, 50*(4), 401–425. https://10.1177/0013916517706730

Hornsey, M.J., Harris, E.A., Bain, P.G. & Fielding, K.S. (2016). Meta-analyses of the determinants and outcomes of belief in climate change. *Nature Climate Change, 6*(6), 622–626. https://doi.org/10.1038/nclimate2943

Huber, R.A., Wicki, M.L. & Bernauer, T. (2019). Public support for environmental policy depends on beliefs concerning effectiveness, intrusiveness, and fairness. *Environmental Politics*, 1–25. https://doi.org/10.1080/09644016.2019.1629171

Huddart Kennedy, E., Krahn, H. & Krogman, N.T. (2013). Are we counting what counts? A closer look at environmental concern, pro-environmental behaviour, and carbon footprint. *Local Environment, 20*(2), 220–236. https://doi.org/10.1080/13549839.2013.837039

Hummel, D. & Maedche, A. (2019). How Effective Is Nudging? A Quantitative Review on the Effect Sizes and Limits of Empirical Nudging Studies. *Journal of Behavioral and Experimental Economics, 80*, 47–58. https://doi.org/10.1016/j.socec.2019.03.005

Imhoff, R. & Bruder, M. (2014). Speaking (Un-)Truth to Power: Conspiracy Mentality as a Generalised Political Attitude. *European Journal of Personality, 28*, 25–43. https://doi.org/10.1002/per.1930

Imhoff, R. & Lamberty, P. (2016). Die Geheimniswitterer. *Gehirn & Geist, 9*, 12–17.

Imhoff, R. & Lamberty, P. (2018). How paranoid are conspiracy believers? Toward a more fine-grained understanding of the connect and disconnect between paranoia and belief in conspiracy theories. *European Journal of Social Psychology, 48*(7), 909–926. https://doi.org/10.1002/ejsp.2494

Jonas, K., Stroebe, W. & Hewstone, M. (2014). *Sozialpsychologie: Eine Einführung*. Heidelberg: Springer.

Jost, J.T. & Banaji, M.R. (1994). The role of stereotyping in system-justification and the production of false consciousness. *British Journal of Social Psychology, 33*, 1–27. https://doi.org/10.1111/j.2044-8309.1994.tb01008.x

Jost, T.J., Federico, C.M. & Napier, J.L. (2009). Political Ideology: Its Structure, Functions, and Elective Affinities. *Annual Review of Psychology, 60*, 307–337.

Jugert, P., Greenaway, K.H., Barth, M., Büchner, R., Eisentraut, S. & Fritsche, I. (2016). Collective efficacy increases pro-environmental intentions through increasing self-efficacy. *Journal of Environmental Psychology, 48*, 12–23. https://doi.org/10.1016/j.jenvp.2016.08.003

Klapper, J.T. (1960). *The effects of mass communications*. Glencoe, IL: Free Press.

Koch, C. (2016). Ich darf das. Ihr nicht! *NZZ am Sonntag*. https://www.nzz.ch/nzzas/nzz-am-sonntag/leonardo-dicaprio-ich-darf-das-ihr-nicht-ld.11680 (12.02.2021).

Kunda, Z. (1990). The Case for Motivated Reasoning. *Psychological Bulletin, 108*(3), 480–498.

Lacroix, K., Gifford, R. & Chen, A. (2019). Developing and validating the Dragons of Inaction Psychological Barriers (DIPB) scale. *Journal of Environmental Psychology, 63*, 9–18. https://doi.org/10.1016/j.jenvp.2019.03.001

Lanzini, P. & Thøgersen, J. (2014). Behavioural spillover in the environmental domain: an intervention study. *Journal of Environmental Psychology, 40*, 381–390. https://doi.org/10.1016/j.jenvp.2014.09.006

Latané, B. & Darley, J.M. (1969). Bystander »apathy«. *American Scientist, 57*, 244–268.

Lauren, N., Fielding, K.S., Smith, L. & Louis, W.R. (2016). You did, so you can and you will: Self-efficacy as a mediator of spillover from easy to more difficult pro-environmental behaviour. *Journal of Environmental Psychology, 48*, 191–199. https://doi.org/10.1016/j.jenvp.2016.10.004

Lawrence, M.G., Schäfer, S., Muri, H., Scott, V., Oschlies, A., Vaughan, N.E., Boucher, O., Schmidt, H., Haywood, J. & Scheffran, J. (2018). Evaluating climate geoengineering proposals in the context of the Paris Agreement temperature goals. *Nature Communication, 9*(3734). https://doi.org/10.1038/s41467-018-05938-3

Lazarus, R.S. (1991). *Emotion and adaptation*. New York: Oxford University Press.

Lewandowsky, S., Cook, J., Oberauer, K., Brophy, S., Lloyd, E.A. & Marriott, M. (2015). Recurrent Fury: Conspiratorial Discourse in the Blogosphere Triggered by Research on the Role of Conspiracist Ideation in Climate Denial. *Journal of Social and Political Psychology, 3*(1), 161–197. https://doi.org/10.5964/jspp.v3i1.443

Lewandowsky, S., Ecker, U.K.H., Seifert, C., Schwarz, N. & Cook, J. (2012). Misinformation and its correction: Continued influence and successful debiasing. *Psychological Science in the Public Interest, 13*, 106–131.

Lewandowsky, S. & Oberauer, K. (2016). Motivated Rejection of Science. *Current Directions in Psychological Science, 25*(4), 217–222. https://doi.org/10.1177/0963721416654436

Li, Z., Sha, Y., Song, X., Yang, K., ZHao, K., Jiang, Z. & Zhang, Q. (2020). Impact of risk perception on customer purchase behavior: a meta-analysis. *Journal of Business & Industrial Marketing, 35*(1), 76–96. https://doi.org/10.1108/jbim-12-2018-0381

Lin, A.C. (2013). Does Geoengineering Present a Moral Hazard? *Ecology Law Quarterly, 40*(3), 674–712.

Liu, Y., Hong, Z. & Liu, Y. (2016). Do driving restriction policies effectively motivate commuters to use public transportation? *Energy Policy, 90*, 253–261. https://doi.org/10.1016/j.enpol.2015.12.038

Lottsiepen, G., Storre, V. & Weber, L. (2019). VCD-Hintergrundpapier zur Verkehrssicherheit. Zahl der Verkehrstoten und Verletzten stagniert seit Jahren! Für mehr Sicherheit im Straßenverkehr! https://www.vcd.org/themen/verkehrssicherheit/ (15.02.2021).

Ma, Y., Dixon, G. & Hmielowski, J.D. (2018). Psychological Reactance From Reading Basic Facts on Climate Change: The Role of Prior Views and Political Identification. *En-*

vironmental Communication, 13(1), 71–86. https://doi.org/10.1080/17524032.2018.1548369

Mayer, A. & Smith, E.K. (2019). Unstoppable climate change? The influence of fatalistic beliefs about climate change on behavioural change and willingness to pay cross-nationally. *Climate Policy, 19*(4). https://doi.org/10.1080/14693062.2018.1532872

McAfee, D., Doubleday, Z.A., Geiger, N. & Connell, S.D. (2019). Everyone Loves a Success Story: Optimism Inspires Conservation Engagement. *BioScience, 69*(4), 274–281. https://doi.org/10.1093/biosci/biz019

Mills, J. (2020). The Global Bystander Effect: Moral Responsibility in Our Age of Ecological Crisis. *Journal of Future Studies, 25*(2), 61–76. https://doi.org/10.6531/JFS.202012_25(2).0008

Mitchell, V. (1999). Consumer perceived risk: conceptualisations and models. *European Journal of Marketing, 33*(1/2), 163–195. https://doi.org/10.1108/03090569910249229

Neal, D.T., Wood, W., Labrecque, J.S. & Lally, P. (2012). How do habits guide behavior? Perceived and actual triggers of habits in daily life. *Journal of Experimental Social Psychology, 48,* 492–498.

Nisbet, E.C., Cooper, K.E. & Garrett, R.K. (2015). The Partisan Brain. *The ANNALS of the American Academy of Political and Social Science, 658*(1), 36–66. https://doi.org/10.1177/0002716214555474

Novemsky, N. & Kahneman, D. (2005). The boundaries of loss aversion. *Journal of Marketing Research, 42,* 119–128. https://doi.org/10.1509/jmkr.42.2.119.62292

Osborne, D. & Sibley, C. (2013). Through Rose-Colored Glasses: System Justifying Beliefs Dampen the Effects of Relative Deprivation on Well-Being and Political Mobilization. *Personality and Social Psychology Bulletin, 39*(8), 991– 1004.

Pelletier, L.G., Dion, S., Tuson, K. & Green-Demers, I. (1999). Why Do People Fail to Adopt Environmental Protective Behaviors? Toward a Taxonomy of Environmental Amotivation. *Journal of Applied Social Psychology, 29*(12), 2481-2504.

Peter, F. (2012). *Die Bedeutung intuitiver Gerechtigkeitsvorstellungen für Schülerinnen und Schüler. Eine mehrebenenanalytische Längsschnittuntersuchung zur Wechselwirkung von implizitem Gerechtigkeitsmotiv und schulischer Umwelt.* Hamburg: Dr. Kovač.

Pohjolainen, P., Vinnari, M. & Jokinen, P. (2015). Consumers' perceived barriers to following a plant-based diet. *British Food Journal, 117*(3), 1150–1167. https://doi.org/10.1108/BFJ-09-2013-0252

Preston, B.L. & Nalau, J. (2013). Climate adaptation heuristics and the science/policy divide. *Mitigation and Adaptation Strategies for Global Change, 20*(3). https://doi.org/10.1007/s11027-013-9503-x

Richerson, P.J. & Boyd, R. (2005). *Not by genes alone: how culture transformed human evolution.* Chicago: University of Chicago Press.

Ro, M., Brauer, M., Kuntz, K., Shukla, R. & Bensch, I. (2017). Making Cool Choices for sustainability: Testing the effectiveness of a game-based approach to promoting pro-environmental behaviors, *Journal of Environmental Psychology, 53,* 20–30. https://doi.org/10.1016/j.jenvp.2017.06.007

Roelich, K. & Giesekam, J. (2019). Decision making under uncertainty in climate change mitigation: introducing multiple actor motivations, agency and influence. *Climate Policy, 19*(2), 175–188. https://doi.org/10.1080/14693062.2018.1479238

Rotter, J. B. (1966). Generalized expectancies for internal versus external control of reinforcement. *Psychological Monographs, 80*(609).

Santarius, T. (2012). *Der Rebound-Effekt: Über die unerwünschten Folgen der erwünschten Energieeffizienz.* Wuppertal: Wuppertal-Institut für Klima, Umwelt, Energie.

Scannell, L. & Gifford, R. (2010). The relations between natural and civic place attachment and pro-environmental behavior. *Journal of Environmental Psychology, 30,* 289–297.

Scannell, L. & Gifford, R. (2013). Personally relevant climate change: The role of place attachment and local versus global message framing in engagement. *Environment and Behavior, 45*, 60–85. https://doi.org/10.1177/0013916511421196

Scannell, L. & Gifford, R. (2017). The experienced psychological benefits of place attachment. *Journal of Environmental Psychology, 51*, 256–269.

Schlichting, I. (2013). Strategic Framing of Climate Change by Industry Actors: A Meta-analysis, *Environmental Communication, 7*(4), 493–511. https://doi.org/10.1080/17524032.2013.812974

Schuitema, G. & Bergstad, C. J. (2019). Acceptability of Environmental Policies. In L. Steg & J. I. M. Groo (Hrsg.), *Environmental Psychology*. London: Wiley. https://doi.org/10.1002/9781119241072.ch29

Schuitema, G., Steg, L. & Van Kruining, M. (2011). When are transport pricing policies fair and acceptable? *Social Justice Research, 24,* 66–84.

Schultz, P. W., Nolan, J. M., Cialdini, R. B., Goldstein, N. J. & Griskevicius, V. (2007). The constructive, destructive, and reconstructive power of social norms. *Psychological Science, 18*, 429–434. https://doi.org/10.1111/ j.1467-9280.2007.01917.x

Sisco, M. R., Constantino, S., Gao, Y., Tavoni, M., Bosetti, V. & Weber, E. U. (2020). *Finite Pool of Worry: Evidence and Qualification* [Research Square: In Review]. https://doi.org/10.21203/rs.3.rs-98481/v1 (26.01.2021).

Solomon, S., Greenberg, J. & Pyszczynski, T. (2015). *Der Wurm in unserem Herzen. Wie das Wissen um die Sterblichkeit unser Leben beeinflusst.* München: DVA.

Sommer, S., Mattauch, L. & Pahle, M. (2020). Supporting carbon taxes: The role of fairness. *Ruhr Economic Papers No. 873.* https://doi.org/10.4419/96973010

Stanley, S. K. & Wilson, M. S. (2019). Meta-analysing the association between social dominance orientation, authoritarianism, and attitudes on the environment and climate change. *Journal of Environmental Psychology, 61,* 46–56. https://doi.org/10.1016/j.jenvp.2018.12.002

Steentjes, K., Kurz, T., Barreto, M. & Morton, T. A. (2017). The norms associated with climate change: Understanding social norms through acts of interpersonal activism. *Global Environmental Change, 43,* 116–125. https://doi.org/10.1016/j.gloenvcha.2017.01.008

Stoknes, P. E. (2014). Rethinking climate communications and the »psychological climate paradox.« *Energy Research & Social Science, 1*, 161–170. https://doi.org/10.1016/j.erss.2014.03.007

Sussman, R. & Gifford, R. (2013). Be the change you want to see: Modeling food composting in public places. *Environment and Behavior, 45,* 323–343. https://doi.org/10.1177/0013916511431274

Swim, J. K., Geiger, N. & Lengieza, M. L. (2019). Climate Change Marches as Motivators for Bystander Collective Action. *Frontiers in Communication, 4*(4). https://doi.org/10.3389/fcomm.2019.00004

Tabi, A. (2013). Does pro-environmental behaviour affect carbon emissions? *Energy Policy, 63*, 972–981. https://doi.org/10.1016/j.enpol.2013.08.049

Tajfel, H. & Turner, J.C. (1979). An integrative theory of intergroup conflict. In W.G. Austin & S. Worchel (Hrsg.), *The social psychology of intergroup relations* (S. 33–47). Monterey, CA: Brooks/Cole.

Tate, K., Stewart, A.J. & Daly, M. (2014). Influencing green behaviour through environmental goal priming: the mediating role of automatic evaluation. *Journal of Environmental Psychology, 38*, 225–232. https://doi.org/10.1016/j.jenvp.2014.02.004

Trope, Y. & Liberman, N. (2012). Construal Level Theory. In P.A.M.V Lange, A.W. Kruglanski & E.T. Higgins (Hrsg.), *Handbook of theories of social psychology*. Thousand Oaks, CA: SAGE.

Truelove, H.B., Carrico, A.R., Weber, E.U., Raimi, K.T. & Vandenbergh, M.P. (2014). Positive and negative spillover of pro-environmental behavior: An integrative review and theoretical framework. *Global Environmental Change, 29*, 127–138. https://doi.org/10.1016/j.gloenvcha.2014.09.004

Tversky, A. & Kahnemann, D. (1974). Judgment under uncertainty: Heuristics and biases. *Science, 185*, 1124–1131. https://doi.org/10.1126/science.185.4157.1124

Unanue, W., Vignoles, V.L., Dittmar, H. & Vansteenkiste, M. (2016). Life goals predict environmental behavior: Cross-cultural and longitudinal evidence. *Journal of Environmental Psychology, 46*, 10–22. https://doi.org/10.1016/j.jenvp.2016.02.001

Valentino, N.A. & Nardis, Y. (2013). Political communication: Form and consequence of the information environment. In D.O. Sears, L. Huddy & R. Jervis (Hrsg.), *Oxford handbook of political psychology* (S. 559–590). New York, US: Oxford University Press.

van der Linden, S., Leiserowitz, A.A., Feinberg, G.D. & Maybach, E.W. (2015). The scientific consensus on climate change as a gateway belief: Experimental evidence. *PLoS ONE, 10*(2). https://doi.org/10.1371/journal.pone.0118489

Vermeir, I., Weijters, B., De Houwer, J., Geuens, M., Slabbinck, H., Spruyt, A., van Kerckhove, A., van Lippevelde, W., De Steur, H. & Verbeke, W. (2020). Environmentally Sustainable Food Consumption: A Review and Research Agenda From a Goal-Directed Perspective. *Frontiers in Psychology, 10*, 11-1603. https://doi.org/10.3389/fpsyg.2020.01603.

Weber, E.U. (2016). What shapes perceptions of climate change? New research since 2010. *WIREs Climate Change, 7*(1), 125–134. https://doi.org/10.1002/wcc.377

Wemyss, D., Castri, R., Luca, V., De Cellina, F. & Carabias, V. (2016). Keeping up with the Joneses: examining community-level collaborative and competitive game mechanics to enhance household electricity-saving behaviour. *4th European Conference on Behaviour and Energy Efficiency (Behave 2016)*, 1–17.

White, K. & Simpson, B. (2013). When do (and don't) normative appeals influence sustainable consumer behaviors? *Journal of Marketing, 77*, 78–95. https://doi.org/10.1509/jm.11.0278

Yousefpour, R. & Hanewinkel, M. (2016). Climate Change and Decision Making Under Uncertainty. *Current Forestry Reports, 2*(2). https://doi.org/10.1007/s40725-016-0035-y

Zhang, Y., Zhang, H.L., Zhang, J. & Cheng, S. (2014). Predicting residents' proenvironmental behaviours at tourist sites: the role of awareness of disaster's consequences, values, and place attachment. *Journal of Environmental Psychology, 40*, 131–146.

Biografische Notizen

Katharina van Bronswijk ist als Psychologische Psychotherapeutin in der Lüneburger Heide niedergelassen und als Dozentin tätig. Sie ist Sprecherin der Psychologists for Future, publiziert und hält Vorträge zur Psychologie der Klimakrise.

Jan-Ole Komm ist Psychologe mit Schwerpunkt Umweltpsychologie. Er engagiert sich innerhalb verschiedener aktivistischer und wissenschaftlicher Projekte zum Thema Umweltschutz und Klimagerechtigkeit.

Ingo Zobel, Prof. Dr., hatte während seines Diplomstudiums das erste Mal Einblick in Forschung zu sozio-technischen und psychologischen Umweltfragen am Fraunhofer-Institut für Solare Energiesysteme/Freiburg. Nach dem Studium forschte er zur Wirksamkeit verschiedener Psychotherapieformen und hat aktuell eine Professur für Forschungsmethoden und Allgemeine Psychologie an der Hochschule Fresenius in Berlin inne.

Hitze, Extremwetter und kognitive Dissonanz

Warum die kognitive Dissonanz in der Klimakrise allgegenwärtig ist und was das für die Klimakommunikation bedeutet

David Hiss

Zusammenfassung: Die Klimakrise ist menschengemacht. Das stellt uns vor ein Problem, denn unser alltägliches Handeln bringt uns der Katastrophe näher. Mit solchen inneren Konflikten beschäftigt sich die Theorie der kognitiven Dissonanz. In diesem Kapitel blicken wir deshalb auf diese sozialpsychologische Theorie und ihre Implikationen für die Klimakrise. Neben den Grundlagen der Theorie und deren Entwicklung soll betrachtet werden, wie kognitive Dissonanz reduziert werden kann, warum sie meist nicht durch eine Verhaltensänderung reduziert wird und was dies für unsere Gesellschaft und die Klimakommunikation bedeutet.

»It is difficult to get a man to understand something when his salary depends upon his not understanding it.« (»Es ist schwierig, einen Menschen dazu zu bringen, etwas zu verstehen, wenn sein Einkommen davon abhängt, dass er es nicht versteht.«)

Es bleibt offen, von wem genau Upton Sinclair sprach, als er dieses viel verwendete Zitat mit der Welt teilte. Dennoch liegt die Vermutung nahe, dass es sich hierbei um einen Menschen handelte, dessen Handeln im deutlichen Widerspruch zu unterstellten Werten und Idealen stand. Nun können wir davon ausgehen, dass Sinclair sich mit seiner Aussage nicht auf die heutige Klimapolitik bezog – er machte sie 1934 – und doch scheint sie ein grundlegendes Phänomen der Neuzeit zu beschreiben; je lauter die Warnungen der Wissenschaft werden (IPCC, 2014), desto nachdrücklicher scheinen sie durch unsere Entscheidungsträger:innen in ihrer Dramatik ignoriert zu werden (UNEP, 2021).

Nicht nur die Politik scheint sich diesem Wissen zu verweigern – auch in der Bevölkerung besteht trotz der überragenden Dringlichkeit des Problems offenkundig ein genereller Unwille, sich mit der Klimakrise auseinanderzusetzen (Nikendei, 2020). Diese Inkonsistenz wird als »Klimaparadox« beschrieben: Unser Verhalten passt nicht zu unserem Wissensstand (Stoknes, 2014). Für dieses Klimaparadox gibt es verschiedene Gründe. In diesem Kapitel soll die Theorie der kognitiven Dissonanz und ihre Relevanz für die Klimakrise untersucht werden.

1 Die Grundlagen der Theorie der kognitiven Dissonanz

Die Theorie der kognitiven Dissonanz stammt aus der Sozialpsychologie und wurde von Festinger (1957) entwickelt. Die Theorie besagt, dass, wenn wir über zwei widersprüchliche Wissenselemente (Kognitionen, zum Beispiel Gedanken) verfügen, ein Zustand des Unwohlseins entstehe – die Dissonanz. Die Bedingung für diese Dissonanz sei, dass die beiden Wissenselemente miteinander zu tun haben. In anderen Worten: Damit zum Beispiel Autofahren in Widerspruch zu einem Wunsch nach einer sicheren Lebensgrundlage stehen könne – und damit Dissonanz auslösen kann –, müssen wir verstehen, dass Autofahren dem Klima schadet. Wenn Dissonanz auftritt, sei unser inhärentes Bestreben, die Dissonanz zu reduzieren. Dazu brauche es »psychologische Arbeit«, das heißt, die Dissonanzreduktion kostet uns Ressourcen.

Wie kann das in der Praxis aussehen? Upton Sinclair sprach in seinem Zitat möglicherweise von einem Menschen, dessen Art und Weise, sich seinen Lebensunterhalt zu verdienen, in Konflikt mit bestimmten Fakten stand. Möglich also, dass dieses Individuum – um seinen Lebensunterhalt zu schützen – diese Fakten wider besseres Wissen nicht anerkennen wollte. Ein fiktives Fallbeispiel:

Denken wir uns einen hochrangigen Politiker. Dieser Politiker arbeitet in einem Parlament für eine konservative Partei. Gerade sitzt er in seinem Dienstwagen und fährt zu einem Fraktionstreffen, in dem es um den Umgang mit Umweltthemen gehen soll. Im Radio hört er einen Beitrag zur Klimakrise. Mit einiger Tiefe berichtet dort eine Wissenschaftlerin von den mannigfaltigen Folgen, mit denen zu rechnen ist, sollten wir dem voranschreitenden Klimawandel nicht entgegensteuern. Für einen Moment erreicht der in diesen Szenarien enthaltene Schrecken ihn – er denkt an seine Kinder, seine Frau, seine eigene Zukunft. Er bekommt Angst. Doch kaum will sich ein Gefühl der Dringlichkeit bei ihm breitmachen, kommt ein anderer Gedanke hinzu: Sehr genau weiß er, wie es um die Einstellung seiner Fraktion bestellt ist, sehr genau kann er antizipieren, in was für ein Chaos er sein Leben (und das seiner Familie) stürzen könnte, sollte er beim anstehenden Fraktionstreffen einen Konsens infrage stellen, der in intensiver Zusammenarbeit mit Führungskräften der Automobilindustrie und ausgewählten Wirtschaftswissenschaftler:innen erarbeitet wurde. Kaum kommt ihm dieser Gedanke, breitet sich ein anderes Gefühl in ihm aus: Wut. »Immer diese apokalyptischen Horrorszenarien, die ganze Zeit wird man mit dem Quatsch bombardiert. Ich wette, die Frau Wissenschaftlerin ist selbst durch die Weltgeschichte geflogen, die soll den Mund mal nicht so voll nehmen.« Schnell wechselt er den Sender. Schon bei der nächsten roten Ampel haben sich seine Gedanken anderen Themen zugewandt. Auf dem Fraktionstreffen wirbt er später für eine deutliche Reduktion der Emissionsziele. »Klimaschutz?«, sagt er zufrieden lächelnd zu sich selbst, »Die Wirtschaft schützt sich auch nicht von allein.«

In diesem fiktiven Fallbeispiel entsteht kognitive Dissonanz und wird gleich darauf wieder reduziert: Der Radiobeitrag aktiviert im Politiker ein Wissenselement, das im Widerspruch zu seinen tatsächlichen Entscheidungen steht. Diese zwei widersprüchlichen Wissenselemente erzeugen die Dissonanz. Im Folgenden nutzt der Politiker gleich mehrere Möglichkeiten zur *Dissonanzreduktion:* Er wird wütend auf den Überbringer der schlechten Nachricht – er reduziert also das Gewicht der Quelle des dissonanten Wissenselementes. Dann wechselt er den Kanal und distanziert sich so von dem konfliktuösen Material. Bei dem Fraktionstreffen fügt er konsonante Kognitionen hinzu: Er sagt, dass der Schutz der Wirtschaft – ein mit seinen Entscheidungen deutlich kompatibler Wert – ebenfalls von hoher Bedeutung sei (mehr zu Möglichkeiten der Dissonanzreduktion in Abschnitt 3.1).

Die Theorie der kognitiven Dissonanz wurde seit ihrer Entstehung vielfach kritisiert. Bis heute setzte sich jedoch keiner der alternativen Ansätze durch und die grundlegende Idee von Festinger ist weiterhin Bestandteil psychologischer Forschung und Praxis. Für eine vollständige Zusammenfassung sei aus Platzgründen an dieser Stelle auf andere Publikationen (zum Beispiel Harmon-Jones & Harmon-Jones, 2007) verwiesen. Exemplarisch sollen im folgenden Abschnitt zwei Studien betrachtet werden, die sich für die Überprüfung der Dissonanztheorie als essenziell erwiesen haben.

2 Überprüfung der Theorie

Um die Vorhersagen der Theorie der kognitiven Dissonanz zu überprüfen, wurde in experimentellen Settings zunächst Dissonanz induziert, um daraufhin das resultierende Verhalten zu beobachten.

2.1 Forced-Compliance-Paradigma

Stellen wir uns beispielsweise vor, wir müssten eine ausgesprochen langweilige Aufgabe ausführen, daraufhin jedoch anderen erzählen, dass diese Aufgabe besonders interessant gewesen sei. Natürlich bedeutet das: Wir müssten lügen – und das verursacht Dissonanz. Unter dem Namen »Forced-Compliance-Paradigma« wurde aus ebenjener Situation ein experimentelles Setting entwickelt und durch Festinger und Carlsmith (1959) mit Studierenden der Universität Stanford durchgeführt. Eine der monotonen Aufgaben bestand darin, zunächst für eine halbe Stunde zwölf Spulen auf ein Tablett zu legen, nur um sie dann wieder zu entfernen und von vorne zu beginnen. Nachdem die Versuchspersonen diese und eine andere, ähnlich monotone Aufgabe absolviert hatten, sollten sie der folgenden »Teilnehmerin« (die in Wirklichkeit in die wahre Natur der Studie eingeweiht war) nahebringen, dass die Aufgabe, die sie soeben absolviert hatten, besonders aufregend gewesen sei. Die Testpersonen wurden in zwei Gruppen aufgeteilt. Eine Gruppe bekam für die Lüge nur 1$, die andere wurde mit 20$ deutlich besser entschädigt. In einem letzten Schritt sollte die monotone Aufgabe evaluiert werden.

Wenn in Psychologie-Vorlesungen gefragt wird, welche Gruppe von Testpersonen die Aufgabe retrospektiv als spannender bewertet hätte, dann ist die Antwort in vielen Fällen wohl eindeutig: Wahrscheinlich – so die zumeist vorherrschende Meinung – stehen Versuchspersonen in der 20$-Bedingung der langweiligen Aufgabe im Nachhinein positiver gegenüber, als diejenigen in der 1$-Bedingung – schließlich haben sie deutlich mehr Geld mit ihrer Lüge verdient. Folgen wir jedoch der Theorie der kognitiven Dissonanz, so ergibt sich eine andere Vorhersage.

Demnach entsteht die Dissonanz, sobald Testpersonen eine Aussage treffen, die nicht ihrer tatsächlichen Einstellung entspricht oder anders gesagt: wenn sie lügen. Der Unterschied besteht jedoch in der »Menge« an Dissonanz. Während 20$ einen guten Grund liefern, eine Aussage zu treffen, die der eigenen Einstellung widerspricht, bietet 1$ einen deutlich geringeren Anreiz für den Schwindel. Demnach wäre die Dissonanz in der 1$-Bedingung deutlich größer als in der 20$-Bedingung. Anders gesagt: Wer für seine Lüge eine gute Begründung hat – zum Beispiel eine ausreichende finanzielle Entschädigung –, kann die Lüge auf dieses Geld zurückführen (»Ich habe gelogen, weil ich Geld bekommen habe.«). Wer nur einen geringen oder kaum einen externen Anreiz bekommt, ist –sozusagen – stärker dem eigenen Gewissen ausgesetzt und erlebt mehr Dissonanz. Um ihre Falschaussage zu rechtfertigen, blieb diesen Testpersonen nur übrig, die Einstellung gegenüber der langweiligen Aufgabe zu verändern – sich also selbst davon zu überzeugen, dass die Aufgabe so langweilig vielleicht doch nicht war, die Lüge also nicht so verwerflich.

Die statistische Auswertung unterstützte ebenjene Hypothese. Tatsächlich bewerteten die Testpersonen in der 1$-Bedingung die Aufgabe signifikant positiver als diejenigen in der 20$ Bedingung. Aus diesem Experiment ging also hervor, dass Menschen Dissonanz erleben, wenn sie eine Meinung äußern, die ihrer tatsächlichen Einstellung widerspricht. Diese Dissonanz führt dazu, dass die tatsächliche Einstellung angepasst wird, um die Dissonanz zu reduzieren. Das geschieht jedoch nur dann, wenn für die Falschaussage kein genügender, externer Anreiz geboten wird. Das Verhalten der Testpersonen änderte also deren Einstellung. Je größer die entstehende Dissonanz, desto stärker wurde die tatsächliche Einstellung angepasst.

2.2 Free-Choice-Paradigma

Ein weiteres Paradigma, das Evidenz für die Theorie der kognitiven Dissonanz lieferte, wurde durch Brehm (1956) vorgestellt. Versuchspersonen wurde in dieser Versuchsreihe zunächst Glauben gemacht, dass es sich um eine Marktforschungsstudie handele. Sie wurden dann gebeten, verschiedene Objekte (zum Beispiel einen Toaster oder eine Kaffeemaschine) nach Attraktivität zu bewerten. Später wurden den Teilnehmer:innen zwei der Objekte angeboten, verbunden mit der Bitte, sich für eines der beiden zu entscheiden. Die Auswahl der angebotenen Objekte war dabei jedoch keineswegs zufällig: Versuchspersonen wurden in zwei Bedingungen aufgeteilt – in der »hohe Dissonanz«-Bedingung (HD) wurden zwei Objekte angeboten, die vorab ähnlich attraktiv eingeschätzt wurden. In der »niedrige Dissonanz«-Bedingung (ND) war eines der Objekte vorab deutlich attraktiver bewertet worden als das andere. Versuchspersonen in der HD-Bedingung wurden demnach vor eine deutlich schwierigere Wahl gestellt. Zuletzt wurden Testpersonen gebeten, die zu Beginn präsentierten Objekte erneut zu bewerten. Die Idee hinter dieser Studie war, dass Teilnehmer:innen in der HD-Bedingung aufgrund der höheren kognitiven Dissonanz ihre Einstellung gegenüber den Objekten eher anpassen würden, als das bei Versuchspersonen der ND-Bedingung der Fall war. Die statistische Auswertung bestätigte diese Hypothese. Teilnehmer:innen der HD-Bedingung bewerteten die zurückgewiesene Alternative im Nachhinein als weniger attraktiv und die gewählte Alternative als attraktiver, als es vor der Entscheidung der Fall war, während Teilnehmer:innen in der ND-Bedingung nichts an ihrer Einstellung gegenüber den Objekten änderten.

Der gemeinsame Nenner dieser Studien liegt in der Erkenntnis, dass Verhalten die Einstellung verändern kann – wir sind eher geneigt, unsere eigene Lüge zu glauben, nachdem wir sie geäußert haben, und wir bewerten Entscheidungen als positiver, nachdem wir sie getroffen haben. Wenn wir mit kognitiver Dissonanz konfrontiert sind, suchen wir also einen Weg, sie loszuwerden – und wenn sich am dissonanten Verhalten nichts ändern lässt, dann ändern wir die Kognitionen.

3 Implikationen für die Klimakrise: Dissonanzreduktion

Gerade in Zeiten der Klimakrise ist diese Erkenntnis ausgesprochen relevant: Diese Krise stellt einerseits eine nie dagewesene Bedrohung für unsere Lebensgrundlage dar und alles, was auf ihr aufbaut. Gleichzeitig sind wir als Menschen Verursacher:innen ebenjener Bedrohung (IPCC, 2014). Man könnte sagen, dass diese Krise die Dissonanz unweigerlich in unser Leben integriert, da viele Aspekte unseres alltäglichen Handelns im direkten Zusammenhang mit ebenjener Bedrohung unserer Lebensgrundlagen stehen. Dinge, die vorher als vollkommen normal gesehen wurden – Autofahren, am Gasherd kochen oder auch nur neue Kleidung kaufen – sind inzwischen potenziell mit Dissonanz »kontaminiert«. Selbstverständlich ist hierfür die Voraussetzung, dass die Zusammenhänge zwischen der Emission von Treibhausgasen und der Erderhitzung bekannt sind. Verschiedene Studien zeigen jedoch, dass die meisten Menschen (zumindest in den Ländern, in denen die Befragungen stattfanden), wenigstens oberflächlich mit der Thematik vertraut sind (z. B. Ziegler, 2015; Eichhorn et al., 2020). Es ist anzunehmen, dass es für ein

Gefühl der Dissonanz kein tiefgreifendes Verständnis der Klimawissenschaft braucht, da bereits ein grobes Wissen um die Problematik genügen sollte, um mit dem Wissen um das eigene Handeln in Konflikt zu geraten.

Die Theorie besagt: Wenn wir Dissonanz verspüren, dann ist unser Bestreben, sie loszuwerden. An dieser Stelle entsteht ein Problem. Denn obwohl es möglich ist, das eigene Verhalten anzupassen und sich so klimafreundlicher zu verhalten, würde ein tatsächlich klimaneutrales Verhalten mit massiven Einschnitten einhergehen. Weder ist es für Pendler:innen ohne Weiteres möglich, auf öffentliche Verkehrsmittel umzusteigen, noch ist es für die Familie in der Mietswohnung machbar, die vorinstallierte Gasheizung gegen eine ökologischere Heizmöglichkeit einzutauschen. Die Umstellung erfordert in den meisten Fällen viel Geld, sie steht häufig mit dem Verzicht auf Komfort in Zusammenhang und bedeutet zudem oft, dass Gewohnheiten geändert werden müssten – teilweise auch solche, die identitätsstiftend sind, wie zum Beispiel der Konsum von Fleisch (Loughnan et al., 2014). Hinzu kommt das Problem, dass selbst wenn individuelle Verhaltensänderungen vorgenommen werden, dies an sich schlicht nicht ausreicht, um die Klimakrise in ihren Ursachen zu bekämpfen. Wer in unserer Gesellschaft versucht, die kognitive Dissonanz durch die Änderung des eigenen Verhaltens zu lösen, hat es sehr schwer.

Wenn wir nicht unser Verhalten ändern können, dann nutzen wir andere Möglichkeiten, die Dissonanz zu reduzieren – wir ändern etwas an den Kognitionen, die miteinander in Konflikt stehen. Festinger (1957) schlug drei Möglichkeiten vor:

1. konsonante Kognitionen hinzufügen
2. dissonante Kognitionen subtrahieren
3. das Gewicht dissonanter Kognitionen reduzieren

In der Forschung wurde insbesondere eine Möglichkeit, Kognitionen zu verändern, betrachtet: die Änderung der Einstellung. McGrath (2017) gibt jedoch zu bedenken, dass viele Forscher:innen darauf hingewiesen haben, dass die Veränderung der Einstellung nur eine von vielen Möglichkeiten ist, Dissonanz zu reduzieren. Sie identifiziert neben der Veränderung der Einstellung und dem Verhalten weitere Möglichkeiten der Dissonanzreduktion: unter anderem Ablenkung und Vergessen, Trivialisierung, Verleugnung der Verantwortung, Rationalisierung und zuletzt Handlungsrationalisierung. Im Folgenden sollen diese Möglichkeiten in Hinsicht auf den Umgang mit der Klimakrise näher betrachtet werden.

3.1 Ablenkung und Vergessen

Wegschauen, schweigen, ignorieren – solange wir das konflikthafte Gedankengut nicht an uns heranlassen, kann es auch kein Gefühl der Dissonanz hervorrufen. Eine einfache Möglichkeit, kognitive Dissonanz zu reduzieren, ist daher, sich von ihr abzulenken, wann immer sie ins Bewusstsein drängt. Gerade in der Klimakrise scheint diese Form der Dissonanzreduktion weit verbreitet. Nikendei (2020) schreibt: »Es herrscht die kollektive soziale Norm des Schweigens […]. Das einflussreichste Narrativ des Klimawandels ist und bleibt (vorerst) das ›Nicht-Narrativ der kollektiven Stille‹ (Marshall 2015), v. a. im Hinblick auf die resultierenden Handlungskonsequenzen.«

Edward Maibach et al. (2016) gehen von einer Spirale des Schweigens aus: Selbst Menschen, die sich um das Klima sorgen, trauen sich nicht das Thema anzusprechen, da es so selten thematisiert wird. Demnach wäre nicht nur die Klimakrise an sich, sondern schon der Wunsch, über sie zu sprechen, ein Quell von kognitiver Dissonanz.

3.2 Trivialisierung

Wer sich mit der Klimakrise beschäftigt, dem werden die folgenden Worte bekannt vorkommen: »Der Klimawandel ist schon schlimm, aber mich betrifft das ja nicht, da lebe ich längst nicht mehr.« In eine ähnliche Richtung geht eine Aussage wie: »Das mit dem Klima ist ja vor allem für Leute in heißen Regionen ein Problem.« Beide Aussagen gehen in Richtung einer weiteren Möglichkeit der Dissonanzreduktion: Trivialisierung und Selbstbestätigung. Zwar wird der Klimawandel als Problem anerkannt, jedoch wird die persönliche Relevanz gemindert. Bei dieser Strategie wird also das Gewicht dissonanter Kognitionen verringert – eine der drei Strategien, die Festinger (1957) vorgeschlagen hatte.

3.3 Verleugnung der Verantwortung

Damit kognitive Dissonanz entstehen kann, müssen wir uns in irgendeiner Form für unsere Handlungen oder Gedanken verantwortlich fühlen (Cooper & Fazio, 1984). Im Falle der Klimakrise bedeutet das: Wir müssen akzeptieren, dass wir mit unseren Emissionen zur Erderhitzung beitragen und dass unser persönliches Verhalten einen signifikanten Beitrag zu ebenjenen Emissionen leistet. Während die erste Bedingung durch die Wissenschaft eindeutig belegt ist (IPCC, 2014), ist die Frage, inwieweit das Individuum für die Klimakrise zur Verantwortung gezogen werden kann, zumindest strittig (siehe z. B. Steckel & Peters, 2019). Nichtsdestotrotz ist die Leugnung von Verantwortung gerade in der Klimakrise eine beliebte Form der Dissonanzreduktion. Neben denjenigen, die wissenschaftlich anerkannte Fakten als Ganzes infrage stellen, findet sich die Leugnung der Verantwortung auch bei einer breiteren Masse, die den anthropogenen Klimawandel als Tatsache akzeptiert. So warf die ARD-Nachrichtensprecherin Susanne Daubner während einer Talkshow den Klimaaktivist:innen der Fridays-for-Future-Bewegung vor, selbst nicht konsequent genug zu handeln, indem sie zum Beispiel Fast Fashion kaufen oder nach den Demos Plastikbecher liegenlassen würden. »Auf die Straße gehen ist das eine, aber dann muss ich auch Vorbild sein, indem ich es selber lebe.«

Sie bekam für diese Worte viel Beifall, was darauf hindeutet, dass diese Denkweise gemeinhin Anklang findet. Bei näherer Betrachtung kann sie jedoch als Leugnung der eigenen Verantwortung verstanden werden, zumindest solange diejenigen, die zur Veränderung aufrufen, selbst keine makellosen Vorbilder darstellen. Es ist möglich, dass diese Worte auch deshalb so viel Applaus bekamen, weil sie den Zuschauer:innen eine Möglichkeit gaben, die kognitive Dissonanz zu reduzieren, die während der Talkshow zum Klimawandel entstanden war.

3.4 Rationalisierung

Eine bereits beschriebene Methode zur Reduktion kognitiver Dissonanz besteht in dem Hinzufügen konsonanter Kognitionen. Dies kann gemeinhin als Rationalisierung verstanden werden. Gerade in der Klimakrise ist diese Strategie oft zu beobachten. Beispielhaft könnte der klimabewusste Fluggast denken: »Ja, das ist jetzt sicher problematisch, aber dafür verzichte ich ja seit einem Jahr jeden Montag auf Fleisch.« Auf individueller Ebene erscheint diese Form der Dissonanzreduktion relativ harmlos, verglichen mit den Auswirkungen der Rationalisierung auf politischer Ebene. Denn auch Politiker und Politikerinnen sind in dem Wunsch, Dissonanz zu reduzieren, keine Ausnahme – tatsächlich lässt sich in der Politik eine ganze Reihe an Beispielen für Rationalisierung finden. So kann die viel wiederholte und besonders aus der wirtschaftsliberalen Ecke kommende Hoffnung, der Klimawandel würde sicherlich durch die Genialität unserer Ingenieur:innen und den technischen Fortschritt gelöst werden, in dieser Kategorie gefasst werden (für eine kritische Betrachtung dieser Argumentation siehe z. B. Klimafakten, 2019).

3.5 Handlungsrationalisierung

Das *Foot-in-the-door-Prinzip* stammt aus der Marketingpsychologie und basiert darauf, dass Kund:innen dazu gebracht werden, eine vergleichsweise einfache Kaufentscheidung zu treffen, um so die Wahrscheinlichkeit zu erhöhen, dass eine zweite, deutlich schwierigere Kaufentscheidung getroffen wird (Freedman & Fraser, 1966). So könnte beispielsweise eine Umweltorganisation inizieII um einen geringen monatlichen Beitrag bitten, um damit die Wahrscheinlichkeit zu erhöhen, die Spendenden im Nachhinein zu einer deutlich höheren Abgabe zu bewegen. Wir können dissonantes Handeln durch mehr dissonantes Handeln rationalisieren (Beauvois et al., 1993). In der Klimakrise kann diese Art der Dissonanzreduktion problematisch werden, denn sie führt das Kollektiv in die falsche Richtung. So ist es hypothetisch möglich, dass der steigende Absatz von SUVs (Felschen & dpa, 2019) unter anderem auf eine Handlungsrationalisierung zurückzuführen ist.

4 Fazit und Schlussfolgerungen

Durch die Klimakrise ist ein zusätzlicher Quell an kognitiver Dissonanz in unser Leben getreten. Wie oben beschrieben, sind inzwischen Handlungen, die vorher völlig alltäglich waren, mit Dissonanz kontaminiert. Zudem zeigt sich: Die Möglichkeiten, die durch die Klimakrise ausgelöste Dissonanz zu reduzieren, sind mannigfaltig und beschränken sich nicht nur auf eine Änderung des Verhaltens. Ganz im Gegenteil: Der Versuch, die Dissonanz zu reduzieren, könnte uns sogar konkret daran hindern, uns mit der Klimakrise auseinanderzusetzen und uns stattdessen dazu bringen, sie zu ignorieren, unsere Verantwortung zu leugnen oder uns in einer fatalen Überkompensation noch klimaschädlicher zu verhalten als zuvor.

4.1 Kognitive Dissonanz erschwert die Auseinandersetzung mit der Klimakrise

Die Art und Weise, mit der öffentlich über die Klimakrise gesprochen wird, ist bislang häufig geprägt von moralisierenden Aufforderungen, die sich an das Individuum richten. Artikel wie »5 Tipps wie sich der ökologische Fußabdruck reduzieren lässt« (Fromm, 2018) im *National Geographic* mögen dabei für Interessierte motivierend wirken – für andere kann diese Art der Kommunikation jedoch als Verstärkung der Dissonanz verstanden werden. Die bereits erwähnten Jan Steckel und Jörg Peters (2019) schreiben in der *Zeit:*

> »[W]ir haben Sorge, dass die Debatte zu sehr ins Moralische kippt. Im Moment wird zu viel über individuelle Verantwortung und Lebensstile in Deutschland gestritten – und zu wenig über sinnvolle Einstiegsmöglichkeiten in CO2-arme Entwicklungspfade, die für die gesamte Gesellschaft gangbar sind.«

Dabei ist interessant, dass der Fokus auf das Individuum durch die Ölindustrie teilweise aktiv vorangetrieben wurde. So publizierte BP 2006 einen Carbon-Footprint-Rechner (BP Deutschland, 2020) – eine Praxis, die Mark Kaufman (2020) als »Carbon Footprint Sham« (Betrug mit dem CO_2-Fußabdruck) bezeichnete. Denn: Der ökologische Fußabdruck verschiebe die Verantwortung für eine Krise, die zu großen Teilen durch die Industrie ausgelöst wird, auf das Individuum – und damit weg von den eigentlichen Verursacher:innen. Doch nicht nur das – wer schon einmal seinen CO_2-Fußabdruck berechnet hat, wird merken: Ein klimaneutrales Leben ist selbst mit tief einschneidenden Entbehrungen so gut wie unmöglich.

Jede geforderte Veränderung, so notwendig sie auch sein mag, kann eine neue dissonante Kognition hinzufügen und damit den Druck erhöhen, die Dissonanz zu reduzieren – wobei eine Verhaltensänderung sich aktuell, im Gegensatz zu anderen Möglichkeiten der Dissonanzreduktion, kaum dafür eignet. Stoknes (2014) beschreibt, dass, sobald seitens der Politik eine Handlungsanweisung (zum Beispiel »Höre auf zu rauchen!« oder »Schnall dich an!«) erfolgt, ohne die entsprechende Handlung jedoch zu fördern und möglich zu machen, die Bevölkerung eher ihre Einstellung gegenüber der Handlungsanweisung ändert, statt ihr zu folgen. Aus dieser

Perspektive betrachtet könnte man auf die Idee kommen, dass Phänomene wie zum Beispiel die vollständige Leugnung wissenschaftlicher Tatsachen wie der Klimakrise unter anderem deswegen entstehen, weil sie die kognitive Dissonanz so effektiv beseitigen können. Wer nicht mehr an eine Klimakrise glaubt, muss sich für klimaschädliches Handeln nicht mehr schlecht fühlen.

Doch auch die anderen oben beschriebenen Wege zur Dissonanzreduktion sind ein Problem: *Denn die Dissonanzreduktion verhindert in den meisten Fällen, dass wir uns wirklich und ehrlich mit dem auseinandersetzen, was auf uns zukommt.*

4.2 Ein Narrativ muss verdaulich sein

In einem Gastbeitrag im *Focus-Online* schreiben Luisa Neubauer, Carla Reemtsma und Nick Heubeck (Neubauer et al., 2021), dass es zwar Lösungen gebe, was es aber insbesondere brauche, seien »gesellschaftliche Mehrheiten«. Wie oben beschrieben, gibt es für diese Mehrheiten jedoch eine Hürde: die Dissonanzreduktion. *Sich zum Beispiel von der Klimakrise abzulenken, ist die aktuell wohl effektivste (sicherlich aber nicht die beste) Art des Umgangs mit ihr – zumindest auf seelischer Ebene.* Der hohe Druck, die Dissonanz zu reduzieren, verhindert also, dass sich ebenjene Mehrheiten bilden können, da es das Problem aus dem Sichtfeld verdrängt. Das Hauptproblem ist möglicherweise, dass diese Dissonanzreduktion die Menschen von einer ehrlichen Auseinandersetzung mit der nahenden Bedrohung abhält. Wie bereits dargestellt könnte der permanente Fokus auf individuelles Handeln sogar abschreckend wirken, die Dissonanz weiter erhöhen und so die Auseinandersetzung in noch weitere Ferne rücken. Was wir wirklich brauchen, ist, dass eine breite Masse versteht, was auf uns zukommt. *Und eine breite Mehrheit für konsequenten Klimaschutz kann nur dann zustande kommen, wenn eine breite Mehrheit die Klimakrise nicht nur intellektuell verstanden, sondern auch emotional begriffen hat* (vgl. Peter et al., im Druck).

Aus diesem Grund müssen eingesetzte Narrative verdaulich sein. Das bedeutet: Wir sollten weg von der Moralisierung, weg von Aufforderungen zu individuellen Verhaltensänderungen und weg vom CO_2-Fußabdruck. Kurzum: Wir sind gut beraten, alles zu unternehmen, um der Auseinandersetzung mit der Klimakrise so wenig Hürden wie möglich in den Weg zu stellen. Denn die Klimakrise an sich, die Tatsache, dass wir selbst die Hand sind, die uns in Richtung des Abgrundes schiebt, ist an sich schon ein Quell von intensiver kognitiver Dissonanz. Das ständige Hinterfragen des eigenen Verhaltens, gepaart mit Aufforderungen, liebgewordene Gewohnheiten fallenzulassen, braucht es dabei nicht. Dabei soll nicht das individuelle Handeln entwertet werden. Wie Jan Steckel und Jörg Peters (2019) schreiben: »Durch Verzicht auf Flugreisen, Fleischkonsum oder Autofahren den eigenen Fußabdruck zu minimieren, kann eine wichtige Vorbildfunktion haben. Doch das sollte aus individueller Überzeugung geschehen.«

Es sollte stattdessen immer wieder betont werden, wo die eigentlichen Handlungsmöglichkeiten liegen – bei Entscheidungsträger:innen in Politik und Wirtschaft. Diese haben aus der Sicht der kognitiven Dissonanz einen wichtigen Hebel in der Hand: Sie sind in der Lage, die Voraussetzungen zu schaffen, dass den Menschen ein klimaneutraler Alltag ermöglicht wird. Das ist zentral, denn wenn effektive Handlungsmöglichkeiten bestünden, könnte die Dissonanz durch Verhaltensänderung reduziert werden – aber eben auch nur dann. Dabei lehrt uns die Psychologie des Framings: Wenn wir nicht wollen, dass über etwas nachgedacht wird, dann sollten wir es nicht erwähnen (Wehling, 2016). Es ist daher vermutlich sinnvoll, der individuellen Verantwortung in der Klimakrise die Aufmerksamkeit zu entziehen. Statt zum Beispiel zu schreiben: »Was du jetzt gegen die Klimakrise tun kannst«, wäre es zielführender zu sagen: »Was die Politik jetzt gegen die Klimakrise tun müsste«. Statt durch einen Link zu einem CO_2-Fußabdruck-Rechner vermeintlich einfache Lösungen anzubieten, sollte die Kommunikation eher die politischen Handlungsmöglichkeiten in den Vordergrund stellen. »Sie wollen klimaneutral leben? Die Klimaprogramme dieser Parteien könnten das möglich machen.« Auf keinen Fall sollte aktiv von individuellem, klimafreundlicherem Handeln abgeraten werden – es bleibt für viele ein wichtiger Einstieg in die Auseinandersetzung mit der Klimakrise. Es geht vielmehr darum, die Klimakommunikation bewusst so zu gestalten, dass die Hauptverantwortung von den Schultern des Individuums auf die Schultern derjenigen übertragen wird, die im politischen Alltag tatsächlich etwas verändern könnten. Natürlich sind diese Entscheidungsträger:innen auch Menschen und ebenso beeinflusst durch psychische Gegebenheiten wie die kognitive Dissonanz. Diesen Individuen stehen jedoch direktere Möglichkeiten zur Dissonanzreduktion zur Verfügung, die den meisten Menschen verwehrt bleibt: Abgeordnete in Parlamenten können zum Beispiel kontroverse Meinungen in ihre Fraktionen einbringen, Minister:innen können wichtige Weichen für echten Klimaschutz stellen. Menschen in der Politik haben schlicht mehr Handlungsmöglichkeiten als Individuen in der allgemeinen Bevölkerung, weswegen sich zusätzliche kognitive Dissonanz – die zum Beispiel durch gesellschaftlichen Druck entstehen kann – positiv auswirken könnte.

Keineswegs soll darüber hinaus mit diesen Überlegungen die individuelle Verantwortung negiert werden! Doch das Individuum hat in der Klimakrise aktuell eine wichtigere Aufgabe, als das Verhalten zu ändern: Es muss sich mit einer existenziellen Bedrohung auseinandersetzen, gegen die es – auf sich gestellt – kaum etwas unternehmen kann. Und doch ist diese Auseinandersetzung von essenzieller Bedeutung, denn ein erfolgreicher Klimaschutz ist zwar in erster Linie Sache der Politik – er hängt aber auch von der öffentlichen Einstellung ab. Einerseits braucht es Mehrheiten, um effektiven Klimaschutz durchsetzen zu können, andererseits braucht es die Bereitschaft, teils sehr einschneidende Maßnahmen hinzunehmen. *Wir brauchen eine Gesellschaft, die mehrheitlich eine Einschränkung des eigenen Komforts fordert.* Das kann nur passieren, wenn eine breite Masse nicht nur intellektuell, sondern auch emotional begreift, wie groß die Bedrohung durch die Klimakrise wirklich ist.

Eine stille Annahme, die diesem Text innewohnt, ist eine positive: Die Menschen *wollen* Nachhaltigkeit, sie *wollen*, mit ihrem Handeln nicht zur Erderhitzung beitragen. Die universelle Untätigkeit, das allgegenwärtige Schweigen entsteht aus der Sicht der Theorie der kognitiven Dissonanz nicht, weil es den Menschen egal wäre, was mit ihren Lebensgrundlagen passiert, sondern gerade, weil es ihnen *nicht* egal ist – sie sich aber ohnmächtig fühlen und den Alltag nicht in permanentem inneren Konflikt ertragen. Das wäre eine gute Nachricht. Denn es würde bedeuten, dass auch einschneidender Klimaschutz mehr Akzeptanz finden könnte, als von der Politik bislang befürchtet. Zumindest wenn er gut – also mit der ungeschminkten Realität von dem, was droht – begründet wird.

In einfachen Worten

Manchmal haben wir zwei Gedanken, die sich gegenseitig widersprechen. Das kann zum Beispiel passieren, wenn wird einerseits das Klima schützen wollten, uns aber klimaschädlich verhalten. Diesen Zustand nennt man kognitive Dissonanz. Kognitive Dissonanz fühlt sich unangenehm an. Deshalb wollen wir sie loswerden. Um das zu tun, können wir etwas an unserem Verhalten oder an unseren Gedanken ändern. Wir können zum Beispiel mit dem klimaschädlichen Verhalten aufhören (Verhalten) oder versuchen, nicht mehr an die Klimakrise zu denken (Gedanken). In der Klimakrise erleben Menschen viel kognitive Dissonanz. Sie wollen, dass die Erde für sie und ihre Kinder sicher bleibt, aber sie verhalten sich oft klimaschädlich (zum Beispiel, indem sie viel Auto fahren). Leider ist es in der Klimakrise sehr schwierig, die kognitive Dissonanz loszuwerden, indem man sich klimafreundlich verhält. Denn das ist in der Gesellschaft kaum möglich. Viele denken deswegen nicht so viel über die Klimakrise nach. Einige tun so, als gäbe es sie nicht oder als wären sie nicht verantwortlich. Das ist ein Problem: So wird vielen Menschen nicht klar, wie bedrohlich die Klimakrise ist. Deswegen ist es wichtig, nicht so oft zu fordern, dass die Menschen ihr Verhalten ändern. Stattdessen sollten wir von der Politik fordern, dass klimafreundliches Verhalten für die Menschen leichter gemacht wird.

Literatur

Beauvois, J.-L., Joule, R.-V. & Brunetti, F. (1993). Cognitive Rationalization and Act Rationalization in an Escalation of Commitment. *Basic and Applied Social Psychology, 14*(1), 1–17. https://doi.org/10.1207/s15324834basp1401_1

BP Deutschland (2020). bp Target Neutral: Ihr Weg zu weniger Emissionen beginnt hier. https://www.bp.com/de_de/germany/home/produkte-services/bp-target-neutral.html (05.02.2021).

Brehm, J.W. (1956). Postdecision changes in the desirability of alternatives. *The Journal of Abnormal and Social Psychology, 52*(3), 384–389. https://doi.org/10.1037/h0041006

Cooper, J. & Fazio, R.H. (1984). A New Look at Dissonance Theory. *Advances in Experimental Social Psychology, 17*, 229–266. https://doi.org/10.1016/S0065-2601(08)60121-5

Eichhorn, J., Nicke, S. & Molthof, L. (2020). *Einsatz gegen den Klimawandel – Ein Erfolgskonzept für das gesamte politische Spektrum.* https://www.opensocietyfoundations.org/publications/klima-gewinnt/de (20.03.2021).

Felschen, C. & dpa (2019). Kraftfahrt-Bundesamt: Erstmals mehr als eine Million neue SUV zugelassen. *Die Zeit.* https://www.zeit.de/mobilitaet/2019-12/kraftfahrt-bundesamt-suv-gelaendewagen-neuzulassungen-2019 (20.03.2021).

Festinger, L. (1957). *A theory of cognitive dissonance.* Palo Alto: Stanford University Press.

Festinger, L. & Carlsmith, J.M. (1959). Cognitive consequences of forced compliance. *The Journal of Abnormal and Social Psychology, 58*(2), 203–210. https://doi.org/10.1037/h0041593

Freedman, J. L. & Fraser, S. C. (1966). Compliance without pressure: The foot-in-the-door technique. *Journal of Personality and Social Psychology, 4*(2), 195–202. https://doi.org/10.1037/h0023552

Fromm, K. (2018). 5 Tipps wie sich der ökologische Fußabdruck verkleinern lässt. *National Geographic*. https://www.nationalgeographic.de/umwelt/2018/01/5-tipps-wie-sich-der-oekologische-fussabdruck-verkleinern-laesst (29.01.2021).

Harmon-Jones, E. & Harmon-Jones, C. (2007). Cognitive Dissonance Theory After 50 Years of Development. *Zeitschrift Für Sozialpsychologie, 38*(1), 7–16. https://doi.org/10.1024/0044-3514.38.1.7

IPCC (2014). AR5 Synthesis Report: Climate Change 2014 — IPCC. https://www.ipcc.ch/report/ar5/syr/ (16.01.2021).

Kaufman, M. (2020). The devious fossil fuel propaganda we all use. *Mashable*. https://mashable.com/feature/carbon-footprint-pr-campaign-sham/ (20.03.2021).

Klimafakten (2019). Um das Klima zu retten, bitte HIER klicken! klimafakten.de. https://www.klimafakten.de/meldung/um-das-klima-zu-retten-bitte-hier-klicken (18.01.2021).

Loughnan, S., Bastian, B. & Haslam, N. (2014). The Psychology of Eating Animals. *Current Directions in Psychological Science, 23*(2), 104–108. https://doi.org/10.1177/0963721414525781

Maibach, E., Leiserowitz, A., Rosenthal, S., Roser-Renouf, C. & Cutler, M. (2016). *Is There a Climate »Spiral of Silence« in America?* Yale Program on Climate Change Communication. https://climatecommunication.yale.edu/publications/climate-spiral-silence-america/ (20.03.2021).

McGrath, A. (2017). Dealing with dissonance: A review of cognitive dissonance reduction. *Social and Personality Psychology Compass, 11*(12), e12362. https://doi.org/10.1111/spc3.12362

Neubauer, L., Reemtsma, C. & Heubeck, N. (2021). Fridays For Future-Aktivisten ganz konkret: So könnte ein klimagerechtes Deutschland aussehen. *FOCUS Online*. https://www.focus.de/kultur/25jahre/25-ideen-fuer-eine-bessere-zukunft-luisa-neubauer-weichen-fuer-die-naechsten-jahre-muessen-jetzt-gestellt-werden_id_12899437.html (21.02.2021).

Nikendei, C. (2020). Klima, Psyche und Psychotherapie. *Psychotherapeut, 65*(1), 3–13. https://doi.org/10.1007/s00278-019-00397-7

Peter, F., van Bronswijk, K. & Rodenstein, B. (im Druck). Facetten der Klimaangst. Psychologische Grundlagen der Entwicklung eines handlungsleitenden Klimabewusstseins. In B. Rieken, R. Popp & P. Raile (Hrsg.), *Eco-anxiety – Zukunftsangst und Klimawandel. Interdisziplinäre Zugänge*. Münster, New York: Waxmann (Psychotherapiewissenschaft in Forschung, Profession und Kultur).

Steckel, J. & Peters, J. (2019). Klimaschutz: Keine Moralpredigt, bitte! *Die Zeit*. https://www.zeit.de/wirtschaft/2019-09/klimaschutz-oekologischer-fussabdruck-industrie-co2-emissionen-verzicht-gewissen-verantwortung (20.03.2021).

Stoknes, P. E. (2014). Rethinking climate communications and the »psychological climate paradox.« *Energy Research & Social Science, 1*, 161–170. https://doi.org/10.1016/j.erss.2014.03.007

UNEP (2021). *Adaptation Gap Report 2020*. UNEP – UN Environment Programme. http://www.unep.org/resources/adaptation-gap-report-2020 (20.03.2021).

Wehling, E. (2016). *Politisches Framing*. Köln: Herbert von Halem Verlag.

Ziegler, A. (2015). On the relevance of ideological identification and environmental values for beliefs and attitudes toward climate change: An empirical cross country analysis. In *MAGKS Papers on Economics* (No. 201516; MAGKS Papers on Economics). Philipps-Universität Marburg, Faculty of Business Administration and Economics, Department of Economics (Volkswirtschaftliche Abteilung). https://ideas.repec.org/p/mar/magkse/201516.html (20.03.2021).

Biografische Notiz

David Hiss befindet sich aktuell in der Ausbildung zum Psychotherapeuten (TP, Erwachsene) in Mainz. Er hat in Amsterdam und Freiburg Psychologie studiert und engagiert sich seit Frühjahr 2019 bei den Psychologists for Future, wo er an der Koordination der Social Media AG und insbesondere des Twitterkanals beteiligt ist.

Die Medienwende in der Klimakrise

Zur Doppelrolle von Journalist:innen in der Bewusstwerdung des Ausmaßes der Krise

Lea Dohm & Sara Schurmann

Zusammenfassung: Mitten in der Klima- und Biodiversitätskrise ist auch vielen Journalist:innen nicht ausreichend bewusst, wie schnell und massiv gesellschaftliche Veränderungen vorgenommen werden müssen, um den dramatischen Verlauf der Krisen noch abzumildern. Faktenwissen und Problembewusstsein sind im Journalismus von besonderer Bedeutung, um der medialen Kontrollfunktion gerecht zu werden – und die Gesellschaft so durch notwendige Diskussion zu navigieren. Der journalistischen Berichterstattung kommt so in der Klima- und Biodiversitätskrise eine Sonderrolle zu. Einerseits bildet sie täglich das Ausmaß des gesellschaftlichen Klimabewusstseins ab, andererseits prägt sie dieses Bewusstsein entscheidend mit. Die Autorinnen beschreiben beispielhaft psychologische und journalistische Faktoren, die die Bewusstwerdung der Krise hemmen.

Die Zeit ist knapp, die Aufgabe überwältigend groß – so lässt sich der Sonderbericht über 1,5 Grad globale Erwärmung des Weltklimarates (IPCC) der Vereinten Nationen kurz zusammenfassen. Mit seiner Veröffentlichung 2018 machte er klar: Die Staaten müssen erhebliche Maßnahmen ergreifen, um die Emissionen zu senken, und sich gleichzeitig intensiv auf die Auswirkungen unvermeidlicher Veränderungen des globalen Klimas vorbereiten. Doch die wissenschaftlichen Erkenntnisse, wie akut und existenziell die Klima- und Biodiversitätskrise ist, spiegeln sich kaum in der täglichen Medienberichterstattung wider.

Ein Grund dafür sind psychologische Hemmnisse, von denen in diesem Artikel einige exemplarisch besprochen werden sollen. Er bietet somit eine Grundlage, die aktuelle Berichterstattung zur Klima- und Biodiversitätskrise zu reflektieren und zu optimieren – da Massenmedien stark einflussreiche Instrumente sind, die die Öffentlichkeit für Umweltfragen sensibilisieren und die Problemwahrnehmung in der breiten Bevölkerung prägen (Schoenfeld et al., 1979; Slovic, 2000; Neverla & Schäfer, 2012).

Die mediale Berichterstattung ist wichtiger Teil eines »sozialen Konstrukts« der Klimakrise und prägt dieses entscheidend mit: Das »soziale

Konstrukt« meint hier die permanente öffentliche Debatte zum Thema, immer wieder aufs Neue geprägt von zum Beispiel politischen, ökonomischen oder kulturellen Äußerungen unterschiedlichster Akteur:innen. Oft deutlich anders stellt sich das »wissenschaftliche Konstrukt« der Klimakrise dar, bestehend aus langjähriger Datensammlung, Forschung und Meta-Analysen, woraus sich zusammengenommen ein sogenannter »wissenschaftlicher Konsens« abbildet: das Fundament der wissenschaftlichen Debatte. *Das soziale und das wissenschaftliche Konstrukt der Klimakrise unterscheiden sich erheblich* – und bei der Berichterstattung zur öffentlichen Debatte, das heißt zum sozialen Konstrukt, bleibt eine entsprechende wissenschaftliche Einordnung seitens des Journalismus noch zu oft aus (Rhomberg, 2012).

Um es gleich zu sagen: Es gibt sie, die der Dringlichkeit angemessenen Medienbeiträge, es sind gar nicht mal so wenige (im internationalen Vergleich z. B. bereits 2012 dargestellt von Schäfer et al.). Zu selten jedoch erscheinen diese Beiträge auf Titelseiten oder Hauptsendeplätzen.

Das ist erstens erstaunlich, da die Klima- und Biodiversitätskrise als im Wortsinn existenzielle Krise jede einzelne Person auf diesem Planeten betrifft. Es ist zweitens ein Problem, da die Priorität, die dieser Berichterstattung eingeräumt wird, unsere Wahrnehmung der Krisenhaftigkeit erheblich mitbeeinflusst (Schoenfeld et al., 1979; Slovic, 2000; Neverla & Schäfer, 2012): Das gilt nicht nur für Bürger:innen und damit Wähler:innen, sondern auch für Politiker:innen, Wirtschaftslenker:innen und auch Medienschaffende. Auch deren journalistisches Interesse und ihr Klimabewusstsein wird von der (Nicht-)Abbildung mitgeprägt, denn: Kann die Klimakrise wirklich schlimmer sein, als die Titelseiten es spiegeln?

1 Die Klimakrise – ein Größenvergleich

Ein stabiles Klima ist die Grundlage des Lebens auf der Erde und der menschlichen Zivilisation, wie wir sie kennen. Die Klima- und Biodiversitätskrise lassen sich daher nur schwer in einer Reihe mit anderen Themen des Tagesgeschehens journalistisch abbilden.

Um diese Dimension begreifbar zu machen, kann man auf den psychoanalytischen Bühnen-Vergleich zurückgreifen (Grande, 2007): Handelt es sich um ein Problem *auf* der Bühne? Oder um ein Problem der Bühne *selbst?*

Bei der Berichterstattung zur Klimapolitik entsteht oft der Eindruck, die Klimakrise sei ein weiteres Thema auf der Weltbühne – neben etwa Kriegen und Wirtschaftskrisen. Gleichzeitig konkurriert sie aber auch mit Sport- und Kulturthemen um Aufmerksamkeit – und unterliegt dabei oft. Tatsächlich aber bedroht die Erderhitzung die Weltbühne an sich, das Fundament unseres Lebens. Und dies ist keine abstrakte, ferne Gefahr – um sie abzuwenden, müssen innerhalb der nächsten zehn Jahre massive Transformationen umgesetzt werden (IPCC, 2018; Global Carbon Project, 2018).

Was das bedeutet, scheint lange nicht allen wirklich bewusst zu sein. Und das führt oft zu Missverständnissen im Dialog über die Klimakrise und erklärt teilweise die unzureichende mediale Priorisierung (Hiss, 2020, via Twitter @Psychologists4F). Krisen, die die Bühne selbst betreffen, müssen auch in ihrer journalistischen Abbildung prioritär behandelt, ihr Einfluss in allen anderen Bereichen mitgedacht werden.

Die Klima- und Biodiversitätskrise bedroht uns in unserer Existenz und kann daher nicht mit anderen Themen »auf der Bühne« verglichen werden. Solange dies jedoch geschieht, ist es für Leser:innen, Zuhörer:innen und Zuschauer:innen wiederum schwer, das Ausmaß des Problems wirklich zu durchdringen. Es macht es für sie schwer, sich die Widersprüche zwischen der Wissenschaftsberichterstattung, in denen die Krisen als große Bedrohung aufgezeigt werden, und großen Teilen der Politik- und Wirtschaftsberichterstattung, die den Einfluss politischer und wirtschaftlicher Entscheidungen auf diese Krise allzuoft ausblendet, selbst zu erschließen. Zumal das Vertrauen in Qualitätsmedien in Deutschland zwar Schwankungen unterliegt, aber als vergleichsweise hoch bezeichnet werden kann. Es vertrauen somit viele Menschen darauf, dass die Themenauswahl deren Dringlichkeit im Wesentlichen entspricht (JGU Mainz, 2019; PwC, 2018).

Denn das ist eine der zentralen Aufgaben des Journalismus: das Weltgeschehen einzuordnen, nach den Gesichtspunkten sozialer Relevanz, dem Neuigkeitswert und Faktenbezug (Neverla & Trümper, 2012; Meier, 2007; Scholl & Weischenberg, 1998). Mit Blick auf die Klimakrise bieten Extremwetterereignisse am ehesten den ansonsten oft fehlenden Neuigkeitsbezug. Sie werden jedoch als Themen »auf der Bühne« vermittelt, die Verbindung zur Klimakrise oft gar nicht aufgezeigt – auch, aber sicher nicht nur, weil sie sich in der Regel nur schwer wissenschaftlich eindeutig auf diese zurückführen lassen.

2 Die Klimakrise betrifft alles und alle

Um die existenzielle, historische und zivilisatorische Dimension der Klima- und Biodiversitätskrise journalistisch abzubilden, müsste diese in den Redaktionen in allen Ressorts mitgedacht werden, auch und vor allem in den Politik- und Wirtschaftsressorts. Ihre inhaltliche Verbindung zu den übrigen Medieninhalten muss konsequent aufgezeigt werden. Das erfordert auch eine entsprechende Besetzung der Redaktionen und Aus-, Fort- und Weiterbildungen für Redakteur:innen.

Welchen Effekt das haben kann, zeigte sich etwa in der Corona-Krise: Innerhalb kürzester Zeit mussten sich Journalist:innen zumindest in die Grundlagen des neuartigen Problems einarbeiten, und zwar mehr oder weniger alle. Denn selbst die Sportredakteur:innen spüren die Auswirkungen der Pandemie auf ihren Themenbereich direkt. Das befähigt die Redaktionen wiederum dazu, a) die Relevanz von Themen und neuen Entwicklungen und b) Aussagen von Politiker:innen entsprechend einzuordnen und untereinander informiert zu diskutieren.

Versucht hingegen ein:e einzige:r Klimaredakteur:in in einer Redaktionskonferenz, einem Thema entsprechende Aufmerksamkeit zu verschaffen, konkurriert es »auf der Bühne« erfahrungsgemäß gegen andere Themen. Und setzt sich oft nicht gegen Entscheidungen der Chefredaktion durch.

Neue Klima-Formate und -Rubriken, wie etwa der 2020 bei Spiegel.de eingeführte »Klimabericht – Daten zur Lage des Planeten«, sind eine Möglichkeit, der Krise mehr Aufmerksamkeit und damit Bewusstsein zu verschaffen. Gleichzeitig reihen sie die Klima- und Biodiversitätskrise damit fälschlich als ein weiteres optionales Thema »auf der Bühne« ein, neben zum Beispiel Sport, Panorama oder Politik. Eine derartige Fehleinschätzung im Größenvergleich zeigte zum Beispiel auch der FDP-Politiker Alexander Graf Lambsdorff, als er die Ankündigung des neuen Instagram-Kanals des WDR, »klima.neutral«, als Wahlkampfhilfe für die Grünen kritisiert und fragt: »Wo sind Kanäle zur #Wirtschaftskrise, zur #Bildungskrise, zur #Digitalkrise usw.?« (@Lambsdorff, 21.02.2021).

Eigene Rubriken oder selbst Redaktionen können als Übergangslösung dennoch hilfreich sein, um das Thema und damit breiteres Wissen dazu in der Redaktion zu etablieren. Sie sollten aber einen entsprechenden Stellenwert im Medium zugesprochen bekommen.

Um die Klimakrise einem größeren Publikum zu vermitteln, wird unter anderem nach Narrativen geforscht, wie die Komplexität und Dringlichkeit begreifbar gemacht und Menschen zum Handeln animiert werden können. Das ist auf jeden Fall wichtig. Voraussetzung für eine adäquate Vermittlung wäre aber zuallererst ein entsprechendes Krisenverständnis und -bewusstsein aufseiten einer Mehrheit von Medienschaffenden.

Doch auch Journalist:innen sind Menschen und unterliegen bekannten psychischen Hemmnissen, die es erschweren, das Ausmaß der Klimakrise zu begreifen (vgl. Habibi-Kohlen, 2021, in diesem Band).

3 Krisenbewusstsein und Verarbeitungstiefe

Inwieweit sich das Verständnis der Klima- und Biodiversitätskrise zwischen uns Menschen unterscheidet, kann anhand bewusstseinspsychologischer Modelle dargestellt werden. In Deutschland scheint in der Bevölkerung grundsätzlich eine breite sachliche Kenntnis vorhanden zu sein (forsa, 2020; Eichhorn et al., 2020), allerdings führt diese bisher nur zu unzureichenden Maßnahmen.

Klimabewusstes Handeln verharrt häufig auf der Ebene einzelner, individueller Verhaltensänderungen (Verzicht auf Plastiktüten, Reduktion des eigenen Fleischkonsums, …), was der Dimension des Problems nicht gerecht wird. Der zugrunde liegende systemische Rahmen, der ein emissionsarmes Leben unmöglich macht, wird deutlich seltener infrage gestellt. Auch die Bereitschaft, selbst Konsum-Einschränkungen hinzunehmen oder nötige Klimaschutzmaßnahmen im eigenen beruflichen und privaten Lebensalltag umzusetzen, ist oft nur eingeschränkt vorhanden (Eichhorn et al., 2020).

Auch an dieser Stelle finden sich Journalist:innen in einer Doppelrolle wieder: Einerseits sind sie als Menschen in ihrer eigenen Bewusstseinsbildung, -aufrechterhaltung und Handlungskonsequenz störanfällig. Andererseits gehört es zu ihrer Rolle als Journalist:innen, unterschiedliche Zusammenhänge und vielfältige Handlungsmöglichkeiten aufzuzeigen. Womit sie dazu beitragen, ein entsprechendes Bewusstsein überhaupt erst zu ermöglichen – und damit auch ein der Dimension des Problems gerechteres, klimaschützendes Verhalten.

Um zu einem tieferen Problembewusstsein zu gelangen, muss das Faktenwissen in der Regel mit Emotionen verknüpft werden, was die Wahrscheinlichkeit eines inneren Handlungs- und Leidensdrucks deutlich erhöht (Hamann et al., 2016). Persönliche Verbindungen zur Klimakrise können wir zum Beispiel herstellen, indem wir uns damit auseinandersetzen, was sie für unseren Alltag, unsere Kinder und Enkel:innen oder Menschen im globalen Süden bedeutet, für einzelne Berufsgruppen, den eigenen Versicherungsschutz oder die Finanzplanung. Gelingt uns das, nimmt die Verarbeitungstiefe zu, und die Wahrscheinlichkeit einer emotionalen Reaktion und damit der Handlungsbereitschaft erhöht sich (Boessmann, 2013; Hamann et al., 2016; Dohm, 2021, in diesem Band).

Grundsätzlich ist es so: Jede einzelne mentale Operation lässt die Verarbeitungstiefe eines komplexen Sachverhaltes zunehmen (Boessmann, 2013), konkret: lesen, darüber nachdenken, Bezüge herstellen, Prognosen wagen oder Gespräche führen. Bezogen auf die Klima- und Biodiversitätskrise bedeutet das: Insbesondere Beiträge, die uns zum Weiterdenken anregen oder über persönliche Bezüge emotionale Reaktionen in uns hervorrufen (s. o.), sind besonders geeignet, unser Problembewusstsein und damit auch die Handlungsbereitschaft wachsen zu lassen. Dieses psychologische Wissen zur Verarbeitungstiefe macht deutlich, warum es für die Entwicklung eines gesellschaftlichen Krisenbewusstseins enorm wichtig ist, die Klima- und Biodiversitätskrise in der medialen Berichterstattung täglich breit, das heißt mit Blick auf verschiedene Zielgruppen, abzubilden und mit deren speziellen Alltagsthemen zu verknüpfen (Boessmann, 2013; Stoknes, 2015).

Da potenziell Angst erzeugende Medienbeiträge jedoch immer auch zu Reaktanz, Resignation oder verschiedenen inneren Abwehrmechanismen führen können (Chmielewski, 2019), ist es wichtig, in der Klimaberichterstattung so oft wie möglich auch konkrete, über die individuelle Ebene hinausgehende Handlungsmöglichkeiten zu nennen (Urner, 2019). Andernfalls könnten die Beiträge gar dazu führen, eine falsche defätistische Grundhaltung (»es ist eh nichts mehr zu retten«) zu verstärken (Rahmstorf, 2019; CRED, 2009).

4 Probleme der Klimakommunikation

Grundsätzlich finden sich in der Berichterstattung zur Klima- und Biodiversitätskrise sämtliche Herausforderungen der Wissenschaftskommunikation bzw. des Wissenschaftsjournalismus: abstrakte Zahlen und Daten verständlich zu machen, eine Brücke zum Publikum zu finden oder wissenschaftliche Unsicherheiten entsprechend einzuordnen (CRED, 2009). Aus dieser Perspektive heraus wird verständlich, dass es heute vor allem die Wissensredaktionen sind, in denen eine IPCC-konforme Klimaberichterstattung stattfindet.

Außerhalb des Wissenschaftsjournalismus kommt es ressortübergreifend hingegen immer wieder zu einer verwässerten Darstellung der Dringlichkeit der Krisen. Das hat unterschiedliche Ursachen:

Klimapolitik wird oft mit klassischem Politikjournalismus begegnet. Dieser geht im Wesentlichen davon aus, dass es zu einem Thema mehrere legitime politische Meinungen gibt. Diese einander gegenüberzustellen, soll nach gängiger journalistischer Praxis Ausgewogenheit in der Berichterstattung gewährleisten. Diese klassische Form des Politikjournalismus blendet hinsichtlich der Klimakrise jedoch zu oft zugrunde liegende klimawissenschaftliche Fakten aus. Wissenschaftliche Einschätzungen werden zwar im Laufe eines Beitrags oft kurz angerissen, erscheinen aufgrund der geringen Priorisierung dann häufig jedoch selbst wie eine Meinung.

Außerdem gibt es die Sorge, als alarmistisch oder aktivistisch zu gelten oder die Leser:innenschaft zu verschrecken. Dies erstaunt nicht, ist doch der derzeitige politische Diskurs zur Klimakrise so weit von der realen Bedrohung und dem wissenschaftlichen Konsens entfernt, dass die Fakten fast surreal wirken können. Insbesondere Redaktionsleitungen stehen hier in der Verantwortung, relativierende Phrasen im Faktencheck kritisch zu hinterfragen. Doch gerade ihnen fehlt erfahrungsgemäß oft die entsprechende Expertise. Teils verlangen gerade sie die Ergänzung einer zusätzlichen, relativierenden Perspektive, wenn ihnen Berichte zu extrem oder alarmistisch erscheinen, weil sie nicht mit den Fakten vertraut sind. Dies befördert ein öffentliches Kleinreden der Krisen und die Fehleinschätzung, wir hätten die Lage im Griff.

Ein Erklärungsmuster dafür bietet die Sozialpsychologie mit dem »Bystander Effekt«: Er beschreibt das Phänomen, dass je *mehr* Menschen bei einer Notlage Zeug:innen sind, desto *weniger* von ihnen bezüglich dieser Notlage aktiv werden. Dieses Ergebnis der Forschungsarbeit von Darley und Latané (1968) konnte empirisch inzwischen vielfach repliziert werden. Wir fühlen uns nicht verantwortlich, deswegen helfen wir nicht – oder berichten Medien eben nicht ausreichend prominent.

Der Bystander Effekt ist in der Form wirksam, dass uns die Ruhe der anderen in falscher Sicherheit wiegt: Denn würden Journalist:innen und Politiker:innen nicht deutlich Alarm schlagen, wenn es wirklich so ernst wäre? Ein derart breites kollektives Verdrängen der Klima- und Biodiversitätskrise wird oft nicht für möglich gehalten. Wir bleiben somit auch ruhig, weil alle ruhig bleiben (Darley & Latané, 1968; Dohm & Klar, 2020).

Auf den Journalismus übertragen: Solange Konkurrenzmedien die Dringlichkeit der Klimakrise nicht prominent und klar auf die Titelseiten heben, tun es andere Medien auch nicht.

5 Hyper-Komplexität als Hindernis

Bei der Klima- und Biodiversitätskrise handelt es sich um ein sogenanntes »(super-)wicked problem«: Es ist einzigartig und ohne klare Problemdefinition, sämtliche Faktoren hängen in komplexen Wechselwirkungen miteinander zusammen. Diese Krise ist zu komplex, als dass unser menschliches Gehirn sie vollständig verstehen und durchdringen könnte.

Im Zusammenhang mit der Klima- und Biodiversitätskrise müssen wir daher immer auch interdisziplinär denken, uns auf die Forschungsergebnisse anderer Wissenschaften verlassen und bestenfalls die soziale Intelligenz (»Schwarmintelligenz«) nutzen (Levin et al., 2010; Habel, 2020; Nikendei, 2020). Konkret kann dies bedeuten, zu den eigenen Ideen immer wieder die Expertise anderer Menschen und Fachdisziplinen abzufragen, diese einzubeziehen und unsere persönliche Herangehensweise auf diese Weise ständig flexibel zu halten und zu überarbeiten. Ein kollektives Zusammenarbeiten, das in unserer individualisierten Kultur zunächst neu und ungewohnt erscheinen mag. Klimajournalismus (und auch Klimaaktivismus) erfordert jedoch genau diesen Mut, neue Wege zu erproben, und birgt somit immer die Notwendigkeit einer gewissen Fehlertoleranz und Unvollständigkeit.

Zudem ist es mitunter schwer zu unterscheiden, wer überhaupt Expert:in ist. Dies beanspruchen die verschiedensten Menschen für sich, außerdem gibt bis heute wirksame Vertuschungs- und Greenwashing-Kampagnen etwa der fossilen Lobbyverbände, von deren Einfluss sich auch Journalist:innen oder Politiker:innen kaum frei machen können (Coen et al., 2020; Joeres & Götze, 2020; Lamb et al., 2020; Supran & Oreskes, 2017; Witsch, 2018; Hall, 2015; Levi et al., 2021, in diesem Band). So investierte zum Beispiel das American Petroleum Institute mehr als zehn Millionen Dollar in die Werbung für »saubere« fossile Brennstoffe – ein Narrativ, das sich jahrzehntelang auch in der Argumentation von Bundestagsabgeordneten wiederfindet (Müller-Hansen et al., 2021) – und bemühte sich gezielt, die eigenen Produkte in Verbindung mit Alltag und Wohlbefinden darzustellen (Sheehan, 2018; Levi et al., 2021, in diesem Band).

Eine derart unzureichende journalistische Einordnung konnte zum Beispiel in der Berichterstattung rund um die Gemeinsame Agrarpolitik (GAP) der Europäischen Union beobachtet werden: Mit vergleichsweise geringem medialem Echo wurden hier Ende 2020 mehrere Hundert Milliarden Euro in einer mit dem Pariser Klimaschutzabkommen nicht kompatiblen Agrarreform festgeschrieben, die auch das Artensterben nicht stoppen wird.

Entsprechende wissenschaftliche Stellungnahmen standen rechtzeitig zur Verfügung: So hatte zum Beispiel die Nationale Akademie der Wissenschaften Leopoldina eine Einordnung vorgenommen (Leopoldina, 2020). Auch Pe'er et al. (2020) hatten in einem Open-Access-Artikel bereits Monate vor den entscheidenden Abstimmungen vor einem Fehltritt gewarnt und zehn konkrete notwendige Handlungsschritte benannt. Eine prominente und ausführliche mediale Einordnung der EU-Beschlüsse im Vergleich mit den Stellungnahmen etablierter Wissenschaftler:innen blieb oft jedoch aus. Stattdessen übernahmen diverse Beiträge dazu die Einordnung von Bundeslandwirtschaftsministerin Julia Klöckner, wonach die Reform ein »fundamentaler Schritt hin zu mehr Nachhaltigkeit« und ein »Systemwechsel« sei (Bundesministerium für Ernährung und Landwirtschaft, 2020).

Angesichts dessen, wie weitreichend die Folgen dieser Entscheidung sind, war die Berichterstattung zu spät, zu wenig – und oft nicht ansatzweise ausreichend eingeordnet. Obwohl das Problem aufgrund seiner Auswirkungen auf das Leben aller Menschen in der EU, und sogar weltweit, Stoff für wochenlange mediale Debatten bieten würde, war das Thema nach ein paar Tagen wieder verschwunden.

6 Die Katastrophe wird nicht greifbar

Zahlen, Fakten und Zusammenhänge so aufzubereiten, dass sich ihre Bedeutung einem breiten Publikum erschließt, bleibt eine fortwährende Herausforderung (Chmielewski, 2019; CRED, 2009). So ist es medial bisher nicht gelungen, einer breiten Öffentlichkeit klar zu machen, was die Nicht-Einhaltung des 1,5-Grad-Limits für ihr eigenes Leben bedeutet – auch weil dies vielen Journalist:innen selbst nicht bewusst zu sein scheint.

Die kostenfrei verfügbare und lesenswerte Übersichtspublikation der Columbia University *The Psychology of Climate Change Communication* (CRED, 2009) beschreibt weitere zentrale Fehlerquellen der Klima-Berichterstattung: Oft fehlt eine Brücke zum jeweiligen Publikum, was dazu führt, dass bestimmte Informationen nicht wahrgenommen oder verarbeitet werden. Um diese Brücken zu schlagen, helfen Verbindungen zum Alltag der Leser:innen und eine konsequente Kombination aus »Prevention-« und »Promotion-Fokus«: Im Prevention-Fokus richtet sich die Aufmerksamkeit auf schwierige oder fatale Folgen, die es zu verhindern gilt; im Promotion-Fokus wird ein attraktives Ziel dargestellt, das uns als Menschen anzieht (Stoknes, 2015; CRED, 2009).

Hier wird eine weitere Schwachstelle der derzeitigen Klimaberichterstattung deutlich: Fokussiert sich diese zu sehr auf die Darstellung naturwissenschaftlicher Sachverhalte, wie es häufig gerade in den gut recherchierten Wissenschaftsberichten der Fall ist, kann für die Zielgruppe die Relevanz für das eigene Leben verborgen bleiben. Verknüpft man die in entsprechenden wissenschaftlichen Publikationen zum Beispiel des Potsdamer Instituts für Klimafolgenforschung (PIK) genannten, zunächst vielleicht abstrakt anmutenden Werte zu Temperaturschwankungen oder Treibhausgas-Konzentrationen mit der erwartbaren Weizenernte oder drohenden Wasserknappheit in einzelnen Regionen des Landes, werden die Auswirkungen auf das eigene Leben erlebbarer. Diese können allerdings so beängstigend sein, dass es nötig wird, konstruktiv Handlungsmöglichkeiten und Verantwortlichkeiten aufzuzeigen, um purer Ablehnung vorzubeugen und politische Entscheidungen einzuordnen (Urner, 2019).

7 Ausblick

Die Klima- und Biodiversitätskrise ist eine planetare Krise unvergleichlichen Ausmaßes, die auch von vielen Journalist:innen noch nicht ausreichend verstanden wurde. Sie erfordert daher nicht nur eine Reform der bisherigen etablierten Medienberichterstattung, sondern auch einen bancheninternen Diskurs zu bisherigen Problemen und Fehlern und die Vermittlung grundlegender Klimafakten in mehr oder weniger allen Redaktionen. Aufgrund des nur eingeschränkten Neuigkeiten- und Schlagzeilencharakters und der Unmöglichkeit, sie in die bisherige Agenda einzureihen, ist aktuell die Berufserfahrung, interdisziplinäre Fortbildungsbereitschaft und Flexibilität von Journalist:innen von besonderer Bedeutung.

Unter Berücksichtigung der folgenden *Empfehlungen* kann es gelingen, die psychische Verarbeitung der Krise auf beiden Seiten, das heißt bei Medienschaffenden und -rezipient:innen, schrittweise und »verdaulich« voranzubringen:

- Um die Dringlichkeit angemessen abzubilden, sollten Medienbeiträge zur Klima- und Biodiversitätskrise zeitnah und in zunehmender Häufigkeit auf Hauptsendeplätzen und Titelseiten Platz finden.
- Die Redaktionen sollten ressortübergreifend und beharrlich inhaltliche Verbindungen zu anderen Themenfeldern aufzeigen. Um dies zu ermöglichen, sollte die Aus-, Fort- und Weiterbildung von Journalist:innen hier fortlaufend erweitert werden.
- Bei potenziell Angst auslösenden Medienbeiträgen sollten stets individuelle, aber auch kollektive Handlungsmöglichkeiten genannt werden.
- Politische und wirtschaftliche Entwicklungen sollten konsequent journalistisch mit Blick auf deren Auswirkungen auf die Klima- und Biodiversitätskrise eingeordnet werden.

Inwieweit dies in den kommenden Jahren gelingt, kann den Fortbestand unserer Zivilisation erheblich beeinflussen und ist daher als historische Verantwortung anzusehen.

In einfachen Worten

Wenn das Klima sich verändert, wird die Erde zu heiß. Dann können nur noch wenige Menschen und Tiere gut auf der Erde leben. Deswegen müssen wir alle verstehen, wie wichtig Klimaschutz ist. Klimaschutz ist damit wichtiger als alle anderen Themen.

Wenn Menschen viel und oft von der Klimakrise lesen, können sie das Problem besser verstehen. Dafür müssen alle Medien ganz oft darüber berichten. Das Problem muss auch immer wieder als erstes in den Nachrichten kommen.

Um die Klimakrise gut zu verstehen, ist es wichtig, sie zu fühlen. Zeitungen, Radio- und Fernsehsender können uns dabei helfen. Sie können zeigen, dass Klimaschutz für jeden Menschen wichtig ist und wir sonst in großer Gefahr sind. Solche Berichte können

Angst machen, deswegen soll immer dazugeschrieben werden, was wir tun können.

Journalist:innen können jetzt zeigen, wie wichtig sie sind und was sie können. Journalist:innen sind gerade so wichtig, dass sie sogar unseren Planeten retten können.

Literatur

Boessmann, U. (2013). *Bewusstsein – Unbewusstes. Bd. 1: Bewusstsein*. Berlin: Deutscher Psychologen Verlag.

Bundesministerium für Ernährung und Landwirtschaft (2020). *Statement von Bundesministerin Klöckner zur Einigung des Rates zur GAP*. 27.10.2020.

Chmielewski, F. (2019). Die Verleugnung der Apokalypse – der Umgang mit der Klimakrise aus der Perspektive der Existenziellen Psychotherapie. *Psychotherapeutenjournal,* (3), 253–260.

Coen, S., Meredith, J., Woods, R. & Fernandez, A. (2020). Talk like an expert: The construction of expertise in news comments concerning climate change. *Sage Journal. Public Understanding of Science*. https://wlv.openrepository.com/handle/2436/623806 (31.12.2020).

CRED – Center for Research on Environmental Decisions (2009). *The Psychology of Climate Change Communication. A Guide for Scientists, Journalists, Educators, Political Aides, and the Interested Public*. New York: Columbia University. http://guide.cred.columbia.edu/ (15.07.2020).

Darley, J.M. & Latané, B. (1968). Bystander intervention in emergencies: Diffusion of responsibility. *Journal of Personality and Social Psychology, 8*(4), 377–383.

Dohm, L. (2021). Über das Bewusstsein der Klimakrise. Analogien zur individuellen Berührbarkeit. In L. Dohm, F. Peter & K. van Bronswijk (Hrsg.), *Climate Action – Psychologie der Klimakrise. Handlungshemmnisse und Handlungsmöglichkeiten* (S. 29–43). Gießen: Psychosozial-Verlag.

Dohm, L. & Klar, M. (2020). Klimakrise und Klimaresilienz. *Psychosozial, 43*(3), 99–114.

Eichhorn, J., Nicke, S. & Molthof, L. (2020). *Einsatz gegen den Klimawandel. Ein Erfolgskonzept für das gesamte politische Spektrum*. Open Society European Policy Institute.

forsa Politik und Sozialforschung (2020). DBU-Umweltmonitor »Corona-Folgen«. https://www.dbu.de/2985ibook82907_38647_.html (23.12.2020).

Global Carbon Project (2018). Global Carbon Budget presentation. https://www.globalcarbonproject.org/carbonbudget/18/presentation.htm (27.02.2019).

Grande, T. (2007). Wie stellen sich Konflikt und Struktur in Beziehungen dar? *Zeitschrift für Psychosomatische Medizin und Psychotherapie, 53*(2), 144–162.

Habel, A. (2020). *Where the trouble really lies: (Super-)Wicked Problems im Kontext der Nachhaltigkeitskrise*. Belegarbeit im Masterstudiengang Management Sozialen Wandels. Hochschule Zittau/Görlitz, 30.11.2020.

Habibi-Kohlen, D. (2021). Zur zeitbedingten Abwehr der Klimakrise. Wie wir uns die Klimakrise bedeutungslos machen und wie der Zeitgeist uns dabei hilft. In L. Dohm, F. Peter & K. van Bronswijk (Hrsg.), *Climate Action – Psychologie der Klima-*

krise. Handlungshemmnisse und Handlungsmöglichkeiten (S. 45–64). Gießen: Psychosozial-Verlag.
Hall, S. (2015). Wie Exxon den Klimawandel entdeckte und leugnete. *Spektrum.de.* https://www.spektrum.de/news/wie-exxon-den-klimawandel-entdeckte-und-leugnete/1374674(20.03.21).
Hamann, K., Baumann, A. & Löschinger, D. (2016). *Psychologie im Umweltschutz. Handbuch zur Förderung nachhaltigen Handelns.* München: oekom.
Hiss. D. (07.10.2020) [Twitter Post der Psychologists for Future @Psychologists4F]. https://twitter.com/Psychologists4F/status/1313919380238016515?s=20 (07.01.2021).
IPCC (Intergovernmental Panel on Climate Change) (2018). *Global Warming of 1,5 C. Special Report.* IPCC with World Meteorological Organisation (WMO), and United Nations Environmental Program (UNEP). Genf, Schweiz.
JGU Mainz – Johannes Gutenberg-Universität Mainz (2019). *Langzeitstudie Medienvertrauen.* https://medienvertrauen.uni-mainz.de/forschungsergebnisse-der-welle-2019/ (17.02.2021).
Joeres, A. & Götze, S. (2020). *Die Klimaschmutzlobby. Wie Politiker und Wirtschaftslenker unsere Zukunft verkaufen.* München: Piper.
Lamb, W.F., Mattioli, G., Levi, S., Roberts, J.T., Capstick, S., Creutzig, F., Minx, J.C., Müller-Hansen, F., Culhane, T. & Steinberger, J.K. (2020). Discourses of climate delay. *Global Sustainability,* (3), e17. Cambridge University Press.
Lambsdorff, A. (2021). [Twitter Post @Lambsdorff]. https://twitter.com/Lambsdorff/status/1363537142471876616?s=20 (26.02.2021).
Leopoldina (Nationale Akademie der Wissenschaften), acatech (Deutsche Akademie der Technikwissenschaften) & Union der deutschen Akademien der Wissenschaften (2020). *Stellungnahme. Biodiversität und Management von Agrarlandschaften. Umfassendes Handeln ist jetzt wichtig.* Halle (Saale). https://www.leopoldina.org/publikationen/detailansicht/publication/biodiversitaet-und-management-von-agrarlandschaften-2020/ (19.05.2021).
Levi, S., Müller-Hansen, F., Lamb, W.F., Mattioli, G., Timmons Roberts, J., Capstick, S., Creutzig, F., Minx, J.C., Culhane, T. & Steinberger, J. (2021). Die Argumentationsmuster der Klimaschutz-Ausreden. In L. Dohm, F. Peter & K. van Bronswijk (Hrsg.), *Climate Action – Psychologie der Klimakrise. Handlungshemmnisse und Handlungsmöglichkeiten* (S. 89–104). Gießen: Psychosozial-Verlag.
Levin, K., Cashore, B., Bernstein, S. & Auld, G. (2010). Playing it forward: Path dependency, progressive incrementalism, and the »Super Wicked« problem of global climate change. *International Studies Association 48th Annual Convention,* Chicago.
Meier, K. (2007). *Journalistik.* Konstanz: UVK Verlag.
Müller-Hansen, F., Callaghan, M.W., Ting Lee, Y, Leipprand, A., Flachsland, C. & Minx, J.C. (2021). Who cares about coal? Analyzing 70 years of German parliamentary debates on coal with dynamic topic modeling. *Energy Research & Social Science, 72.* https://doi.org/10.1016/j.erss.2020.101869
Neverla, I. & Schäfer, M.S. (2012). *Das Medien-Klima. Fragen und Befunde der kommunikationswissenschaftlichen Klimaforschung.* Wiesbaden: Springer Verlag für Sozialwissenschaften.
Neverla, I. & Trümper, S. (2012). Journalisten und das Thema Klimawandel: Typik und Probleme der journalistischen Konstruktionen von Klimawandel. In I. Neverla & M.S. Schäfer (Hrsg.), *Das Medien-Klima. Fragen und Befunde der kommunikations-*

wissenschaftlichen Klimaforschung. Wiesbaden: Springer Verlag für Sozialwissenschaften.

Nikendei, C. (2020). Klima, Psyche und Psychotherapie. Kognitionspsychologische, psychodynamische und psychotraumatologische Betrachtung einer globalen Krise. *Psychotherapeut, 65*, 3–13.

Pe'er, G., Bonn, A., Bruelheide, H., Dieker, P., Eisenhauer, N., Feindt, P.H., Hagedorn, G., Hansjürgens, B., Herzon, I., Lomba, A., Marquard, E., Moreira, F., Nitsch, H., Oppermann, R., Perina, A., Röder, N., Schleyer, C., Schindler, S., Wolf, C., Zinngrebe, Y. & Lakner, S. (2020). Action needed for the EU Common Agricultural Policy to address sustainability challenges. *People and Nature, 2*(2), S. 305–316. https://doi.org/10.1002/pan3.10080

PwC – PricewaterhouseCoopers (2018). Studie: Vertrauen in Medien. https://www.pwc.de/de/technologie-medien-und-telekommunikation/studie-vertrauen-in-medien.html (17.02.2021).

Rahmstorf, S. (2019). Es sieht zwar nicht so aus, aber wir können die Klimakrise noch abwenden. *Spiegel Online*, 18.09.2019. https://www.spiegel.de/wissenschaft/mensch/warum-klima-defaetismus-nichts-weiter-ist-als-eine-ausrede-fuers-nichtstun-a-1287228.html (26.02.2021).

Rhomberg, M. (2012). Wissenschaftliche und politische Akteure in der Klimadebatte. In I. Neverla & M.S. Schäfer (Hrsg.), *Das Medien-Klima. Fragen und Befunde der kommunikationswissenschaftlichen Klimaforschung*. Wiesbaden: Springer Verlag für Sozialwissenschaften.

Schäfer, M.S., Ivanova, A. & Schmidt, A. (2012). Issue-Attention: Mediale Aufmerksamkeit für den Klimawandel in 26 Ländern. In I. Neverla & M.S. Schäfer (Hrsg.), *Das Medien-Klima. Fragen und Befunde der kommunikationswissenschaftlichen Klimaforschung*. Wiesbaden: Springer Verlag für Sozialwissenschaften.

Schoenfeld, A.C., Meier, R.F. & Griffin, R.J. (1979). Constructing a social problem: the press and the environment. *Social Problems, 27*(1), 38–61.

Scholl, A. & Weischenberg, S. (1998). *Journalismus in der Gesellschaft. Theorie, Methodologie und Empirie*. Opladen: Westdeutscher Verlag.

Sheehan, K. (2018). This ain't your daddy's greenwashing: an assessment of the American petroleum institute's power past impossible campaign. In M. Rimmer (Hrsg.), *Intellectual Poperty an Clean Energy* (S. 301–321). Wiesbaden: Springer Nature.

Slovic, P. (2000). *The Perception of Risk*. London: Earthscan.

Stoknes, P.E. (2015). *What We Think About When We Try Not To Think About Global Warming*. Chelsea Green Publishing, Library of Congress Cataloging-in-Publication Data.

Supran, G. & Oreskes, N. (2017). Assessing ExxonMobil's climate change communications (1977–2014). *Environmental Research Letters, 12*(8). https://iopscience.iop.org/article/10.1088/1748-9326/aa815f (20.03.2021).

Urner, Maren (2019). *Schluss mit dem täglichen Weltuntergang. Wie wir uns gegen die digitale Vermüllung unserer Gehirne wehren*. München: Droemer.

Witsch, K. (2018). Ölmultis vor Gericht. New York gegen Exxon könnte Signalwirkung haben. *Handelsblatt*, 01.11.2018. https://www.handelsblatt.com/unternehmen/energie/klimafolgen-oelmultis-vor-gericht-new-york-gegen-exxon-koennte-signalwirkung-haben/23255760.html?ticket=ST-6239145-4deM7VSSDHhxuit1Qvcbap5 (26.02.2021).

Biografische Notizen

Lea Dohm ist Diplom-Psychologin, tiefenpsychologisch fundierte Psychologische Psychotherapeutin und selbstständig in eigener Praxis nahe Hannover. Sie ist Mit-Initiatorin der Psychologists/Psychotherapists for Future (Psy4F) und dort vor allem im Bereich der Öffentlichkeitsarbeit und Koordination aktiv.

Sara Schurmann arbeitet seit zehn Jahren als Journalistin, unter anderem für den *Tagesspiegel, Gruner+Jahr, Vice, Zeit Online* und *funk*. 2018 wählte sie das *Medium Magazin* unter die »Top 30 bis 30«. Sie beschäftigt sich seit drei Jahren intensiv mit der Klimakrise, das ganze Ausmaß wurde ihr aber erst vor einigen Monaten bewusst. Daraufhin veröffentlichte sie einen offenen Brief an ihre Kolleg:innen, um eine Diskussion über die Klima-Berichterstattung anzustoßen.

Teil 2
Handlungsmöglichkeiten

Illustration: Jai Wanigesinghe

Was müssen wir anders machen?

Wie wir uns und unseren Kindern eine Zukunft gewinnen[1]

Gregor Hagedorn & Felix Peter

Zusammenfassung: Der Schlüssel zur Lösung unserer Klima- und Nachhaltigkeitsprobleme liegt in der Art, wie wir leben, denken und Probleme angehen. Um erfolgreich zu sein, müssen wir unsere Ziele reflektieren, aus der Zukunft statt der Vergangenheit heraus denken und bereit für neue Lösungen sein. Wir müssen die Realität der Klima- und Nachhaltigkeitskrise nicht nur fern und abstrakt, sondern bezüglich der tatsächlichen Größenordnung der damit verbundenen Risiken anerkennen. Dafür benötigen wir Bildung und Aufklärung auf allen Ebenen. Diese sollen nicht nur über die planetaren Realitäten aufklären, sondern auch über die sozialen und psychischen Fallen, in denen wir stecken. In diesem Zusammenhang führen wir den Begriff »Selbstwirksamkeitssimulationen« ein, das Ausführen scheinbar nachhaltiger Handlungen, die letztlich gar nicht wirksam sind. Wenn wir gleichzeitig Quantität und Tempo unserer Handlungen drastisch erhöhen, Zukunftsinvestitionen priorisieren und solidarisch, verlässlich sowie arbeitsteilig handeln und damit alle Regler auf Anschlag schieben, können wir echte Wirksamkeit entfalten und die Klima- und Nachhaltigkeitskrise lösen.

Erderhitzung, Artensterben, Vernichtung von Ökosystemen, Böden oder Grundwasservorräten, soziale und Bildungsungerechtigkeit, zunehmende wirtschaftliche Machtkonzentration, Wissenschafts- und Demokratieverachtung, Verschwörungsmythen, faschistische, antisemitische und rassistische Tendenzen oder andere Formen gruppenbezogener Menschenfeindlichkeit – das sind nur einige der Probleme, an denen wir als Menschheit derzeit arbeiten. Und sie sind alle miteinander verbunden. Da kann man leicht verzweifeln und die Hoffnung verlieren.

Als Autoren können wir zusammen auf Kenntnisse in Biologie, Informatik, Psychologie, Pädagogik, Soziologie und Nachhaltigkeitsforschung zurückgreifen. Wir sind keine spezialisierten Spitzenforscher, sondern Menschen, die tief besorgt sind um die Zukunft junger Menschen, unserer

1 Die Autoren danken Ronja Krebs, Sven Linow, Sara Schurmann, Franz Thoren und Urban Weber für ihre hilfreiche Kritik.

Mitmenschen und nicht zuletzt auch um unsere eigene. Was sind unsere Erkenntnisse? Welche Empfehlungen leiten wir daraus ab? Wie bereiten wir jungen und noch ungeborenen Menschen, trotz bisher jahrzehntelanger zutiefst nicht-nachhaltiger Lebensweise, noch eine gerechte, lebenswerte und sichere Zukunft? Was müssen wir anders machen?

1 Reflektieren, welches Leben wir wollen

> »Es gilt neu zu verhandeln, was den Wohlstand der Menschen übermorgen ausmacht. Dafür brauchen wir neue Begriffe und Konzepte, die ausdrücken, was wir künftig wichtig finden. Planetenzerstörung darf nicht mehr Wachstum heißen. Reine Geldvermehrung nicht länger Wertschöpfung. Grenzen des Wachstums sollten Überwindung der ökologischen und sozialen Schadschöpfung heißen« (Göpel, 2020).

Was wollen wir – Sie, Ihre Familie, Freund:innen, Nachbarschaft – wirklich? Was bezeichnen wir als Wohlstand? Was ist ein »gutes Leben« für uns? Bestimmt nicht, einfach mehr Geld auf dem Konto zu haben.

Wir wollen, natürlich, zunächst eine Sicherung unserer Grundbedürfnisse – Nahrung, Trinkwasser, Wohnung, Energie, Gesundheitsversorgung, Sicherheit, Zugang zu Bildung. Darüber hinaus haben wir psychische Bedürfnisse: geliebt zu werden, zu lieben, sozial integriert und gesellschaftlich akzeptiert zu sein und auch andere zu akzeptieren, sich gerecht behandelt zu fühlen. Autonom handeln und mitbestimmen zu können. Selbstentfaltung und ein als sinnvoll empfundenes Leben zu führen (siehe z. B. Harré, 2018).

Wir wollen uns natürlich auch freuen und Glücksgefühle empfinden. Und hier haben wir Gewohnheiten, Normalitätsvorstellungen und Kulturen entwickelt, die anderen Zielen unter Umständen zuwiderlaufen. Das früher Erfahrene prägt unsere Erwartungen, die wir dann mit unseren Zielen verwechseln.

Ist es wirklich Wohlstand, Autobahnen statt Schienennetze zu nutzen? Einfamilienhaussiedlungen zu bauen, statt artenreiche Natur zu erhalten? Wie bedeutsam für unsere Lebenszufriedenheit sind kurzlebige Wegwerf-Artikel? Wie wichtig ist es, fünf Scheiben Käse in einer wiederverschließbaren Einwegverpackung erwerben zu können, statt sie am Stück zu kaufen?

Wir können uns nicht mehr sicher auf unsere kulturellen Erfahrungen verlassen. Wir sind quasi in eine Sackgasse geraten – einfach »weiter so« nicht-nachhaltig geradeaus geht nicht mehr. Wegen einer Sackgasse muss man nicht in Panik verfallen. Doch es braucht jetzt eine Neuorientierung und einen Plan, wie es weitergehen kann.

Dabei ist es keine gute Strategie, sich der Zukunftsplanung entziehen zu wollen. Ja, die Zukunft ist nicht genau vorhersagbar. Aber darum geht es auch gar nicht. Es geht darum, die Risiken der Zukunft abzuschätzen und auf dieser Grundlage die Gegenwart zu gestalten und das für die Zukunft Nötige zu tun.

Hier benötigen wir eine Reflexion über unsere eigentlichen Wertvorstellungen und Ziele. Wir brauchen neue Erzählungen, die sich an einer neuen Vorstellung von Wohlstand orientieren statt an Träumen, die unsere Lebensgrundlagen zerstören. Wir brauchen Erzählungen, die vom Ende her gedacht sind, von einer nachhaltigen Zukunft. Die Denkgewohnheiten der klima- und naturzerstörerischen, leichtfertigen Vergangenheit dürfen nicht die Einsicht verstellen, dass wir neue Lösungen finden müssen.

2 Planetare Realitäten akzeptieren

Unser Guthaben an noch erträglicher Erderhitzung (vgl. IPCC, 2019), zur Not verzichtbarer Biodiversität (vgl. IPBES, 2019), gut förderbaren Rohstoffen (vgl. Bardi, 2014) und sozialem Frieden (vgl. Schellnhuber & Martin, 2020) ist fast aufgebraucht. Um noch angemessen handeln und die richtigen Prioritäten setzen zu können, dürfen wir uns einer nüchternen Bestandsaufnahme der Realitäten nicht verweigern.

Realitätsverweigerung hat viele Formen und Stufen (vgl. Habibi-Kohlen, 2021; van Bronswijk, Komm & Zobel, 2021; in diesem Band). Ein Teil unserer Gesellschaft lebt in einer unaufgeklärten, »magischen« Realität – und scheint dies auch zu wollen. Diesen Teil versuchen wir hier nicht zu erreichen. Aber auch bei jenem Teil der Gesellschaft, der den Willen zur Verantwortung und zu einer rationalen Bewertung hat, gibt es wesentliche Defizite. Hierzu zählen auch politikwissenschaftliche Defizite im Spannungsfeld zwischen berechtigtem Hinterfragen scheinbarer Wahrheiten und einem von jeglichen Fakten und Tatsachen wegführenden Wahrheitsspiel post-faktischer Politik (van Dyk, 2017).

Jenseits der trivialen Wissenschaftsleugnung gibt es hier vor allem einen

Diskurs über folgende drei Fragen: 1. der Dringlichkeit – wie viel Zeit haben wir?, 2. der Verortung – welche Regionen sind wie stark betroffen? – und 3. welche Größenordnung haben die Risiken?

Wo stehen Sie selbst? Machen wir gemeinsam doch einen Test bezüglich des letzten Punktes: Womit würden Sie die Klimakrise bezüglich der Risiken zum Beispiel vergleichen? Nehmen Sie einen Zettel und schreiben Sie zwei Ereignisse oder Entwicklungen auf, die Ihnen genauso große Sorgen wie oder größere Sorgen als die Klimakrise bereiten.

Die Herausforderungen im Bereich der Klimakrise sind, auf der Basis jahrzehntelanger Forschung, vermutlich am klarsten kommuniziert (z. B. IPCC, 2019; Lenton et al., 2019; Steffen et al., 2018; vgl. auch »Was wir wissen« in Hagedorn et al., 2021). Andere Herausforderungen sind noch deutlich weniger im Bewusstsein der Öffentlichkeit angekommen, obwohl sie unter Umständen sogar noch größer sind. Beispiele sind das sich anbahnende sechste Massenaussterben der Erdgeschichte (Ceballos et al., 2015), eine die planetaren Grenzen bei Weitem überschreitende Phosphor- und Stickstoff-Düngung (Steffen et al., 2015), die ungleichmäßige globale Verteilung von Bevölkerungswachstum und Bevölkerungsrückgang (DSW, 2019), die Verluste fruchtbarer Böden (FAO ITPS, 2015) sowie soziale und geopolitische Probleme.

Insgesamt stehen wir vor einer *Kombination* überlappender sozialer, wirtschaftlicher, technologischer und ökologischer Krisen (Weizsäcker et al., 2017; Ivanova et al., 2020; speziell Biodiversität und Klima: Chapin & Díaz, 2020) – der Nachhaltigkeitskrise. Sind die Herausforderungen lösbar? Ja. Lösen wir sie?

Wie bedrohlich die gegenwärtigen und künftigen Risiken genau sind, kann niemand exakt sagen. Es ist daher völlig legitim, entweder einen »gesunden« Optimismus oder einen konstruktiven Pessimismus zu pflegen. Doch die reale Diskrepanz zwischen den Einschätzungen von Expert:innen und denen der Öffentlichkeit geht weit über eine Frage von Optimismus oder Pessimismus hinaus. Drei Beispiele:

1. Die Gesamtbewertung globaler Risiken durch das US-amerikanische *Bulletin of the Atomic Scientists* erreichte 2020 einen Rekordwert, das heißt, noch nie war die Welt so gefährdet. 2021 bleibt sie auf diesem Niveau (Mecklin, 2021) und liegt damit weit über den Werten in der Hochphase des Kalten Krieges.

2. In einer Studie für das britische Verteidigungsministerium werden 2,3 bis 3,5 Grad globale Erderhitzung bis 2100 (der UN-Weltklimarat IPCC warnt vor mehr als 1,5 Grad) als wahrscheinlich betrachtet und der britischen Regierung entsprechende Planungen empfohlen. Bereits 2030 könnten vermehrt Nahrungs-, Wasser- und Energiekrisen auftreten, starke Migrationsströme sowie Unruhen oder kriegerische Konflikte entstehen (Cox et al., 2020).
3. Einen weiteren Einblick bietet jedes Jahr der *Global Risks Report* (World Economic Forum, 2021). Hier schätzen fast 800 Expert:innen weltweit aus verschiedensten Fachgebieten eine Vielzahl von Risiken ein. Die Schätzung erfolgt dabei in zwei Dimensionen: Wie wahrscheinlich das Eintreten eines Ereignisses ist, und wie groß die dann erfolgenden Schäden sind. Das sieht dann wie in Abbildung 1 aus.

Abbildung 1: Darstellung von Auswirkungen (Y-Achse) und Wahrscheinlichkeit (X-Achse) verschiedener globaler Krisen nach den Expert:innenschätzungen des Global Risks Reports 2021. Für ein Versagen bei der Bewältigung des Klimawandels werden sowohl eine hohe Wahrscheinlichkeit als auch starke Auswirkungen erwartet. (© Gregor Hagedorn & Catherine Eckenbach, CC BY-SA 4.0, nach World Economic Forum, 2021)

In der Schätzung von 2021 kann man zum Beispiel links oben den globalen Krieg mit Massenvernichtungswaffen, das heißt einen »Atomkrieg«, erkennen: Die Auswirkungen sind katastrophal, aber die Wahrscheinlichkeit ist, als Ergebnis intensiver Arbeit vieler Generationen von Politiker:innen, eher gering. Oben rechts ist der Bereich mit großen Auswirkungen und gleichzeitig hoher Wahrscheinlichkeit. Dies sind die höchsten Risiken.

Man kann das Risiko der Erderhitzung (»Klimawandel«) anhand dieser Grafik besonders gut kommunizieren, wenn man nur die Folgen betrachtet und das Versagen bei der Bewältigung der Erderhitzung mit einem globalen Krieg mit Massenvernichtungswaffen vergleicht. Die Klimakatastrophe ist nicht nur sehr, sehr viel wahrscheinlicher. Sie wird auch, unabhängig von der Wahrscheinlichkeit, als folgenträchtiger eingeschätzt (Abb. 2).

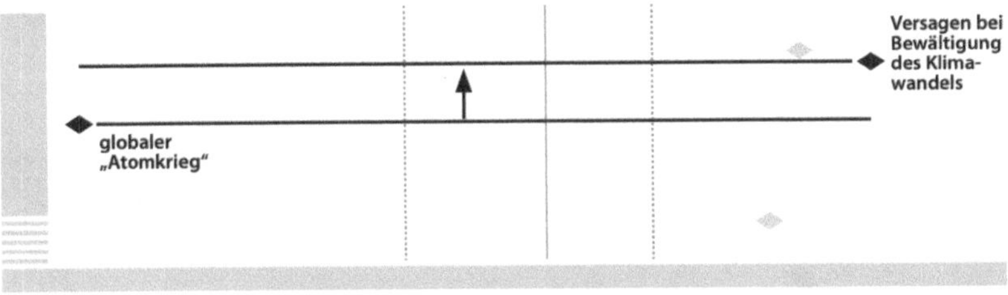

Abbildung 2: Vergleich des Ausmaßes der Folgen von Massenvernichtungswaffen und eines Versagens bei der Bewältigung des Klimawandels (Ausschnitt aus Abb. 1, © Gregor Hagedorn, CC BY-SA 4.0, nach World Economic Forum, 2021)

An dieser Stelle stutzen die meisten Menschen. Wie kann das sein? Wie kann es sein, dass die Klimakrise in den Talkshows, Zeitungen, politischen Debatten auf einem Niveau geführt wird, als ginge es um die Frage eines geeigneten Endlagers für die Brennelemente der Kernkraftwerke? Wenn wir wirklich mit hoher Wahrscheinlichkeit auf ein Ereignis zusteuern, das schlimmer als ein globaler Atomkrieg ist – müsste das dann nicht im Zentrum aller öffentlichen Diskussionen, aller politischen Programme stehen?

Welche gefährlichen Ereignisse oder Entwicklungen waren Ihnen zu Anfang dieses Kapitels selbst eingefallen?

Unserer Erfahrung nach wird zum Beispiel die Klimakrise oft ungefähr in der Größenordnung »Ausstieg aus der Kernenergie« oder »Lösung des Endlagerproblems für Atommüll« eingeordnet. Wenn man Risiken um

Größenordnungen falsch wahrnimmt, ist es nicht verwunderlich, wenn wir keine ausreichenden Maßnahmen ergreifen.

Wir lächeln über die Wahrnehmungsverzerrung der Anhänger:innen Trumps bezüglich einer möglichen Wahlfälschung bei der Präsidentenwahl 2020. Die meisten Menschen in Deutschland können sich vermutlich nicht vorstellen, selbst jemals eine ähnlich verzerrte Wahrnehmung von Wirklichkeit zu haben. Und dennoch findet genau dies statt (vgl. Habibi-Kohlen, 2021; Hiss, 2021; van Bronswijk et al., 2021; Dohm & Schurmann, 2021, in diesem Band).

Zwar sind Klimawandel, Biodiversitätsverlust und Nachhaltigkeitsfragen in der Bevölkerung zweifellos bekannt (z. B. BMU & UBA, 2019; European Commission, 2019). Ausmaß und Art der Risiken werden unseres Erachtens aber in weiten Kreisen deutlich unterschätzt (vgl. z. B. Berger et al., 2019; Fletcher et al., 2021), sodass wir uns der Herausforderung im Endeffekt noch nicht ausreichend bewusst sind.

3 Bildungsoffensive starten

Wissen führt nicht automatisch zum Handeln. Nur: Nichtwissen führt mit hoher Sicherheit zu fehlerhaftem Handeln. Das Wissen über planetare Realitäten, die Größenordnung der Gefahren und die Lösungsmöglichkeiten muss möglichst vielen Menschen bewusster werden (Peter et al., im Druck). Eine besondere Verantwortung haben hierbei Journalist:innen (Schurmann, 2020; Dohm & Schurmann, 2021, in diesem Band) und Wissenschaftskommunizierende (Hagedorn, 2019).

Zwar hat jeder Mensch für sich selbst grundsätzlich das Recht, weder sein Menschsein zu reflektieren noch wissenschaftliche Grundlagen zur Meinungsbildung heranzuziehen. Sobald man jedoch Entscheidungen über andere Menschen trifft und deren Rechte möglicherweise beeinträchtigt, muss dies informiert erfolgen. Das gilt vor allem für Politiker:innen und Wirtschaftsentscheider:innen, aber auch Wähler:innen können sich nicht von einer ethischen Verantwortung freisprechen, bestmögliches Wissen zu erwerben. *Wissen ist nicht optional.*

Dies bildet die Grundlage für staatliches Handeln wie Bildungsreformen und Aufklärungskampagnen. Dazu gehört auch, strukturelle Benachteiligungen aufzulösen, die einen umfassenden Zugang zu Informationen beeinträchtigen.

Für Aufklärungskampagnen sind vielleicht die Informationskampagnen zum Thema HIV/AIDS ein gutes Beispiel. Seit den 1980er Jahren haben sie das Wissen um Gefahren und Prävention von HIV/AIDS in Deutschland entscheidend verändert. Und ähnlich wie bei dieser Kampagne muss sich auch die Aufklärung über die Gefahren und Prävention der Nachhaltigkeitskrise an alle Teile der Bevölkerung richten – es genügt nicht, es in die Schulcurricula einfließen zu lassen und auf einen Aufklärungseffekt innerhalb der nächsten 60 Jahre zu hoffen.

Jedoch ist die Bedrohung unserer Gesellschaft, unserer Demokratie, unseres Friedens durch die Nachhaltigkeitskrise unvergleichlich größer als durch HIV/AIDS. Dies sollte sich im Umfang der Aufklärungsarbeit widerspiegeln. Die Frage, welcher Umfang angemessen ist, kann nur politisch beantwortet werden. Unserer Ansicht nach sollten für Aufklärung über Herausforderungen, Risiken und Lösungen der Nachhaltigkeitskrise aber mindestens reserviert werden (»Projekt 20«, Hagedorn, 2020):

- 20 % der Unterrichtszeit in Schulen und Hochschulen,
- 20 % der Sendezeit des öffentlich-rechtlichen Rundfunks (jeweils innerhalb der Sendezeit-Blöcke),
- 20 % der Forschungs- und Wissenschaftsförderung,
- 20 % der Werbeflächen im öffentlichen Raum,
- 20 % des Öffentlichkeitsbudgets und
- 20 % der Mitarbeiter:innenfortbildung aller öffentlichen Verwaltungen, Anstalten, Betriebe und Stiftungen.

Sind 20 Prozent genug? Die meisten Menschen, denen wir diesen Vorschlag bisher gemacht haben, reagierten darauf mit einem Lächeln. 20 Prozent sei unvorstellbar ambitioniert. Wir hingegen sind uns nicht sicher, ob es – für eine begrenzte Zeit – nicht noch deutlich größerer Anstrengungen bedarf. Wir sollten auch hier realistisch sein: Es geht nicht einfach um eine Bildungsoffensive, in der bisher unbekannte Erkenntnisse vermittelt werden. Es geht um Aufklärung in Konkurrenz zu mächtiger, vielfältiger und demokratisch legitimierter Wissens- und Wertekommunikation, die das Gegenteil vermittelt. Hierzu zählen Werbung für klima- und biodiversitätszerstörende Konsumgüter und Dienstleistungen ebenso wie Verschwörungserzählungen und Fake News über Direktnachrichten und Soziale Medien.

Der wissenschaftliche Konsens und ein verantwortungsvoller Journalismus sollten dazu beitragen, dass es einen konstant hohen Informationsstand in der Öffentlichkeit zum Wesen der Klima- und Nachhaltigkeitskrise gibt (vgl. Kapeller & Jäger, 2020) – und zu den Möglichkeiten, dieser Krise zu begegnen. Derzeit kommt in den Medien das Thema Handlungsmöglichkeiten und Risikomanagement im Vergleich zu Berichten über extreme Wetterereignisse deutlich zu kurz (vgl. de Brito et al., 2019). Öffentlichkeit schafft Aufmerksamkeit, Aufmerksamkeit schafft Bewusstheit, Bewusstheit ermöglicht Motivation, und Motivation ist, gemeinsam mit konkretem Wissen um wirksame Möglichkeiten sowie dem Zugriff darauf, eine Grundlage für Handeln.

Auch wenn eine Bildungsoffensive bereits viele persönliche Gespräche sowie Diskussionen in den Medien anregen kann, sind darüber hinaus weitere Initiativen für eine Vielzahl an konkreten Gesprächsgelegenheiten und -räumen nötig. In einer konzertierten Aktion sollten daher öffentliche Verwaltung (Ministerien, Kommunen, Bildungseinrichtungen etc.), Zivilgesellschaft (Vereine, Initiativen, Verbände, Parteien etc.) und Wirtschaft (Unternehmen, Verbände, Gewerkschaften etc.) begleitende Runden für Gespräche auf Augenhöhe organisieren – und vielleicht ein »Jahr der Klima- und Nachhaltigkeits-Gespräche« einberufen.

4 Nachhaltigkeitsbewusstsein aufbauen

Historisch betrachtet kennen wir die meisten Aspekte der Klima- und Nachhaltigkeitskrise seit langer Zeit – die internationalen Konferenzen und Verträge zum Beispiel zu Klima, Biodiversität und nachhaltiger Entwicklung sind gut dokumentiert. Ein besonders beeindruckendes Beispiel ist der erste Zwischenbericht der westdeutschen Bundestags-Enquete-Kommission zum *Schutz der Erdatmosphäre* aus dem Jahr 1988 (Enquete Kommission Vorsorge zum Schutz der Erdatmosphäre, 1988). Vor über 30 Jahren wurden dort bereits die wesentlichen Bedrohungen und Handlungsoptionen bezüglich der Klimakrise größtenteils richtig beschrieben (eine weitere empfehlenswerte geschichtliche Betrachtung ist z. B. Rich, 2019; deutsch als Rich & Winkler, 2019).

Und trotzdem führt unser Wissen bislang nicht zu ausreichend Bewusstsein und Handeln. Psychologisch betrachtet ist dies nicht verwunderlich: Nachhaltigkeitskommunikation darf nicht ausschließlich informativ bleiben – sie muss Menschen zum Beispiel auch Gründe für die Hoffnung liefern, dass ihr persönliches Zutun zu einer nachhaltigeren Lebensweise und Zukunft führen kann (vgl. zusammenfassend Grund & Brock, 2019). Wir müssen etwas mit den Informationen anfangen können: Wo beginnen wir zu handeln, was tun wir mit welchen Mitteln und mit wem tun wir es?

Und wir müssen die Zuversicht haben, dass unser Handeln Aussicht auf Erfolg hat. Eine solche Zuversicht bedeutet Wirksamkeitserwartung und Erfolgsaussicht zugleich. Weniger hilfreich ist hingegen unrealistischer Optimismus im Sinne von »das wird schon«. Im Alltag mag Letzteres ganz hilfreich sein, denn es ermöglicht uns, mit einer positiven Erwartung durch den Tag zu kommen. Doch im globalen Maßstab kann zu viel Optimismus uns hindern, das Nötige zu tun. Bildungs- und Aufklärungskampagnen müssen also tatsächlich wirksame Handlungen in den Mittelpunkt stellen (Grund & Brock, 2019, S. 15).

Und es gibt noch eine weitere Bedingung dafür, dass Nachhaltigkeitskommunikation wirksam werden kann: Bewusstsein erfordert, dass zum rationalen Verständnis auch die emotionale Anerkennung, das Fühlen einer realen Krise als persönliche Bedrohung, hinzutritt (Peter et al., im Druck). Das erfordert, uns mit Sorgen oder Gefühlen wie Angst, Wut oder Verzweiflung auseinanderzusetzen, statt diese zu verdrängen, weil sie unangenehm sind. Erst dann wird es uns *psychisch* möglich, uns so weit mit der Bedrohung auseinanderzusetzen, dass gleichzeitig Problembewusstsein und Veränderungsmotivation entstehen, anstelle von Untätigkeit oder Handlungsunfähigkeit (ebd.). Vorher ist an realistische Hoffnung überhaupt nicht zu denken, denn es fehlt ein Ziel.

Dazu ein Beispiel: Wir schließen unsere Autos oder Fahrräder ab, wenn wir sie im öffentlichen Raum und selbst in der Garage oder im Keller stehen lassen. Denn wir haben verinnerlicht, dass Räder und Autos gestohlen werden können. Kriminalität ist in unserem Bewusstsein – auch durch ihre allgegenwärtige Besprechung in den Medien, in der Politik, im persönlichen Gespräch – zutiefst verankert. Und sie macht uns Sorgen oder gar Angst. In Bezug auf unser Fahrrad oder Auto schieben wir diese Angst nicht einfach beiseite (»wird schon nicht gestohlen werden«), sondern wir tun etwas dagegen und wir wissen auch, was.

Der Pfad von einer Erkenntnis zu konkreten Verhaltensänderungen ist komplex. Psycholog:innen haben hier eine besondere Verantwortung zur Lösung beizutragen (Simons et al., 2021, in diesem Band). Einige der damit verbundenen psychischen Prozesse werden in anderen Kapiteln dieses Sammelbandes beschrieben (vgl. z.B. Beyerl, 2021; Herzog, 2021; in diesem Band). Im Folgenden möchten wir hier auf drei ausgewählte Aspekte eingehen, die über die individuelle Ebene menschlichen Handelns hinausgehen.

5 Uns aus »sozialen Fallen« befreien

Wer mehr Geld zur Verfügung hat, der belastet die Umwelt und Natur meist stärker. So liegt in Deutschland der Gesamtenergieverbrauch von Menschen mit einem hohen Einkommen fast doppelt so hoch wie derjenige von Menschen der untersten Einkommensgruppe (Kleinhückelkotten et al., 2016, S. 12). Vieles von dem, was in den oberen Einkommensgruppen konsumiert wird, ist nicht wirklich notwendig. Ein Beispiel sind die immer weiter zunehmenden Wohnflächen pro Person mit den daraus resultierenden Klimaschäden durch Bau- und Heizlasten. Bei SUVs gab es zwischen 2010 und 2018 einen Anstieg der Verkaufszahlen in den Schlüsselmärkten um 60 %. Dies ließ diese in Herstellung und Verbrauch besonders klimaschädlichen Fahrzeuge zu den weltweit zweitstärksten Verursachern des Anstiegs von Treibhausgasen zwischen 2010 und 2018 werden (Cozzi & Petropoulos, 2019).

Viele Menschen sehen »Überkonsum« durchaus kritisch und lehnen ihn verbal mitunter deutlich ab. Wir wissen, dass wir mehr Ressourcen verbrauchen, als uns auf dem Planeten eigentlich zur Verfügung stehen, dass es kein »unbegrenztes Wachstum« geben kann. Es gibt sogar einen »Earth Overshoot Day«, der anzeigt, an welchem Tag unser jährliches Ressourcen-Budget bereits aufgebraucht wurde. 2020 war dies weltweit der 22. August (UBA, 2020).

Wenn uns dieser Raubbau an unseren Lebensgrundlagen also bekannt ist – wie kommt es, dass wir dennoch nicht davon loskommen?

Einer der Gründe dafür sind Handlungsmuster aus dem Spektrum zwischen Gewohnheiten und Sucht. Ein schönes Bild dafür ist die »Hand in der Zuckerdose«: Wir wissen, wie gut Leckereien aus der Zuckerdose schmecken und wie toll wir uns nach dem letzten Verzehr gefühlt haben. Deshalb wollen wir das wiederholen. Wir stecken die Hand durch die enge Öffnung der Dose, umfassen eine der Leckereien, schließen dabei die Hand zur Faust – und bekommen die Hand aus der Dose nicht mehr heraus. Wir sind in einer Falle. Nun denken Sie sicherlich: »Dann mach ich halt die Faust wieder auf!« Aber so einfach ist es eben nicht.

In solchen Fallen finden wir Menschen uns häufig wieder, ohne dass wir ihnen so einfach entkommen können. So kommen zum Beispiel viele Menschen aus einer Alkohol- oder Tabaksucht nicht mehr heraus, obwohl sie wissen, dass sie ihnen und ihrer Familie langfristig Schaden zufügt und ihr Leben zum Teil massiv beeinträchtigt. Auch auf gesellschaftlicher Ebene kommen ähnliche Zusammenhänge vor. In der Wissenschaft wird hier von »Social Traps«, also sozialen Fallen, gesprochen, bei denen lokale oder individuelle Anreize nachhaltigen gesellschaftlichen Zielen entgegenstehen (Costanza et al., 2017). Ein Beispiel ist die Nahrungsmittelproduktion: Ob es um die Überfischung der Meere, die Überdüngung der Böden oder den Einsatz schädlicher Pestizide geht – die kurzfristige Steigerung von Erträgen und somit finanziellen Vorteilen steht dem langfristigen Erhalt von Lebensgrundlagen und natürlichen Grundlagen der Nahrungsmittelproduktion entgegen (vgl. ebd.).

Nun könnten wir die Faust tatsächlich einfach öffnen und die Hand wieder herausziehen, denn wir wissen ja um die Folgeschäden, und wir wissen ebenso, wie wir sie vermeiden können. Doch wir tun es nicht, solange die kurzfristigen Anreize, mit denen wir uns diese Falle stellen, nicht entfernt werden (ebd.). Die Analogie zu individuellem Suchtverhalten ist nicht ganz falsch: Kurzfristige Bedürfnisbefriedigung sticht langfristige Gesundheit und Lebensqualität aus – wider besseres Wissen. Wir müssen uns diese sozialen Fallen bewusst machen, und es braucht einen kollektiven Ausstieg. Ein individueller Ausstieg allein wird nicht reichen und ist aufgrund vieler verschachtelter Abhängigkeitsverhältnisse oft auch gar nicht möglich.

6 Auflösen statt aufschieben

Ein verbreitetes Muster, mit eigentlich notwendigen Handlungen umzugehen, die auf die ein oder andere Art unangenehm sind, ist das Verschieben. »Mir wachsen all die unerledigten Dinge über den Kopf« ist eine Aussage, mit der die Tendenz von Menschen erfasst wird, Handlungen trotz möglicher schwerwiegender Konsequenzen aufzuschieben (Schwarzer, 1999). Diese Tendenz, die mitunter pathologische Ausmaße annehmen kann, wird als Prokrastination bezeichnet.

Warum Menschen wichtige Dinge immer wieder aufschieben, kann von einer ganzen Reihe von Gründen abhängen (vgl. z. B. Rozental &

Carlbring, 2014). Das Ziel dabei ist letztlich immer, unangenehme Emotionen bzw. eine Beeinträchtigung des subjektiven Wohlbefindens zu vermeiden. Stehen wir vor einer Aufgabe, die uns gar nicht *motiviert* (zum Beispiel, die Wohnung aufzuräumen), verschieben wir diese Arbeit so lange, bis womöglich die negativen Auswirkungen einer unaufgeräumten Wohnung (zum Beispiel, wenn Besuch kommt) die kurzfristigen Lustgewinne und Unlustverluste überwiegen.

Ein anderer Grund hängt mit unseren Erwartungen zusammen: Erwarten wir, dass wir eine Aufgabe nicht lösen können, haben wir eine niedrige *Selbstwirksamkeitserwartung* (also letztlich auch wenig Hoffnung). Diese kann dazu führen, dass wir die Handlung vermeiden. In diesem Zusammenhang könnte auch die Erwartung-Wert-Theorie eine Rolle spielen (Grund & Brock, 2019): Wenn die erfolgreiche Umsetzung eines Vorhabens als wenig wahrscheinlich erachtet wird, hemmt dies die Motivation, überhaupt etwas in dieser Richtung zu unternehmen. Eine deutsche Studie mit über 2.500 jungen Menschen im Alter zwischen 14 und 24 Jahren kam zu dem Ergebnis, dass es in der Stichprobe zwar einen großen Teil nachhaltigkeitsaffiner Menschen gab (rund 50 %). Diese zeigten jedoch kein ausgeprägtes Umweltverhalten. Eine mögliche Erklärung: Dass durch das eigene Verhalten eine bessere Zukunft ermöglicht wird, wird nicht als besonders wahrscheinlich angesehen (ebd.).

Es gibt Hinweise darauf, dass Prokrastination nicht nur ein individuelles Phänomen ist, sondern beispielsweise auch ganze Gruppen von Menschen, wie Teams auf der Arbeit (van Hooft & van Mierlo, 2018), erfassen kann. Möglicherweise befinden sich Teile unserer Gesellschaft angesichts der überfordernden und einschüchternden Größe der Klimakrise in einer Art kollektiver Prokrastination. Dabei haben wir es hier mit einer Aufgabe zu tun, die wir nicht mehr aufschieben können, da der Aufschub großen Schaden für eine Vielzahl von Menschen und unsere Lebensgrundlagen anrichten wird – oder wir kommen gar an einen Punkt, an dem die Aufgabe objektiv nicht mehr lösbar ist.

Die Bewältigung der komplexen Klima- und Nachhaltigkeitskrise ist – psychisch, physisch, finanziell – harte Arbeit. Sie ist mit vielen unattraktiven Aufgaben verbunden, sie kann uns als Individuen und Gesellschaft überfordern, aber sie ist notwendig. Und es ist erforderlich, gut herauszuarbeiten, warum wir motiviert sein sollten, diese Arbeit anzugehen.

7 Selbstwirksamkeit erhöhen statt simulieren

Zur Motivation für Handlungen benötigen wir die Erwartung und letztlich auch Erfahrung von Selbstwirksamkeit (engl. »self-efficacy«). Hier lauert allerdings eine gesellschaftliche Falle, in die wir in den letzten Jahrzehnten häufig getappt sind. Wir möchten dies an einem Beispiel erläutern:

Stellen Sie sich vor, Sie sitzen in einem ICE und hören von einem Freund am Mobiltelefon, der Zug würde in 20 Minuten gegen eine eingestürzte Brücke rasen. Die Sicherungssysteme seien leider ausgefallen und der oder die Zugführer:in nicht erreichbar. Zugegeben, das klingt unwahrscheinlich (sagen wir mal, ungefähr so unwahrscheinlich wie das, was in Bezug auf Nachhaltigkeit gerade in der Wirklichkeit passiert ...). Was machen Sie jetzt? Warnen Sie die anderen? Oder schweigen Sie lieber? Wissenschaftlich ist es ja nicht bewiesen, dass es wirklich passieren wird. Die meisten Menschen wollen jetzt etwas tun. Sofort. Man könnte alle Mitreisenden animieren, in Richtung Zug-Ende zu joggen. Denn dies hilft ja: Es reduziert die Geschwindigkeit. Ein wenig – aber dafür sofort.

Solche Aktionen haben wir in puncto Nachhaltigkeit in den letzten Jahrzehnten zu Tausenden erlebt. Wir animieren die gutwilligen Mitmenschen, auf die Plastiktüten an der Supermarktkasse zu verzichten (während sich gleichzeitig die Zahl der Plastikverpackungen in den Regalen vervielfacht). Ganze Studiengänge diskutieren wochenlang über Strategien zur Reduktion der Coffee-to-go-Becher. Wir rufen zum Umstieg auf Ökostrom-Anbieter auf (obwohl dies bei den allermeisten Anbietern lediglich den Kohle- und Atomstrom-Anteil der anderen Stromkunden erhöht). Statt den relevanten Wärmebereich anzugehen und konsequent alle Öl- und Erdgasheizungen gegen Wärmepumpen auszutauschen, fokussieren wird auf Steckdosenleisten gegen Stand-by-Verluste oder LED-Leuchtkörper. Wir diskutieren über Tempolimits auf Autobahnen, 19 % Mehrwertsteuer auf Fleisch, Kreuzfahrtschiffe oder Mikroplastik in Kosmetika und Shampoo (obwohl die Hauptquelle für Mikroplastik der Reifenabrieb ist; Bertling et al., 2018). Wir applaudieren Projekten für kleine Balkon-Solarpaneele (z. B. Verbraucherzentrale, 2020), obwohl zur tatsächlichen Problemlösung ein Vielfaches der gesamten nutzbaren Dachflächen Deutschlands benötigt wird. Insgesamt ist sehr viel Nachhaltigkeitskommunikation auf den Bereich des privaten Konsums ausgerichtet, obwohl wir wissen, dass ökologisch korrekter privater Konsum die Umwelt (und das Klima) nicht retten kann (Grunwald, 2010).

Für solche Handlungen, die lediglich zu einem Gefühl von Selbstwirksamkeit führen, aber keiner quantitativen Betrachtung von Wirksamkeit standhalten, schlagen wir einen neuen Begriff vor: *Selbstwirksamkeitssimulationen* (vgl. auch Behaviour-Impact-Gap, Csutora, 2012).

Nur werden Selbstwirksamkeitssimulationen – zum Beispiel von Umweltverbänden, Ministerien, Medien – nicht aus Bösartigkeit beworben. Erfahrungen der eigenen Wirksamkeit sind für die Motivation von Menschen essenziell und kleine Handlungen können ein erster Schritt für viele Menschen sein. Sie können Selbstverständnis und Identität verändern und die Hoffnung beim Werben für Selbstwirksamkeitssimulationen ist, dass diese Menschen anschließend weitere Schritte gehen. Aber die Handlungen sollten dann auch wirklich als erste Schritte beworben werden. Denn Selbstwirksamkeitssimulationen kommen nicht ohne Risiken.

Das erste Risiko ist die Verschiebung der Bedeutung von Begriffen. Nachdem wir Nachhaltigkeit über Jahrzehnte vor allem mit den richtigen Logos und Aufklebern auf Deos, Kleidung, Kaffeepackungen und Unternehmensberichten in Verbindung gebracht haben, ist uns der Begriff fast entglitten. Nachhaltigkeit – das ist irgendetwas zwischen Gutmenschentum, Lifestyle und Ökobewegung. Wer weiß noch, was Nachhaltigkeit wirklich bedeutet?

Um sich daran zu erinnern, ist es hilfreich, es über das Gegenteil zu erklären: Wenn eine Gesellschaft keine nachhaltige Lebens- und Wirtschaftsweise findet, kann sie nicht längerfristig in dieser Form fortbestehen. Sie kann entweder noch rechtzeitig auf Nachhaltigkeit umschwenken, oder die nicht-nachhaltige Gesellschaft bricht irgendwann zusammen, kollabiert. Die hier noch begreifbare existenzielle Dimension des Begriffes Nachhaltigkeit wurde unseres Erachtens durch die vielen mit Nachhaltigkeit in Verbindung gebrachten Selbstwirksamkeitssimulationen schon fast zerstört.

Das zweite Risiko liegt im Single Action Bias (Weber, 1997). Dieser Begriff beschreibt einen Fehler, der uns gerade im Umgang mit Umweltschutz immer wieder unterläuft: Sobald wir auf eine vermeintliche Lösung für ein Problem gestoßen sind, hören wir auf, nach weiteren Lösungsmöglichkeiten zu suchen – selbst wenn es wahrscheinlich ist, dass diese eine Lösung scheitert, in eine Sackgasse führt oder gar das Gegenteil bewirkt. Oder es sind mehrere Lösungsmöglichkeiten bekannt, doch wir geben uns mit einer einzigen zufrieden.

Insgesamt neigen Selbstwirksamkeitssimulationen dazu, uns zu beschäftigen und zu beruhigen. Wenn wir ausreichend beschäftigt sind, erkennen wir unter Umständen die tatsächlichen Lösungen, in denen wir echte Selbstwirksamkeit erfahren könnten, nicht mehr. Im Zug-Beispiel: Das Problem ist eigentlich leicht zu lösen – wir ziehen die Notbremse. Aber wenn man mit Joggen beschäftigt ist und zudem viel Energie benötigt, die Größenordnung der Bedrohung zu verdrängen, kommt man unter Umständen nicht mehr auf diese Idee.

Dies führt uns schließlich zu einem dritten Risiko: Selbstwirksamkeitssimulationen lenken die Verantwortung oft auch dort auf individuelles Verhalten und individuelle Verantwortung, wo eigentlich nur gesellschaftliche Lösungen möglich sind. Zur Lösung des Plastikproblems reicht es eben nicht, dieses mit einer Gebühr zu versehen, oder eine Gelbe Tonne vor jedes Wohnhaus zu stellen. Es braucht eine Lösung dafür, dass Plastik gar nicht mehr in solchen Größenordnungen benötigt wird. Und die Lösung der nicht-nachhaltigen Gestaltung von Wohnraum und Verkehr bedarf einer Umgestaltung der Verkehrsinfrastruktur ebenso wie der Wohn- und Arbeitswelten.

8 Quantität und Tempo erhöhen

Viele in Deutschland verfolgte Entwicklungen waren nicht grundsätzlich falsch. Erdgas war einmal eine Brückentechnologie, sparsame Verbrennungsmotoren oder Kraft-Wärme-Kopplung mit Erdgas waren einmal sinnvoll. Der Ausbau der erneuerbaren Energien ist sinnvoll. Unsere Gesellschaft ist auch sensibler bezüglich internationaler Kooperation, Rassismus, sexualisierter Gewalt oder Mobbing geworden. Diese technischen und sozialen Veränderungen sind wichtige Bausteine. Nur haben wir die nötige Quantität und Geschwindigkeit nie erreicht. Genau dies ist jedoch von zentraler Bedeutung.

Ein Beispiel: Wenn wir eine Bergwanderung machen, müssen wir eine machbare Strecke planen, die richtige Ausrüstung haben und dann in einer angemessenen Geschwindigkeit wandern. Wenn wir uns vorgaukeln, wir müssten einfach nur einen Schritt vor den anderen setzen oder könnten beliebig viele Pausen machen, wird es reine Glückssache, ob wir unser Ziel erreichen. Und wenn es keine Übernachtungsmöglichkeit gibt, kann es richtig gefährlich werden.

Ein anderes Beispiel: Wenn wir eine Krankheit haben und die Ärzt:innen ein geeignetes Medikament verschreiben, sollten wir nicht aus Geiz oder Sorge vor Nebenwirkungen nur ein Zehntel der Dosis nehmen. Genau dies tun wir aber zum Beispiel im Hinblick auf Finanzmarktreformen oder den Ausbau erneuerbarer Energien. Nur die richtige Dosis führt zur Lösung.

Den richtigen Wanderplan und die richtige Dosis zu bestimmen, ist nicht trivial. Aber die eigentliche Schwierigkeit liegt darin, anschließend dem Plan zu folgen oder die richtige Dosis zu nehmen, auch wenn sie uns vielleicht nicht schmeckt. Zwischendurch immer wieder zu kontrollieren, ob alles noch passt. Und sich nicht ablenken zu lassen. Einige Vorschläge von uns:

1. Auf der Basis unserer derzeitigen Erkenntnisse entwickeln wir einen hinsichtlich Umfang und Geschwindigkeit grundsätzlich realisierbaren Plan.
2. Wir rechnen mit Fehlern und Fehlschlägen und bauen Sicherheitsmargen in die Planungen ein. Jedes Hochhaus wird mit Sicherheitsmargen gebaut. Dasselbe müssen wir für die Bewahrung unserer Lebensgrundlagen tun.
3. Alle Pläne werden mit 2- bis 3-jährigen Etappenzielen formuliert. Bereits bei der ersten Beschlussfassung wird festgelegt, welche wirksameren Alternativmaßnahmen (»contingency plan«) automatisch in Kraft treten, wenn ein Etappenziel verfehlt wird. Wir schlagen hierfür den Namen *Kaskadengesetz* vor, weil mit jedem nicht erfüllten Etappenziel, wie bei einer Kaskade, die jeweils eine Stufe strengere Regelung eintritt. Kaskadengesetze verhindern nicht, dass neue Erkenntnisse und andere Maßnahmen umgesetzt werden, da der Gesetzgeber jederzeit reagieren kann. Sie verhindern jedoch, dass erkannte Probleme nicht bearbeitet werden, weil die politische Agenda gerade mit anderen Themen gesättigt ist.
4. Wir schaffen einen rechtlichen und bürokratischen Raum für großflächige Pilotvorhaben, die einen derzeit geltenden, aber nicht-nachhaltigen rechtlichen Rahmen temporär verändern oder überschreiten dürfen. Über spezielle Nachhaltigkeitsgremien kann jedes Bundesland, jeder Kreis, jede Gemeinde bzw. Stadt solche Pilotvorhaben projektieren und eigenverantwortlich durchführen.
5. Alle öffentlichen Investitionen werden mit einem rechtlich verbindlichen Nachhaltigkeitsvorbehalt versehen. Gleichzeitig werden für alle öffentlichen Haushalte Nachhaltigkeitsprioritäten eingeführt, die verhindern, dass innerhalb der Haushalte Verteilungen zuungunsten

von nachhaltiger Entwicklung entstehen. Wir müssen damit aufhören, neue Straßen zu bauen oder auch nur alte zu sanieren, wenn wir es uns nicht einmal leisten (können), jeden einzelnen Baum durch einen neuen zu ersetzen.

9 Zukunftsinvestitionen priorisieren

> »Wir leben in krisenhaften Zeiten, und in Krisenzeiten ergibt es sehr viel Sinn, nicht mehr auf das zu starren, was wir individuell verlieren könnten. Da fokussieren wir uns auf das, was durch ein gemeinsames Nutzen vorhandener Ressourcen möglich ist« (Göpel, 2020).

Allein im Bereich der Energie-, Wohn- und Verkehrsinfrastrukturen benötigen wir voraussichtlich mehr Arbeitskräfte, Finanz- und Produktionskapazitäten, als uns problemlos zur Verfügung stehen werden. Wir müssen hier ein Vielfaches der bisherigen Menge an Solar- und Windkraftanlagen bauen (im In- oder Ausland) sowie deutlich mehr europäische Stromleitungen und Stromspeicher (Mehr Demokratie & BürgerBegehren Klimaschutz, 2020; Prognos et al., 2020; Ram et al., 2019). Im Wohnungsbereich muss der Wärmebedarf stark reduziert werden, und alle mit Erdöl oder Erdgas betriebenen Heizungen müssen gegen klimaverträgliche Systeme, insbesondere Wärmepumpen, ausgetauscht werden (ifeu et al., 2018; Prognos et al., 2015). Im Verkehrsbereich benötigen wir ein Vielfaches des bisherigen Bahn- und Busverkehrs, fahrradgerechte Verkehrswege (Rudolph et al., 2017) sowie Ladeinfrastrukturen für E-Mobilität.

All dies erfordert nicht nur Geld, Arbeitskräfte (Ferroukhi et al., 2020) und Energie, sondern auch Rohstoffe. Wir benötigen konsequente Materialkreisläufe (das heißt insbesondere ein Cradle-to-cradle-Recycling, Braungart & McDonough, 2009). Schließlich benötigen wir Reformen unserer Ausbildungs- und Sozialsysteme, um zwangsläufige Kostenverlagerungen sozialverträglich zu gestalten und viele Menschen dabei zu unterstützen, auch im fortgeschrittenen Alter noch den Beruf zu wechseln und neue Fähigkeiten zu erwerben.

Über all dies dürfen wir die Modernisierung unseres Bildungswesens nicht vergessen. Wir sollten alles Erforderliche tun, um die kommende Generation für die auf sie wartenden Herausforderungen bestmöglich vorzubereiten. Wir Älteren können ihnen nur noch einen Teil der Arbeit abnehmen.

All diese Maßnahmen kosten Geld, Arbeitskraft, Planungsressourcen, Energie, Materialien, Zeit. Wir müssen priorisieren, können andererseits aber nur wenig zurückstellen, weil unserer nicht-nachhaltigen, konsum- und wachstumsfixierten Gesellschaft angesichts der Klima- und Nachhaltigkeitskrise der Kollaps droht.

Ein wesentlicher Beitrag kann eine deutliche Verlagerung von Ressourcen weg von Konsumgütern und Konsumdienstleistungen und hin zu Zukunftsinvestitionen sein. Für einen begrenzten Zeitraum von zum Beispiel 15 Jahren einigen wir uns auf eine große Anstrengung, einen »Zukunfts-Aufbauplan«, und verzichten während dieser Zeit bewusst auf manchen gewohnten Konsum. Die genaue politische Gestaltung ist sicherlich eine Herausforderung und könnte aus einer Mischung von Ordnungspolitik, Abgabenpolitik und Verhaltensanstößen (»Nudging«, Thaler & Sunstein, 2009) bestehen.

Ordnungspolitisch könnte man zum Beispiel für Konsumgüter wesentlich stringentere Anforderungen an den Lieferkettennachweis stellen oder bestimmte besonders klimaschädliche Produktionsverfahren in der Landwirtschaft mit verlässlichen Stufenplänen schrittweise verbieten. Finanziell könnte man alle klima- und nachhaltigkeitsschädlichen Güter und Dienstleistungen mit einer hohen »Zukunftsabgabe« belegen. Wenn diese Zukunftsabgabe prozentual bei teuren Gütern und Dienstleistungen höher ist als bei günstigeren, könnte dies zur Sozialverträglichkeit beitragen. Ein wirksamer Sozialausgleich ist bei einem solchen Vorgehen allerdings unerlässlich. Gleichzeitig könnten nachhaltige Produkte »Zukunftsboni« durch Steuererleichterungen erhalten.

Ein solche »Notbremse« klingt zweifellos drastisch. Ist es denkbar, dass unsere demokratischen Gesellschaften so etwas in Erwägung ziehen würden? Wir glauben: Wenn wir die Realität akzeptieren und gute Pläne gemacht haben, welche die Zeitdauer der Notbremsung begrenzen, ist dies sehr gut vorstellbar. Die jüngeren Menschen tun es für sich selbst, viele ältere für ihre eigenen Kinder, Nichten, Neffen und Enkel:innen. Wenn wir wollen, können wir.

10 Solidarisch handeln

Wir wollen solidarisch zwischen älteren und jüngeren Menschen handeln. Die Lebensleistung der älteren Generationen muss nicht deshalb infrage gestellt werden, weil die Zukunft anders werden muss. Die ältere Generation hat kriegsverwüstete Länder wiederaufgebaut. Sie hat aus Kriegen gelernt, enge wirtschaftliche und kulturelle Beziehungen zwischen Staaten sowie internationale Friedenssicherungssysteme geschaffen. Sie hat extreme Armut, Unterernährung, Kindersterblichkeit und Bevölkerungswachstum in bemerkenswerter Weise zurückgedrängt, Gleichberechtigung, Wohlstand, Lebenserwartung und Bildung – insbesondere von Frauen – gefördert. Kein:e Braunkohlearbeiter:in muss sich für die vergangenen Jahrzehnte schämen.

Dies ist auch psychologisch wichtig. Wir wissen, dass Schuldgefühle Erkenntnisse verhindern und Beschuldigungen Widerstand erzeugen können. Wer aus der Vergangenheit lernt, kann in Zukunft anders handeln, ohne sich in der Rückschau zu zerfleischen. *Alle sollten eingeladen werden, mit Mut nach vorne zu schauen, Neues zu lernen und mitzumachen bei der Gestaltung einer nachhaltigen Welt.*

Doch der Zusammenhalt zwischen den Generationen ist nicht der einzige Aspekt von Solidarität. Das »Wir«, in dem wir gerade schreiben, umfasst gar nicht alle Menschen, die von der Klimakrise betroffen sind und die es für die Lösung der Klimakrise braucht. Dies sind zum Beispiel Menschen aus anderen Weltregionen und Kulturen, die zum Teil viel stärker unter den Folgen der Klimakrise leiden, oder Menschen mit geringem Einkommen, die sich mit Ökostrom und teuren Ökoprodukten nicht »freikaufen« können. Oder Menschen mit geringem politischem Einfluss.

Wenn gesellschaftliche Transformation keine Rücksicht darauf nimmt, dass diese für unterschiedliche Menschen auch unterschiedliche Risiken mit sich bringt, dass finanzielle, soziale, familiäre, personale und politische Verhältnisse berücksichtigt werden müssen, wird sie deutlich erschwert oder scheitert sogar. Verteilungsgerechtigkeit und Verfahrensgerechtigkeit sind wichtige Aspekte der notwendigen Solidarität.

11 Verlässlich und arbeitsteilig handeln

In dieser Solidarität müssen wir eine neue Balance von Transparenz und Vertrauen finden. Wir werden die notwendige Geschwindigkeit nicht erreichen, wenn jede und jeder, Politiker:in, Bürger:in, Konsument:in, etc., sich persönlich ein Bild über alle vielfältigen Entscheidungen zu den Problemen der planetaren und sozialen Nachhaltigkeit machen muss. Oder wenn wir als Gesamtgesellschaft über Detaillösungen oder über die Interpretation grundlegender wissenschaftlicher Erkenntnisse diskutieren.

Ein aktuelles Beispiel ist die COVID-19-Krise. Hier mussten viele Entscheidungen über eine temporäre Transformation unserer Gesellschaft getroffen werden. Die positive Erfahrung aus COVID-19 ist, dass Politiker:innen rasch entscheiden können und sich grundsätzlich von Wissenschaftler:innen beraten lassen. Auch wenn hierbei Fehler gemacht wurden und anschließend korrigiert werden mussten, wurde dies von einer breiten Mehrheit der Gesellschaft mitgetragen.

COVID-19 hat aber auch gezeigt, wie schnell unser gesamtgesellschaftliches Entscheidungssystem gesättigt sein kann. Diskussionen zur Klima- und Nachhaltigkeitskrise sind nicht verschwunden, finden aber kaum noch Platz in der politischen Debatte, den Medien und der Aufmerksamkeitsökonomie der Wähler:innen. Dies lässt sich nicht ganz vermeiden, da unsere Aufmerksamkeit begrenzt ist. Doch dafür gibt es die zivilisatorische Errungenschaft der Arbeitsteilung.

Arbeitsteilung erfordert ein Sich-aufeinander-Verlassen, ein Vertrauen in die Kompetenz und Integrität der anderen. Wie passt dies zu dem immer stärker werdenden Misstrauen untereinander und gegenüber Wissenschaft, Medien und Politik?

Eine wesentliche Ursache für Verschwörungserzählungen und Fake News ist, dass Menschen den herkömmlichen organisierten Vertrauensnetzwerken mit ihren Kontrollmechanismen nicht mehr glauben (vgl. auch van Bronswijk et al., 2021, in diesem Band). Stattdessen wird auf persönliche Vertrauensnetzwerke gesetzt, die gesamtgesellschaftlich gesehen die Wirkung von Misstrauensnetzwerken entfalten. In diesen Netzwerken kann Kompetenz vertreten sein, angelesenes oder missverstandenes Wissen, aber auch die Nacherzählung frei erfundener Lügen oder Traumwelten.

An den entscheidenden Stellen von Politik, Verwaltung, Wirtschaft, Wissenschaft oder Journalismus benötigen wir deshalb starke Kontrollmechanismen und Transparenz. Zum Beispiel haben Wissenschaft und Journalismus Mechanismen, die zwar nicht fehlerfrei sind, aber es erlauben, den jeweiligen Professionen bzw. Institutionen einen Vertrauensvorschuss zu geben. Diese Mechanismen bekannter zu machen, zum Beispiel den Unterschied zwischen Meinung und nachprüfbarer Erkenntnis von Wissenschaftler:innen oder zwischen einer Einzelmeinung und einem wissenschaftlichen Konsens, ist daher eine wichtige Zukunftsinvestition.

Ein größeres Problem in diesem Zusammenhang ist der Konflikt zwischen unterschiedlichen Interessen von Menschen in unterschiedlichen Rollen: Unternehmer:innen, Konsument:innen, Sorgeberechtigte, Politiker:innen, Anleger:innen oder Wähler:innen. Solange Nachhaltigkeit nicht Minimalkonsens aller verschiedenen Interessen ist, bleibt eine Lösung der Nachhaltigkeitskrise in weiter Ferne. Statt über Einzelentscheidungen zu sprechen, müssen wir uns daher auf Regeln und Grundsätze einigen. Diese müssen klar genug sein, damit aus ihnen dann – arbeitsteilig, transparent und mit klarer Zuordnung der Verantwortung – die Einzelentscheidungen gefällt werden können.

Arbeitsteiligkeit bedeutet nicht, dass sich nur Spezialist:innen um Nachhaltigkeit kümmern. Aber nicht jede Einzelperson muss alle Fragen zu Klimawandel, Artensterben oder den richtigen Handlungsoptionen neu hinterfragen und entscheiden. Damit Nachhaltigkeit, einschließlich Klima-, Natur- und Umweltschutz, dennoch zu einem normalen Bestandteil allen menschlichen Tuns und Handelns wird, muss es Einzug in die Regeln, Institutionen und Gewohnheiten unseres Lebens finden. Erst ein solches ökologisches »Mainstreaming« (Dalal-Clayton & Bass, 2009), eine solche Ökoroutine (Kopatz, 2016) wird zum Erfolg führen.

Wir brauchen in jeder Institution mit wirksamen Kompetenzen ausgestattete Nachhaltigkeitsexpert:innen und -controller:innen, so wie es in jeder Institution Finanzexpert:innen und -controller:innen gibt. Wir brauchen Marktpreise, die die Umwelt- und Sozialkosten unserer Handlungen für kommende Generationen abbilden. Wir brauchen Regeln, die gesellschaftlich erwünschtes Verhalten erleichtern und gesellschaftlich schädliches Verhalten verbieten oder erschweren. Und wir brauchen eine Kontrolle dieser Regeln und deren Einhaltung. Ein Vorschlag für die öffentliche Verwaltung: Wir richten neue, den Bundes- und Landesrechnungshöfen vergleichbare »Nachhaltigkeitsrechnungshöfe« ein. Diese sind mit ausreichend Personal und Sanktionsmitteln ausgestattet, um die Erreichung der Nachhaltigkeitsziele zu gewährleisten.

12 Alle Regler auf Anschlag schieben

Wir haben hier eine schon ziemlich lange Liste von Handlungsmustern präsentiert, die wir verändern können und müssen. Die negative Nachricht ist: Die Liste ist sicherlich nicht vollständig. Die positive Nachricht ist: Alle Elemente können gleichzeitig angegangen werden. Dennoch: Wie wahrscheinlich ist es, dass wir damit Erfolg haben?

Wir selbst haben eine konkrete und realistische Hoffnung auf Erfolg. Sie gründet sich darauf, dass Menschen ein enormes Änderungspotenzial haben. Dass sie solidarisch und arbeitsteilig arbeiten können und gemeinsam eine lebenswerte Welt auch für kommende Generation bauen wollen. Und dass die Erfahrungen der Vergangenheit nicht die Handlungsmöglichkeiten der Gegenwart begrenzen.

In den letzten Jahrzehnten haben wir uns daran gewöhnt, viel Zeit zu haben. Wir haben gelernt, dass die Einführung neuer Technologien viele Probleme erzeugen kann. Wir haben umfangreiche Beteiligungs- und Einspruchsverfahren eingeführt, finanzieren Sicherheitsforschung und Technologiefolgenabschätzungen. Wir wägen sorgfältig ab und wenn wir Probleme sehen, warten wir auch gerne ab und hoffen auf künftige, bessere Lösungen.

All dies ist nicht dumm, sondern war eine weitgehend erfolgreiche Strategie für eine stabile Entwicklung in Zeiten von Frieden, Wohlstand, gesicherter natürlicher Lebensbedingungen, Rohstoff- und Materialversorgung. Aber es ist keine erfolgreiche Strategie für die Zukunft unserer zutiefst nicht-nachhaltigen Gesellschaft.

Wenn wir die Größe der Herausforderungen betrachten, müssen wir schnell werden. Wir müssen ausprobieren und Entwicklungen parallel vorantreiben. Sollen wir lieber A oder lieber B machen? Windenergie oder Solarenergie? Oder doch lieber Atomkraft? Lieber den Lebensstil ändern und mit viel weniger Energie und Rohstoffen glücklich werden (»suffizient leben«), statt Windkrafträder und Stromleitungen zu bauen? Lieber unsere Wirtschaftsweise transformieren, statt technische Lösungen zu suchen? Was ist der richtige Weg?

Viel zu häufig diskutieren wir über Alternativen. Diese Diskussionen führen in die Irre. Wir müssen die vielen ODER durch ein UND ersetzen ... Und alle Regler auf Anschlag schieben. Als Gesellschaft, als Nachbarschaften, als Familien, als Individuen.

Damit sind wir zum Schluss noch einmal ganz nah bei uns selbst: Was heißt das nun für uns persönlich? Muss »die Politik«, »die Gesellschaft«, »die Wirtschaft« jetzt endlich liefern und wir können uns zurücklehnen? Nein. Denn »wir« machen Politik, sind Gesellschaft, sind Wirtschaft. Nachhaltiges Handeln ist somit sowohl ressourcen-achtsames Leben als auch politisches Leben. Unser politischer Einfluss beschränkt sich nicht auf die Wahlurne. Wir können mit Nachbar:innen Freund:innen, Kolleg:innen sprechen. In die Parteien eintreten. Auf die Straße gehen. Mit Entscheider:innen und Medienverantwortlichen sprechen.

Fühlen Sie sich hierzu eingeladen. Werden wir gemeinsam AndersMACHER:innen, ErnsthaftMACHER:innen, ZukunftsMACHER:innen!

> In einfachen Worten
>
> Es gibt viele aktuelle Krisen auf unserer Welt, die miteinander verbunden sind. Im Vordergrund steht gerade die Klima- und Nachhaltigkeitskrise. Das Ausmaß dieser Krisen kann uns leicht überfordern. Doch für uns, unsere Mitmenschen und die Menschen der Zukunft ist es sehr wichtig, dass diese Krisen gelöst werden. Dafür müssen wir Menschen vieles anders machen: Wir können darüber nachdenken, was uns wirklich wichtig im Leben ist und was wir schützen möchten. Wir können auch anderen helfen, diese Krisen zu verstehen, und unsere Umwelt besser schützen. Das alles müssen wir sehr schnell ändern. Dabei müssen wir die Aufgaben so erledigen und die Schwerpunkte so setzen, dass wir wirklich wirksam werden. Die Aufgaben müssen schnell und umfangreich angegangen werden. Wir müssen uns die anstehende Arbeit dafür verlässlich und gerecht aufteilen. Dies muss niemand allein schaffen. Doch alle sollten einen Beitrag dazu leisten, sodass wir am Ende gemeinsam Erfolg haben.

Literatur

Bardi, U. (2014). *Extracted: How the quest for mineral wealth is plundering the planet: a report to the Club of Rome*. Chelsea Green Publishing.

Berger, N., Lindemann, A.-K. & Böl, G.-F. (2019). Wahrnehmung des Klimawandels durch die Bevölkerung und Konsequenzen für die Risikokommunikation. *Bundesgesundheitsblatt– Gesundheitsforschung – Gesundheitsschutz, 62*, 612–619. https://doi.org/10.1007/s00103-019-02930-0

Bertling, J., Bertling, R. & Hamann, L. (2018). *Kunststoffe in der Umwelt: Mikro- und Makroplastik*. Oberhausen: Fraunhofer UMSICHT.

Beyerl, K. (2021). Was motiviert zu nachhaltigem Handeln? Perspektiven aus der umweltpsychologisch-transdisziplinären Praxis. In L. Dohm, F. Peter & K. van Bronswijk (Hrsg.), *Climate Action – Psychologie der Klimakrise. Handlungshemmnisse und Handlungsmöglichkeiten* (S. 355–370). Gießen: Psychosozial-Verlag.

BMU & UBA. (2019). Umweltbewusstsein und Umweltverhalten in Deutschland 2018. Ergebnisse einer repräsentativen Bevölkerungsumfrage. https://www.umweltbundesamt.de/sites/default/files/medien/1410/publikationen/ubs2018_-_m_3.3_basisdatenbroschuere_barrierefrei-02_cps_bf.pdf (02.03.2021).

Braungart, M. & McDonough, W. (2009). *Cradle to cradle: Remaking the way we make things*. New York: Vintage Books.

Ceballos, G., Ehrlich, P.R., Barnosky, A.D., García, A., Pringle, R.M. & Palmer, T.M. (2015). Accelerated modern human-induced species losses: Entering the sixth mass extinction. *Science Advances, 1*(5), e1400253. https://doi.org/10.1126/sciadv.1400253

Chapin, F.S. & Díaz, S. (2020). Interactions between changing climate and biodiversity: Shaping humanity's future. *Proceedings of the National Academy of Sciences, 117*(12), 6295–6296. https://doi.org/10.1073/pnas.2001686117

Costanza, R., Atkins, P.W.B., Bolton, M., Cork, S., Grigg, N.J., Kasser, T. & Kubiszewski, I. (2017). Overcoming societal addictions: What can we learn from individual therapies? *Ecological Economics, 131*, 543–550. https://doi.org/10.1016/j.ecolecon.2016.09.023

Cox, K., Knack, A., Robson, M., Adger, N., Paillé, P., Freeman, J., Black, J. & Harris, R. (2020). *A changing climate. Exploring the implications of climate change for UK defence and security*. Santa Monica (US), Cambridge (UK): RAND Corporation. https://assets.publishing.service.gov.uk/government/uploads/system/uploads/attachment_data/file/930787/dcdc_report_changing_climate_gsp_RR-A487.pdf (02.03.2021).

Cozzi, L. & Petropoulos, A. (2019). *Growing preference for SUVs challenges emissions reductions in passenger car market – Analysis*. IEA. https://www.iea.org/commentaries/growing-preference-for-suvs-challenges-emissions-reductions-in-passenger-car-market (02.03.2021).

Csutora, M. (2012). One More Awareness Gap? The Behaviour-Impact Gap Problem. *Journal of Consumer Policy, 35*(1), 145–163. https://doi.org/10.1007/s10603-012-9187-8

Dalal-Clayton, B. & Bass, S. (2009). The challenges of environmental mainstreaming: Experiences of integrating environment into development institutions and decisions. *Publications Library: Vol. Environmental Governance No. 3*. International Institute for Environment and Development. https://pubs.iied.org/17504IIED (04.06.2021).

de Brito, R.P., de Souza Miguel, P.L. de & Pereira, S.C.F. (2019). Climate risk perception and media framing. *RAUSP Management Journal, 55*(2), 247–262. https://doi.org/10.1108/RAUSP-09-2018-0082

Dohm, L. & Schurmann, S. (2021). Die Bewusstwerdung der Klimakrise in der medialen Berichterstattung. In L. Dohm, F. Peter & K. van Bronswijk (Hrsg.), *Climate Action – Psychologie der Klimakrise. Handlungshemmnisse und Handlungsmöglichkeiten* (S. 159–173). Gießen: Psychosozial-Verlag.

DSW (2019). *Soziale und demografische Daten weltweit. DSW-Datenreport 2019*. Deutsche Stiftung Weltbevölkerung (DSW). https://www.dsw.org/wp-content/uploads/2019/12/DSW-Datenreport-2019.pdf (02.03.2021).

Enquete Kommission Vorsorge zum Schutz der Erdatmosphäre (1988). *Erster Zwischenbericht*. Deutscher Bundestag 11. Wahlperiode. http://dipbt.bundestag.de/doc/btd/11/032/1103246.pdf (02.03.2021).

European Commission (2019). *Special Euro Barometer: Climate change*. https://data.europa.eu/euodp/en/data/dataset/S2212_91_3_490_ENG (30.06.2021).

FAO ITPS (2015). *Status of the World's Soil Resources (SWSR) – Main Report*. Food and Agriculture Organization of the United Nations and Intergovernmental Technical Panel on Soils. http://www.fao.org/3/i5199e/i5199e.pdf (02.03.2021).

Ferroukhi, R., Renner, M., García-Baños, C., Elsayed, S. & Khalid, A. (2020). *Renewable Energy and Jobs – Annual Review 2020*. IRENA (International Renewable Energy Agency). https://www.irena.org/-/media/Files/IRENA/Agency/Publication/2020/Sep/IRENA_RE_Jobs_2020.pdf (02.03.2021).

Fletcher, J., Higham, J. & Longnecker, N. (2021). Climate change risk perception in the USA and alignment with sustainable travel behaviours. *PLOS ONE*, *16*(2), e0244545. https://doi.org/10.1371/journal.pone.0244545

Göpel, M. (2020). *Unsere Welt neu denken. Eine Einladung*. Ullstein-Taschenbuchverlag.

Grund, J. & Brock, A. (2019). Why We Should Empty Pandora's Box to Create a Sustainable Future: Hope, Sustainability and Its Implications for Education. *Sustainability*, *11*(3), 893. https://doi.org/10.3390/su11030893

Grunwald, A. (2010). Wider die Privatisierung der Nachhaltigkeit – Warum ökologisch korrekter Konsum die Umwelt nicht retten kann/Against Privatisation of Sustainability – Why Consuming Ecologically Correct Products Will Not Save the Environment. *GAIA – Ecological Perspectives for Science and Society*, *19*(3), 178–182. https://doi.org/10.14512/gaia.19.3.6

Habibi-Kohlen, D. (2021). Zur zeitbedingten Abwehr der Klimakrise. Wie wir uns die Klimakrise bedeutungslos machen und wie der Zeitgeist uns dabei hilft. In L. Dohm, F. Peter & K. van Bronswijk (Hrsg.), *Climate Action – Psychologie der Klimakrise. Handlungshemmnisse und Handlungsmöglichkeiten* (S. 45–64). Gießen: Psychosozial-Verlag.

Hagedorn, G. (2019). Scientists for Future: Aufklärung gegen die Klimakrise. *Blätter Für Deutsche & Internationale Politik*, (9), 57–64. https://www.blaetter.de/archiv/jahrgaenge/2019/september/scientists-for-future-aufklaerung-gegen-die-klimakrise. (19.07.2021).

Hagedorn, G. (27. Juli 2020). Meine eigenen Wünsche an die gute Fee. *Wozukunft*. https://blog.wozukunft.de/2020/07/27/meine-eigenen-wunsche-an-die-gute-fee/ (20.03.2021).

Hagedorn, G., Baasch, S., Blöbaum, A., Brendel, H., Hardt, Heiland, S., Amann, M., Matthies, E., Pfennig, A., Baisch, C., Wipfler, B., Altermatt, P.P., Baumgarten, S., Bergmann, M., Brendel, E., van Bronswijk, K., Creutzig, F., Daub, C.-H., Dohm, L., Engel, S., Feilner, M., Glawe, C., Hentschel, K.-M., Jetzkowitz, J., König, N., Krenzer, S., Kromp-Kolb, H., Kuhn, G., Linow, S., Loew, T., Lucht, W., Mickley, A., Müschen, K., Ossenkopf-Okada, V., Raulf, F.F., Rothenberg-Elder, K., Scheffran, J., Schmidtlein, S., Seppelt, R., Urbat, S., Valdivia, L., Vogel, P., Wagener-Lohse, G., Wagner, O. & Weber, U. (2021). *Scientists for Future empfiehlt eine repräsentative Klima-Bürger:innenversammlung im Jahr 2021/Scientists for Future recommends a representative Climate Citizens' Assembly in 2021 (Version 1.1)*. https://doi.org/10.5281/zenodo.4417265

Harré, N. (2018). *Psychology for a better world: Working with people to save the planet*. Auckland: Auckland Univ. Press.

Herzog, N. (2021). Bewusstes Handeln besser verstehen. Die Theorie des geplanten Verhaltens im Kontext von Umwelt- und Klimaschutzverhalten. In L. Dohm, F. Peter &

K. van Bronswijk (Hrsg.), *Climate Action – Psychologie der Klimakrise. Handlungshemmnisse und Handlungsmöglichkeiten* (S. 347–354). Gießen: Psychosozial-Verlag.

Hiss, D. (2021). Hitze, Extremwetter und kognitive Dissonanz. Warum die kognitive Dissonanz in der Klimakrise allgegenwärtig ist und was das für die Klimakommunikation bedeutet. In L. Dohm, F. Peter & K. van Bronswijk (Hrsg.), *Climate Action – Psychologie der Klimakrise. Handlungshemmnisse und Handlungsmöglichkeiten* (S. 141–157). Gießen: Psychosozial-Verlag.

ifeu, Fraunhofer IEE & Consentec (2018). *Wert der Effizienz im Gebäudesektor in Zeiten der Sektorenkopplung. Studie im Auftrag von Agora Energiewende.* Agora Energiewende & European Climate Foundation (ECF). https://www.agora-energiewende.de/fileadmin2/Projekte/2017/Heat_System_Benefit/143_Heat_System_benefits_WEB.pdf (02.03.2021).

IPBES (2019). *Summary for policymakers of the global assessment report on biodiversity and ecosystem services.* Intergovernmental Science-Policy Platform on Biodiversity and Ecosystem Services, IPBES. https://doi.org/10.5281/ZENODO.3553579

IPCC (2019). *1,5 °C globale Erwärmung – Der IPCC-Sonderbericht über die Folgen einer globalen Erwärmung um 1,5 °C gegenüber vorindustriellem Niveau und die damit verbundenen globalen Treibhausgasemissionspfade im Zusammenhang mit einer Stärkung der weltweiten Reaktion auf die Bedrohung durch den Klimawandel, nachhaltiger Entwicklung und Anstrengungen zur Beseitigung von Armut. Zusammenfassung für politische Entscheidungsträger.* https://www.de-ipcc.de/media/content/SR1.5-SPM_de_barrierefrei.pdf (02.03.2021).

Ivanova, M., Reichstein, M., Garschagen, M., Ye, Q., Chaudhari, K. & Wood, S. (2020). A survey of scientists' perceptions. In *Our Future on Earth* (S. 14–17). Future Earth. https://futureearth.org/publications/our-future-on-earth/ (20.03.2021).

Kapeller, M.L. & Jäger, G. (2020). Threat and Anxiety in the Climate Debate – An Agent-Based Model to Investigate Climate Scepticism and Pro-Environmental Behaviour. *Sustainability, 12*(5), 1823. https://doi.org/10.3390/su12051823

Kleinhückelkotten, S., Neitzke, H.-P. & Moser, S. (2016). *Repräsentative Erhebung von Pro-Kopf-Verbräuchen natürlicher Ressourcen in Deutschland (nach Bevölkerungsgruppen) (39/2016).* Umweltbundesamt (UBA). http://www.umweltbundesamt.de/publikationen/repraesentative-erhebung-von-pro-kopf-verbraeuchen (02.03.2021).

Kopatz, M. (2016). *Ökoroutine: Damit wir tun, was wir für richtig halten.* München: Oekom.

Lenton, T.M., Rockström, J., Gaffney, O., Rahmstorf, S., Richardson, K., Steffen, W. & Schellnhuber, H.J. (2019). Climate tipping points – Too risky to bet against. *Nature, 575*(7784), 592–595. https://doi.org/10.1038/d41586-019-03595-0

Mecklin, J. (27. Januar 2021). This is your COVID wake-up call: It is 100 seconds to midnight. 2021 Doomsday Clock Statement (Science and Security Board) *Bulletin of the Atomic Scientists.* https://thebulletin.org/doomsday-clock/current-time/ (20.03.2021).

Mehr Demokratie & BürgerBegehren Klimaschutz (Hrsg.). (2020). *Handbuch Klimaschutz. Wie Deutschland das 1,5-Grad-Ziel einhalten kann: Basiswissen, Fakten, Maßnahmen.* München: Oekom. https://www.oekom.de/buch/handbuch-klimaschutz-9783962382377 (02.03.2021).

Peter, F., van Bronswijk, K. & Rodenstein, B. (im Druck). Facetten der Klimaangst. Psychologische Grundlagen der Entwicklung eines handlungsleitenden Klimabewusstseins. In B. Rieken, R. Popp & P. Raile (Hrsg.), *Eco-anxiety – Zukunftsangst und Kli-*

mawandel. Interdisziplinäre Zugänge. Waxmann (Psychotherapiewissenschaft in Forschung, Profession und Kultur).

Prognos, ifeu & IWU (2015). *Energieeffizienzstrategie Gebäude*. https://www.prognos.com/uploads/tx_atwpubdb/20151220_Prognos_Hintergrundpapier_EES.pdf (02.03.2021).

Prognos, Öko-Institut & Wuppertal-Institut (2020). *Klimaneutrales Deutschland. Im Auftrag von Agora Energiewende, Agora Verkehrswende und Stiftung Klimaneutralität*. https://www.agora-energiewende.de/veroeffentlichungen/klimaneutrales-deutschland/ (02.03.2021).

Ram, M., Bogdanov, D., Aghahosseini, A., Gulagi, A., Oyewo, S.A., Child, M., Caldera, U., Sadovskaia, K., Farfan, J., Barbosa, L.S.N.S., Fasihi, M., Khalili, S. & Breyer, C. (2019). *Global energy system based on 100% renewable energy – power, heat, transport and desalination sectors*. Study by Lappeenranta University of Technology and Energy Watch Group. http://energywatchgroup.org/wp-content/uploads/EWG_LUT_100RE_All_Sectors_Global_Report_2019.pdf (02.03.2021).

Rich, N. (2019). *Losing Earth: A recent history*. MCD/Farrar.

Rich, N. & Winkler, W. (2019). *Losing earth (deutsche Übersetzung)*. Berlin: Rowohlt.

Rozental, A. & Carlbring, P. (2014). Understanding and treating procrastination: A review of a common self-regulatory failure. *Psychology, 5*(13), 1488–1502. https://doi.org/10.4236/psych.2014.513160

Rudolph, F., Koska, T. & Schneider, C. (2017). *Verkehrswende für Deutschland. Der Weg zu CO2-freier Mobilität bis 2035*. Wuppertal Institut. https://epub.wupperinst.org/frontdoor/deliver/index/docId/6812/file/6812_Verkehrswende.pdf (02.03.2021).

Schellnhuber, H.J. & Martin, M.A. (2020). Climate Change, Public Health, Social Peace. In W.K. Al-Delaimy, V. Ramanathan & M. Sánchez Sorondo (Hrsg.), *Health of People, Health of Planet and Our Responsibility: Climate Change, Air Pollution and Health* (S. 225–238). Basel: Springer International Publishing. https://doi.org/10.1007/978-3-030-31125-4_17

Schurmann, S. (7. September 2020). Offener Brief: Journalist:innen, nehmt die Klimakrise endlich ernst! *ÜberMedien*. https://uebermedien.de/52582/journalistinnen-nehmt-die-klimakrise-endlich-ernst/ (02.03.2021).

Schwarzer, R. (1999). Prokrastination (KRAS). In R. Schwarzer & M. Jerusalem (Hrsg.), *Skalen zur Erfassung von Lehrer- und Schülermerkmalen. Dokumentation der psychometrischen Verfahren im Rahmen der Wissenschaftlichen Begleitung des Modellversuchs selbstwirksame Schulen* (S. 87–89). Freie Universität, Institut für Arbeits-, Organisations- und Gesundheitspsychologie.

Simons, K., Schulze, M., Peter, F., Heyne, K. & Schörk, C. (2021). Werdet politischer! Die besondere Verantwortung von Psychologie, Psychotherapie und deren Berufsorganisationen in der Klimakrise. In L. Dohm, F. Peter & K. van Bronswijk (Hrsg.), *Climate Action – Psychologie der Klimakrise. Handlungshemmnisse und Handlungsmöglichkeiten* (S. 297–319). Gießen: Psychosozial-Verlag.

Steffen, W., Richardson, K., Rockstrom, J., Cornell, S.E., Fetzer, I., Bennett, E.M., Biggs, R., Carpenter, S.R., de Vries, W., de Wit, C.A., Folke, C., Gerten, D., Heinke, J., Mace, G.M., Persson, L.M., Ramanathan, V., Reyers, B. & Sorlin, S. (2015). Planetary boundaries: Guiding human development on a changing planet. *Science, 347*(6223), 1259855–1259855. https://doi.org/10.1126/science.1259855

Steffen, W., Rockström, J., Richardson, K., Lenton, T.M., Folke, C., Liverman, D., Summerhayes, C.P., Barnosky, A.D., Cornell, S.E., Crucifix, M., Donges, J.F., Fetzer, I., Lade, S.J., Scheffer, M., Winkelmann, R. & Schellnhuber, H.J. (2018). Trajectories of the Earth System in the Anthropocene. *Proceedings of the National Academy of Sciences, 115*(33), 8252–8259. https://doi.org/10.1073/pnas.1810141115

Thaler, R.H. & Sunstein, C.R. (2009). *Nudge: Improving decisions about health, wealth, and happiness* (überarb. u. erw. Aufl.). New York: Penguin Books.

UBA (21. August 2020). Earth Overshoot Day 2020: Ressourcenbudget verbraucht. Umweltbundesamt. https://www.umweltbundesamt.de/themen/earth-overshoot-day-2020-ressourcenbudget (02.03.2021).

van Bronswijk, K., Komm, J.-O. & Zobel, I. (2021). Die Evolution der Drachen der Untätigkeit. Aktuelle Erkenntnisse zur Lücke zwischen Wissen und Handeln. In L. Dohm, F. Peter & K. van Bronswijk (Hrsg.), *Climate Action – Psychologie der Klimakrise. Handlungshemmnisse und Handlungsmöglichkeiten* (S. 105–140). Gießen: Psychosozial-Verlag.

van Dyk, S. (2017). Krise der Faktizität? Über Wahrheit und Lüge in der Politik und die Aufgabe der Kritik. *PROKLA. Zeitschrift Für Kritische Sozialwissenschaft, 47*(188), 347–368. https://doi.org/10.32387/prokla.v47i188.65

van Hooft, E.A.J. & van Mierlo, H. (2018). When Teams Fail to Self-Regulate: Predictors and Outcomes of Team Procrastination Among Debating Teams. *Frontiers in Psychology, 9*, 464. https://doi.org/10.3389/fpsyg.2018.00464

Verbraucherzentrale (12. August 2020). *Stecker-Solar: Solarstrom vom Balkon direkt in die Steckdose*. https://www.verbraucherzentrale.de/wissen/energie/erneuerbare-energien/steckersolar-solarstrom-vom-balkon-direkt-in-die-steckdose-44715 (02.03.2021).

Weber, E.U. (1997). Perception and expectation of climate change: Precondition for economic and technological adaptation. In M. Bazerman, D. Messick, A. Tenbrunsel & K. Wade-Benzoni (Hrsg.), *Psychological and Ethical Perspectives to Environmental and Ethical Issues in Management* (S. 314–341). San Francisco: Jossey-Bass.

Weizsäcker, E.U. von, Wijkman, A. & Álvarez Pereira, C. (2017). *Wir sind dran: Was wir ändern müssen, wenn wir bleiben wollen*. Gütersloh: Gütersloher Verlagshaus.

World Economic Forum. (2021). *The global risks report 2021. Insight Report* (16. Aufl.). World Economic Forum (WEF). http://www3.weforum.org/docs/WEF_The_Global_Risks_Report_2021.pdf (02.03.2021).

Biografische Notizen

Gregor Hagedorn, Dr., ist Biologe, hat in Bayreuth in Biologie und Informatik promoviert und im Bereich der Biodiversitätsinformatik geforscht. Er arbeitet als Wissenschaftler am Museum für Naturkunde in Berlin. Im Februar 2019 initiierte er mit anderen Wissenschaftler:innen die Scientists for Future.

Felix Peter, Dr., ist Diplom-Psychologe und promovierte zu Gerechtigkeit und Sozialklima im pädagogischen Kontext. Er ist Mitglied der Psychologists for Future und der Arbeitsgruppe »Psychologie & Klima« im Berufsverband Deutscher Psychologinnen und Psychologen (BDP).

Die Umkehr des Prometheus

Der rettende Weg zu einem inneren Umwelt-Apriori

Hans-Joachim Busch

Zusammenfassung: Allzu oft stoßen Warnungen vor und wissenschaftliche Einsichten zu ökologischen Schäden und deren weitreichenden Folgen immer noch auf taube Ohren. Das prometheische Prinzip rastlosen technischen und wirtschaftlichen Fortschritts ohne Rücksicht auf die Umwelt lässt sich nur sehr schwer aus den Köpfen der Menschen vertreiben. Daher werden hier zum einen die dafür verantwortlichen psychischen Blockaden untersucht; zum anderen geht es um die Möglichkeiten ihrer Aufhebung, um eine innerlich stabile Motivation zu umweltbewusstem Handeln zu bewirken. Denn diese ist unerlässlich, soll es zu einer wirklichen Umkehr von uns Einzelnen und der spätmodernen Gesellschaft in ihrer Gesamtheit kommen. Die psychischen Bedürfnisse dafür, das wird gezeigt, sind vorhanden. Sie können geweckt werden und vermögen, eine höhere psychische Gesundheit herbeizuführen. Es geht dabei auch um ein Beziehungsproblem: Eine neue Qualität der menschlichen Beziehung zur Umwelt ist der Schlüssel, um uns und kommenden Generationen eine gut verträgliche Welt zu bewahren.

Wenn wir den vielfältigen, bedrohlichen Informationen Glauben schenken (und nur verstiegene Verschwörungsgläubige würden sich dem verweigern), so können wir nicht umhin, uns um die Existenz unserer gewohnten planetaren Umwelt Sorgen zu machen. Über Jahrtausende der Zivilisation haben wir immer unbekümmerter in sie eingegriffen und ihr Aussehen und ihren Zustand drastisch verändert. Inzwischen lässt sich aber nicht mehr abweisen, dass unsere Erde das nicht länger aushält und das uns vertraute Wesen einer zuverlässigen Lebensumwelt, die anscheinend alles mit sich machen lässt, verliert. Boden, Luft und Wasser sowie Fauna und Flora stehen, wenn wir sie weiter ausbeuten und schädigen bzw. vernichten, nicht länger als stabile Garanten sicherer und sorgenfreier menschlicher Lebensbedingungen zur Verfügung. Diese Tatsachen sind so besorgniserregend, dass wir aufgerufen sind, der Gefahr des Verlusts unserer Lebensumwelt mit aller Kraft entgegenzuwirken. Es ist nicht zu hoch gegriffen, das Ziel einer »Rettung der Welt« auszurufen, ehe es zu spät dafür ist. Unsere Lage ist ernst, auch wenn es uns im Moment in den spätmodernen Weltregionen noch gut zu gehen scheint. Die Krise der Umwelt breitet sich weltweit aus und scheint in ihrer Dynamik kaum mehr aufzuhalten zu sein. Sie ist nicht einfach so über uns gekommen. Es sind nicht die Verhältnisse, für die wir ja nichts können. Menschen drücken als Subjekte ihrer Kultur und Geschichte immer auch ihren Stempel auf. Es ist unser Tun, für das wir als Subjekte verantwortlich sind, das es so weit hat kommen lassen.

Schon vor über 40 Jahren mahnte der Philosoph Hans Jonas, die Menschheit bedürfe dringend einer neuen Umweltethik. Sein vieldiskutiertes Buch *Das Prinzip Verantwortung*, das jetzt mit einem neuen Nachwort von Robert Habeck wiederaufgelegt wurde, beginnt mit den Sätzen:

> »Der endgültig entfesselte Prometheus, dem die Wissenschaft nie gekannte Kräfte und die Wirtschaft den rastlosen Antrieb gibt, ruft nach einer Ethik, die durch freiwillige Zügel seine Macht davor zurückhält, dem Menschen zum Unheil zu werden. Daß die Verheißung der modernen Technik in Drohung umgeschlagen ist, oder diese sich mit jener unlösbar verbunden hat, bildet die Ausgangsthese dieses Buches« (Jonas, 1979, S. 9).

Mit der Gestalt des Prometheus greift Jonas treffend ein für das Selbstverständnis der Menschheit seit der frühen Antike leitendes Vorbild auf. Lange Zeit hat die mythologische Figur des Prometheus sowohl für die Emanzipation des Menschen von den Göttern gestanden als auch – durch die Vermittlung des Feuers – für den Auftakt einer durch immerwährenden Fortschritt geprägten menschlichen Kulturgeschichte. Dass dieses prometheische Prinzip heute an seine Grenzen stößt und durch ein Prinzip Verantwortung abgelöst werden muss, ist mithin seit längerem bekannt und unabstreitbar. Doch scheint es, als drängen die warnenden Stimmen bis heute nicht wirklich ins Bewusstsein der meisten von uns durch. Zwar ist die ökologische Fakten- und Gefahrenlage in der Öffentlichkeit mittlerweile gut bekannt, aber es muss verwundern, wie gering die Einsicht in die eigene Verantwortung ist und wie wenig sich dies in der alltäglichen Praxis und den Handlungsmotiven der individuellen und kollektiven Akteure niederschlägt. Doch genau darüber fehlt es, wie immer wieder festzustellen ist, den den Diskurs beherrschenden naturwissenschaftlichen und politischen Stellungnahmen an Wissen, und es ist an den Sozial- und Kulturwissenschaften einschließlich der Philosophie, hier zur Aufklärung beizutragen. Und natürlich kommt es – prominent – der Psychologie zu, ihre

Expertise für eine solche Analyse unserer inneren Verfassung als Subjekte der Spätmoderne bereitzustellen.

Die Frage, der wir uns zu stellen haben, ist: Wie können vernünftige, aufgeklärte Individuen solches geschehen lassen, sich auf einen derartigen Irrweg begeben? Das muss man zuerst einmal verstehen und dazu einen Blick auf die innere Struktur der Verantwortung tragenden spätmodernen Subjekte werfen. Das soll hier in einem ersten Schritt unternommen werden. Erst dann kann man sich der Frage zuwenden, wie wir innerlich dazu kommen können, uns auf den Pfad einer ökologischen Vernunft zu begeben und uns in voller Verantwortung den Bedingungen des von uns herbeigeführten Anthropozäns zu stellen. In meinem zweiten Teil will ich mich auf die Suche nach Subjektteilen, -ansätzen begeben, die eine Umkehr, ein neues Denken und Handeln möglich erscheinen lassen. »Wo aber Gefahr ist, wächst das Rettende auch«, heißt die berühmte Formulierung Hölderlins. Auf diese Hoffnung gestützt will ich abschließend im Ansatz ein Gegenszenario skizzieren.

1 Aggressionspunkt Welt – Das Unbehagen in der Umweltkrise

Einen ersten, in seiner Tiefe bis heute nicht mehr erreichten Einblick in die psychische Verfassung des modernen Menschen als eines Kulturwesens verschafft uns Freud. In seinem berühmten Essay *Das Unbehagen in der Kultur* (Freud, 1930) nennt er den zeitgenössischen Menschen einen »Prothesengott«. Die Prothesen sind seine technischen Hilfsmittel, zu denen ihn sein Fortschritt geführt hat. Auf sie, die Geräte und Maschinen, mit denen er sich und seine Welt zu beherrschen meint, ist er stolz. Er fühlt sich durch seine technischen Errungenschaften groß, gottgleich. Gleichwohl, das ist ja Freuds Hauptlinie in seiner großen kulturkritischen Schrift, plagen ihn ungute Gefühle. Glücklicher ist er jedenfalls bei allem Fortschritt nicht geworden. Unterschwellig spürt er, dass es mit seiner »Kultureignung«, wie Freud es nennt, nicht so weit her ist. Die Kultur stellt hohe Anforderungen, verbietet ihm viel. Dabei regen sich in ihm doch so viele Aggressionen, die nicht verstummen wollen. Er merkt, dass er oft nicht weiß, wohin er mit ihnen soll. Das ist das eigentliche Unbehagen in der Kultur. Es geht gar nicht so sehr, wie vorschnelle Auslegungen es immer wieder nahelegen, darum, dass sich der Kulturmensch sexuell nicht ausleben darf. Es sind seine Aggressionen, die ihm Kummer bereiten und ob derer ihn Schuldgefühle plagen.

Freud wies zu Recht darauf hin, dass die Aggressionen Ventile brauchen. Und es schien ihm vor 90 Jahren praktisch und unschädlich, sie auf die umgebende Natur zu richten. Noch waren die Gefahren einer rein instrumentellen Vernunft (Horkheimer) nicht erkennbar: Der Haltung eines »Homo faber« (Max Frisch), eines Ingenieurs, dessen Weltverhältnis einzig in der Perspektive der Machbarkeit und technischen Unterwerfung der Welt besteht. Uns Menschen der Spätmoderne, so schreibt Hartmut Rosa, scheint mittlerweile »die Welt schlechterdings zum Aggressionspunkt geworden« zu sein. Alles, was uns auf der Welt »erscheint, muss gewusst, beherrscht, erobert, nutzbar gemacht werden« (Rosa, 2018, S. 12). Das Aufkommen der ökologischen Frage und schließlich das Einläuten des Anthropozäns zwingen zu einem Umdenken. Das herrschende sozioökonomische System sieht sich mit den zerstörerischen Begleiterscheinungen und Folgen seiner Praxis konfrontiert. Das Bewusstsein des spätmodernen Menschen muss damit klarkommen, dass ihm nun auch dieses bequeme Mittel der Affektabfuhr (Fliegen, Fahren, Verbrauchen, Ausbeuten …) entzogen wird. Statt sein Unbehagen mildern zu können, hat sein Tun für eine Verschärfung gesorgt, ein »Unbehagen zweiten Grades« (Busch, 2001), wie ich es nennen würde. Er weiß nun im Grunde erst recht nicht mehr, wohin mit seinen Aggressionen.

Aggressionen kommen nicht irgendwo her. Sie sind in der menschlichen Grundverfassung verankert, ob wir sie nun Triebe nennen wollen oder Basisemotionen. Sie hängen natürlich auch zusammen mit den sozialen Bedingungen und Erfahrungen. Empfinden wir Angst, ob in der Familie, der Schule, bei der Arbeit, reagieren wir darauf leicht mit, offener oder unterdrückter, Aggression. Allgemein redet man hier von sozialer Angst. Schlucken wir die damit verbundenen aggressiven Regungen herunter, lassen wir sie an anderer Stelle, gegenüber anderen, heraus oder wir richten sie gegen uns selbst. Neuerdings melden sich weitere Ängste, die wir vorher nicht kannten. Es sind die ökologischen Ängste. Wie die übrigen Ängste, wie alle Ängste, wollen wir sie eigentlich nicht wahrhaben. Sie nicht wahrzunehmen, sie auszublenden, ist offenbar für das Ich immer leichter, als sie sich einzugestehen und sich mit ihnen ernsthaft auseinanderzusetzen.

Es kommt jedenfalls offensichtlich, das haben die letzten Jahrzehnte gezeigt, nicht zu kritischen Einsichten, sondern zu einer notorischen Fortsetzung der riskanten, schädlichen Praxis. An diesem Punkt setzt meines

Erachtens die Empörung der »Fridays for Future«-Bewegung an. Aber wie lässt sich diese innere Verfassung des spätmodernen Subjekts, die in uns allen mehr oder weniger vorherrscht, genauer verstehen? Das Zeitalter der Aufklärung und die moderne technische Zivilisation haben nicht wirklich zu einem freien, vernünftigen Denken geführt. An die Stelle Gottes haben wir lediglich eine eigene narzisstische Gottes-Hybris gesetzt. Der Prothesengott ist ja ein Gernegroß. Scheinbar aus dem religiösen Schlaf erwacht, sind wir in Wahrheit einer säkularen Religion anheimgefallen, in der Markt, Wachstum, Geld, Konsum und Erfolg heilige Größen sind. Nach wie vor stecken wir voller Illusionen, wie Freud (1927) mit Recht dem religiösen Bewusstsein vorhielt. Solche quasi-religiösen Illusionen sind heutzutage weithin verbreitet (vgl. z. B. Reckwitz, 2019) und bilden eine stete Herausforderung für eigenständiges, kritisches Denken. Wir brauchen nur unsere heutige Konsum- und Medienwelt zu nehmen, um in ihren Verzauberungen die Anleihen an religiöse Praktiken am Werk zu sehen. Und dieses Alltagsbewusstsein, dem wir uns verschrieben haben, arbeitet ja mit der Versicherung, es könne alles immer so weitergehen und unsere Heilserwartungen wären erfüllbar. So legen wir uns mit dieser Praxis selbst etwas nahe, was man in der Psychologie »Dissoziation« nennt. Es handelt sich dabei um eine Art Teilausfall des Bewusstseins. In der hauptsächlichen Ausrichtung unserer Praxis geben wir uns den Verlockungen der Illusionen hin und üben uns in der täglichen Anbetung unserer Konsum- und Arbeitswelt, zum Beispiel des Gottes »Wachstum«. Ihn predigen die Politiker und Wirtschaftsweisen (vgl. Maxton & Maxton-Lee, 2021) und lassen uns andächtig und ergeben verstummen. Das tägliche Denken und Tun blenden die eigenen Schattenseiten aus und führen nach und nach zu Gleichgültigkeit und Abstumpfung. Hinweise auf die ökologische Krise gehen in »Verantwortungsdiffusion« (Dohm & Klar, 2020, S. 102) unter: »Die Anderen machen es ja genauso« sowie »Erstmal sollen die Anderen, die Politiker usw. etwas machen« (»Bystander-Effekt«, ebd.). Der Sog dieser Gewohnheit vertreibt die Vorstellungen und Gedanken, auch die Wünsche, die nicht davon berührt sind und sich auf etwas ganz anderes richten, in ein Hinterstübchen des Ich.

Dass wir immer noch recht gut mit unseren sozialen und ökologischen Ängsten klarkommen, hat sicher mit dieser erfolgreichen alltagsreligiösen Praxis zu tun. Es führt aber dazu, dass wir uns in unserer Ich- oder Wir-Religion von Kritik und Einsicht abschotten und stattdessen in einer Glaubensblase vor uns hinleben und uns aus der Verantwortung stehlen. Warnungen zum Beispiel schlagen wir in den Wind und machen weiter mit Fahren, Bauen, Konsumieren usw. auf Teufel komm raus. Hier zeigen sich Suchtphänomene, gepaart mit der Allmachtsfantasie, von den Folgen nicht betroffen werden und dem Tod ein Schnippchen schlagen zu können. Der Leichtsinn, der sich darauf gründet, etwa als Unternehmer- oder Pioniergeist verklärt, verführt dazu, Fantasien technischer Neuerungen bis hin zur Überwindung des Todes und zur Emigration des Menschen auf andere Planeten naiv zu vertrauen. Allzu gern laufen wir falschen Propheten hinterher.

Mit all diesen Praktiken lassen sich die geschilderten Ängste nur unzureichend beschwichtigen. Was Letztere nämlich auslöst, sind gravierende Objektverluste. Objekte nennt man in der Psychoanalyse zuallererst die Menschen, mit denen man besonders verbunden ist, die Eltern, die Kinder, Partnerinnen und Partner, Freundinnen und Freunde. Auch Lebewesen und Dinge sind solche Objekte. Im Zeitalter der Individualisierung, der Offenheit und Freiheit des Beziehungslebens kann sich das Individuum aber nicht mehr auf traditionelle Bindungen verlassen. Nicht nur ist Gott »tot«, auch die intersubjektiven Beziehungen, in denen wir beruflich und privat leben, sind stärker zur Disposition gestellt. Hinzu kommt nun, dass auch auf die umgebende Welt, die Umwelt, kein Verlass ist. Sie droht ebenso verloren zu gehen. Und wir müssen zudem registrieren, dass einzig wir es sind, die durch unser Tun diese Beziehung aufs Spiel setzen, uns selbst in diese Beziehungskrise manövriert haben. Objektverlust ist wohl der gravierendste psychische Schadensfall. Der Tod eines nahestehenden Menschen, Scheidung und Trennung sowie der Verlust des Arbeitsplatzes sind mit die höchsten sozialen Risiken. Hier lauert die große Gefahr, nicht nur zu trauern, sondern in Depression abzugleiten. Genau dieses Erleben vollzieht sich in hohem Maße im modernen Individuum.

Und eben in dieser Selbstschädigung mit den damit einhergehenden Verlusterfahrungen passiv zu verharren, ist heute so gefährlich. Wenn man zum Beispiel nichts gegen eine Krankheit tut, wird es schlimmer. Einem depressiv getönten Bewusstsein ist das einerseits klar; doch hat das nicht unbedingt Folgen für das Handeln der Individuen. »Wir wissen das, aber wir tun es nicht«, könnte man in Umkehrung eines Marx-Wortes (Marx, 1890, S. 88) sagen. So haben wir uns in eine Lage manövriert, in der wir feststecken und verharren, statt uns dazu aufzuraffen, etwas gegen unser Leiden zu unternehmen. Wir lassen es auf Verschlimmerung, Verschlechterung (mehr als 1,5 Grad) ankommen, ja nähmen sogar den Tod in Kauf.

Das ist ja der Charakter der Depression (als einer gegen sich selbst gerichteten Aggression): Dass man sich selbst hasst, dass einem eigentlich alles egal ist, dass man sein Leben aufs Spiel setzt, weil es einem im Grunde nichts mehr wert ist. Dieser Zug prägt das spätmoderne Bewusstsein. Es kommt zu einer fatalen Dynamik. Vieles von dem, was wir tun, scheint Unfrieden, Objektverlust, Weltverlust unaufhaltsam voranzutreiben. Das belastet ganz offensichtlich in kollektivem Ausmaß das Schuldkonto. Dann haben wir es eben nicht besser verdient, wir machen weiter, paaren dabei Lustgewinn (der beim Autofahren, Fliegen, Rauchen, Konsum allgemein usw. abfällt) und auf dem Fuß folgende, oder verzögert eintretende Strafe (die Schädigung, die wir uns mit all diesem Tun zufügen und sei es auch nur in Gestalt des Risikos, welches wir damit mindestens eingehen).

Wir spätmodernen Subjekte sind also innerlich zerrissen. Auf der einen Seite fühlen wir uns groß und mächtig (Omnipotenz). Ökonomisch und technisch sind uns scheinbar keine Grenzen gesetzt. Die Erde scheint uns untertan zu sein. Auf der anderen Seite spüren wir, dass unsere Welt keineswegs in Ordnung ist. Sie ist nicht friedlicher geworden. Krieg und Terror sind nicht zu überwinden, nehmen immer wieder neue Formen an. Der neoliberale Kapitalismus droht uns den Atem zu nehmen. Er verstärkt die soziale Vereinzelung mit ihren sozialen Risiken, ködert uns mit sich steigernden Konsumversprechungen, die uns in ein goldenes Gefängnis sperren. Das kritiklos darin aufgehende »glückliche Bewusstsein« lebt, wie uns Marcuse (1967, S. 95) schlagend vor Augen führte, in einer Schein-Welt. Und mit unserem Wirtschaften, mehr noch mit unserem bloßen Wohnen, Fahren, Konsumieren führen wir einen Dauerkrieg gegen uns selbst, weil wir unsere Welt unbewohnbar machen, uns die Luft zum Atmen nehmen. Gleichwohl halten wir an diesem Lebensstil fest. Anzeichen einer breiten Empörung, einer Weigerung der Vielen, der großen Mehrheit, sich oder jedenfalls einiges ihrer schädlichen Praxis infrage zu stellen, sind nicht in Sicht. Für diese Umkehr scheinen wir innerlich zu schwach zu sein.

Man könnte die heute verbreitete psychische Struktur grob mithilfe der Unterscheidung eines »wahren« und eines »falschen Selbst« (Winnicott, 1984) charakterisieren. Das »wahre Selbst« – eine Idealvorstellung – wird von einer von Geburt an gelungenen Sozialisation getragen und kann sich so in seinem Umgang mit Mit- und Umwelt kraftvoll auf ein gutes psychisches Fundament stützen. Es scheint, dass uns in der Mehrzahl diese innere Ausstattung nicht ausreichend zur Verfügung steht, uns dieser Zugang doch eher verstellt ist. Die Verbindung zu unserem Innenleben ist vielfach von den Einwirkungen der äußeren Realität gestört und teilweise durch sie dominiert. Die Anpassung an die Welt des Kapitalismus hat eine bestimmte, problematische psychische Ausrichtung in uns hervorgebracht. So haben wir zu einem erheblichen Teil ein »falsches Selbst« ausgebildet. Sein Handeln, Sprechen und Fühlen schöpft nicht in erster Linie selbstbewusst authentisch aus eigenen Quellen. Vielleicht liegt dies nicht in seiner Absicht, aber es verfügt über keine Ausdruckskraft dafür, denn sein Inneres ist zeichen- und schablonenhaft verzerrt, seine wirklichen Bedürfnisse davon überblendet oder entstellt. In seiner Schwäche überantwortet es sich vielmehr den vorgegebenen Meinungen, Ideologien und Praxisangeboten. Viele der anderen, neuen Entwurfsmöglichkeiten, die in seinem Inneren schlummern, können überhaupt nicht realisiert werden, weil sie gar keinen symbolischen Ausdruck erhalten. Das heißt: Wir haben keine Worte für sie, keine Formen, Bilder und Fantasien. In der gegenwärtigen Gesellschaft finden sich dafür keine Resonanzen. Das Ausdrucksvermögen und die Ausdruckskraft von uns Subjekten ist eingeschränkt, geschädigt. Entsprechend verkümmert ist unser »Weltverhältnis« (Rosa). Es ist ganz vom Geist des Kapitalismus geprägt und von einem »kalten Herz« (Plumpe, 2019) angetrieben, das unbeirrt und unberührt von den Folgen dem Fortschritt nachjagt. Ist das irreversibel? Oder können wir dem Ungeist des Kapitalismus etwas entgegensetzen, unser Herz erwärmen, uns – individuell und kollektiv – sammeln und neu organisieren?

2 Die innere Wende zum sozial-ökologischen Subjekt

Das Rettende wird sicher nicht von außen kommen, als Wunder. Es muss allein aus uns kommen. Es kann aber auch nicht darauf gehofft werden, dass wir ruckartig oder nach und nach sozialökologisch heilvoll Vernunft annehmen. Es ist, denke ich, schon erforderlich, genau an den problematischen Stellen der inneren Strukturen anzusetzen, um die entsprechenden subjektiven Beschädigungen, Blockaden, Verblendungen zu beheben. Denn eine grundlegende innere Umstellung wird unerlässlich sein, um die auf rationaler Ebene ja längst bekannten Erfordernisse auch in der Gefühlsbasis der einzelnen Menschen und des Kollektivs zu verankern. Zwischen diesen beiden Seiten, den objektiven Tatsachen und Zusammenhängen einerseits und der Motivation, sich ihnen auch seelisch zu stellen, statt sie auszublenden, herrscht nämlich die entscheidende Diskrepanz. Würde sie geringer oder gar beseitigt, würde zum Beispiel auch der Einfluss von Klimaleugnern (s. die große Unterstützung für den ehemaligen US-Präsidenten Trump) schwinden, denn sie fänden in der Bevölkerung keine Ansatzpunkte mehr.

Doch worauf können wir für die Haltung eines befreiten, zukunftsfähigen, rettungsbereiten Subjekts, deren es dringend bedarf, zurückgreifen? Gibt es dafür Ansätze? Grundsätzlich gilt für die von mir vertretene Auffassung des Menschen als eines Subjekts, dass er nicht lediglich Produkt der gesellschaftlichen Verhältnisse ist und deshalb gar nicht anders kann, als so zu handeln, wie es in ihnen gelernt wurde und darin vorgezeichnet ist. Das widerspricht vollkommen der menschlichen Verfassung. Menschen sind zukunftsoffen und ihr Verhalten und Handeln ist stets auch unvorhersehbar. Das kennt man allein schon aus Kindheit und Erziehung, aber auch allgemein aus alltäglicher Erfahrung. Man kann Menschen nicht einfach nach gewissen Vorgaben modellieren. Sonst hätte es geschichtliche Entwicklung, das Neue, nicht gegeben. Natürlich waren dafür nicht einzelne Subjekte verantwortlich, sondern mehrere, viele, Massen. Neben der objektiven Seite, den Verhältnissen mit ihrer eigenen Dynamik, gibt es also immer auch eine subjektive (und intersubjektive) Seite, die ihrerseits Einfluss auf den Lauf der Dinge nehmen kann. Und für derartige subjektive Tendenzen und Kräfte existieren ja geschichtlich-gesellschaftlich genügend faktische, empirische Hinweise (Aufstände, Demonstrationen, Massenbewegungen wie in der Französischen Revolution, der Volksbewegung in der DDR, den Anti-Atomkraft-Bewegungen ...). Wir sind nicht hoffnungslos in das Gefängnis unserer Lebensillusionen, des »glücklichen Bewusstseins« eingeschlossen. Wir können unsere Tatkraft zurückgewinnen, unsere Aggression angesichts der drohenden ökologischen Schäden umwandeln und bedacht und maßvoll, aber entschlossen zur Verfolgung unserer wahren Interessen und Bedürfnisse einsetzen. Der Prometheus in uns muss sich aus eigener Verantwortung Zügel anlegen und sein Selbst- und Weltverhältnis neu justieren.

Können diese Überlegungen Anlass zu Zuversicht geben, so ist diese nur berechtigt, wenn sich Hinweise auf eine psychische Grundlage für eine solche Wendung zum rettenden Handeln finden lassen. Denn nur, wenn wir uns wahrhaftig, also aus dem tiefsten Inneren heraus, zu dieser Umstellung bereitfinden, kann sie auch gelingen. Es wird nicht reichen, auf die Vernunft der politisch und wirtschaftlich Verantwortlichen zu setzen. Solange uns technische Entwicklung, technischer Komfort, Arbeit, Wachstum und Konsum letztlich doch mehr bedeuten, werden wir die dringend nötige neue Beziehung zur Umwelt verfehlen. Ich will damit den Wert dieser kulturellen Errungenschaften, den ich auch schätze, nicht schmälern. Aber jede Entwicklung auf diesem Gebiet muss ab sofort unter einem Umwelt-Apriori stehen. Das heißt, an erster Stelle unserer Handlungen und Entscheidungen muss immer der Gesichtspunkt, ob und wie damit Umwelt gewahrt und gestärkt wird, stehen. Das betrifft die verschiedenen Aspekte wie Luft, Boden, Wasser, Fauna und Flora. Diese Priorisierung kann natürlich unserer Gesundheit, physisch, aber auch psychisch, nur zugutekommen. Dies müssen wir tief verinnerlichen, denn sonst werden wir es wohl letztlich nicht verhindern können, immer tiefer in einem Umwelt-Desaster mit für uns verheerenden Folgen zu versinken.

Die Voraussetzung für die Einnahme einer solchen verantwortlichen Haltung ist ganz gewiss die psychische Fähigkeit zu Kritik und Selbstkritik. Dazu müssen wir unsere Affekte auszudrücken und auch zu regulieren in der Lage sein (vgl. Deserno, 2018). Individuen mit diesem Vermögen können sich den Anderen und der Welt angemessen zuwenden und produktiv am öffentlichen Leben beteiligen. Je »weniger Wünsche, Gefühle und Ängste« die Einzelnen in sich unterdrücken, so meint Bauriedl (1988, S. 95), »desto gesünder, lebendiger« werde »das Kollektiv«. Angst ist sicher kein guter Ratgeber. Jedenfalls neurotische Angst, in der unangemessen und übertrieben auf die Wirklichkeit reagiert wird. Realangst (in unserem Fall ökologische Angst) hingegen muss empfunden werden können, um Gefahren auszumachen und auf sie zu reagieren. Sie ist also für das Handeln notwendig (vgl. Richter, 1992).

Ein in dieser Weise psychisch gesundes Individuum ist zudem in der Lage, die Perspektive des Anderen einzunehmen, statt zu spalten, und die eigenen Anteile an den sozialen, ökonomischen und ökologischen Problemen zu sehen. Um sich gegen die Gefährdungen ökologischer, kriegerischer und ausbeuterischer Natur zu wenden, bedarf es, so führt Bauriedl aus, intakter Körper- und Gefühlsempfindungen der Individuen. Ihre Aufrechterhaltung erfordert »Widerstandsfähigkeit« in einem umfassenden, »sozio-psycho-somatischen Sinn«, mit der wir Menschen uns wirksam gegen Schädigungen der äußeren und kulturellen Umwelt ebenso wie »gegen gewaltsame Beziehungen jeder Art« (Bauriedl, 1988, S. 127) wenden können. Mit diesen Eigenschaften erreichen wir es, uns nicht Vorurteilen und Affekten unkritisch hinzugeben oder Massenhaltungen ungeprüft zu übernehmen. Es entsteht in uns das Vermögen, reflektiert Teil von Organisationen und Bewegungen einer großen Zahl von Menschen zu sein (vgl. etwa Mitscherlich, 1977, S. 520), deren es politisch ja durchaus bedarf.

Die psychische Gesundheit, auf die hier gesetzt wird, kann sich nur einstellen, wenn die Subjekte aus ihrer persönlichen Lebensgeschichte dafür genügend ausgestattet sind. Deshalb kommt es für die hier angestrebten Haltungen ganz stark auf eine entsprechende Sozialisation an. So ist die Vermittlung authentischer umweltbezogener Gefühle und Werte durch die wichtigen Bezugspersonen in der Kindheit enorm wichtig. Mich selbst etwa haben die Leidenschaften und Interessen meiner Eltern und Großeltern, die sich auf die Vielfalt und Schönheit von Fauna und Flora sowie die Reize der Landschaft richteten, tief geprägt. Diese familiale Erfahrung gab mir immer wieder den Impuls, erneut in entsprechender Weise mit der Umwelt in Beziehung zu treten und für den Schutz und die Förderung dieser Lebensräume aus tiefem Herzen einzutreten. Diese Bewusstseinsentwicklungen rühren also auch von den erlebten Interaktionen mit den Eltern und Bezugspersonen her, sind folglich mit an deren Vorbild orientiert. Sie sind mithin Bindungen entsprungen, basieren auf »Libido« (also Triebenergien aus dem Unbewussten, die – im Gegensatz zu den aggressiven Kräften – danach trachten, sich zu ver-binden, in Beziehung zu treten oder zu bleiben). Sie verdanken sich somit nicht etwa reiner Logik und Vernunft, sondern beruhen auf Gefühlen, in denen sich libidinöse Energien an Menschen und Sachen heften. Menschen tun etwas aus Eigenliebe, aus aggressiven Gefühlen – aber sie handeln auch aus dem Motiv gemeinsam geteilter liebevoller Empfindungen oder anderen zuliebe. Das gilt auch für moralisches Handeln. Daher spricht Marcuse von »libidinöser Moral« (1955, S. 227) als einer wichtigen Quelle für Verweigerung und »neue Sinnlichkeit« (1976). Neue Sinnlichkeit besteht zum einen in der Ablösung aus der Entfremdung im kapitalistischen Wirtschafts- und Gesellschaftssystem. Es käme so zu einer Rückbesinnung auf die eigenen psychischen Kapazitäten für autonomes sinnliches Erleben. Dies wäre die Grundlage für ein erfüllenderes gesellschaftliches Zusammenleben. Zum anderen träten die Menschen der äußeren Natur, der Umwelt, in einer nicht ausbeuterischen, sondern respektvoll-schützenden, rezeptiven Haltung gegenüber.

Auf diese sinnlich-moralische Neuausrichtung deuten manche sozialpsychologischen Entwicklungen hin. So beobachtete schon Freud (1933), dass es im Verlauf der Kulturentwicklung im 20. Jahrhundert zu einem

»Verlernen« kriegerischer und gewaltsamer Verhaltensmuster gekommen sei. Ein geradezu körperlicher Ekel gegenüber destruktiven, vernichtenden Lösungsformen ihrer sozialen Konflikte hat, so kann man diesen Gedanken aufgreifen, mittlerweile mehr und mehr Menschen ergriffen. Er ist ihnen zur Konstitution geworden, gleichsam »in Fleisch und Blut übergegangen«. Nicht zufällig ist daher der spätmodernen auch die Diagnose einer »postheroischen Gesellschaft« (Münkler, 2006) gestellt worden. Sie bezog sich auf die in der Bevölkerung deutlich gesunkene Bereitschaft in den USA und anderen westlichen Ländern, sich militärisch ausbilden zu lassen und zu kriegerischen Einsätzen bereit zu sein. Diese innere Wandlung müsste sich heute auch gegen unsere ökologische Destruktivität richten, wofür es bereits Anzeichen gibt. Das Plädoyer für eine neue Sinnlichkeit erstreckte sich ja bereits auf die in den 70er Jahren des letzten Jahrhunderts entstehende Umweltbewegung in den westlichen Ländern. Es umfasst die Forderung einer entschiedenen Abkehr von »der heute dominierenden psychosomatischen Struktur, die das Einverständnis mit der Destruktion, die Gewohnheit an das entfremdete Leben [...] trägt« (Marcuse, 1979, S. 25). Der zu erhoffende gesellschaftsweite Protest sei, so Marcuse, »motiviert von einer tiefen, körperlichen und geistigen Unfähigkeit mitzumachen«. Wann, wenn nicht jetzt, wäre es an der Zeit, diesen Protest endlich zu entfachen?!

3 »Rettung der Welt« in liebevoll-verantwortlicher Umwelt-Beziehung

Ansätze für eine grundlegende politisch-psychologische Wende in unserer Umweltbeziehung sind also immerhin gegeben. Die skizzierten psychischen Energien müssten in eine moralische Orientierung überführt werden, deren Primat in der verantwortungsvollen Rettung und Heilung der natürlichen Umwelt besteht. Das »ökologische Weltgewissen« (Kohout & Mayer-Tasch, 2002), geprägt vom Club of Rome und den zahllosen in der gesamten Welt agierenden NGOs, müsste über die Köpfe der Expertinnen und Experten hinaus im Bewusstsein von uns übrigen Subjekten Platz greifen. Es brächte uns zur Beherzigung der Einsicht, dass Fortschritt immer auch trügerisch, tragisch ist und ohne barbarische Wirkungen nicht vollzogen werden und zum privilegierten Standard der spätmodernen Gesellschaft führen konnte (Benjamin, 1942, S. 696). Daraus erwächst die unbequeme Bürde, das geschichtlich Gewordene, Überlieferte immer wieder infrage zu stellen und ihm zu misstrauen (Benjamin, 1942, S. 696f.). Erst solche »rettende Kritik« (Habermas, 1972; Haubl, 2005, S. 160) erlaubt uns Subjekten ein Höchstmaß an Schadlosigkeit, Gerechtigkeit, Freiheit und Solidarität des Handelns. So können wir im Sinne der libidinösen Moral eine andere Beziehung zur Umwelt aufnehmen. Es bedarf einer liebevollen (pflegenden, hütenden, heilenden) »Besetzung« von Tieren, Pflanzen, Landschaften usw. Die natürliche Umwelt muss zu einem Liebesobjekt (anstelle von Auto, Technik usw.) werden. Entsprechend muss die Beziehung zu ihr gepflegt werden. Auch hier geht es also um »Beziehungsarbeit«. Zu dieser Umkehr hin zu einer »Empfindungsfähigkeit« gegenüber der Umwelt tragen, wie ein Pädagoge erklärt, zum Beispiel Waldkindergärten bei:

> »Wir müssen den Kindern beibringen, innezuhalten und sich selber wieder zu spüren. Das geschieht vor allem in der Begegnung mit der Natur. Da entsteht das Staunen, das sich Wundern und auch das Fragen. Durch die Liebe zur Natur kann es gelingen, dass Kinder nicht den falschen Versprechungen der Werbeindustrie auf den Leim gehen« (Laurenz, 2021, S. 6).

Zu solcher Naturliebe zählt, was uns Menschen bekanntermaßen schwerfällt, nichts zu tun, sie einfach auch mal in Ruhe zu lassen (Habekuss, 2021). Das gehört schließlich auch zu einer guten, für beide Seiten bekömmlichen Partnerschaft. So kann die Umwelt sich regenerieren und eine wohltuende Partnerin sein. Beziehungsfähigkeit ist nicht zuletzt auch mit dem psychischen Prozess der Trauer um verlorene (oder gefährdete) Objekte (Tiere, Pflanzen, Landschaften) verbunden. Trauer lässt sich nicht nur, wie Freud (1915) zeigte, verarbeiten, sondern konstruktiv wenden, wenn wir nicht aufgeben, etwas ändern, wiederherstellen, aus Fehlern lernen und es besser machen. Das Gegenteil davon ist die heute verbreitete versteckte, selbstschädigende Depression (auch in Zusammenhang von Erschöpfung, Burnout), die einen destruktiv weitermachen oder fatalistisch werden lässt, die Gefahr des Untergangs suizidal in Kauf nehmend. Man könnte es auch riskante Spielsucht, versteckte Todessehnsucht nennen. Dagegen ist Melancholie eine Lebensform; zwar auch geprägt von Betrübnis ob der herrschenden Zustände, bleibt sie gleichwohl kritisch (Haubl, 2005) oder vermag sich zu besinnen und bereit zum gegensteuernden Handeln zu sein (vgl. Busch, 2005; Hayer, 2021). Greta Thunbergs freitäglicher

Schulstreik folgte erst auf einen »schweren Stimmungseinbruch«, der sie vorübergehend hungern und verstummen ließ. Ihr neues Engagement verhalf ihr auch zu einer deutlichen Stimmungsaufhellung (Dohm & Klar, 2020, S. 106).

All diese psychischen Umstellungen sind dringend, angesichts der sich immer dramatischer ausweitenden Umweltkrise(n) überlebenswichtig. Sie müssen einmünden in eine »Lebenspolitik«, wie sie der englische Soziologe Giddens (1990) in der spätmodernen Gesellschaft entstehen sah. Ihr zentrales Thema, Leben, bezieht sich vorzüglich auf die körperliche und psychische Gesundheit der Bürgerinnen und Bürger sowie, damit in Zusammenhang, den Schutz und die Pflege der Umwelt. Dabei verliert sie Freiheit und Demokratie, Entmilitarisierung und Frieden sowie eine gerechtere Wirtschafts- und Gesellschaftsordnung nicht aus dem Blick. Aber in der Lebenspolitik werden diese aus ihrer Selbstverständlichkeit gelöst und untrennbar mit dem Lebens- und Umwelt-Apriori verknüpft.

Wie aktuell dies ist, zeigt uns die Corona-Pandemie. Sie bringt uns zu Bewusstsein, wie sehr unsere Gesundheit und unser Umweltverhalten miteinander verwoben sind. Darüber hinaus hat sie uns Erfahrungen beschert, die wir lebenspolitisch konsequent nutzen sollten. Diese Pandemie lehrt uns, dass unsere Lebensweise nicht alternativlos ist. Wir müssen nicht unentwegt unterwegs sein, reisen, mobil sein. Es geht entschleunigt. Wachstumsstillstand oder -rückgang führen nicht in den Ruin. Nicht-Gegensteuern bei den ökologischen Schäden wird Folgen nach sich ziehen, die das, was wir jetzt erleben, übersteigen werden. Es drohen nicht nur durch Zoonose bedingte Pandemien, falls wir weiter unbekümmert in die Naturräume eindringen, sondern Überschwemmungen, Wasserknappheiten, Dürren und vieles mehr. In Verbindung damit ist mit massenhaftem Elend, Flucht und Vertreibung zu rechnen. Um all dies noch irgendwie einigermaßen zu verhindern, müssen wir auch lernen uns einzuschränken, zu verzichten. Es kann nicht weiter von Allem immer mehr geben. Gutes Leben soll und muss es weiter geben, nur müssen wir uns darauf besinnen, worin es unter diesen Umständen bestehen soll. Lebenspolitik muss jedenfalls, dem Ernst der Lage entsprechend, »Überlebenspolitik« sein und sich ausdrücklich der »Rettung der Welt« widmen.

Nimmt man dieses Motiv der »Rettung der Welt« ernst, kommt man selbstverständlich nicht umhin, sich mit seinen heilsgeschichtlichen Konnotationen zu beschäftigen. Man findet sich dann in der Gesellschaft der christlichen Kirchen wieder, die etwa in ihren jüngsten Weihnachtsbotschaften die »Rettung der Welt« (Haberer, 2020) anmahnten und zum Handeln aufriefen. Koalitionen dieser oder anderer Art muss man nicht scheuen – im Gegenteil müssen wir vereint das Steuer herumreißen. Auf ideologische, weltanschauliche Empfindlichkeiten kann man da keine Rücksicht mehr nehmen. Ob wir nun das zu rettende als Schöpfung verehren oder als wundervollen Schatz der Natur in unsere Obhut nehmen, ist da nicht von Belang. Aber was ist das die verschiedenen Zugänge zum verantwortlichen ökologischen Handeln verbindende Element? Sicherlich können wir nicht allein aus Glauben (an Gott) Hoffnung schöpfen. Aber wir können uns fragen, was uns »heilig« ist. Sind es Markt, Kapital, Konsum, Wohlstand (Familie einmal ausgenommen)? Oder ist es auch oder zuvörderst Um-Welt? Das ist die »Greta-Frage«, die wir uns zu stellen haben. Und ich denke, wir erreichen die »Rettung der Welt« nur, indem wir uns zu einer aufgeklärten »Diesseitsreligion« bekennen, die sich der Liebe zu und dem Schutz der natürlichen Umwelt verpflichtet. Nur mit einer solchen säkularen »Religion« finden wir ein Gegenmittel, mit dem wir die Illusionen und Verzauberungen des in Wahrheit schonungslosen und »raubindustrialistischen« Kapitalismus (Fischer, 1989, S. 155) überwinden können. Mit diesem neuen Narrativ (vgl. Reckwitz, 2020) würden ein neuer Lebensstil (Bedford-Strohm, 2019), eine neue Sinnlichkeit, ausgestattet mit einem Weltgewissen, einkehren. Wir würden uns damit von der verblendeten Selbstverwirklichungskultur der kapitalistischen Spätmoderne verabschieden. Dieses falsche Selbst müssen wir abstreifen, um zu einem »wahren Selbst« (Winnicott, 1984) zu kommen. Selbstverwirklichung war als Projekt der Neuen Linken immer auch ein politisches und soziales Unterfangen, kein purer Egoismus. Sie ist nur zu realisieren im Einklang mit der natürlichen und sozialen Objektwelt. Mehr noch: Sie wirkt befreiend, ist schön. Das vermittelt zum Beispiel Olga Witt. Sie hat sich mit großem Mut vorbildlich der Praxis eines konsequenten »Zero Waste« verschrieben:

> »›Viele Leute sagen ja: Ich brauche das Geld, ich muss so viel arbeiten, ich hab ja Familie … Und das macht mich traurig, wenn ich das höre. Denn man muss das eben nicht. Es gibt einen anderen Weg, der auch mit mehr Freiheit verbunden ist. Die Leute meinen immer, ich will ihnen was wegnehmen. Aber was ich vorschlage, ist ein schönes Modell. Eine rosige Zukunft. Und das, was wir im Moment haben, das ist doch der größte Verzicht überhaupt. Wir verzichten auf saubere Luft in unseren Städten. Auf Ruhe, auf Natur,

> Erholung. Wir verzichten auf eine Beschäftigung mit unseren wahren Bedürfnissen, auf Beziehungen mit Zeit. Weil wir so viel arbeiten, damit wir konsumieren können. Wir verzichten auf unglaublich viel‹« (Kittlitz, 2020).

Die riesigen Mengen an Müll, die dieses Tun auf der Erde hinterlässt, sind, das macht uns Olga Witts Beispiel klar, das Symptom einer kranken Gesellschaft. Diese zwingt uns in einen Kreislauf von überflüssiger Produktion, vielfach sinnloser Arbeit und konsumistischer Ersatzbefriedigung. Wenn wir dies erkennen, können wir uns aus diesem Zwangskorsett befreien, unsere innere Leere mit neuem Lebenssinn füllen, indem wir Schluss machen mit der Verwüstung unseres Planeten.

Unsere Rettung liegt nicht lediglich in einer verzweifelten Anstrengung, bloßer Askese, einer Vielzahl von Verzichtleistungen. Auch wenn sie einer Entziehungskur gleichen mag, besteht sie damit doch zugleich in der Umkehr auf einen Weg in ein anderes, attraktiveres Lebensmodell. Dieses Modell besteht aus Entschleunigung, Freiheit, sinnvoller Tätigkeit, Gesundheit und der Schaffung von Bedingungen für eine bekömmliche Umwelt, an denen unser Auge und unser Herz Freude haben und aus denen wir neue Kraft gewinnen. Das »erschöpfte Selbst«, unter dem wir leiden, erwacht und bekommt Auftrieb, wandelt sich zum schöpferischen Selbst. Wenn sich unser Handeln derart umorientiert, bekommen dadurch Wirtschaft und Arbeit, Familie und Freizeit, Beziehungen, unser In-der-Welt-Sein generell einen befriedigenden Sinn. Wir würden also viel an »Lebensqualität« gewinnen. Das wäre wirklich schön!

Es wäre aber ein fataler Irrtum zu denken, es gehe einzig oder auch nur vorrangig um eine grundlegende Revision individueller Haltungen, um eine nachhaltige ökologische Wende zu bewirken. Die Perspektive des Subjekts, die ich hier thematisiere, könnte dazu verführen und das System von Produktion und Konsumtion aus dem Blick verlieren. Man muss sich nur vor Augen halten, dass zum Beispiel eine Kupferhütte »jährlich viermal mehr Müll als das ganze europäische Hausmüllaufkommen« produziert und »›mit jeder Tonne Kupferherstellung 2000 Tonnen giftiger Sonderabfall‹« (Kittlitz, 2020) entstehen. Es ist ganz klar, dass wir uns hier nicht mehr allein auf der Ebene des individuellen Subjekts bewegen können. Ihre Untersuchung, wie sie hier vorgenommen wurde, ist sicher vonnöten, sollen grundlegende Verbesserungen angestoßen werden. Politik ist jedoch eine Frage der Vielen, von massenhaften Bewegungen, eines kritisch-aufgeklärten, libidinös-engagierten Gesamtsubjekts. Es geht daher, über eine Reflexion und Revision individueller Motivationen und Haltungen hinaus, um ändernde Maßnahmen im Großen und Ganzen. Die gesamte Wirtschaft in Produktion und Konsumtion muss auf den Prüfstand, muss umgebaut werden. Das Vorhandensein widerstandsbereiter, sozial-ökologisch motivierter Subjekte, wie sie hier skizziert worden sind, ist aber die politisch-psychologische Bedingung, um solch eine Politik demokratisch hervorzurufen, zu organisieren und umzusetzen.

> In einfachen Worten
>
> Die Menschen machen mit der Welt, was sie wollen. Sie nehmen dabei keine Rücksicht. Das zerstört unsere Lebensgrundlagen. Und das wird den Menschen nun mehr und mehr bewusst, was ein ungutes Gefühl hervorruft. Viele tun deshalb so, als gäbe es das Problem nicht. Sie blenden es aus, damit sie sich besser fühlen können. Im Beitrag wird ein Weg dargestellt, wie Menschen ein besseres Verhältnis zur Umwelt entwickeln können. Dazu gehört es, die Umwelt als Partnerin wie in einer Liebesbeziehung zu betrachten. Wir können sie nicht einfach wechseln und wir sind von ihr abhängig. Wir können nicht ohne sie leben. Wir müssen verstehen, wie schön und wichtig sie für uns ist. Erst dann gelingt es uns, sie besser zu behandeln.

Literatur

Bauriedl, T. (1988). *Das Leben riskieren. Psychoanalytische Perspektiven des politischen Widerstands*. München: Piper.

Bedford-Strohm, H. (2019). Predigt im Festgottesdienst zu Weihnachten. https://www.ekd.de/predigt-bedford-strohm-festgottesdienst-weihnachten-2019-52563.htm (09.02.2021).

Benjamin, W. (1942). Über den Begriff der Geschichte. In W. Benjamin, *Abhandlungen. Gesammelte Schriften Bd. I, 2. Teilband* (S. 691–704). Frankfurt/M.: Suhrkamp 1991.

Busch, H.-J. (2001). *Subjektivität in der spätmodernen Gesellschaft*. Weilerswist: Velbrück Wissenschaft.

Busch, H.-J. (2005). Spätmoderne Gesellschaft und Depression. In S. Hau, H.-J. Busch & H. Deserno (Hrsg.), *Depression – zwischen Lebensgefühl und Krankheit* (S. 195–213). Göttingen: Vandenhoeck & Ruprecht.

Busch, H.-J. (2007). Demokratische Persönlichkeit. Eine Annäherung aus der Perspektive politischer Psychologie. In D. Lange & G. Himmelmann (Hrsg.), *Demokratie-*

bewusstsein. Interdisziplinäre Annäherungen an ein zentrales Thema der Politischen Bildung (S. 41–55). Wiesbaden: VS Verlag für Sozialwissenschaften.

Busch, H.-J. (2019). Die Bäume wachsen nicht in den Himmel – das Herz des spätmodernen Subjekts lässt dies kalt: Eine Beziehungskrise. Kommentar. *Freie Assoziation, 22*(1), 67–71.

Busch, H.-J. (2020). *Das Unbehagen des Prothesengotts in der Umweltkrise.* Vortrag im Rahmen der Vorlesungsreihe »Was nun? Hannoversche Beiträge zur Rettung der Welt« an der Universität Hannover. Unveröffentlichtes Vortragsmanuskript.

Claussen, D. (1993). Die mißglückte Säkularisierung. Über Xenophobie, Antisemitismus und Nationalismus als Bestandteile einer modernen Alltagsreligion. *Widerspruch. Beiträge zur sozialistischen Politik, 13*(26), 5–14.

Deserno, H. (2018). Symbol. In G. Gödde & J. Zirfaß (Hrsg.), *Kritische Lebenskunst* (S. 143–151). Stuttgart: Metzler.

Dohm, L. & Klar, M. (2020). Klimakrise und Klimaresilienz. Die Verantwortung der Psychotherapie. *Psychosozial, 43*(3), 99–114.

Fischer, J. (1989). *Der Umbau der Industriegesellschaft. Plädoyer wider die herrschende Umweltlüge.* Frankfurt/M.: Eichborn.

Freud, S. (1915). Trauer und Melancholie. *Gesammelte Werke*, Bd. X (S. 427–446). Frankfurt/M.: Fischer Taschenbuch Verlag.

Freud, S. (1927). Die Zukunft einer Illusion. In A. Mitscherlich, J. Strachey & A. Richards (Hrsg.), *Studienausgabe*, Bd. 9 (S. 135–189). Frankfurt/M.: S. Fischer.

Freud, S. (1930). *Das Unbehagen in der Kultur* (S. 191–270). A. a. O. Frankfurt/M.: S. Fischer.

Freud, S. (1933). Warum Krieg? (S. 271–286). A. a. O. Frankfurt/M.: S. Fischer.

Giddens, A. (1990). *Konsequenzen der Moderne.* Frankfurt/M.: Suhrkamp.

Habekuss, F. (2021). In Ruhe lassen. *Die Zeit* Nr. 3.

Haberer, J. (2020). Fürchte dich nicht. *Zeitmagazin* Nr. 54, 35–37.

Habermas, J. (1972). Bewußtmachende oder rettende Kritik – Die Aktualität Walter Benjamins. In ders., *Kultur und Kritik.* Verstreute Aufsätze (S. 302–344). Frankfurt/M.: Suhrkamp.

Haubl, R. (2005). Melancholie als Lebensform. In S. Hau, H.-J. Busch & H. Deserno (Hrsg.), *Depression – zwischen Lebensgefühl und Krankheit* (S. 144–164). Göttingen: Vandenhoeck & Ruprecht.

Hayer, B. (2021). »Mein Lied bist du, Melancholie!« *Frankfurter Rundschau*, 09.02.2021.

Hessel, S. (2010). *Empört Euch.* Berlin: Ullstein.

Heuser, U. J. (2020). Machen wir unser Ding. *Die Zeit*, Nr. 3.

Horkheimer, M. (1947). Zur Kritik der instrumentellen Vernunft. In ders., *Zur Kritik der instrumentellen Vernunft* (S. 11–174). Frankfurt/M.: S. Fischer 1967.

Horkheimer, M. & Adorno, T. W. (1944). *Dialektik der Aufklärung.* Amsterdam: De Munter 1968.

Horn, K. (1984). Wie kommen wir zu einer »konstitutionellen Intoleranz« gegen den Krieg? Anmerkungen zum Einstein-Freud-Briefwechsel – 50 Jahre danach. *Psyche, 38*(12), 1083–1104.

Jonas, H. (1979). *Das Prinzip Verantwortung.* Berlin: Suhrkamp (Neuauflage mit einem Nachwort von R. Habeck, 2020).

Kittlitz, A. v. (2020). Aus den Fugen. *Zeitmagazin*, Nr. 2.

Kohout, F. & Mayer-Tasch, P. C. (2002). Das ökologische Weltgewissen. *Aus Politik und*

Zeitgeschichte, http://www.bpb.de/apuz/27114/das-oekologische-weltgewissen (28.02.2021).
Laurenz, L. (2021). Ein einfaches Leben. *Publik-Forum Extra* »Spiritualität und Lebenskunst«, 4–6.
Lorenzer, A. (1981). *Das Konzil der Buchhalter. Die Zerstörung der Sinnlichkeit. Eine Religionskritik*. Frankfurt/M.: Europäische Verlagsanstalt.
Lifton, R.J. (1995). *Zeugnis ablegen*. Hamburg: Hamburger Edition, Angesichts unseres Jahrhunderts Bd. 3.
Lifton, R.J. & Markusen, E. (1990). *Die Psychologie des Völkermordes. Atomkrieg und Holocaust*. Stuttgart: Klett-Cotta, 1992.
Marcuse, H. (1955). *Triebstruktur und Gesellschaft*. Frankfurt/M.: Suhrkamp 1970.
Marcuse, H. (1967). *Der Eindimensionale Mensch*. Neuwied, Berlin: Luchterhand.
Marcuse, H. (1969). *Versuch über die Befreiung*. Frankfurt/M.: Suhrkamp.
Marcuse, H. (1976). Herbert Marcuse im Gespräch mit Ivo Frenzel und Willy Hochkeppel. https://www.youtube.com/watch?v=C5PU0EASi_Q (23.5.2021).
Marcuse, H. (1979). Kinder des Prometheus. 25 Thesen zur Technik und Gesellschaft. *Tüte*, Sonderheft, »Zur Aktualität von Herbert Marcuse. Politik und Ästhetik am Ende der Industriegesellschaft«, 23–25.
Marcuse, H. (1987). *Schriften*. Bd. 9: Konterrevolution und Revolte. Frankfurt/M.: Suhrkamp.
Marx, K. (1890). Das Kapital. *Marx-Engels-Werke Bd. 23* (4. Aufl.). Berlin: Dietz 1968.
Maxton, G. & Maxton-Lee, B. (2021). Von der Übermacht des Irrglaubens. *Frankfurter Rundschau*, 26.2.2021.
Mitscherlich, A. (1977). Massenpsychologie und Ich-Analyse – Ein Lebensalter später. *Psyche, 31*, 516–539.
Münkler, H. (2006). *Der Wandel des Krieges. Von der Symmetrie zur Asymmetrie*. Weilerswist: Velbrück Wissenschaft.
Plumpe, W. (2019). *Das kalte Herz*. Berlin: Rowohlt.
Reckwitz, A. (2019). Erschöpfte Selbstverwirklichung. Das spätmoderne Individuum und die Paradoxien seiner Emotionskultur. In A. Reckwitz, *Ende der Illusionen. Politik, Ökonomie und Kultur in der Spätmoderne*. Berlin: Suhrkamp.
Reckwitz, A. (2020). Immer größer, besser, schöner? *Chrismon*, (1).
Richter, H.-E. (1992). *Umgang mit Angst*. Hamburg: Hofmann und Campe.
Rosa, H. (2018). *Unverfügbarkeit. Wien – Salzburg: Residenz*. Suhrkamp 2020.
Winnicott, D.W. (1984). *Reifungsprozesse und fördernde Umwelt*. Frankfurt/M.: Fischer Taschenbuch.

Biografische Notiz

Hans-Joachim Busch, apl. Prof. Dr. phil., ist Diplom-Soziologe, Diplom-Supervisor (DGSv), Supervisor und Coach. Bis 2016 war er Hochschullehrer für Soziologie mit dem Schwerpunkt Sozialpsychologie am Fachbereich Gesellschaftswissenschaften der Goethe-Universität Frankfurt am Main und wissenschaftlicher Angestellter des Sigmund-Freud-Instituts in Frankfurt am Main. Er ist langjähriger Sprecher des Arbeitskreises Politische Psychologie (DVPW) und veröffentlichte zahlreiche Publikationen zur sozialpsychologischen Gegenwartsdiagnose, zur psychoanalytischen Sozialpsychologie und zur politischen Psychologie.

Klimaschutz als kollektives Handeln

Die psychologische Forschung zur Rolle sozialer Identität

Immo Fritsche, Markus Barth & Gerhard Reese

Zusammenfassung: Klimaschützendes Handeln Einzelner kann nur unzureichend über persönliche Kosten-Nutzen-Überlegungen oder Werthaltungen erklärt – geschweige denn, motiviert – werden. Dieses Handeln ist nur zusammen mit anderen Menschen wirksam und sozial »rational«. Daher sollten Personen sich insbesondere dann im Klimaschutz engagieren, wenn sie ihr Verhalten als Teil kollektiven (statt individuellen) Klimahandelns verstehen. Aufbauend auf dem Social Identity Model of Pro-Environmental Action (SIMPEA) diskutieren wir vier Faktoren kollektiven Denkens, die in der Forschung als wichtige Antreiber umweltfreundlichen Alltagshandelns und aktivistischen Handelns identifiziert wurden: Identifikation mit eigenen Gruppen (von Umweltgruppen bis hin zu nationalen Bevölkerungen oder gar der ganzen Menschheit), kollektive Wirksamkeit, kollektive Normen und Emotionen/Motivationen. Wir illustrieren die grundlegende Forschung zu diesen Faktoren und schlagen Ansatzpunkte für mögliche Interventionsstrategien zur Förderung klimafreundlichen Handelns vor.

Die Klimakrise ist in der Mitte des gesellschaftlichen Diskurses angekommen und sie erlaubt keinen Aufschub. Im Jargon der Streaming-Generation: *Winter is here.* Und *Summer in the City* sowieso. Niemandem – bis auf den Jüngsten – muss die Bedrohung mehr erklärt werden. Fast jede und jeder kennt eine ganze Liste privater Handlungsweisen und öffentlicher Entscheidungen, die das Klima schützen würden. Was fehlt also zu konsequentem Klimahandeln und zur umfassenden gesellschaftlichen Transformation? Wie ist es möglich, Menschen ins Handeln zu bringen? Mit diesen Fragen beschäftigt sich die Umweltpsychologie bereits seit längerer Zeit. Ende der 1970er Jahre, als Umweltschutz zu einem breiteren politischen Anliegen wurde, war bereits klar: Mit reiner Wissensvermittlung und der Förderung des »Umweltbewusstseins« der Bevölkerung ist es nicht getan. Seitdem gab es zahlreiche Vorschläge und wissenschaftliche Erkenntnisse zur Förderung umweltfreundlichen Handelns. Beispielsweise ist konkretes Umwelthandeln durch unterschiedliche persönliche Kosten- und Nutzenaspekte bestimmt, die inhaltlich gar nichts mit der persönlichen

Motivation, die Umwelt zu schützen, zu tun haben, wie monetäre Kosten oder Bequemlichkeit (Bamberg & Möser, 2007). Außerdem werden Menschen umweltfreundliche Intentionen nur dann in die Tat umsetzen, wenn äußere Barrieren (zum Beispiel mangelnde Verfügbarkeit praktikabler umweltfreundlicher Alternativen) beseitigt und persönliche Gewohnheiten verändert werden. Personen sollten dann für den Umweltschutz handeln, wenn sie überzeugt sind, mit ihrem Handeln auch tatsächlich etwas gegen Umweltzerstörung tun zu können, sich also als »wirksam« wahrnehmen (für ein integratives Modell s. Klöckner, 2013).

Doch spätestens an dieser Stelle wird es problematisch. Wie überzeugt man sich selbst – geschweige denn – andere, durch *persönliches* Handeln den *globalen* Klimawandel aufhalten zu können? Bringt die Abschaffung meines PKW die grönländische Eisschmelze zum Halten? Kann mein Verzicht auf tierische Produkte den Regenwald retten? Werde ich meinen Enkel:innen einst anhand der IPCC-Kurven zeigen können, an welcher Stelle sich die globale Mitteltemperatur senkte, weil ich nicht mehr mit dem Flugzeug flog? Leider nein (und leider zu allen drei Fragen).

1 Klimahandeln ist kollektiv (oder gar nicht)

Zentrale Ursache für die objektiv fehlende persönliche Wirksamkeit im Klimaschutz ist die kollektive Natur des Klimawandels. Natürlich stimmt es, dass der globale Klimawandel auf menschliches Verhalten zurückgeht und auch (nur!) durch menschliche Verhaltensänderungen abgewendet – oder zumindest noch verlangsamt – werden kann. Aber hier ist nicht das Verhalten einer oder eines Einzelnen gemeint, sondern das Verhalten von Kollektiven. Wenn wir es aus der Perspektive einer einzelnen handelnden Person betrachten, die das Ziel hat, den Klimawandel zu stoppen, sieht die Sache ganz anders aus. Offensichtlich hängt die Rettung des Klimas gar nicht von ihrem persönlichen Verhalten ab, sondern letztlich davon, was ihr Kollektiv als Ganzes tut: Der Beitrag einer einzelnen Person ist weder sichtbar noch entscheidend. Aus der psychologischen Forschung wissen wir, dass viele Menschen irgendwann ihre Bemühungen einstellen, wenn sie diese als wirkungslos wahrnehmen (Salomon et al., 2017). Auf dieses Problem fehlender Selbstwirksamkeit gehen wir weiter unten noch genauer ein.

Doch selbst wenn Menschen davon ausgehen, dass ihr eigener Beitrag zwar minimal, aber für die Aufrechterhaltung gemeinschaftlichen Wohlergehens dennoch relevant ist, ist eine Handlungshemmung wahrscheinlich. Denn Klimaschutz ist als sogenanntes Gemeingutdilemma strukturiert (Hardin, 1968): Persönliches Engagement im Klimaschutz birgt für die Einzelne oder den Einzelnen in der Regel persönliche Kosten (beispielsweise Zeit, Geld, Komfortverzicht). Der daraus folgende Nutzen (Klimaschutz) steht hingegen allen zur Verfügung. Wenn Menschen nicht darauf vertrauen können, dass andere in gleicher Weise handeln, reduzieren sie in der Regel ihre persönlichen Beiträge (»ich bin doch nicht blöd!«).

Dies gibt zwei Rätsel auf. Wie kann, erstens, die persönliche Handlungsblockierung angesichts von Hilflosigkeit und individueller »Irrationalität« von Klimahandeln aufgehoben werden? Und zweitens: Weshalb handeln viele Menschen in ihrem Alltag trotzdem klimafreundlich?

2 Das Wir in mir

Die Antwort auf beide Fragen liegt womöglich in der menschlichen Eigenart kollektiven Denkens und Handelns. In vielen Situationen denken und handeln wir nämlich nicht als (in Sachen Klimakrise hilflose) Einzelpersonen (»ich«) sondern als Repräsentant:innen eines Kollektivs (»wir«). Und Kollektive sind – im Gegensatz zu Einzelpersonen – in der Tat potenziell wirksame Klimaakteure.

Im Modus des Wir-Denkens definieren Menschen ihr Selbst nicht über die einzigartigen Merkmale ihrer eigenen Person, sondern über die Merkmale ihrer Gruppe. Eine solche *soziale Identität* (Tajfel & Turner, 1979; Reicher et al., 2010) verändert Menschen. In Gruppen denken und handeln wir so, wie wir glauben, dass man es als Mitglied unserer Gruppe eben tut und wie es uns für die Gruppe hilfreich zu sein scheint. Dies bedeutet, wir folgen den wahrgenommenen *Normen* und Zielen der eigenen Gruppe (zum Beispiel klimafreundliches Handeln). Dies trifft vor allem dann zu, wenn wir uns selbst chronisch mit dieser sogenannten Eigengruppe *identifizieren*, das heißt, wir die Gruppe für unser Selbst als bedeutsam und wertvoll erachten. Gleichzeitig kann die Art solcher »Gruppengefühle« stark durch die Beschaffenheit bestimmter Situationen geprägt sein. Welche Gruppe dabei unsere Identität bestimmt, sollte stark davon abhängen, ob wir in einer konkreten Situation überhaupt auf diese Gruppe aufmerksam werden, sie also *salient* ist (zum Beispiel über einen relevanten Vergleich zwischen Eigen- und Fremdgruppe). Das »Wir-Denken« zeigt sich beispielsweise, wenn wir uns auf der gemeinsamen Party von »Psychologists for Future« und »Scientists for Future« ganz anders verhalten (und auch denken) als im Fußballstadion als Anhänger:innen unseres Fußballvereins oder wenn wir zu Hause sind. Die Psycholog:innen unter uns werden bei der Party mit den Kolleg:innen aus der Erdatmosphärenforschung insbesondere die *Verhaltens*aspekte des Klimawandels betonen und sich sehr empathisch verhalten, wenn jemand über seine Beziehungsprobleme klagt, weil dies nun mal dem Stereotyp der Psycholog:innen entspricht (»Selbststereotypisierung«). Die Gesprächspartnerin auf dieser Party würde uns vermutlich nicht wiedererkennen (und wir selbst uns auch nicht), wenn sie sähe, wie wir uns im Stadion lautstark über die Elfmeterentscheidung gegen unsere Mannschaft empören, mit obszönen Ausdrücken, die ganz und gar nicht mehr empathisch wirken, aber eben unser Stereotyp von den Ausdrucksformen des Fußballfans darstellen.

Trotz ihrer manchmal drolligen und gelegentlich negativen Konsequenzen stellt Gruppenzugehörigkeit bzw. soziale Identität aus Sicht der Autoren den entscheidenden psychologischen Mechanismus dar, der uns von hilflosen individuellen Akteur:innen in engagierte Klimaaktivist:innen verwandeln kann. Dies hängt insbesondere damit zusammen, dass Menschen Gruppen in der Regel nicht nur als reine Beschreibungskategorien ihrer sozialen Umwelt verstehen, sondern sie Gruppen vielmehr eine gewisse Dinglichkeit (»Entitativität«) und, vor allem, Handlungsfähigkeit zuschreiben (Brewer et al., 2004). Demnach haben Gruppen Ziele (nicht nur Verhaltensnormen), handeln in Richtung dieser Ziele und können ihre Umwelt auch entsprechend beeinflussen (Fritsche et al., 2016). Identifizierte Gruppenmitglieder sollten also auch sich selbst als handlungsfähig erleben (Greenaway et al., 2015). Gleichzeitig zeigt die experimentelle Forschung, dass Menschen persönlichem Hilflosigkeitserleben unbewusst und automatisch dadurch entgegenwirken, dass sie sich mit handlungsfähigen Gruppen identifizieren und selbst verstärkt im Sinne von Gruppennormen und -zielen handeln (Modell *gruppenbasierter Kontrolle*; Fritsche et al., 2013; Stollberg et al., 2017). Für Klimahandeln bedeutet dies, dass Menschen dann handlungsmotiviert sind, wenn sie sich mit klimafreundlichen und handlungsfähigen Gruppen identifizieren, statt sich als *individuelle* Akteur:innen zu begreifen. Eine solche soziale Identität sollte nicht nur Hilflosigkeitserleben reduzieren, sondern auch die Befürchtung, im »Gemeingutdilemma« des Klimahandelns von Trittbrettfahrer:innen übervorteilt zu werden (vgl. Levi et al., 2021, in diesem Band).

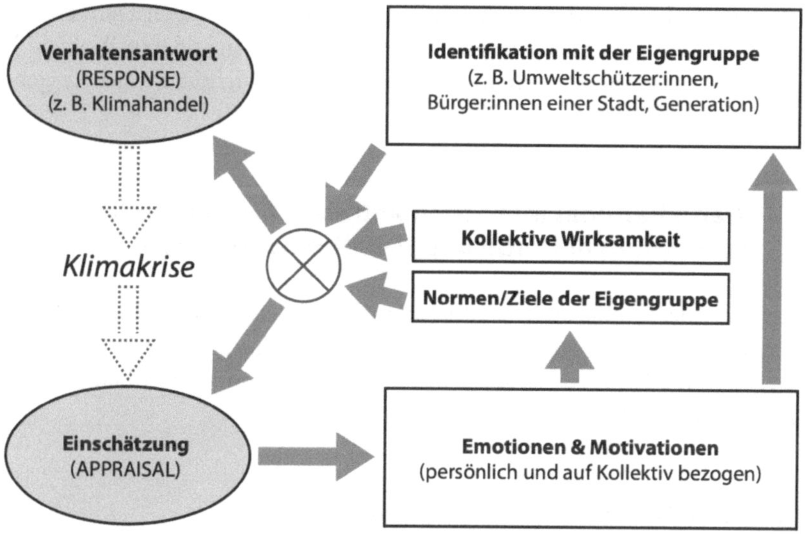

Abbildung 1: Das Modell kollektiven Umwelthandelns (Social Identity Model of Pro-Environmental Action; SIMPEA) im Kontext der Klimakrise (nach Fritsche et al., 2018).

Diese Überlegungen bilden den Kern eines allgemeinen Modells kollektiven Umwelthandelns, das wir gemeinsam mit anderen Kollegen vorgeschlagen haben (Fritsche et al., 2018). Gemäß diesem *Social Identity Model of Pro-Environmental Action* (SIMPEA; s. Abb. 1) bestimmen das Ausmaß der Identifikation mit einer Gruppe, deren klimafreundliche Normen und Ziele und die wahrgenommene Handlungsfähigkeit unserer Gruppe, ob wir im Alltag oder in politischen oder aktivistischen Kontexten umweltfreundlich handeln. Umweltbezogene kollektive Ziele und Normen werden durch persönliche Wahrnehmungen und Einschätzungen *(appraisals)* der Umweltkrise bestimmt. Diese sollten stark durch die drei vorgenannten kollektiven Faktoren beeinflusst sein und ihrerseits persönliche und kollektive Emotionen und Motivationen auslösen. So sollte beispielsweise das Empfinden kollektiver Schuld wegen überproportionaler Treibhausgasemissionen des eigenen Landes dazu führen, dass identifizierte Bürger:innen dieses Landes Klimaschutz als wichtiges Gemeinschaftsziel begreifen. Gleichzeitig nimmt das Modell an, dass aus Umweltkrisen resultierende persönliche Hilflosigkeit und Bedrohungsmotivation die Wahrscheinlichkeit erhöht, dass die beschriebenen Faktoren kollektiven Denkens für Einzelne besonders handlungsleitend werden. Oder in anderen Worten: Je größer die persönliche Klimahilflosigkeit ist, desto wichtiger werden eigene Gruppen.

3 Wann handeln Menschen kollektiv für Klimaschutz? Forschungsbefunde und Handlungsoptionen

Im Folgenden stellen wir beispielhaft die empirische Forschung zu den wichtigsten Triebfedern kollektiven Klimahandelns gemäß SIMPEA vor. Auch geben wir Hinweise zur Förderung klimafreundlichen Handelns in Alltag und Politik.

3.1 Identifikation mit (Klima-)Gruppen

Wie oben bereits angeklungen ist, sollten Menschen, die sich besonders stark mit ihrer eigenen Gruppe identifizieren, auch im Sinne dieser Gruppe handeln. In anderen Worten: Es ist eher unwahrscheinlich, dass ein hoch identifiziertes Greenpeace-Mitglied zum Skiurlaub ins Fünf-Sterne-Ressort in den Rocky-Mountains fliegt. Je stärker sich das Greenpeace-Mitglied mit seiner Gruppe identifiziert, umso eher wird es sich für Klima- und Naturschutzbelange einsetzen. Nach der Theorie der sozialen Identität ist das plausibel anzunehmen, aber was sagt die Forschung dazu?

Menschen können sich mit einer großen Bandbreite an sozialen Gruppen identifizieren. Diese Identifikation lässt sich am ehesten als eine kognitiv-emotionale Bindung an die Gruppe verstehen – die sogenannte soziale Identität. Ich weiß also, dass ich dazugehöre und finde dies gut. Solche sozialen Identitäten sind relativ stabil, allerdings hängt es vom jeweiligen Kontext ab, welche dieser Identitäten aktiviert sind, wie das oben genannte Beispiel ihrer Verwandlung beim Übergang von der »for-future«-Party ins Fußballstadion illustriert.

Für Klima- und Umweltschutzverhalten ist die Bedeutung sozialer Identitäten in mehrerlei Hinsicht relevant. Es gibt natürlich soziale Gruppen, deren Kerneigenschaft es ist, sich dem Klima- und Umweltschutz zu verpflichten (zum Beispiel Ökolandwirt:innen, NABU-Mitglieder). Je stärker Menschen sich mit solchen Gruppen identifizieren, umso größer ist die

Wahrscheinlichkeit, dass sie auch umweltfreundlich handeln. Eine Übersicht über Studien zu diesem Phänomen findet sich in Fritsche und Kollegen (2018) sowie bei Fielding und Hornsey (2016). Zusammengefasst zeigt sich in zahlreichen Untersuchungen, dass etwa die Identifikation mit der Gruppe der »Umweltschützer:innen« mit erhöhten Umweltintentionen und -verhaltensweisen einhergeht, und zwar sowohl aktivistischen (zum Beispiel Engagement in Umweltbewegungen) als auch privaten (zum Beispiel Konsum umweltfreundlicher Produkte; Dono et al., 2010; Fielding et al., 2008). Studien, in denen die sogenannten Gemeingutdilemmata (s. o.) untersucht wurden, zeigten ebenfalls einen Zusammenhang zwischen sozialer Identität und kooperativem Verhalten (DeCremer & van Vugt, 2002; siehe auch Buchan et al., 2011). Außer den Gruppen mit Umweltbezug gibt es im Alltag eine Vielzahl anderer sozialer Gruppen, die unser Handeln prägen. Auch nicht genuin klimaschutzorientierte soziale Gruppen können zur Grundlage für nachhaltiges Verhalten werden. Solche sozialen Identitäten, wie zum Beispiel Geschlecht, ethnische Zugehörigkeit, aber auch regionale oder politische Identitäten, können Triebfedern klimaschützenden Verhaltens sein, wenn Menschen diese mit klimaschützendem Handeln assoziieren. So zeigen etwa Studien aus den USA, dass Menschen, die sich eher der Partei der Demokrat:innen zuordneten, stärkere positive Einstellungen zum Klimaschutz berichteten als jene, die sich als Republikaner:innen sahen (McCright & Dunlap, 2011; für ähnliche Befunde in Europa, siehe McCright et al., 2016), und zwar insbesondere dann, wenn Personen an ihre Parteizugehörigkeit erinnert wurden (Unsworth & Fielding, 2014).

Eine Besonderheit, die im Rahmen des Ansatzes sozialer Identität oft diskutiert und mittlerweile auch empirisch untersucht wurde, ist die Bereitschaft von Menschen, sich mit der übergeordneten Gruppe »Menschheit« zu identifizieren. Ja, Sie lesen richtig. Alle Menschen, repräsentiert als eine soziale Gruppe. Egal, ob Ihnen jetzt Michael Jackson und Chor ins Ohr trällern *(We are the world …)*, Sie sich an die wohlige Wärme von John Lennons Musik erinnern *(Imagine there's no countries …)* oder Sie der Beat der Members of Mayday mitreißt *(One World, one future)* – die Grundidee, dass sich alle Menschen als Teil dieser maximal inklusiven Gruppe sehen, wurde schon früh in der Sozialpsychologie thematisiert. Aber erst seit den 2010er Jahren wird sie systematisch empirisch untersucht. Für den Umwelt- und Klimaschutz deutet dabei einiges darauf hin, dass eine hohe Identifikation mit der Gruppe »Menschheit« auch mit stärkeren Bemühungen zum Klimaschutz einhergeht. Warum? Weil wir uns nach der Theorie der sozialen Identität besonders für die Belange unserer Gruppe einsetzen sollten, je stärker wir uns mit ihr identifizieren. Während die Folgen des Klimawandels bei eng definierten Eigengruppen (zum Beispiel unsere Stadt) heutzutage häufig noch eher als die Probleme der »Anderen« erscheinen, werden sie zu unseren »eigenen« Problemen, wenn wir die gesamte Menschheit als unsere Eigengruppe verstehen.

In einer Analyse der World-Value-Survey – einer länderübergreifenden repräsentativen Befragung – haben Rosenmann, Reese und Cameron (2016) untersucht, inwiefern die Selbstkategorisierung als Weltbürger:in mit Umweltschutzverhalten einhergeht. Je stärker Menschen sich auf globaler Ebene identifizierten, desto eher waren sie auch bereit, sich in Umwelt-NGOs zu engagieren und höhere Steuern für Umweltbelange zu zahlen. Römpke, Fritsche und Reese (2019) konnten zeigen, dass Onlinekontakt mit Menschen aus anderen Weltregionen eine solche globale Identifikation erhöhte. Eine höhere globale Identität wiederum ging mit stärkeren global verantwortlichen Intentionen (u. a. für Klimaschutz) einher. Neben diesen exemplarischen Befunden deuten eine Reihe weiterer Studien auf diesen Zusammenhang hin, wenngleich die Prüfung der angenommenen Kausalrichtung mittels experimentalpsychologischer Studien derzeit noch in den Kinderschuhen steckt (für eine Zusammenfassung, siehe McFarland et al., 2019).

Die wichtigste Konsequenz aus dieser Forschung zur Identifikation mit Eigengruppen für Klimaschutzinterventionen ist sicherlich, bei Kampagnen und Bewegungen das »wir« zu betonen. Nicht ich allein bin laut, sondern »wir sind hier, wir sind laut!« Das kann genauso gut auf nachbarschaftlicher Ebene funktionieren (»Wir Bewohner:innen des Wohnblocks 4a setzen uns für einen Gemeinschaftsgarten ein!«) oder auf kommunaler Ebene (»Wir sind die Innovationsregion!«). Ebenfalls kann es hilfreich sein, sich und anderen vor Augen zu führen, dass wir als Menschheit mehr gemeinsam haben, als häufig gedacht, und dadurch ein Bewusstsein für die gemeinsamen globalen Herausforderungen zu schaffen.

Inwiefern diese Gruppenidentitäten dazu beitragen, dass ihre Gruppenmitglieder sich für das Klima einsetzen, hängt letztlich davon ab, welche Gruppennormen und kollektiven Wirksamkeitswahrnehmungen in dieser Gruppe ausgehandelt werden. Wenn sich also Bürger:innen einer Stadt zum Ziel setzen, ein Ort der Solarinnovation zu werden und dieses Ziel normativ wird, dann wird die Identifikation mit dem Ort vermutlich auch in anderen Domänen zu stärkerem Klimaschutzverhalten beitragen können.

3.2 Kollektive Klimanormen und Klimaziele

Mitglieder einer Gruppe teilen Überzeugungen und Werte und interpretieren die Welt auf eine ähnliche Weise. Mitglieder von Greenpeace überall auf der Welt werden einig darin sein, dass es gut und wichtig ist, sich für Umwelt- und Klimaschutz einzusetzen. Einerseits kommt diese Homogenität im Denken und in den Einstellungen dadurch zustande, dass sich Menschen aktiv Gruppen anschließen können, deren Ziele sich mit den eigenen Absichten decken. Andererseits gibt es in jeder Gruppe auch ungeschriebene Regeln und Gesetze, deren Befolgung von den Mitgliedern erwartet wird. Die sozialpsychologische Forschung konnte den starken Effekt sozialer Normen auf menschliches Handeln in vielen Bereichen des Lebens nachweisen. Allerdings wird die Wirkung dieser Normen auf die eigenen Entscheidungen oder die Entscheidungen Anderer von vielen Laien – und sogar Kommunikationsprofis – noch immer stark unterschätzt.

In einer einflussreichen Studie wurden in Kalifornien unterschiedliche Ursachen betrachtet, die die Absicht zum Energiesparen vorhersagen könnten (Nolan et al., 2008). Zusätzlich zu den typischen Gründen, die in dieser Sache häufig genannt werden (zum Beispiel, wie viel Geld man spart oder wie umweltfreundlich Energiesparen ist), sollten die Teilnehmer:innen der Studie auch angeben, wie häufig ihrer Meinung nach ihre Nachbar:innen und die Bürger:innen ihrer Stadt wohl Energie sparen würden. Das erstaunliche Ergebnis: Die Überzeugung, dass viele andere bereits Energie sparen, war mit Abstand der stärkste Grund für das Energiesparverhalten der Befragten. Die Forscher:innen gingen noch einen Schritt weiter und prüften, ob sie mit Informationen zu Normen nachhaltiges Verhalten direkt fördern konnten. Dazu hinterließen sie an den Türen von knapp 1.000 Haushalten Nachrichten, die zum Energiesparen aufforderten. Zur Begründung des Verhaltens enthielten die Nachrichten zudem weitere Informationen. Ein Teil der Haushalte wurde etwa darüber informiert, wie viel Geld monatlich gespart würde, wenn die Klimaanlage nicht eingeschaltet wäre. Ein anderer Teil wurde darüber informiert, dass bereits 77 % der anderen Haushalte auf die Klimaanlage verzichteten. Die Wirkung der Nachrichten prüften die Forscher:innen durch den Vergleich des tatsächlichen Energieverbrauchs der betrachteten Haushalte. Das Ergebnis war wieder eindeutig: Verglichen mit vier anderen Nachrichten hatte die normative Nachricht den stärksten Effekt auf das Energiesparverhalten.

Beinahe noch spannender war der Befund, dass die Teilnehmenden dieser Studien selbst nicht davon ausgingen, dass die Verhaltensweisen anderer Leute in ihrem Umfeld sie in ihrem Energiesparverhalten besonders stark beeinflussen würden. Sie waren stattdessen der Meinung, dass sie sich dann für Energiesparen entscheiden würden, wenn sie den Eindruck hätten, dass dies zum Umweltschutz beitrage oder sie dadurch Geld sparen würden. Auch in einer Studie zur Bereitschaft deutscher Erwachsener, auf Elektromobilität umzusteigen, zeigte sich der Einfluss sozialer Normen als mindestens ebenso stark wie jener von Machbarkeitsfaktoren (zum Beispiel fehlende Aufladeinfrastruktur) oder monetären Kosten (Barth et al., 2016). Fragte man allerdings Laien und E-Mobilitätslobbyist:innen zu den entscheidenden Triebfedern, sprachen diese nur von Machbarkeit und persönlichen Kosten. Offenbar beeinflussen soziale Normen uns weitgehend automatisch und unbewusst. Daher besteht die Gefahr, dass auch bei der Planung von Klimaschutzkampagnen die Kommunikation oder Beeinflussung kollektiver Faktoren vernachlässigt wird und diese daher ihr Potenzial nicht ausschöpfen.

Neben der direkten oder indirekten Beobachtung von tatsächlichem Verhalten wie in dem Beispiel aus Kalifornien gibt es noch andere Hinweise, mit deren Hilfe Gruppenmitglieder auf die Normen innerhalb der Gruppe schließen können. So genügt es etwa schon zu wissen, ob die Mehrheit für oder gegen eine Sache eingestellt ist, um die Absicht, entsprechendes Verhalten zu zeigen, zu beeinflussen. In beiden Fällen gilt, dass Menschen, die sich stärker mit ihrer Gruppe (zum Beispiel ihrem Stadtviertel oder ihrer Generation) identifizieren, die Gruppennormen ganz automatisch stärker befolgen werden. Da sie die Gruppenmitgliedschaft als einen wichtigen Teil ihres Selbstbildes verstehen, werden die Regeln und Gepflogenheiten dieser Gruppe verbindlich für sie.

Welche Konsequenzen ergeben sich aus der Forschung zu sozialen Normen für die praktische Anwendung? Zum einen können normative Informationen genutzt werden, um möglichst viele Gruppenmitglieder in ihrem nachhaltigen Verhalten zu unterstützen. Wie in der kalifornischen Beispielstudie können Normen sichtbarer gemacht werden, indem über das tatsächliche Verhalten oder die Ansichten anderer Gruppenmitglieder informiert wird. Dieser Ansatz ist immer dann sinnvoll, wenn bereits eine Mehrheit sich auf eine erwünschte Art und Weise verhält.

Eine besondere Rolle kommt den Autoritäten und Sprecher:innen einer Gruppe zu. Diese Personen können für die eigene Gruppe – aber auch in der Außendarstellung – skizzieren, was der Gruppe wichtig ist und welches Verhalten von den Mitgliedern der Gruppe erwartet wird, auch dann, wenn sich noch keine Mehrheit dem Verhalten angeschlossen hat. Vorstellbar ist auch, dass die Gruppe sich erst kürzlich neue Ziele im Klimahandeln gesetzt hat (zum Beispiel bei Einführung eines neuen Car-Sharing-Systems) und somit neue Normen begründet werden müssen. In diesen Fällen sozial-ökologischer Innovation haben Autoritäten und Führungspersönlichkeiten Modellcharakter. Es sind diese Personen, an die viele Menschen denken, wenn sie ein typisches Mitglied der Gruppe beschreiben sollen. Die Worte und Taten dieser Personen haben entsprechendes Gewicht (s. Haslam et al., 2020). Prototypische Mitglieder einer Gruppe, die normativen Einfluss ausüben können, müssen nicht gleichzeitig Anführer:in dieser Gruppe sein. Es ist aber wichtig, dass die Empfänger:innen einer normativen Nachricht das Gefühl haben, diese Nachricht komme von »einem/einer von uns«, also einer Person, die sehr ähnlich ist (das heißt ähnliche Einstellungen, ähnliche Interessen, ähnliche Herkunft usw.) und die als Sprachrohr für die eigenen Ansichten und Werte gelten kann. Normative Nachrichten von Gleichaltrigen sind daher fast immer wirksamer, als wenn ein (alter) Lehrer oder eine Lehrerin zu seinen bzw. ihren Schüler:innen spricht. Aus diesem Grund gewinnen auch die Nachrichten, die von Influencer:innen verbreitet werden, immer mehr an Gewicht (Steffens et al., 2015).

Bei der Verwendung normativer Informationen ist eine gewisse Vorsicht geboten. Gerade weil viele Menschen sich am Verhalten der Mehrheit orientieren, kann eine gut gemeinte Kampagne ungewollt ins Gegenteil umschlagen. Wollen Sie etwa mehr Menschen dazu bewegen, ihren Müll zu trennen, dann verweisen Sie besser nicht darauf, dass eine Mehrheit der Bürger:innen ihren Müll noch nicht trennt. Auf diese Weise würden Sie eine Norm vermitteln (die Mehrheit verhält sich so), die Ihren eigenen Zielen entgegensteht. Unterstreichen Sie stattdessen klare Trends hin zu mehr Mülltrennung (wenn vorhanden) oder berichten Sie mögliche Befragungsergebnisse, dass eine überwiegende Mehrheit der Menschen in Ihrer Stadt es gut fände, wenn mehr für die Umwelt getan würde. Kommunizieren Sie bestehende klimafreundliche Normen, um das Klimahandeln von Gruppenmitgliedern zu fördern. Natürlich ist es dabei wichtig, dass die kommunizierten Normen eine Gruppe repräsentieren, mit der sich die

Angesprochenen persönlich hoch identifizieren. Sonst könnte der erhoffte Effekt auch nach hinten losgehen, denn Menschen grenzen sich ab von den Normen fremder Gruppen oder solcher Gruppen, zu denen sie nicht gern gehören.

Egal, welches Verhalten Sie mit Normen unterstützen möchten: Wie bei allen Kampagnen macht der Ton die Musik. Entsteht der Eindruck, dass Sie etwas verbieten oder erzwingen wollen, werden Sie wenig Erfolg haben, da den Menschen ein starkes Bedürfnis nach Selbstbestimmtheit und Kontrolle zu eigen ist. Niemand lässt sich gerne sagen, was er/sie zu tun hat, und als Reaktion können Sie häufig Verhalten nach dem Prinzip »Jetzt erst recht!« beobachten. In der Psychologie nennt man das Reaktanz (Burgoon et al., 2002). Besonders erfolgreiche Kampagnen lassen daher das Verhalten anderer Gruppenmitglieder für sich sprechen und formulieren bestenfalls Vorschläge und Empfehlungen, die den Empfänger:innen hinreichend Wahlfreiheit lassen.

Bedenken Sie auch, dass Normen umso einflussreicher werden, je bedeutsamer die Gruppe für die einzelne Person ist. Je inklusiver und größer eine Gruppe ist, desto weniger selbstrelevant ist sie in der Regel. Informationen darüber, wie sich Menschen in Ihrer Region verhalten oder was diese gut finden, sind daher sehr wahrscheinlich weniger verhaltensrelevant als Informationen, die sich auf eine klar definierte Eigengruppe beziehen, wie beispielsweise die Mitglieder Ihres Kirchenchors. Dennoch ist es möglich, dass auch die Normen großer, unpersönlicher Gruppen hoch verhaltensrelevant werden. Dann beispielsweise, wenn der Vergleich mit einer entsprechenden Fremdgruppe angeregt wird. Dieses Prinzip macht sich zum Beispiel die Aktion »Stadtradeln« zunutze, bei der Städte hinsichtlich der zurückgelegten Radfahrstrecke ihrer Bürger:innen in einen virtuellen Wettbewerb treten.

3.3 Kollektive Wirksamkeit und Handlungsfähigkeit im Klimaschutz

Das Ausmaß, in dem wir annehmen, dass eine Gruppe die eigenen Ziele mit den eigenen Mitteln und aus eigener Kraft erreichen kann, wird als die wahrgenommene kollektive Wirksamkeit bezeichnet (z. B. Bandura, 2000). Es erscheint unmittelbar plausibel, dass Herausforderungen wie der globale Klimawandel, bei denen das »Ich« scheitern muss, von einem »Wir« doch bewältigt werden können. Auch aus diesem Grund wird Gruppen in der Regel eine größere Handlungsfähigkeit zugesprochen (Brewer et al., 2004). Gleichzeitig können Menschen, die sich persönlich hilflos fühlen, ihre Handlungsmotivation für Klimaschutz möglicherweise dann zurückgewinnen, wenn sie ihr eigenes Handeln als Teil einer *gemeinschaftlichen* Handlung oder Bewegung auffassen. Das Gefühl der Macht der Vielen beeinflusst die Entscheidung für oder gegen ein Verhalten. Am sichtbarsten wird das überall dort auf der Welt, wo Menschen gemeinsam gegen ihr Schicksal aufbegehren oder auf Unrecht aufmerksam machen wollen. Wenn US-Amerikaner:innen auf die Straße gehen, um auf die Ungleichbehandlung der People of Colour in ihrem Land aufmerksam zu machen, oder wenn junge Menschen in Deutschland in Baumhäusern campieren, um die Rodung eines Waldes zu verhindern, dann tun sie das aus der Überzeugung heraus, dass ihr kollektives Verhalten etwas bewirken kann (Landmann & Rohmann, 2020). Die sozialpsychologische Forschung konnte zeigen, dass kollektive Wirksamkeitserwartungen zu den zentralen Vorhersagevariablen von Protest und sozialer Bewegungsbeteiligung gehören (van Zomeren et al., 2008; van Zomeren et al., 2019; lesen Sie dazu auch den Beitrag von Julian Bleh, 2021, in diesem Band).

Wenn Menschen sich als Teil einer Gruppe identifizieren (zum Beispiel als Mitglied von *Ende Gelände*), werden die Erfolge und Niederlagen der Gruppe gefühlt zu persönlichen Erfolgen oder Misserfolgen. Wenn Sie bei Ihrem Stadionbesuch (oder vor dem Stadion in der Straßenbahn) in die Gesichter beglückter Fans nach einem gewonnenen Heimspiel schauen, haben Sie schnell den Eindruck, diese Fans hätten selbst auf dem Platz gestanden. Ähnlich verhält es sich auch mit der wahrgenommenen kollektiven Wirksamkeit. Wer sich stark mit einer Gruppe identifiziert, wird die Handlungsfähigkeit dieser Gruppe in gewisser Weise zu seiner persönlichen Wirksamkeit machen. Konsistent mit dieser Annahme zeigen erste Studien, dass die persönliche Wirksamkeitsüberzeugung dann stärker wird, wenn die Wirksamkeit der eigenen Gruppe als hoch eingeschätzt wird (z. B. Jugert et al., 2016; Reese & Junge, 2017). Das *Ich* als Teil des effektiveren *Wir* traut sich mehr zu.

Ohne die Überzeugung, dass man ein gemeinsames Ziel auch erreichen kann (wie in Barack Obamas Slogan, »Yes, we can!«), wird jede Bewegung an Schwung verlieren. Ihre Mitglieder und Sympathisant:innen werden sich seltener für die gemeinsame Sache engagieren und sich schließlich sogar ganz abwenden. Deshalb ist es für Klimakampagnen wichtig, kollektive Wirksamkeit als Ressource zu verstehen, die gepflegt werden sollte. Jeder und jede ist schließlich lieber Teil einer *erfolgreichen* Unternehmung. Die entsprechende Wahrnehmung muss entsprechend regelmäßig bestätigt werden.

Wie können kollektive Wirksamkeitserwartungen hergestellt oder erhalten werden? Einerseits gelingt das durch eine positive Kommunikationsstrategie. Gemeint ist ein Fokus auf positive Auswirkungen, die das Handeln der Gruppe bereits hatte. Nichts steigert den Glauben an den zukünftigen Erfolg der Gruppe so sehr wie ein gemeinsamer Erfolg in der Vergangenheit. Sorgen Sie also dafür, dass die Mitglieder Ihrer Gruppe und auch unbeteiligte Dritte möglichst regelmäßig von erfolgreichen Aktionen erfahren. So motivieren Sie nicht nur die Gruppenmitglieder dazu, weiterzumachen. Sie machen die Mitgliedschaft in Ihrer Gruppe auch für gleichgesinnte Außenstehende immer attraktiver.

Kleinere Gruppen werden in der Regel eher als wirksam wahrgenommen als große (Tabernero & Hernández, 2011). Das hat etwas damit zu tun, dass kleine Gruppen schneller zu einem Konsens finden. Umgekehrt bedeutet das aber auch, dass große Bewegungen, die trotz ihrer Größe noch immer mit einer Stimme sprechen, als besonders wirksam eingeschätzt werden. Berücksichtigen Sie diesen Umstand und präsentieren Sie die Aktionen Ihrer Bewegung als das Ergebnis einer konsensualen Entscheidung aller Mitglieder, wann immer das möglich ist.

Nicht zuletzt können Sie das gemeinsame Erfolgserleben durch klug geplante Aktivitäten unterstützen. Große, idealistische Ziele sind wunderbar, um die Mission einer Bewegung zu charakterisieren. Allerdings bedarf es der kleinen Meilensteine und zwischenzeitlichen Erfolge, um auf dem Weg auf den Gipfel nicht aufzugeben. Selbstverständlich ist eine Zukunft ohne Kohlekraftwerke wünschenswert. Dieses Ziel kann jedoch auch demotivieren, wenn trotz vieler guter Aktionen die Energiewirtschaft nicht einlenken will. Schnell können sich dann Zweifel an der kollektiven Wirksamkeit der Bewegung regen. Definieren Sie also auch kurzfristig erreichbare Ziele und feiern Sie gemeinsam deren erfolgreiche Umsetzung. Indem Sie sich auf jeden Schritt in Richtung Ihres übergeordneten Zieles konzentrieren und ihn wertschätzen, werden Sie spüren, dass die Gruppe gemeinsam ihre Ziele erreichen kann.

3.4 Emotionen und Motivationen

Ansätze zur Förderung nachhaltigen Handelns gehen häufig davon aus, dass Umweltweltverhalten eine individuelle *Entscheidung* ist, die Menschen dann bewusst treffen, wenn die vorliegenden Informationen es nahelegen, dass umweltfreundliches Handeln zweckrational ist. Dass der überwiegende Teil unseres Handelns aber ohne vorheriges bewusstes Nachdenken, also unbewusst abläuft, legen bereits die oben genannten Befunde zum unterschätzten Einfluss sozialer Normen auf Umwelthandeln nahe (zum Beispiel persönlicher Energieverbrauch; Nolan et al., 2008). Sie zeigen, dass die (zweckrational geprägten) Vermutungen von Menschen darüber, weshalb sie selbst so handeln, wie sie es tun, häufig wenig mit der Wirklichkeit oder bewussten »Vernunftentscheidungen« zu tun haben. Außerdem handeln wir nicht nur auf Grundlage vorliegender Informationen (also zum Beispiel, dass Klimahandeln für das Überleben der Menschheit wichtig und auch persönlich machbar ist), sondern auch als unwillkürliche Folge spezifischer Emotionen und motivationaler Zustände bzw. Antriebe.

In der Forschung zu Emotionen, wie beispielsweise Furcht, Ärger oder Schuld, wird angenommen, dass solche Emotionen nicht nur mit spezifischen Gedanken und körperlichen Mustern in Erregung sowie Motorik einhergehen, sondern auch mit spezifischen Handlungstendenzen, die in Emotionen angelegt sind: Auf Furcht folgt häufig Flucht, auf Ärger Aggression und auf Schuld das Bestreben, eine eigene Tat ungeschehen oder wiedergutzumachen. Emotionen werden in der Psychologie dann als *kollektiv* betrachtet, wenn sie infolge eines Ereignisses auftreten, das für die eigene Gruppe – aber nicht notwendigerweise für die eigene Person – von hoher Relevanz ist. So löst Nachdenken über den übermäßigen Anteil unserer alten Industrienationen an der Misere des globalen Klimawandels in Bürger:innen dieser Staaten mit hoher Wahrscheinlichkeit Schuldgefühle aus, selbst wenn sie sich persönlich ökologisch verantwortungsbewusst verhalten sollten. Tatsächlich geht kollektives Schuldempfinden mit erhöhten Klimaschutzintentionen von Gruppenmitgliedern einher (Harth et al., 2013). Neben negativen Emotionen, wie Schuld, zeigen jüngere Forschungen, dass auch *positive* kollektive Emotionen Klimahandeln von Gruppenmitgliedern erhöhen können. So erzeugten Landmann und Rohman (2020) in einer Stichprobe deutscher Studierender kollektive emotionale Bewegtheit (»being moved«) dadurch, dass sie ihnen ein Video von erfolgreichem Widerstand von Klimaaktivist:innen gegen die Abholzung des Hambacher Forsts zugunsten eines Kohletagebaus zeigten. Das Gefühl der Bewegtheit ging gleichzeitig mit der erhöhten Bereitschaft der Studierenden einher, sich selbst bei kollektiven Klimaschutzaktionen zu engagieren. Klimaschutzinterventionen können und sollten also durchaus Emotionen erzeugen. Die Forschung zu den Wirkungen spezifischer Emotionen steht allerdings noch am Anfang. Beispielsweise scheint Stolz auf kollektiv geleisteten Klimaschutz klimafreundliche Intentionen von Gruppenmitgliedern eher zu reduzieren und stattdessen zu ethnozentrischen Gruppeneinstellungen zu führen (»Klimaschutz nur dann, wenn er unserem eigenen Land dient«; Harth et al., 2013).

Auch auf persönlicher Ebene kann das Nachdenken über den Klimawandel Emotionen und bestimmte motivationale Zustände in Menschen auslösen. Bedrohungserleben ist ein solcher motivationaler Zustand. Bedrohung entsteht, wenn Menschen sich einer wichtigen Anforderung (»den Klimawandel aufhalten«) gegenübersehen, sich aber zugleich sicher sind, nicht angemessen damit umgehen zu können (»mein persönliches Klimahandeln bewirkt nichts«). In einer solchen Situation sollten Menschen Hilflosigkeit erleben und eigene Bemühungen einstellen, weshalb es ein weitverbreiteter Leitsatz der Klimakommunikation ist, mit übermäßigen Furchtappellen zurückhaltend zu sein oder zumindest immer auch eine persönliche Lösungsmöglichkeit mitzuliefern (»Du kannst etwas tun«). Aber was, wenn das Versprechen persönlicher Wirksamkeit im Angesicht der galoppierenden Klimakatastrophe nicht möglich ist?

Jüngere experimentelle Forschungen zu den motivationalen Konsequenzen der Wahrnehmung bedrohlichen Klimawandels machen Angst und Hoffnung zugleich. Sie zeigen, dass die Erinnerung an die Monstrosität des Klimawandels bei Menschen zu einer automatischen Hinwendung zum Kollektiven führt. Dies kann möglicherweise damit erklärt werden, dass Gruppenmitgliedschaft und soziale Identität dazu führen, dass Kontrollgefühl und Handlungsfähigkeit wiederhergestellt werden (s. o.; Fritsche et al., 2013). Diese kollektive Reaktion auf Bedrohung kann einerseits zu negativen ethnozentrischen Konsequenzen, wie beispielsweise die Ablehnung von Fremdgruppen und sozialer Abweichung, führen. In mehreren Studien baten Fritsche, Cohrs, Kessler und Bauer (2012) Versuchspersonen, sie bei der angeblichen Entwicklung eines Wissenstests zu unterstützen. Die Teilnehmenden sollten für eine Liste von 24 unterschiedlichen Fakten angeben, ob ihnen diese jeweils bekannt waren. Während einer Hälfte der Personen unterschiedliche geografische Fakten zu ihrem eigenen Land vorgelegt wurden, bearbeitete die andere Hälfte Fakten zu den bedrohlichen nationalen Folgen des Klimawandels. Die Einteilung erfolgte zufällig. Die Teilnehmenden, die an den Klimawandel erinnert wurden, zeigten im Vergleich zu jenen der neutralen Kontrollgruppe erhöhte Werte autoritärer Aggression und der Ablehnung systemgefährdender Gruppen, wie beispielsweise von Drogendealern, Prostituierten oder Kriminellen. Jüngste, noch unveröffentlichte Studien zeigen vergleichbare Effekte salienten nicht beherrschbaren Klimawandels auf die Ablehnung von Migrant:innengruppen (Shanaah et al., 2021). Klimawandel ist also auch deshalb ein globales Sicherheitsrisiko, weil Klimawandelhilflosigkeit die Konfliktneigung zwischen Gruppen und Intoleranz gegenüber Abweichung fördert.

Andererseits können kollektive Reaktionen auf Bedrohung Menschen motivieren, sich für kollektive Ziele wie beispielsweise Klimaschutz einzusetzen. So richteten in experimentellen Studien von Barth, Masson, Fritsche und Ziemer (2018) Studierende sich in ihren Einstellungen dann stärker an den vorgeblichen wahrgenommenen Normen ihrer Eigengruppe aus, wenn sie vorher an bedrohlichen Klimawandel erinnert worden waren. In anderen Studien (Fritsche et al., 2010) wurde untersucht, wie sich persönliches Bedrohungserleben durch die Bitte, über den eigenen Tod (vs. ein nicht bedrohliches Thema) nachzudenken, auf die Konformität mit umweltfreundlichen sozialen Normen auswirkt. Tatsächlich verhielten sich auf diese Art bedrohte Personen dann umweltfreundlicher als nicht bedrohte, wenn sie gleichzeitig auf subtile Weise an die gesellschaftliche Norm des Umweltschutzes erinnert wurden (zum Beispiel dadurch, dass die Versuchsleiterin demonstrativ Müll entsorgte; für einen Überblick zum Zusammenhang existenzieller Bedrohungen und Umwelthandeln siehe auch Fritsche & Hoppe, 2019).

Für das Verständnis und die Förderung klimafreundlichen Handelns bedeuten diese Befunde, dass die Wahrnehmung höchst bedrohlichen Klimawandels nicht zwangsläufig zu Resignation und Lethargie führen muss. Stattdessen kann Bedrohung Klimahandeln Einzelner motivieren, wenn dieses als Teil kollektiven Handelns bzw. der gemeinschaftlichen Norm dargestellt bzw. verstanden wird. Anders betrachtet wird die Kommunikation klimafreundlicher sozialer Normen und gemeinschaftlicher Handlungsfähigkeit dann besonders wichtig, wenn in der Gesellschaft oder in einer Gruppe aktuell Bedrohungswahrnehmungen vorherrschen, also beispielsweise im Kontext einer schwerwiegenden Pandemie oder eben auch der Klimakatastrophe. Das räumt auch mit der verbreiteten Fehlwahrnehmung auf, Menschen könnten zum Klimaschutz nur in gesellschaftlichen Schönwetterzeiten motiviert werden. Ganz im Gegenteil.

4 Ausblick

Die Psychologie hat Klimahandeln viel zu lange als ein Verhalten gesehen, das einer streng individuellen – oder gar individualistischen – Rationalität folgt. Die Perspektive sozialer Identität zeigt, dass dies bestenfalls ein *Teil* der Geschichte ist und wir Klimahandeln nur dann verstehen, geschweige denn ändern, wenn wir dessen kollektive Rahmenbedingungen und Repräsentationen mitdenken. Gleichzeitig gebietet die hohe Dringlichkeit und strukturelle sozio-ökonomische Bedingtheit des Klimawandels, nicht nur das individuelle klimafreundliche Alltagsverhalten von Menschen zu fördern, sondern auch deren *politisches* Handeln. Es bedarf schneller und umwälzender gesellschaftlicher Veränderungen in Gesetzgebung, Anreizstrukturen und Technologie. Diese geschehen nur dann, wenn die Mehrheit der Menschen sie fordert und anschließend auch dauerhaft akzeptiert, wie wir hierzulande in beeindruckender Weise im Verlauf der Corona-Pandemie gelernt haben. Unsere eigenen Studien deuten darauf hin, dass die Akzeptanz der drastischen Maßnahmen gegen die Pandemie in Deutschland insbesondere durch die Wahrnehmung kollektiver Handlungsfähigkeit getrieben war (Hoppe et al., 2021). Auch im Klimaschutz braucht es diese kollektive Handlungsfähigkeit und die Wahrnehmung gemeinschaftlichen Handelns im Hier und Jetzt.

> In einfachen Worten
>
> Ein Mensch allein kann das Klima nicht gut schützen. Dazu braucht es ganz viele Leute. Wenn man in einer Gruppe ist, kann man etwas für das Klima tun. Wir sind Wissenschaftler. Wir wollen wissen, wann Menschen das Klima schützen. Also: Wann kaufen Menschen Bio-Produkte? Wann verzichten sie auf das Reisen mit dem Flugzeug? Oder wann gehen sie zu einer Demonstration für Umweltschutz? In Untersuchungen haben Wissenschaftlerinnen und Wissenschaftler herausgefunden, dass Gruppen dafür wichtig sind. Besonders wichtig ist, was Menschen über ihre Gruppen denken.
>
> – Wenn man zu einer Gruppe gehört, will man das Klima eher schützen, wenn
> – man seine Gruppe für sich selbst wichtig findet und die Gruppe mag.

- man glaubt, dass es zu den Regeln und Zielen der Gruppe gehört, das Klima zu schützen.
- man findet, dass die Gruppe Dinge beeinflussen kann.

Manchmal hat man Angst, selbst nichts tun zu können. Ob man dann trotzdem etwas tut, hängt besonders von den Gedanken über die eigene Gruppe ab. Eine Gruppe kann eine Umweltgruppe sein. Aber es können auch die Leute sein, die alle in der eigenen Stadt wohnen. Oder auch alle jungen Menschen. Es gibt viele Beispiele für Gruppen, in denen man etwas tun kann.

Literatur

Bamberg, S. & Möser, G. (2007). Twenty years after Hines, Hungerford, and Tomera: A new meta-analysis of psycho-social determinants of pro-environmental behaviour. *Journal of Environmental Psychology, 27,* 14–25.

Bandura, A. (2000). Exercise of human agency through collective efficacy. *Current Directions in Psychological Science, 9,* 75–78. http://dx.doi.org/ 10.1111/1467-8721.00064

Barth, M., Jugert, P. & Fritsche, I. (2016). Still underdetected – Social norms and collective efficacy predict the acceptance of electric vehicles in Germany. *Transportation Research Part F: Traffic Psychology and Behaviour, 37,* 64–77. http://dx.doi.org/10.1016/j.trf.2015.11.011

Barth, M., Masson, T., Fritsche, I. & Ziemer, C.-T. (2018). Closing ranks: Ingroup norm conformity as a subtle response to threatening climate change. *Group Processes and Intergroup Relations, 21,* 497–512.

Bleh, J. (2021). What do we want!? Identität, Moral und Wirksamkeit. Eine sozialpsychologische Perspektive auf die Erfolgsfaktoren der jungen Klimabewegung. In L. Dohm, F. Peter & K. van Bronswijk (Hrsg.), *Climate Action – Psychologie der Klimakrise. Handlungshemmnisse und Handlungsmöglichkeiten* (S. 251–282). Gießen: Psychosozial-Verlag.

Brewer, M.B., Hong, Y.-Y. & Li, Q. (2004). Dynamic entitativity: Perceiving groups as actors. In V. Yzerbyt, C.M. Judd & O. Corneille (Hrsg.), *The psychology of group perception: Perceived variability, entitativity, and essentialism* (S. 25–38). San Antonio, TX: Psychology Press.

Buchan, N.R., Brewer, M.B., Grimalda, G., Wilson, R.K., Fatas, E. & Foddy, M. (2011). Global social identity and global cooperation. *Psychological Science, 22,* 821–828.

Burgoon, M., Alvaro, E., Grandpre, J. & Voulodakis, M. (2002). Revisiting the theory of psychological reactance: Communicating threats to attitudinal freedom. In J.P. Dillard & M. Pfau, *The persuasion handbook: Developments in theory and practice* (S. 213–232). Thousand Oaks: SAGE Publications, Inc. https://www.doi.org/10.4135/9781412976046.n12

DeCremer, D. & Van Vugt, M. (2002). Intergroup and intragroup aspects of leadership in social dilemmas: A relational model of cooperation. *Journal of Experimental Social Psychology, 38*, 126–136.

Dono, J., Webb, J. & Richardson, B. (2010). The relationship between environmental activism, pro-environmental behaviour and social identity. *Journal of Environmental Psychology, 30*, 178–186.

Fielding, K.S. & Hornsey, M.J. (2016). A social identity analysis of climate change and environmental attitudes and behaviors: Insights and opportunities. *Frontiers in Psychology, 7*, 121.

Fielding, K.S., McDonald, R. & Louis, W.R. (2008). Theory of planned behaviour, identity and intentions to engage in environmental activism. *Journal of Environmental Psychology, 28*, 318–326.

Fritsche, I., Barth, M., Jugert, P., Masson, T. & Reese, G. (2018). A social identity model of pro-environmental action (SIMPEA). *Psychological Review, 125*, 245–269.

Fritsche, I., Cohrs, C., Kessler, T. & Bauer, J. (2012). Global warming is breeding social conflict: The subtle impact of climate change threat on authoritarian tendencies. *Journal of Environmental Psychology, 32*, 1–10.

Fritsche, I. & Hoppe, A. (2019). We supernaturals: Terror management and people's ambivalent relationship with nature. In C. Routledge & M. Vess (Hrsg.), *Handbook of Terror Management Theory* (S. 157–178). London: Academic Press.

Fritsche, I., Jonas, E., Ablasser, C., Beyer, M., Kuban, J., Manger, A.-M. & Schultz, M. (2013). The power of we: Evidence for group-based control. *Journal of Experimental Social Psychology, 49*, 19–32.

Fritsche, I., Jonas, E. & Frey, D. (2016). Das Bedürfnis nach Kontrolle als soziale Motivation. In H.-W. Bierhoff & D. Frey (Hrsg.), *Enzyklopädie der Psychologie. Bd. C/VI/1, Selbst und soziale Kognition* (S. 53–86). Göttingen: Hogrefe.

Fritsche, I., Jonas, E., Niesta Kayser, D. & Koranyi, N. (2010). Existential threat and compliance with pro-environmental norms. *Journal of Environmental Psychology, 30*, 67–79.

Greenaway, K.H., Haslam, S.A., Cruwys, T., Branscombe, N.R., Ysseldyk, R. & Heldreth, C. (2015). From we to me: Group identification enhances perceived personal control with consequences for health and well-being. *Journal of Personality and Social Psychology, 109*, 53–74.

Hardin, G.J. (1968). The tragedy of the commons. *Science, 162*, 1243–1248.

Harth, N.S., Leach, C.W. & Kessler, T. (2013). Guilt, anger, and pride about ingroup environmental behaviour: Different emotions predict distinct intentions. *Journal of Environmental Psychology, 34*, 18–26. http://dx.doi.org/10.1016/j.jenvp.2012.12.005

Haslam, S.A., Reicher, S.D. & Platow, M.J. (2020). *The new psychology of leadership: Identity, influence, and power* (2. Aufl.). New York: Routledge.

Hoppe, A., Becker, A., Fritsche, I. & Lautenbacher, J. (2021). *Make it through the hard times as a group: On the importance of collective predictors of epidemic protection behavior and policy acceptance during the COVID-19 pandemic.* Universität Leipzig: unveröffentlichtes Manuskript.

Jugert, P., Greenaway, K.H., Barth, M., Büchner, R., Eisentraut, S. & Fritsche, I. (2016). Collective efficacy increases pro-environmental intentions through increasing self-efficacy. *Journal of Environmental Psychology, 48*, 12–23.

Klöckner, C. A. (2013). A comprehensive model of the psychology of environmental behaviour. A meta-analysis. *Global Environmental Change, 23*, 1028–1038.

Landmann, H. & Rohmann, A. (2020). Being moved by protest: Collective efficacy beliefs and injustice appraisals enhance collective action intentions for forest protection via positive and negative emotions. *Journal of Environmental Psychology, 71*, 101491. https://doi.org/10.1016/j.jenvp.2020.101491

Levi, S., Müller-Hansen, F., Lamb, W. F., Mattioli, G., Timmons Roberts, J., Capstick, S., Creutzig, F., Minx, J. C., Culhane, T. & Steinberger, J. (2021). Die Argumentationsmuster der Klimaschutz-Ausreden. In L. Dohm, F. Peter & K. van Bronswijk (Hrsg.), *Climate Action – Psychologie der Klimakrise. Handlungshemmnisse und Handlungsmöglichkeiten* (S. 89–104). Gießen: Psychosozial-Verlag.

McCright, A. M. & Dunlap, R. E. (2011). The politicization of climate change and polarization in the American public's views of global warming, 2001–2010. *The Sociological Quarterly, 52*, 155–194. http://dx.doi.org/10.1111/j.1533-8525.2011.01198.x

McCright, A. M., Dunlap, R. E. & Marquart-Pyatt, S. T. (2016). Political ideology and views about climate change in the European Union. *Environmental Politics, 25*, 338–358. http://dx.doi.org/10.1080/09644016.2015.1090371

McFarland, S., Hackett, J., Hamer, K., Katzarska-Miller, I., Malsch, A., Reese, G. & Reysen, S. (2019). Global human identification and citizenship: A review of psychological studies. *Political Psychology, 40*, 141–171.

Nolan, J. M., Schultz, P. W., Cialdini, R. B., Goldstein, N. J. & Griskevicius, V. (2008). Normative social influence is underdetected. *Personality and Social Psychology Bulletin, 34*, 913–923. http://dx.doi.org/10.1177/0146167208316691

Reese, G. & Junge, E. A. (2017). Keep on rockin' in a (plastic-)free world: Collective efficacy and pro-environmental intentions as a function of task difficulty. *Sustainability, 9*, 200.

Reicher, S. D., Spears, R. & Haslam, S. A. (2010). The social identity approach in social psychology. In M. S. Wetherell & C. T. Mohanty (Hrsg.), *Sage identities handbook* (S. 45–62). London, UK: Sage. http://dx.doi.org/10.4135/9781446200889.n4

Römpke, A. K., Fritsche, I. & Reese, G. (2019). Get together, feel together, act together: International personal contact increases identification with humanity and global collective action. *Journal of Theoretical Social Psychology, 3*, 35–48.

Rosenmann, A., Reese, G. & Cameron, J. E. (2016). Social identities in a globalized world: Challenges and opportunities for collective action. *Perspectives on Psychological Science, 11*, 202–221.

Salomon, E., Preston, J. L. & Tannenbaum, M. B. (2017). Climate change helplessness and the (de)moralization of individual energy behavior. *Journal of Experimental Psychology, Applied, 23*, 15–23.

Shanaah, S., Fritsche, I., Osmundsen, M. (2021). *Ethnocentric responses to climate change threat.* Aarhus University: unveröffentlichter Datensatz.

Steffens, N. K., Schuh, S. C., Haslam, S. A., Perez, A. & van Dick, R. (2015). »Of the group« and »for the group«: How followership is shaped by leaders' prototypicality and group identification. *European Journal of Social Psychology, 45*(2), 180–190.

Stollberg, J., Fritsche, I. & Jonas, E. (2017). The groupy shift: Conformity to liberal ingroup norms as a group-based response to threatened personal control. *Social Cognition, 35*, 374–394.

Tabernero, C. & Hernández, B. (2011). Collective motivation for managing our common environment. In M. Bonaiuto, M. Bonnes, A.M. Nenci & G. Carrus (Hrsg.), *Advances in people-environment studies: Vol. 2. Urban diversities – environmental and social issues* (S. 193–202). Göttingen: Hogrefe.

Tajfel, H. & Turner, J.C. (1979). An integrative theory of intergroup conflict. In W.G. Austin & S. Worchel (Hrsg.), *The social psychology of intergroup relations* (S. 33–48). Monterey, CA: Brooks/Cole.

Unsworth, K.L. & Fielding, K.S. (2014). It's political: How the salience of one's political identity changes climate change beliefs and policy support. *Global Environmental Change, 27*, 131–137.

van Zomeren, M., Kutlaca, M. & Turner-Zweinkels, F. (2018). Integrating who »we« are with what »we« (will not) stand for: A further extension of the Social Identity Model of Collective Action. *European Review of Social Psychology, 29*, 122–166. https://doi.org/10.1080/10463283.2018.1479347

van Zomeren, M., Postmes, T. & Spears, R. (2008). Toward an integrative social identity model of collective action: A quantitative research synthesis of three socio-psychological perspectives. *Psychological Bulletin, 134*, 504–535. http://dx.doi.org/10.1037/0033-2909.134.4.504

Biografische Notizen

Immo Fritsche ist Professor für Sozialpsychologie an der Universität Leipzig. Er forscht zur Sozialpsychologie der Umweltkrise sowie zu grundlegenden Prozessen sozialen Denkens und Handelns, insbesondere im Kontext sozialer Gruppen.

Markus Barth hat in Berlin Psychologie studiert und unterrichtet seit 2019 Sozialpsychologie an der FH Bielefeld. Er forscht zu den Faktoren, die individuelles und kollektives Umweltverhalten motivieren. Sein zweiter Schwerpunkt liegt in der Forschung zu Konflikten zwischen Gruppen und deren Auflösung.

Gerhard Reese ist Professor für Umweltpsychologie an der Universität Koblenz-Landau. Er forscht zu individuellen, sozialen und systemischen Prozessen, die Umwelt- und Naturschutzverhalten motivieren. Zudem interessiert er sich dafür, wie Umwelt und Natur unser Wohlbefinden beeinflussen.

What do we want!?
Identität, Moral und Wirksamkeit

Eine sozialpsychologische Perspektive auf die Erfolgsfaktoren der jungen Klimabewegung

Julian Bleh

Zusammenfassung: Durch die junge Klimabewegung hat die bisher schwer vermittelbare Dringlichkeit der Klimakrise im Jahr 2019 breitere gesellschaftliche Unterstützung erfahren als jemals zuvor. Die Bewegungsforschung zu Fridays for Future identifiziert dafür drei Erfolgsfaktoren: die Person Greta Thunberg, die Protestform des Schulstreiks und das neuartige Framing. Die umfassende und anhaltende Protest-Mobilisierung ist entscheidend von der Identifikation mit der Bewegung abhängig. Unsere Identifikation mit politischen Gruppen dient der Erfüllung psychologischer Bedürfnisse, insbesondere danach, unsere Umwelt zu verstehen und Kontrolle zu empfinden. Politisches Handeln entsteht im Zusammenspiel wahrgenommener Identität, Moral und Wirksamkeit. Emotionen beeinflussen diese Wahrnehmung und verstärken die daraus entstehende Motivation. Von dieser Grundlage ausgehend ergänzt der folgende Beitrag die bestehende soziologische und politologische Analyse der drei Erfolgsfaktoren um eine sozialpsychologische Perspektive. Darauf aufbauend werfe ich abschließend einen Blick auf zwei aktuelle Debatten der Klimagerechtigkeitsbewegung: zum einen die fehlende Anschlussfähigkeit außerhalb des weißen Bildungsbürgertums; zum anderen die Notwendigkeit eines gesellschaftlichen Gegenentwurfs zur Erreichung des 1,5-Grad-Ziels.

Als die Demo kurz vor dem Tagebau Garzweiler durch eine Autobahnunterführung läuft, ruft eine Stimme laut »What do we want!?« Vom Echo in der Unterführung verstärkt antworten etwa hundert Stimmen gleichzeitig: »CLIMATE JUSTICE«. Die Reaktion sind angespannte Blicke der Polizei und Gänsehaut bei den Protestierenden. Der größere und vordere Teil des Demozugs besteht aus den jungen Menschen von Fridays for Future (FfF). Der kleinere, hintere Teil der Demo besteht aus Menschen des Aktionsbündnisses Ende Gelände, wie üblich in weißen Maleranzügen und enger Begleitung der Polizei. Nach der Unterführung bricht der hintere Teil der Demo plötzlich aus dem begleitenden Polizeispalier aus. Aufgeregt rufend und winkend rennen die Teilnehmer:innen von Ende Gelände Richtung Grubenrand. Die Polizei versucht sie mit Schlagstock und Pfefferspray daran zu hindern, in den Tagebau runterzurutschen.

Am Ende des Tages haben es mehrere hundert Menschen hinunter in die Grube geschafft. Einige große Kohlebagger stehen still. Die Teilnehmer:innen des vorderen FfF-Teils der Demonstration feiern die Aktion am Grubenrand in legalem, aber hörbarem Abstand zu ihren ungehorsamen Verbündeten. Der 19-jährige Marvin grinst müde und sagt: »Ich bin super glücklich. Viele von Ende Gelände sind in die Grube gekommen, das war ein erfolgreicher Tag!« (Schlüter, 2019) Noch während die Polizei im Rheinland mit der Räumung beschäftigt ist, äußert sich Markus Söder, Parteichef der rechtskonservativen CSU, auf bis dahin ungewohnte Weise: »Sind wir ehrlich: Die deutschen Klimaziele sind bis 2030 nur zu erreichen, wenn wir den Kohleausstieg massiv beschleunigen. [...] Am Ende müssten wir eigentlich im Jahr 2030 aussteigen« (tagesschau.de, 2019).

Dieser Beitrag beschäftigt sich mit den sozialpsychologischen Dynamiken, die in einem knappen Jahr zu einem solchen bis dahin für einen rechtskonservativen Politiker unvorstellbaren Statement geführt haben. Zum Zeitpunkt der Aussagen Söders war es noch kein Jahr her, dass Greta Thunberg zum ersten Mal fürs Klima gestreikt hatte. Seitdem hat sich unsere Gesellschaft verändert: Binnen Monaten haben sich große Teile einer Generation als FfF politisiert, das Problembewusstsein ganzer Nationen für die Klimakrise geschärft und breite Unterstützung für ihr Anliegen gewonnen (vgl. Sommer & Haunss, 2020). Zur gesellschafts- und bewegungspolitischen Einordnung dieser Veränderungen fasse ich im ersten Abschnitt dieses Beitrags die Hauptwirkungen der jungen Klimabewegung grob zusammen. Um ein sozialpsychologisches Grundverständnis für die Wirkung von sozialen Bewegungen zu entwickeln, erläutere ich daraufhin im zweiten Abschnitt die Hauptmotive politischen Handelns und ihre Wurzeln in unseren psychologischen Bedürfnissen. Darauf aufbauend erweitere ich im dritten Abschnitt die bestehende soziologische und politologische Analyse der Erfolgsfaktoren von FfF um eine sozialpsychologische Perspektive. Im vierten Abschnitt blicke ich abschließend auf sozialpsychologische Aspekte von zwei aktuellen Debatten dazu, wie es mit der Klimagerechtigkeitsbewegung weitergehen könnte.

1 Die Wirkung der jungen Klimabewegung

Die Bewegungsforschung beschäftigt sich als wissenschaftliche Disziplin mit Wirkung und Wirkungsweise von sozialen Bewegungen, also was sich durch sie verändert und wie diese Veränderungen zu Stande kommen (z. B. Almeida, 2019). Entscheidend für den Erfolg sozialer Bewegungen ist ihre Mobilisierungswirkung. Im Fall der Klimabewegung, inwieweit durch ihre Aktivitäten das Bewusstsein der Bevölkerung für die Klimakrise zunimmt *(Konsensmobilisierung)* und Menschen dementsprechend ihr Verhalten verändern *(Aktionsmobilisierung)*, zum Beispiel für das Klima auf die Straße gehen oder sich anderweitig für klimagerechte Politik einsetzen (vgl. Klandermans, 2014).

Im Vergleich zu den bisherigen Aktivitäten klimapolitischer Akteur:innen und anderen sozialen Bewegungen hat FfF in kurzer Zeit große Mobilisierungserfolge erreicht. Diese Wirkung hängt mit den günstigen gesellschaftlichen Rahmenbedingungen in der Startphase zusammen. Jahrzehntelange klimawissenschaftliche Kommunikationsarbeit führte zum Pariser Klimaabkommen 2015. Im Herbst nach dem auffälligen Dürresommer 2018 gipfelte die angeheizte Debatte zur deutschen Energiewende im erfolgreichen Kampf um den Hambacher Forst. Die damals mehr als sechs Jahre anhaltende Besetzung stand zusammen mit den regelmäßigen Massenaktionen zivilen Ungehorsams von Ende Gelände symbolträchtig für den Streit um den Braunkohleausstieg. Kurzum, schon vor FfF hatte es in der Bevölkerung eine weitreichende Konsensmobilisierung für klimapolitische Veränderungen gegeben (vgl. Rucht & Rink, 2020).

Die förderlichen Rahmenbedingungen in der Startphase von FfF haben allerdings nicht automatisch zu breitem und anhaltendem Protest geführt. Bewegungspolitischen Akteur:innen war es bis dahin nicht gelungen, über einzelne Ereignisse wie Hambacher Forst und UN-Klimagipfel hinaus in ähnlichem Umfang für Klima- und Umweltschutz zu mobilisieren (Sommer & Haunss, 2020).

FfF hat hohe mediale Aufmerksamkeit erzeugt und sich trotz teilweise kontroverser Berichterstattung als anerkannte Stimme in der klimapolitischen Debatte etabliert (Goldenbaum & Thompson, 2020). Im September 2019 betrachteten noch nie dagewesene 59 Prozent der Bevölkerung die Klimakrise als aktuell wichtigstes Problem – zuvor waren es meist um die zehn Prozent (Sommer & Haunss, 2020). Im gleichen Monat gehen ca. 1,4 Millionen Menschen für das Klima auf die Straße. So viele wie noch nie (*Rekordzahlen bei Klimademos*, 2019). Der Übergang von einer weitreichenden Konsensmobilisierung zur anhaltenden Aktionsmobilisierung – vom Problembewusstsein zu regelmäßigen und umfangreichen Protestaktivitäten – ist die wesentliche Leistung von FfF (Sommer & Haunss, 2020; Rucht & Rink, 2020). Die Veränderung öffentlicher Meinung und Handlungsbereitschaft legen nahe, dass sich die Bevölkerung durch FfF der Dringlichkeit einer Krise bewusster geworden ist, die zuvor noch eher ein abstrakter Wandel war.

Auf die Regierungspolitik trifft das nicht zu. FfF fordert eine Politik, die dem Pariser Klimaabkommen entsprechend die globale Klimaerwärmung auf 1,5 Grad begrenzt. Bisher hat die Bewegung keine dementsprechenden politischen Maßnahmen bewirken können. Ihre politische Wirkung allein darauf zu begrenzen, wäre allerdings zu kurz gegriffen. Ein Corona-Konjunkturpaket ohne Subventionen für Verbrennungsmotoren; Kommunen, die den (symbolischen) Klimanotstand ausrufen; der Höhenflug der Grünen im Jahr 2019 können allesamt zumindest in Teilen FfF zugeschrieben werden. Der Protest hat klimapolitischen Forderungen neue gesellschaftliche Legitimation verliehen (Sommer & Haunss, 2020). Trotzdem hat es nicht gereicht, um aus dem 2019er Klimapaket in der Rezeption der Bewegung mehr als ein »Päckchen« zu machen (https://fridaysforfuture.de/forderungen/). Wohlwollend formuliert: eine durchwachsene politische Bilanz.

Soziale Bewegungen können nicht nur Politik und Gesellschaft transformieren, sondern besonders das Leben der in ihnen aktiven Menschen (z. B. Almeida, 2019). Durch FfF haben sich große Teile einer Generation über das Klimathema politisiert, im Rahmen der Massenproteste 2019 ihre ersten Demonstrationserfahrungen und durch den Schulstreik sogar Erfahrungen mit zivilem Ungehorsam gesammelt (Sommer et al., 2020; Teune, 2020). Diese Erlebnisse gehen mit nachhaltigen Einstellungs- und Verhaltensänderungen einher. Insbesondere beim Kern der Bewegung ist davon auszugehen, dass das Engagement tiefe Spuren in ihren Biografien hinterlässt (vgl. Almeida, 2019; Sommer & Haunss, 2020).

2 Die Sozialpsychologie politischen Handelns

Dieser Beitrag ergänzt die bis dato vor allem soziologische und politologische Bewegungsforschung zu FfF um eine sozialpsychologische Perspektive. Dafür braucht es erst ein theoretisches Grundverständnis davon, was uns motiviert politisch zu handeln. Also welche Überzeugungen uns zur Wahl, welche Emotionen uns auf die Straße und welche Identitäten uns in bewegungspolitische Zusammenhänge bringen.

Ob Engagement, Protest, Wahl oder Überzeugungsarbeit im Freundeskreis, unser politisches Handeln ist all das, was wir als Individuum tun, um in einem politischen Kontext als (psychologisches) Mitglied einer Gruppe zur Erreichung eines Ziels beizutragen; sowohl auf individueller Ebene (mein Zuhause vor dem Tagebau bewahren) als auch auf Gruppenebene (die Gesellschaft gerechter machen) (van Zomeren, 2016). Ausgehend von dieser Definition politischen Handelns arbeitet van Zomeren (2016) aus der psychologischen, soziologischen und politologischen Literatur zu politischer Partizipation (insbesondere Protest, Engagement und Wahlen) vier übergreifende Motive heraus: Identität, Moral, Wirksamkeit und Emotion.

2.1 Grundlegende Motive politischen Handelns

Unsere *Identität* ist zentrales Motiv politischen Handelns (van Zomeren, 2016). Werden wir gefragt, wer wir sind, nennen wir meist eine Mischung aus individuellen Eigenschaften (klein, lesebegeistert, solidarisch) und Gruppen, denen wir uns zuordnen (Frauen, Schüler:innen, Betroffene der Klimakrise). Laut *Social-Identity-Theory* (Tajfel, 1982) verstehen wir uns situations- und zielabhängig entweder als einzelnes Individuum (die kleinste Person im Raum) oder als Teil einer Gruppe (Klimagerechtigkeitsbewegung). Gruppenzugehörigkeiten machen einen wesentlichen Teil unseres Selbstverständnisses aus. In einem immerwährenden Prozess der Selbstkategorisierung ordnen wir uns durch soziale Vergleiche verschiedenen Gruppen zu, beispielsweise anhand von ähnlichen Lebenswelten und Biografien, geteilten Werteorientierungen oder gemeinsamer Betroffenheit (vgl. Turner et al., 1987). Aus diesen Gruppenzugehörigkeiten entsteht eine Erweiterung der individuellen Identität, die *soziale Identität*. Sie leitet Interpretation und emotionale Erfahrung unserer Wirklichkeit, welche Ziele wir im Leben verfolgen sowie individuelles und kollektives politisches Handeln (van Zomeren, 2016).

Eng mit (sozialer) Identität verknüpft ist unsere *Moral*. Ausgehend von *Grundwerten* – zum Beispiel Freiheit, Gerechtigkeit, Sicherheit oder Integrität – definieren wir, was wir als (moralisch) richtig oder falsch erachten. Grundwerte haben einen absoluten Charakter und können so Themen moralisieren – Integrität ist beispielsweise nicht mit dem Missachten eines Abkommens vereinbar (vgl. van Zomeren, 2016). Unsere moralische Motivation drückt sich im Streben danach aus, unsere Grundwerte zu vertreten und, wenn nötig, zu verteidigen. Insbesondere der Eindruck, dass unsere Moral verletzt wird oder wir als Gruppe ungerecht behandelt werden, motiviert dementsprechende politische Handlungen (z. B. Mazzoni et al., 2015).

Wirksamkeit (eng. *efficacy*) ist ein weiteres Motiv unseres politischen Handelns (van Zomeren, 2016). Wirksamkeitsüberzeugungen drücken sich auf unterschiedlichen Ziel- und Einflussebenen aus. *Selbstwirksamkeit* steht für die Überzeugung, ein Ziel als Individuum erreichen zu können – zum Beispiel: »Kann ich meinen redegewandten Onkel für eine klimagerechte Politik gewinnen?« *Kollektive Wirksamkeit* ist die Überzeugung, auf Gruppenniveau ein Ziel erreichen zu können – zum Beispiel: »Können wir als Bewegung durch unseren gemeinsamen Protest die Gesellschaft gerechter machen?« *Partizipative Wirksamkeit* ist die individuelle Überzeugung, zu einem Gruppenziel beitragen zu können – zum Beispiel: »Kann ich durch mein Engagement die Klimabewegung voranbringen?« Kollektive und partizipative Wirksamkeitsüberzeugungen sind besonders relevant für politisches Gruppenhandeln wie Engagement und Protest (vgl. van Zomeren et al., 2013; Hamann & Reese, 2020). Selbstwirksamkeit und andere Überzeugungen auf individuellem Niveau hingegen eher für unser politisches Handeln als Einzelperson (siehe auch *politische Wirksamkeit* und *Ergebniserwartungen*; van Zomeren, 2016).

Während die genannten drei Motive allesamt eine kognitive Ausrichtung haben, beschreibt das vierte Motiv *Emotion* die affektive Dimension politischen Handelns. Emotionen sind zentrales Steuerungselement unseres Verhaltens. Sie sind weniger als eigenständiges abgrenzbares Motiv zu verstehen, sondern mehr als Teil der motivationalen Entstehung und Aufrechterhaltung politischen Handelns aus Identität, Moral und Wirksamkeit (vgl. Baumeister et al., 2007; Drury & Reicher, 2009; Feinberg et al., 2020). Emotional bewegt zu sein, hängt direkt mit politischem Handeln zusammen und äußert sich in Form von handlungsorientierten Emotionen; sowohl negativ konnotiert wie Wut und Ärger als auch positiv wie Enthusiasmus und Entschlossenheit (vgl. Hamann & Reese, 2020; Kleres & Wettergren, 2017; Landmann & Rohmann, 2020; Miller et al., 2009; van Zomeren et al., 2004).

2.2 Von Identität zum politischen Handeln und zurück

Sozialpsychologische Modelle kollektiven Handelns wie das *(Encapsulated) Social Identity Model of Collective Action* (*SIMCA*: van Zomeren et al., 2008; *ESIMCA*: Thomas et al., 2012) oder *Social Identity Model of Pro-Environmental Action* (*SIMPEA*: Fritsche et al., 2018; vgl. Fritsche et al., 2021, in diesem Band) bringen die Motive als Einflussfaktoren in einen kausalen Zusammenhang. Unsere Identität spielt in den Modellen eine zentrale Rolle, denn sie ist sowohl Ausgangspunkt als auch Ergebnis des kognitiven und emotionalen Erlebens von Moral und Wirksamkeit (vgl. Klandermans, 2014; van Zomeren et al., 2018). Emotionen haben eine Vermittlungsfunktion bei der Entstehung von Identifikation und Handlungsmotivation, zum Beispiel als emotionaler Verstärker von moralischen und wirksamkeitsbezogenen Überzeugungen (vgl. Thomas et al., 2009; Landmann & Rohmann, 2020). Im Folgenden illustriere ich beispielhaft die Hauptzusammenhänge zwischen den Einflussfaktoren. Aufgrund der Fülle an Wechselwirkungen nehme ich dabei notwendigerweise einige Vereinfachungen vor (siehe Abb. 1).

Durch die Identifikation mit einer politischen Gruppe verändern sich moralische und wirksamkeitsbezogene Überzeugungen. Ausgehend von der Identifikation mit einer Gruppe wie der jungen Klimabewegung erleben wir beispielsweise die gegenwärtige Klimapolitik als Moralverletzung und werden wütend. Gleichzeitig gibt uns die Bewegung ein Gefühl der Selbstermächtigung, denn wir trauen uns zu, gemeinsam auf die Politik einwirken zu können. Unserem Moral- und Wirksamkeitsempfinden entsprechend engagieren wir uns deshalb zum Beispiel in einer Klimagruppe und protestieren regelmäßig gegen die Klimapolitik der Regierung.

Andersherum projizieren wir eigene moral- oder wirksamkeitsbezogene Überzeugungen auf Gruppen, die diese vertreten. Weil uns beispielsweise globale Gerechtigkeit wichtig ist, identifizieren wir uns mit der Klimagerechtigkeitsbewegung, denn sie setzt sich entgegen der moralverletzenden Klimapolitik der Regierung für die Rechte von Menschen im globalen Süden ein. Je stärker wir uns mit einer Gruppe identifizieren, desto tiefgreifender internalisieren wir Gruppennormen und -ziele. Insbesondere *injunktive* und *deskriptive Normen* der Gruppe – also unser Eindruck davon, wie sich Gruppenmitglie-

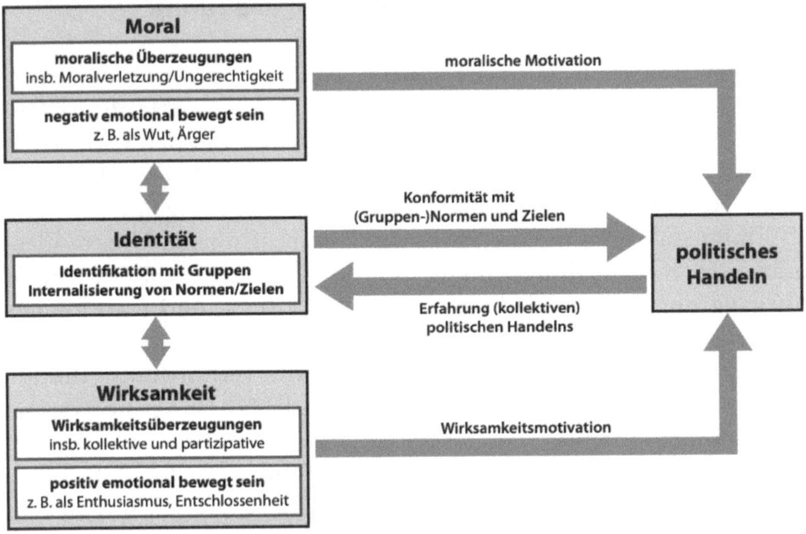

Abbildung 1: Übersichtsmodell zu Einflussfaktoren politischen Handelns (eigene Darstellung), angelehnt an empirisch etablierte Modelle wie SIMCA (van Zomeren et al., 2008), ESIMCA (Tomas et al., 2012), SIMPEA (Fritsche et al., 2018). Die Darstellung ist eine Vereinfachung zur Illustration der Hauptzusammenhänge und hat in dieser Form keinen Anspruch auf wissenschaftliche Vollständigkeit.

der verhalten sollten (injunktive Norm) und wie sie sich tatsächlich verhalten (deskriptive Norm) – werden in diesem Zuge Teil unserer Identität. Die Konformität mit handlungsleitenden Normen – zum Beispiel: »Wir müssen eine konsequente Klimapolitik erzwingen« – bestimmt daraufhin unser politisches Handeln (vgl. Thomas et al., 2009; van Zomeren et al., 2018).

Die Erfahrung unseres politischen Handelns hat wiederum einen Einfluss auf unsere Identität (z.B. Drury & Reicher, 2009; van Zomeren et al., 2018): Die gemeinsamen Erfolgsmomente im Engagement; der Frust nach einer richtungsweisenden Bundestagswahl; das Gefühl der Selbstermächtigung, gemeinsam über die größte Straße der Stadt zu ziehen; der überschwängliche Enthusiasmus nach dem Durchfließen einer Polizeikette oder die geteilte Wut über die dabei erlebte Polizeigewalt. Solche von Moral und Wirksamkeit geprägten Erfahrungen hinterlassen bleibende emotional gefärbte Spuren in den Identitäten der Beteiligten (vgl. Almeida, 2019).

2.3 Die Ursprünge von Identifikation, Moral und Wirksamkeit in unseren psychologischen Bedürfnissen

Die zentrale Rolle unserer Identität wirft die Frage auf, was uns antreibt, über die Identifikation mit Gruppen eine Identität zu konstruieren, die Moral und Wirksamkeit bietet. Die Motivation, politische Ideen zu vertreten und sich mit politischen Gruppen zu identifizieren, reicht bis zu unseren fundamentalen psychologischen Bedürfnissen zurück (vgl. Simon & Klandermans, 2001). Bedürfnisse sind interne psychologische Zustände, die unser Verhalten anregen und steuern. Wird ein Bedürfnis nicht erfüllt, lenkt dieser Mangelzustand Kognition und Verhalten bewusst oder unbewusst in Richtung Bedürfnisbefriedigung (Cichocka & Dhont, 2018). Können wir ein Bedürfnis nicht erfüllen, fühlen wir uns unwohl oder gestresst (z. B. Vansteenkiste et al., 2020).

Fiske (2007) schlägt fünf psychologische Bedürfnisse vor: Zugehörigkeit, Verstehen, Kontrolle, Vertrauen und die Aufrechterhaltung eines positiven Selbstbilds (Selbsterhöhung). Alle fünf Bedürfnisse orientieren sich am Zusammenleben in Gruppen, haben ihren Ursprung demnach in unserer Evolution als soziales Wesen. Das Bedürfnis nach Zugehörigkeit, dem Aufbau und Erhalt sozialer Beziehungen, ist das grundlegendste dieser fünf psychologischen Bedürfnisse und damit Ausgangspunkt für die anderen vier. Dieser Logik entsprechend lassen sich die anderen vier Bedürfnisse durch die Identifikation mit einer Gruppe erfüllen. Wir können ein Bedürfnis also über unsere soziale Identität durch Gruppenzugehörigkeit abdecken. Vorausgesetzt, dass uns die Gruppe bieten kann, was wir zur Erfüllung des jeweiligen Bedürfnisses brauchen (Greenaway et al., 2016).

Sich mit einer politischen Gruppe zu identifizieren, ist eng mit Moral und Wirksamkeit – dem Hinterfragen von und dem Einwirken auf unsere Wirklichkeit – verbunden. Simon und Klandermans (2001) stellen in diesem Zuge fest, dass sich die Identifikation mit einer politischen Gruppe wie einer sozialen Bewegung besonders zur Erfüllung der Bedürfnisse nach Verständnis und Kontrolle eignet. In anderen Worten: Die Identifikation mit politischen Gruppen ist für uns sinn- und wirkungsstiftend.

Das Bedürfnis danach, unsere Umwelt zu verstehen, äußert sich in der Vermeidung und Reduzierung von Unsicherheit. Wir wollen absehen können, was um uns herum geschieht, dadurch, dass wir dem Geschehen in unserer Umwelt eine Bedeutung geben. Wir fühlen uns unwohl, wenn Sinnzusammenhänge unklar sind, und versuchen solche

Unsicherheiten zu vermeiden (Fiske, 2007). Wir können Unsicherheit reduzieren, indem wir uns mit Gruppen identifizieren, die ein klares Bild vermitteln, welche Merkmale, Überzeugungen und Verhaltensweisen die Gruppenzugehörigkeit ausmachen. Die *Entitativität* einer Gruppe – ihre Erkennbarkeit, Klarheit schaffende und darüber Bedeutung gebende Eigenschaft – bestimmt, inwieweit wir durch Identifikation Unsicherheit reduzieren können (Hogg et al., 2007).

Es liegt nahe, dass sich politische Gruppen durch ihre moralische Prägung besonders als Projektionsfläche für sinnstiftende Identifikation in unsicheren Zeiten eignen. Politische Gruppen sind klar abgrenzbar von anderen gesellschaftlichen Gruppen und formulieren entlang ihrer moralischen Ausrichtung deutliche Erwartungen an Gruppenmitglieder. Moralische Ideale bieten uns darüber hinaus einen besonders guten Schutz gegen Unsicherheit. Ideale sind Ziele, nach denen wir ein Leben lang streben können. Wenn wir uns auf sie konzentrieren, rücken unklare oder gar konfligierende persönliche Ziele in den Hintergrund. Wir haben klare Sinnzusammenhänge in unserem Leben geschaffen (vgl. McGregor et al., 2010).

Unser Kontrollbedürfnis äußert sich im Streben danach, Einfluss auf unsere (soziale) Umwelt nehmen zu können. Wir wollen in der Interaktion mit unserer Umwelt Autonomie und Wirksamkeit erfahren. Kontrolle basiert auf der wahrgenommenen Beeinflussbarkeit bedeutsamer Aspekte unserer Umwelt. Mangelt es daran, fühlen wir uns wirkungslos und machen uns auf die Suche nach Information, die uns ein Gefühl der Kontrolle zurückgibt (Fiske, 2007). Befürchten wir angesichts der individuellen Unkontrollierbarkeit gesellschaftlicher Veränderungen einen Kontrollverlust, können wir über Identifikation mit einer relevanten Gruppe Kontrolle herstellen (Stollberg et al., 2017). Damit uns eine Gruppe ein Kontrollgefühl geben kann, muss sie sowohl als bedeutsame Gruppe erkennbar (Entitativität) als auch handlungsfähig sein (z. B. Stollberg et al., 2015).

Angelehnt an die Forschung zum freien Willen können wir annehmen, dass unser Eindruck der *Handlungsfähigkeit* (eng. *agency*) einer Gruppe mit der Wahrnehmung von Gruppenmerkmalen wie Autonomie, zielgerichtetem kollektivem Handeln und Wirksamkeitshinweisen zusammenhängt (vgl. Fritsche et al., 2016). Inwieweit wir eine politische Gruppe wie eine soziale Bewegung als handlungsfähig wahrnehmen, hängt also von verschiedenen Kriterien ab. Hat die Gruppe klare und selbstbestimmte politische Ziele? Ist sie in ihrer politischen Praxis entscheidungsfähig? Demonstriert die Gruppe Entschlossenheit und Einigkeit im gemeinsamen politischen Handeln? Hat die Gruppe eine bedeutsame Wirkung? Wenn wir diese Fragen überwiegend positiv beantworten, betrachten wir die Gruppe wahrscheinlich als handlungsfähig.

Je nachdem welche Gruppen im Sinne einer Selbstkategorisierung zu uns passen, kann eine wahrgenommene Bedrohung gegensätzliche Folgen für politische Kognition und Verhalten haben (Stollberg et al., 2017). Der drohende Kontrollverlust durch die Klimakrise kann aus Perspektive junger Menschen zur Identifikation mit der Klimabewegung und durch die Übernahme ihrer Normen und Ziele zu lösungsorientiertem politischem Verhalten führen. Die Forderung nach einem sozial-ökologischen Umbau der Wirtschaft kann für Beschäftigte in der Industrie ebenso als bedrohlicher Kontrollverlust gesehen werden und die Identifikation mit einer politischen Gegenbewegung zur Folge haben.

Können wir uns angesichts drohender gesellschaftlicher Unsicherheit oder sozial-ökonomischen Kontrollverlusts keiner dafür relevanten, bedeutungsgebenden (entitativen) und handlungsfähigen Gruppe zuordnen, neigen wir dazu, beschwichtigend bis beschönigend das wegzurationalisieren, was uns beunruhigt. Wenn es in unserer Wahrnehmung keine Gruppe gibt, über die wir auf bedrohliche Veränderungen unserer sozialen Wirklichkeit kollektiv Einfluss nehmen können, kann dies den Glauben in bestehende soziale Strukturen wie politische Systeme und gesellschaftliche Hierarchien stärken (Stollberg et al., 2017). Eine Beobachtung, die bis in die Anfänge marxistischer Theorie zurückreicht. Schon Friedrich Engels beschreibt unter dem Begriff des »falschen Bewusstseins«, dass sich die arbeitende Klasse des fundamentalen Widerspruchs zwischen ihrem Eigeninteresse und ihren system-rechtfertigenden (ideologischen) Überzeugungen bewusst werden muss, um bestehende Herrschaftsverhältnisse zu überwinden (Marx & Engels, 1955). Die Tendenz, bestehende Verhältnisse zu rechtfertigen, ist also ebenso wie die Identifikation mit politischen Gruppen auf unsere psychologischen Bedürfnisse zurückzuführen. Dies hängt insbesondere für marginalisierte Gruppen negativ mit politisch relevanter (Gruppen-)Identifikation zusammen und ist ein Hindernis für emanzipatorischen Protest (siehe auch *System Justification Theory*; vgl. Jost et al., 2017).

3 Eine sozialpsychologische Perspektive auf die Erfolgsfaktoren von Fridays for Future

Die breite und anhaltende Massenmobilisierung von FfF im Jahr 2019 wirft die Frage auf, wie in so kurzer Zeit gelingen konnte, wovon klima- und bewegungspolitische Akteur:innen bis dahin nur träumen konnten. Neben den vorteilhaften Ausgangsbedingungen, also der bereits weitreichenden Konsensmobilisierung, identifiziert die Bewegungsforschung drei Hauptfaktoren für die Mobilisierungserfolge von FfF: »das Handeln und die Ausstrahlung der Person Greta Thunberg, die Protestform des Schulstreiks und das neuartige Framing« (Sommer & Haunss, 2020, S. 241).

Im Folgenden ergänze ich die bisher eher soziologische und politologische Analyse dieser Erfolgsfaktoren um eine sozialpsychologische Perspektive. Der Fokus liegt dabei auf der Rolle, die soziale Identität für die Mobilisierung durch FfF spielt.

3.1 Greta Thunberg als gruppenbildende Akteurin

Der erste durch die Bewegungsforschung identifizierte Erfolgsfaktor von FfF ist die Person Greta Thunberg. Ohne ihre Ausstrahlung und ihr exemplarisches Handeln wäre die Bewegung wohl nicht entstanden. Sie lieferte den Anstoß, wurde zum Medienphänomen und verschaffte der Bewegung auch nach der turbulenten Anfangsphase viel Aufmerksamkeit (Rucht & Rink, 2020; Sommer & Haunss, 2020). Aus *Social-Identity*-Perspektive spricht vieles für die Rolle Greta Thunbergs als gruppenbildende Akteurin. Vor ihr gab es kein auffallendes gesellschaftlich relevantes Gruppenbild junger klimabewegter Menschen. Es brauchte also etwas, was aus einem bis dahin losen Zusammenhang eine erkennbare und bedeutungsgebende (entitative) Gruppe macht (vgl. Spencer-Rodgers et al., 2007).

Simon und Klandermans (2001) bezeichnen die Identifikation mit einer sozialen Bewegung als *Politisierung*. Sich zu politisieren, heißt dabei, sich geteilter Missstände (eng. *shared grievances*) bewusst zu werden und bewusst auf die daraus folgende Auseinandersetzung um gesellschaftliche Herrschaftsverhältnisse einzulassen. Greta Thunberg hat durch ihren individuellen Prostest die öffentliche Aufmerksamkeit auf eine gesellschaftliche Schicksalsgruppe gelenkt (vgl. Rubini et al., 2007). Sie hat die geteilte, ungerechte Betroffenheit junger Menschen durch die Klimakrise für die

Wahrnehmung der breiten Öffentlichkeit zugänglich gemacht. Thunberg hat das (klima-)politische Erwachen der jungen Generation angestoßen, indem sie einen geteilten Missstand hervorgehoben hat.

Im gleichen Zuge hat Greta Thunberg das erfolgreiche Framing der Bewegung eingeführt. Frames sind in den Sozialwissenschaften Deutungsrahmen, die eine bestimmte Interpretation von gesellschaftlichen Problemlagen fördern (Snow et al., 2018). In ihren medialen Auftritten hat sie die Ursache für die Klimakrise – inkonsequente Klimapolitik – identifiziert sowie klar ausformuliert, wer »wir« – die ungerecht Betroffenen der Klimakrise – und »sie« – die für die Krise verantwortlichen politischen und wirtschaftlichen Eliten – sind *(diagnostic framing)*. Außerdem erläutert Thunberg, dass die Politik nun schnell und konsequent handeln muss und dass »wir« sie dazu zwingen müssen *(prognostic framing)*. Sie betont, dass die Verantwortung für Veränderungen bei »uns« als junge Menschen liegt. Sie erzeugt also eine moralische Verpflichtung zum Handeln und etabliert eine handlungsorientierte Gruppennorm, ein weiteres Merkmal sozialer Bewegungen *(motivational framing)* (vgl. Murray, 2020; Sommer & Haunss, 2020; Stürmer & Simon, 2004).

Auch aus Befragungen von Teilnehmer:innen der Großdemonstrationen im Jahr 2019 geht hervor, dass die Person Greta Thunberg einen bedeutenden Einfluss auf die Protestbeteiligung und das neu gewonnene klimapolitische Interesse hatte (Sommer et al., 2020). Dieser Einfluss ist bei jungen und insbesondere weiblichen Menschen stärker ausgeprägt als bei den restlichen Teilnehmer:innen. Ein Hinweis auf ihre Funktion als Führungs- und Identifikationsfigur (vgl. Sommer & Haunss, 2020). Aus *Social-Identity*-Perspektive hängt die Überzeugungskraft von Führungspersonen davon ab, (1) inwieweit wir sie als typisch im Sinne von repräsentativ für die Gruppe betrachten und (2) inwieweit sie ein Gruppengefühl erzeugen können, indem sie zeigen, dass sie sich selbst mit der Gruppe identifizieren (Steffens et al., 2015). Thunberg erfüllt eindeutig beide Kriterien: Sie hat klar gruppentypische Merkmale junger Menschen und ist die Urheberin des »Wir«-Gefühls der von ihr aufgezeigten Schicksalsgruppe.

> »If I live to be 100, I will be alive in the year 2103. When you think about the future today, you don't think beyond the year 2050. By then, I will in the best case, not even have lived half of my life. What happens next?« (Thunberg, 2019)

Greta Thunberg hat über ihr klares Framing der Klimakrise als geteiltem Missstand der jungen Generation nicht nur eine neue politische Gruppe etabliert, sondern zumindest für viele junge Menschen im gleichen Zuge große Unsicherheit erzeugt. Im Juni 2019 geben fast 70 % der 14- bis 24-Jährigen bei einer repräsentativen Befragung an, Angst vor dem Klimawandel zu haben (Sinus Institut, 2019). Unsicherheit verstärkt den Drang, sich mit Klarheit und Bedeutung gebenden Gruppen zu identifizieren, zum Beispiel ausgelöst durch die Rhetorik einer Anführer:in (Hohman et al., 2010). Führungspersonen können angesichts Unsicherheit besonders überzeugend sein, wenn sie wie Thunberg (im Zuge ihres Framings) dazu beitragen, unsere soziale Identität zu definieren und zu festigen (vgl. Hogg et al., 2007).

Insbesondere ältere Menschen können in Greta Thunberg auch eine sehr ungewöhnliche Führungsperson sehen. Als die Bewegung an Fahrt aufnimmt, ist sie eine kaum 16 Jahre alte Schülerin mit Asperger, die plötzlich weltweites Medieninteresse erfährt, obwohl sie diese Rolle nie wollte (Schlüter, 2021). Normalerweise bevorzugen wir gruppentypische Personen in Führungsrollen. Fühlen wir uns unsicher, spielt dies keine Rolle mehr (Rast et al., 2012). Das Hervorheben von Unsicherheit kann also dazu beigetragen haben, die so schon starke Rhetorik von Thunberg für diejenigen, die in ihr keine gruppentypische Führungsperson sehen, noch überzeugender zu machen (vgl. Hohman et al., 2010). Eine mögliche Erklärung dafür, warum Thunberg auch bei älteren Menschen viel Anklang gefunden hat (vgl. Sommer et al., 2020).

3.2 Der Schulstreik als Demonstration kollektiver Handlungsfähigkeit

Der zweite, eng mit Greta Thunberg verbundene Erfolgsfaktor von FfF ist laut Bewegungsforschung der Schulstreik (Rucht & Rink, 2020). Greta Thunberg hat durch ihre Vorbildfunktion sicherlich in Teilen die Wirksamkeitsüberzeugung junger Menschen inspiriert (Sabherwal et al., 2021). Sie hat allerdings auch die öffentliche Aufmerksamkeit auf die individuell unkontrollierbare Klimakrise gelenkt und damit insbesondere aus Perspektive junger Menschen eine Bedrohung ihres Kontrollbedürfnisses hervorgehoben. Damit wir angesichts einer derartigen Kontrollbedrohung über unser soziales Selbst – auf Gruppenebene – Kontrolle herstellen können, muss die dafür relevante Gruppe einen handlungsfähigen Eindruck auf uns machen (Stollberg et al., 2015).

Der Schulstreik ist eine eindrucksvolle Demonstration der kollektiven Handlungsfähigkeit junger Menschen. Der schnelle Aufbau funktionaler Organisationsstrukturen und die Formulierung klarer Forderungen an die Politik heben gemeinsame Ziele, Autonomie und Entscheidungsfähigkeit der neuen Bewegung hervor. Das entschlossene Auftreten und kollektive Widersetzen gegen die Schulpflicht zeigt Einigkeit im gemeinsamen Handeln. Das große und überwiegend positive Medienecho, die defensiven Reaktionen der Regierung und der beginnende Höhenflug der Grünen sind klare Hinweise auf die Wirksamkeit des kollektiven Handelns. Mit der Wahrnehmung von Handlungsfähigkeit steigt die Attraktivität und damit auch die Identifikation mit der Bewegung. Der Protest verbreitet sich, Teilnahmezahlen steigen (vgl. Teune, 2020). Der zunehmende Einfluss auf gesellschaftliche und politische Debatten untermauert die Wirksamkeit von FfF; eine sich selbst verstärkende Mobilisierungsdynamik hat begonnen.

Durch die Aufrechterhaltung des Schulstreiks hat sich eine handlungsfähige Bewegung etabliert, die jungen Menschen eine Möglichkeit bietet, sich über Identifikation kollektiv wirksam zu fühlen. Dementsprechend zeigen auch Befragungen bei den 2019er Massenprotesten in Deutschland, dass der individuelle Einfluss der Person Greta Thunberg auf die Beteiligung am Protest im Laufe des Jahres abnahm (vgl. Sommer et al., 2020).

Der Eindruck von Wirksamkeit einer sozialen Bewegung entscheidet darüber, wie überzeugend sie in der Öffentlichkeit ankommt. Wir müssen uns nicht zwingend als Anhänger:innen oder gar potenzielle Teilnehmer:innen betrachten, um uns mit ihr zu identifizieren. Auch wenn wir uns eher als unbeteiligt bis sympathisierend sehen, hat die wahrgenommene Wirksamkeit einer Bewegung über soziale Identifikation einen Einfluss darauf, inwieweit wir ihrem Protestanliegen zustimmen (z. B. Jiménez-Moya et al., 2019). Der Schulstreik als Wirksamkeitsdemonstration einer neuen Bewegung hatte somit auch einen Einfluss über die Mobilisierung enger Anhänger:innen von FfF hinaus; er hat mit dafür gesorgt, dass 58 % der deutschen Bevölkerung die Bewegung ernst nehmen (vgl. Sommer et al., 2020).

3.3 Protest und Schule als Treiber einer Bewegungsidentität

Ob wir in unserem Leben jemals fürs Klima demonstrieren gehen, hängt stark davon ab, ob uns jemand aus unserem persönlichen Umfeld danach fragt, mitzukommen. Der Einfluss, den solche sozialen Netzwerke auf unser politisches Handeln haben, variiert je nachdem, wie viel in ihnen über Politik gesprochen wird. Je mehr wir in unserem persönlichen Umfeld über Politik diskutieren und lernen können, desto wahrscheinlicher ist es, dass wir für das, was uns wichtig ist, auf die Straße gehen (Klandermans, 2014). Unsere soziale Identität entsteht in der Interaktion mit anderen Menschen. Um sie zu konstruieren, müssen wir wissen, wie andere über unsere geteilte Wirklichkeit denken und urteilen. Insbesondere im Entstehungsprozess braucht eine soziale Bewegung deshalb Orte, an denen Menschen miteinander in Kontakt kommen und über Politik sprechen. Solche Orte haben nicht nur einen praktisch-organisatorischen Zweck, in ihnen bildet sich eine kollektive, sprich geteilte Identität der Bewegung (vgl. Thomas et al., 2016). Für FfF war dieser identitätsbildende Ort die Schule (vgl. Teune, 2020; Sommer et al., 2020).

Auf den von Simon und Klandermans (2001) beschriebenen Politisierungsprozess bezugnehmend hat Greta Thunberg die Bewusstwerdung geteilter Missstände angeregt, der Schulstreik ist die daraus hervorgehende bewusste Auseinandersetzung um gesellschaftliche Herrschaftsverhältnisse. Die Betroffenheit durch die Klimakrise ist eine Ungerechtigkeitserfahrung für junge Menschen. Die momentane Klimapolitik und der gesamtgesellschaftliche Umgang mit der Klimakrise *(deskriptive Norm)* missachtet ihre Rechte. Die Schule bietet jungen Menschen einen Raum zur sozialen Validierung dieser individuell wahrgenommenen Moralverletzung. In Interaktion miteinander entwickeln sie ein gemeinsames Verständnis der klimapolitischen Wirklichkeit und damit auch der Notwendigkeit politischer Veränderungen: »Wir müssen handeln« *(handlungsorientierte injunktive Norm)*. Die wahrgenommene Einigkeit über den angestrebten klimapolitischen Wandel und die Notwendigkeit des eigenen Handelns ist das Fundament für die Entstehung einer gemeinsamen Bewegungsidentität (vgl. Smith et al., 2015).

Der Schulstreik und die dadurch ausgelösten Debatten verstetigen also die Wirkung des von Greta Thunberg angestoßenen politischen Erwachens und tragen entscheidend zur Politisierung bei (vgl. Teune, 2020). Durch die Interaktion in der Schule und auf den Demonstrationen entwickelt sich aus individuell konstruierten sozialen Identitäten von jungen Menschen eine politisierte kollektive, also bewegungsübergreifend geteilte Identität von Aktivist:innen: »Wir sind hier, wir sind laut, weil ihr uns die Zukunft klaut.«

3.4 Ziviler Ungehorsam als moralisch gerechtfertigter Normbruch

In seiner Außenwirkung ist der Schulstreik eine kontroverse und zugleich anschlussfähige Spielart zivilen Ungehorsams. Auf der einen Seite steht ein provokativer Regelbruch, der mediale Aufmerksamkeit und gesellschaftliche Debatten anregt. Auf der anderen Seite bietet er das sympathische Bild friedlichen Jugendprotests. Diese Verbindung von »appeal and threat« hat einen günstigen Einfluss auf die öffentliche Meinungsbildung (Rucht & Rink, 2020).

Damit ein Protestanliegen die breite Öffentlichkeit erreichen kann, muss die gewählte Protestform Aufmerksamkeit bekommen. Der bewusste Bruch mit gesellschaftlichen Normen und Gesetzen ist eine Möglichkeit, mediale Sichtbarkeit zu erzeugen (Goldenbaum & Thompson, 2020). Die Überzeugungskraft einer Bewegung hängt wiederum maßgeblich davon ab, inwieweit ihre Protestformen als moralisch gerechtfertigt betrachtet werden (z. B. Thomas & Louis, 2014; Feinberg et al., 2020). Protestformen haben einen großen Einfluss darauf, ob wir uns mit einer Bewegung identifizieren und wie wir Wirksamkeit und Legitimität ihres Auftretens bewerten (vgl. Thomas & Louis, 2014). Insbesondere die gesellschaftliche Akzeptanz für direkte Aktionen (zum Beispiel Streik, Blockade, Besetzung oder Sabotage) hängt stark von den gegenwärtigen Protestnormen einer Gesellschaft ab. Es gibt wenig bis keine Akzeptanz für Protest, der von weit geteilten Normen abweicht (zum Beispiel dem Mehrheitsverständnis von Gewaltlosigkeit), weil dieser als unmoralisch betrachtet wird. Wenn wir eine Protestform als unmoralisch betrachten, finden wir keinen emotional-emphatischen Zugang zu den Protestierenden und identifizieren uns nicht mit der Bewegung (Feinberg et al., 2020).

Der Schulstreik hat durch einen kollektiven Normbruch junger Menschen (Schulpflicht verweigern) auf einen gesellschaftspolitischen Normbruch aufmerksam gemacht (inkonsequente Klimapolitik). Schüler:innen haben sich der Schulpflicht widersetzt, weil die Politik trotz absehbarer Folgen ihre Unversehrtheit, ein individuelles Freiheitsrecht, verletzt. Normabweichende Protestformen können Anklang finden, wenn sie sich klar erkennbar gegen eine unmoralische Politik wenden, also die Ausübung politischer Macht offensichtlich konträr zu den geteilten Grundwerten einer Gesellschaft steht (vgl. Drury et al., 2005; Feinberg et al., 2020). Von gesellschaftlichen Grundwerten wie Freiheit und Gerechtigkeit ausgehend hat FfF die Provokation des eigenen Normbruchs angemessen rechtfertigen können.

Dass der Protest von jungen Menschen ausgeht, deren Zukunft von den klimapolitischen Entscheidungen der Gegenwart abhängt, stärkt die moralische Rechtfertigung ihres zivilen Ungehorsams aus sowohl emotional-emphatischer als auch argumentativer Perspektive. Zum einen kann der normbrechende Protest als eine Art Verteidigungsreaktion von jungen Menschen gegenüber denen gesehen werden, die ihre (zukünftige) Freiheit zerstören. Dies unterscheidet den Schulstreik von anderen Formen zivilen Ungehorsams, die schnell als Angriff auf »die freiheitliche demokratische Grundordnung« gewertet werden (siehe z. B. Debatte um *Einstufung von »Ende Gelände« als »linksextremistisch«*, 2020). Zum anderen ist der relativ milde Normbruch in Kombination mit sympathischem Jugendprotest weniger bedrohlich als andere Formen direkter Aktion (vgl. Rucht & Rink, 2020). Dadurch kommt es seltener zu system-rechtfertigenden Abwehrreaktionen oder der verstärkten Identifikation mit politischen Gegenbewegungen.

3.5 Das Framing als Einfordern gesellschaftlicher Grundwerte

Der dritte, eng mit dem Schulstreik verknüpfte und laut Sommer und Haunss (2020) wohl einflussreichste Erfolgsfaktor ist das anschlussfähige Framing der Bewegung. Ihre Forderungen beziehen sich auf die Einhaltung bestehender Klimaschutzziele. FfF fordert die Verbindlichkeit des Pariser Klimaabkommens von denen ein, die es abgeschlossen haben: der Regierung.

Wie beim Schulstreik beruht der Erfolg des Framings auf der eingängigen Darstellung eines moralischen Normbruchs. FfF fordert nicht mehr und nicht weniger als Integrität von der Politik. Integrität ist zentrales Motiv für das Verständnis, das wir von uns selbst haben. Können wir unseren eigenen Ansprüchen nicht genügen, entsteht kognitive Dissonanz (Festinger, 1957). Auch bei anderen Menschen ist uns Integrität wichtig, insbesondere bei Politiker:innen (z. B. Schoen & Weins, 2014). Sich auf einen weit geteilten Grundwert, wie Integrität, zu beziehen, macht aus einem Thema eine Frage der Moral (van Zomeren, 2016). Aufgezeigt zu bekommen, dass die Politik entgegen eines internationalen Abkommens nicht auf die selbstgesteckten Ziele hinarbeitet, ist eine klare Moralverletzung. Das macht die Forderungen der Bewegung überzeugend und ist ein guter Grund, sich darüber mit ihr zu identifizieren.

Die Forderungen von FfF sind simpel, ohne auffällige ideologische Färbung, klar an der (Klima-)Wissenschaft orientiert und haben einen systemimmanenten Charakter. Das heißt, sie beziehen sich auf die Einhaltung bestehender klimapolitischer Beschlüsse, lassen aber offen, inwieweit diese einen wirtschaftlichen Systemwechsel voraussetzen. Im Gegensatz zu anderen sozialen Bewegungen steht das Auftreten der Bewegung nicht antagonistisch zu politischen und bürgerlichen Eliten (Rucht & Rink, 2020; Sommer & Haunss, 2020). Dieser nicht-ideologische Stil öffnet einen Zugang zur breiten Identifikation in der Bevölkerung. Ausgehend von unseren psychologischen Bedürfnissen haben wir alle eine Grundmotivation, politische Ideen zu vertreten und uns mit politischen Gruppen zu identifizieren. Ein großer Teil der Bevölkerung identifiziert sich daher mit dem bestehenden politischen System und seinen Gruppen (zum Beispiel Parteien, Strömungen, Bewegungen). Diese Grundtendenz in der Bevölkerung spricht bei gleichbleibenden Bedingungen gegen Bewegungen, die offensichtlich ein System abschaffen wollen, dem sich die meisten zugehörig fühlen (vgl. Jost et al., 2017).

Die Systemimmanenz der Forderungen von FfF macht es außerdem schwer, vom bestehenden politischen System aus dagegen zu argumentieren (vgl. Sommer & Haunss, 2020). Aus Perspektive der politischen Gegenspieler:innen ist es schwer, ein inhaltliches Gegenframing zu entwickeln, um zu begründen, warum die eigens getroffenen Beschlüsse zum Pariser Klimaabkommen nicht eingehalten werden sollten. Eine Bewegung ohne klar erkennbare ideologische Prägung ist keine klare Bedrohung für das bestehende System, trifft also auf weniger (starke) psychologische Abwehrreaktionen. Für Akteur:innen, die das politische System vertreten, gibt es daher wenig ideellen Raum, sich als breite Gegenbewegung von FfF zu identifizieren und gegen ihre Forderungen zu mobilisieren. Dies zeigt sich auch daran, dass sich die Kritik an FfF unverhältnismäßig stark an formalen Aspekten orientiert (zum Beispiel als Anzweifeln der klimafachlichen Kompetenz im Sinne »einer Sache für Profis« und Legitimität der Protestformen »Schule schwänzen«). Gegenframes mit (klima-)politischen Inhalten spielen abseits rechtspopulistischer Gruppen keine große Rolle (vgl. Goldenbaum & Thompson, 2020).

FfF hat aus einem abstrakten globalen Problem ein konkretes Problem junger Menschen mit dringlichem Handlungsbedarf gemacht (Rucht & Rink, 2020; Sommer & Haunss, 2020). Der bis dahin vorherrschende globale Klimagerechtigkeitsframe älterer Teile der Klimabewegung betont die

Rolle des umweltzerstörenden Kapitalismus und fordert Solidarität mit den am stärksten Betroffenen im globalen Süden. Der eher an generationaler Gerechtigkeit orientierte Frame von FfF bietet in nationalen Regierungen einen konkreten Adressaten und setzt die eigene, junge Generation als Betroffene in Szene (Sommer & Haunss, 2020). Dieser Fokus auf generationale Klimagerechtigkeit scheint für große Teile der Bevölkerung die psychologische Distanz zur Klimakrise reduziert zu haben. Dadurch, dass die Betroffenen in räumlicher und sozialer Nähe, mitunter die eigenen Kinder oder Enkel:innen, so viel Aufmerksamkeit bekommen haben, ist die Krise näher an die eigene Lebenswelt gerückt. Die Literatur zur Klimawandelkommunikation betont seit mehr als zehn Jahren, dass wir die Klimakrise erfahrbar machen müssen, um von ihrer Dringlichkeit zu überzeugen (z. B. CRED, 2009; Marshall, 2015). FfF hat einen stärkeren Bezug (räumlich, zeitlich, sozial) zur Lebenswelt der Bevölkerung aufzeigen können und verbleibende Unklarheit über die Dringlichkeit der Krise ausgeräumt (vgl. Jones et al., 2017).

4 Abschwung und erneuter Aufschwung?

Die Corona-Pandemie zu Beginn des Jahres 2020 kam zur »Unzeit« für FfF (Haunss et al., 2020, S. 9). Die starke Konkurrenz um mediale Aufmerksamkeit und die Demonstrationsbeschränkungen haben der Bewegung ihre wichtigsten Druckmittel genommen. Allerdings ging die Teilnahme an den Demonstrationen schon im Herbst 2019 zurück. Die Veralltäglichung des Protests hatte bereits deutlich vor Corona eingesetzt. Um dem entgegenzuwirken, wurden innerhalb von FfF zwar andere Formen zivilen Ungehorsams diskutiert, waren bis dato aber nicht mehrheitsfähig (Rucht & Rink, 2020). Wenn die deutsche Politik allerdings keinen drastischen Richtungswechsel in der Klimapolitik einschlägt, wird sich zeigen, ob die Bewegung diese Moralverletzung zuspitzen und in gesellschaftliche Legitimität für neuen ungehorsamen Protest ummünzen kann. Vielleicht ist schon bald der Moment gekommen, an dem sich der Demonstrationszug nicht mehr am Grubenrand teilt, sondern sich so viele Menschen wie noch nie gemeinsam der Zerstörung in den Weg stellen; egal ob Tagebau, Industrie, Welthandel oder Politik.

Die Transformationsforscherin Maja Göpel bezeichnet FfF schon jetzt als »eine der größten Protestbewegungen in der Geschichte der Menschheit« (Göpel, 2020, S. 10). Soziale Bewegungen können die dominante Kultur, weitverbreitete gesellschaftliche Überzeugungen, Werte- und Normvorstellungen verändern (Almeida, 2019). Es macht Mut zu sehen, welch tiefgreifende Veränderungen öffentlicher Meinung und gesellschaftlicher Handlungsbereitschaft FfF allein im Jahr 2019 bewirkt hat. Die Bewegung hat eindrucksvoll gezeigt, dass sie über große moralische Macht verfügt. Die nächsten Jahre werden zeigen, ob es gemeinsam als breite Klimagerechtigkeitsbewegung gelingt, von dieser Macht ausgehend eine sozial-ökologisch gerechte Kultur zu gestalten.

Dieser Text versteht sich als Einladung, die Klimagerechtigkeitsbewegung verstärkt aus bewegungswissenschaftlicher, insbesondere sozialpsychologischer Perspektive zu analysieren und ihre Strategie zu kommentieren. In diesem Sinne möchte ich abschließend sozialpsychologische Aspekte von zwei aktuellen Debatten der Bewegung aufzeigen. Erstens, wie neue Bewegungserzählungen dazu beitragen können, mehr Menschen außerhalb des weißen Bildungsbürgertums zu erreichen. Zweitens, wie eine gesellschaftliche Vision helfen kann, für den fundamentalen sozial-ökologischen Wandel zu mobilisieren, der zur Erreichung des 1,5-Grad-Ziels erforderlich ist.

4.1 Eine Erzählung davon, wer wir sein wollen

Mit ihrem ersten Schulstreik im August 2018 hat Greta Thunberg angefangen, die kraftvolle Erzählung von FfF zu schreiben. Erzählungen sind universale Form menschlicher Kommunikation. Frames schaffen Bedeutung über Analogien und Differenzierung. Erzählungen schaffen (Sinn-) Zusammenhänge durch die Anordnung von Ereignissen in einem *Plot*. Sie überzeugen weniger über Klarheit und Genauigkeit als über den Raum, den sie uns bei der Interpretation geben. Erzählungen überlassen es uns gewissermaßen selbst, uns von ihrer Botschaft zu überzeugen. Ihre Kraft steckt weniger in den sachlichen Argumenten als in der Identifikation, die sie auf emotionaler Ebene ermöglichen (Polletta, 1998). Sie können abstrakte Phänomene wie Klimakrise und globale Ungleichheit erfahrbar machen und eignen sich besonders, um diejenigen zu bewegen, die noch keine Affinität zum Thema haben (vgl. Green & Sestir, 2017).

Aus Greta Thunbergs erstem Schulstreik wurde die Erzählung einer Schicksalsgemeinschaft, die seitdem von zahlreichen jungen und alten

Menschen weitergeschrieben wird. An den 2019er Klimaprotesten in Deutschland nehmen allerdings überproportional viele Menschen mit hohen Bildungsabschlüssen und ohne Migrationsbiografie teil (Sommer et al., 2020). Solang die Bewegung nicht pro-aktiv Zugänge für marginalisierte und nicht-akademische Gruppen schafft, werden sich weiter hauptsächlich junge und alte Menschen aus bildungsbürgerlichen Milieus mit der Bewegung identifizieren (vgl. Opitz, 2019).

FfF zeigt anhand der hohen Beteiligung junger Frauen auf eindrucksvolle Weise, wie der Zugang zu einer sozialen Bewegung über die Protagonist:innen einer Bewegungserzählung erfolgen kann (vgl. Sommer et al., 2020). Bewegungserzählungen können auf geteilte Missstände aufmerksam machen und so die sinngebende Gruppenwahrnehmung anregen. Sie können die drei Framingfunktionen sozialer Bewegungen – diagnostic, prognostic, motivational framing – erfüllen (vgl. Snow et al., 2018). Ihre Protagonist:innen können als Identifikationsfiguren dienen, die durch ihr Vorbildverhalten Wirksamkeitsüberzeugungen inspirieren und sowohl deskriptive sozial-ökologische als auch injunktive handlungsorientierte Gruppennormen setzen. Soziale Bewegungen wie *Black Lives Matter* in den USA zeigen bereits, wie bekannte Persönlichkeiten aus marginalisierten Bevölkerungsgruppen zur Entstehung von Bewegungsidentität und Aktionsmobilisierung in ihren Communities beitragen (z. B. Harlow & Benbrook, 2019; Towler et al., 2020).

Laut der Sozialwissenschaftlerin Imeh Ituen trägt Fridays for Future die nördliche Klimagerechtigkeits-Perspektive schon im Namen. Die Klimakrise ist nicht nur ein »future«-Problem junger Menschen (Schwarz, 2020). Fürs Klima zu kämpfen, heißt auch, sich für einen sozial gerechten Umbau der Wirtschaft, gegen strukturellen Rassismus und koloniale Kontinuitäten in der Klimapolitik einzusetzen. Um eine diverse Gesellschaft zu mobilisieren, brauchen wir emanzipatorische Erzählungen, die diese besser repräsentieren.[1]

1 Zum Beispiel mehr Geschichten wie die von Vanessa Nakate, einer Umweltaktivistin aus Uganda, die als einzige Person of Color aus einem Gruppenfoto von weißen Klimaaktivistinnen herausgeschnitten wurde und seitdem regelmäßig über den strukturellen Rassismus in der Klimadebatte aufklärt (Mogoatlhe & Gralki, 2020). Oder Geschichten wie die von Cedric Büchling, einem jungen Schichtarbeiter bei VW in der Autoindustrie, der darüber hinaus bei FfF aktiv ist und an Bündnissen zwischen Klimabewegung und Gewerkschaften arbeitet (Zelik, 2020). Aber auch mehr Bildungsarbeit wie vom Berliner Verein *Yeşil Çember*, der seit zehn Jahren in der türkischsprachigen Community Deutsch-

4.2 Eine Erzählung davon, wo wir hinwollen

Eine Bewegung muss die gesellschaftliche Wirklichkeit so framen, dass sie sowohl in den eigenen Reihen als auch in der breiten Öffentlichkeit Resonanz erfährt (Almeida, 2019). Bis hierhin hatte FfF dabei großen Erfolg mit dem simplen Einfordern der Verbindlichkeit des Pariser Klimaabkommens (Sommer & Haunss, 2020). Das Framing von FfF befasst sich allerdings kaum damit, was das 1,5-Grad-Ziel für die deutsche Gesellschaft bedeutet. Insbesondere bleibt offen, inwieweit dafür ein wirtschaftlicher Systemwechsel notwendig ist. Diese Systemimmanenz ist ein Dilemma. Auf der einen Seite ist sie entscheidender Erfolgsfaktor für die Bewegung (Sommer & Haunss, 2020). Auf der anderen Seite ist fraglich, dass die Forderung nach der Einhaltung der 1,5-Grad-Grenze zu den systemimmanenten Forderungen passt (vgl. Mastini et al., 2021).

Um das 1,5-Grad-Ziel zu erreichen, muss Deutschland bis zum Jahr 2035 CO_2-neutral sein (Kobiela et al., 2020). Für die energieintensive Industrie und die von Exporten abhängige Wirtschaft bedeutet das »grünes Schrumpfen statt grünes Wachstum«. Diese Rechnung wird auch in der kürzlich von FfF beauftragten Machbarkeitsstudie zum 1,5-Grad-Ziel nicht aufgemacht (Herrmann, 2020). Das 1,5-Grad-Ziel ist nicht ohne einen fundamentalen wirtschaftlichen Umbau machbar (vgl. Mastini et al., 2021). FfF vermeidet es bisher, explizit darauf einzugehen, was eine entsprechende Politik für Produktion, Konsum, Arbeitsplätze, Spareinlagen und individuelles Einkommen in Deutschland bedeutet. Um als junge aufstrebende Bewegung nicht direkt weite Teile der Bevölkerung abzuschrecken, mag dies bislang strategisch sinnvoll gewesen sein. Langfristig braucht es allerdings einen anschlussfähigen Vorschlag, einen Gegenentwurf, der darstellt, wie wir zum 1,5-Grad-Ziel gelangen. Kurzum: eine vorstellbare sozial-ökologisch gerechte Vision, die über die gegenwärtige Wachstumsgesellschaft hinausgeht.

Sozialpsychologische Erkenntnisse zur Wirkung *utopischen Denkens* und *kognitiven Alternativen* laden dazu ein, auch im politischen Kon-

lands für Umweltthemen aktiv ist (www.yesilcember.eu). Und letztlich mehr Kommunikationsarbeit wie von George Marshall (2015), Mitgründer von *Climate Outreach*, die mit ihren sozial-ökologischen Kampagnen die Lebenswelten und Werteorientierungen von Gruppen mit vermeintlich gegenläufigen Interessen aufgreifen, um für Klimaschutz zu mobilisieren (z. B. https://youtu.be/-YKUimZ1l-c; Webster & Shaw, 2019).

text häufiger die großen Fragen zu stellen: »Wie wollen wir leben?« und »Wie kommen wir dahin?« Utopische Vorstellungen kontrastieren den Status quo mit einer Vorstellung davon, wie die Gesellschaft sein könnte. Utopisches Denken ist keine Flucht vor der Realität, sondern ähnelt dem Abgleich des gesellschaftlichen Soll- und Ist-Zustands (injunktive und deskriptive Norm); es ist kritisch, wandelorientiert und reduziert Rechtfertigungen des bestehenden Systems. Wer eine Utopie hat, ist motivierter, sich zivilgesellschaftlich zu engagieren (Fernando et al., 2019). Je zugänglicher sozial-ökologische Visionen (kognitive Alternativen) für uns sind, desto eher identifizieren wir uns mit sozialen Bewegungen und sind wir bereit, dementsprechend politisch zu handeln (Wright et al., 2020). Darüber hinaus gibt es Hinweise, dass eine an Suffizienz orientierte sozial-innovative Utopie motivierender ist als das Überfluss verheißende technisch-innovative Gegenangebot. Die »grüne« Suffizienz-Utopie bietet mehr kollektive Wirksamkeit, zwischenmenschliche Wärme und positive Emotion (vgl. Fernando et al., 2020).

De la Sablonnière et al. (2018) erläutern in ihrer sozialpsychologischen Analyse dramatischer sozialer Umbrüche, dass eine kollektive historische Erzählung eine ankernde Funktion für die (kulturelle) Identität der Betroffenen haben kann. Ein geteiltes historisches Narrativ kann Sinnzusammenhänge schaffen, indem es die Vergangenheit und mögliche Zukunft einer Gruppe über eine kohärente Erzählung verbindet. Dieses Aufzeigen eines (historischen) Entwicklungsverlaufs bietet Bezugspunkte zu gegenwärtigen Umbrüchen. Dadurch können historische Erzählungen eine klärende Funktion für die eigene soziale Identität haben und helfen, konstruktiv mit bedrohlichen gesellschaftlichen Veränderungen umzugehen. Es ist möglich, dass eine geteilte Vision als eine kollektive Erzählung unserer gesellschaftlichen Zukunft eine vergleichbare Funktion während der bevorstehenden sozial-ökologischen Transformation erfüllen kann. Visionen vermitteln nicht nur, ob die Gesellschaft sich verändern sollte, sie illustrieren, wie sich eine Gesellschaft verändern kann (vgl. Wright et al., 2020). Sie können der auftretenden Unsicherheit und Kontrollbedrohung eine sinn- und wirkungsstiftende Erzählung der Zukunft entgegenstellen.

Ein neuer Fokus auf sozial-ökologische Visionen bietet Möglichkeiten, das systemimmanente Framing von FfF hin zu einem den bevorstehenden Veränderungen entsprechenden System-Change-Frame weiterzuentwickeln. Visionen bieten einen Ansatz, gesellschaftlichen Wandel zu erklären, ohne zu sehr zu ideologisieren und die breite Anschlussfähigkeit aufzugeben. Ein gesellschaftlicher Gegenentwurf kann das Thema soziale Gerechtigkeit stärker in den Mittelpunkt rücken und den Übergang zu neuen Protestformen einläuten.

Die bewegungsübergreifende Visionsfindung wurde bereits in den letzten Jahren angestoßen (z. B. *Zukunft für Alle – Eine Vision für 2048*; Kuhnhenn et al., 2020; *Envisioning Real Utopias*; Wright, 2010). Bereits gelebte partizipative und solidarische Formen der Ökonomie wie gemeinwohlorientierte Unternehmen, Wohnungs- und Energiegenossenschaften oder Solidarische Landwirtschaften können unsere Visionen greifbar machen. Bereits geführte theoretische Debatten wie zu alternativen Formen demokratischer Partizipation (z. B. *Participatory Economics*; Albert & Hahnel, 2021) sozialen Garantien (z. B. *Jobgarantie und bedingungsloses Grundeinkommen*; Battistoni, 2018), Staatsfinanzen (z. B. *Modern Monetary Theory*; Ehnts, 2017) sowie gesellschaftlichen und wirtschaftlichen Wandels (z. B. *Green New Deal und Degrowth*; Mastini et al., 2021) können uns helfen, mögliche Transformationspfade zu illustrieren.

Die Corona-Pandemie hat gezeigt, dass die demokratischen Staaten des globalen Nordens in der Lage sind, schwere Krisen abzufedern. Die deutsche Regierung hat sich als finanziell handlungsfähige Akteurin bewiesen, die innerhalb eines Jahres weit über eine Billion Euro für relevante Innovation sowie soziale und wirtschaftliche Hilfen zur Verfügung stellen kann (Steve, 2020). Es ist an der Zeit, die andere, noch größere Krise mit der gleichen Ernsthaftigkeit anzugehen. Es wird Zeit, entlang bereits vorhandener Alternativen einen vorstellbaren sozial-ökologischen Gegenentwurf einzufordern.

> **In einfachen Worten**
>
> Wir können das Klima nicht allein schützen. Wir brauchen erkennbare Gruppen, um gemeinsam zu handeln. Junge Menschen sind von der Klimakrise betroffen. Greta Thunberg hat diese Gruppe Betroffener sichtbar gemacht. Außerdem hat sie uns alle mit der Bedrohung durch die Klimakrise konfrontiert. Als Reaktion auf diese Bedrohung haben sich viele junge Menschen Fridays for Future angeschlossen. Die Klimapolitik der Regierung verletzt die Rechte junger Menschen. Der Schulstreik hat gezeigt, dass junge Menschen gemeinsam etwas gegen diese Ungerechtigkeit tun können. Dadurch haben sich immer mehr Menschen Fridays for Future angeschlossen.

Auch viele ältere Menschen unterstützen Fridays for Future. Das hat zwei Gründe: Erstens, die jungen Menschen haben gezeigt, dass die Klimakrise nicht mehr weit weg ist. Zweitens, die Regierung hat 2015 in Paris mitbeschlossen, Klimaschutz ernst zu nehmen. Fridays for Future fordert, dass sich Politiker:innen an dieses Versprechen halten. Diese Forderung können viele Menschen gut verstehen.

Der Einfluss von Fridays for Future ist schon vor Corona zurückgegangen. Bisher haben vor allem weiße, wohlhabende und hoch gebildete Menschen fürs Klima demonstriert. Damit auch andere Menschen mitmachen, braucht es neue vielfältige Vorbilder. Außerdem können wir das Klima nur retten, wenn wir unsere Lebensweise und die Wirtschaft stark verändern. Deshalb sollten wir uns als Gesellschaft häufiger fragen: »Wie wollen wir leben?« und »Wie kommen wir dahin?«

Literatur

Albert, M. & Hahnel, R. (2021). *The Political Economy of Participatory Economics*. Princeton University Press.

Almeida, P. (2019). *Social Movements: The Structure of Collective Mobilization*. University of California Press.

Battistoni, A. (2018, 20. Juni). Jobs Guarantee or Universal Basic Income? Why Not Both? *In These Times*. https://inthesetimes.com/features/universal-basic-income-federal-jobs-guarantee-climate-change-inequality.html (26.05.2021).

Baumeister, R.F., Vohs, K.D., Nathan DeWall, C. & Zhang, L. (2007). How Emotion Shapes Behavior: Feedback, Anticipation, and Reflection, Rather Than Direct Causation. *Personality and Social Psychology Review, 11*(2), 167–203. https://doi.org/10.1177/1088868307301033

Cichocka, A. & Dhont, K. (2018). The Personality bases of political ideology and behavior. In V. Zeigler-Hill & T.K. Shackelford (Hrsg.), *The SAGE Handbook of Personality and Individual Differences: Volume III: Applications of Personality and Individual Differences* (S. 323–352). https://doi.org/10.4135/9781526451248.n14

CRED (2009). *The psychology of climate change communication*. New York: CRED.

de la Sablonnière, R., Taylor, D. & Caron-Diotte, M. (2018). Restoring cultural identity clarity in times of revolution: The role of historical narratives. In B. Wagoner, F.M. Moghaddam & Jaan Valsiner (Hrsg.), *The Psychology of Radical Social Change: From Rage to Revolution* (S. 252–274). https://doi.org/10.1017/9781108377461.014

Democracy Now (2019). »We Are Striking to Disrupt the System«: An Hour with 16-Year-Old Climate Activist Greta Thunberg. https://www.democracynow.org/2019/9/11/greta_thunberg_swedish_activist_climate_crisis (09.11.2019).

Drury, J., Cocking, C., Beale, J., Hanson, C. & Rapley, F. (2005). The phenomenology of empowerment in collective action. *British Journal of Social Psychology, 44*(3), 309–328. https://doi.org/10.1348/014466604X18523

Drury, J. & Reicher, S. (2009). Collective Psychological Empowerment as a Model of Social Change: Researching Crowds and Power. *Journal of Social Issues, 65*(4), 707–725. https://doi.org/10.1111/j.1540-4560.2009.01622.x

Ehnts, D. (2017). »Modern Monetary Theory« und Europäische Makroökonomie. *Berliner Debatte Initial, 28*(3), 89–102.

Feinberg, M., Willer, R. & Kovacheff, C. (2020). The activist's dilemma: Extreme protest actions reduce popular support for social movements. *Journal of Personality and Social Psychology. 119*(5), 1086–1111. https://doi.org/10.1037/pspi0000230

Fernando, J.W., O'Brien, L.V., Burden, N.J., Judge, M. & Kashima, Y. (2020). Greens or space invaders: Prominent utopian themes and effects on social change motivation. *European Journal of Social Psychology, 50*(2), 278–291. https://doi.org/10.1002/ejsp.2607

Fernando, J-W., O'Brien, L.V., Judge, M. & Kashima, Y. (2019). More Than Idyll Speculation: Utopian Thinking for Planetary Health. *Challenges, 10*(1), 16. https://doi.org/10.3390/challe10010016

Festinger, L. (1957). *A theory of cognitive dissonance (Bd. 2)*. Stanford University Press.

Fiske, S.T. (2007). Core social motivations, a historical perspective: Views from the couch, consciousness, classroom, computers, and collectives. *Handbook of motivation science*, 3–22.

FragDenStaat.de (2020, 22. Oktober). Einstufung von »Ende Gelände« als »linksextremistisch«. https://fragdenstaat.de/anfrage/einstufung-von-ende-gelande-als-linksextremistisch/ (20.03.2021).

Fritsche, I., Barth, M., Jugert, P., Masson, T. & Reese, G. (2018). A Social Identity Model of Pro-Environmental Action (SIMPEA). *Psychological Review, 125*(2), 245–269. https://doi.org/10.1037/rev0000090

Fritsche, I., Barth, M. & Reese, G. (2021). Klimaschutz als kollektives Handeln. Die psychologische Forschung zur Rolle sozialer Identität. In L. Dohm, F. Peter & K. van Bronswijk (Hrsg.), *Climate Action – Psychologie der Klimakrise. Handlungshemmnisse und Handlungsmöglichkeiten* (S. 229–250). Gießen: Psychosozial-Verlag.

Fritsche, I., Jonas, E. & Frey, D. (2016). Das Bedürfnis nach Kontrolle als soziale Motivation. In H.-W. Bierhoff & D. Frey (Hrsg.), *Enzyklopädie der Psychologie. Bd. C/VI/1, Selbst und soziale Kognition* (S. 53–86). Göttingen: Hogrefe.

Goldenbaum, M. & Thompson, C.S. (2020). Fridays for Future im Spiegel der Medienöffentlichkeit. In M. Sommer & S. Haunss (Hrsg.), *Fridays for Future – Die Jugend gegen den Klimawandel* (S. 181–204). Bielefeld: transcript.

Göpel, M. (2020). *Unsere Welt neu denken: Eine Einladung*. Berlin: Ullstein.

Green, M.C. & Sestir, M. (2017). Transportation Theory. In *The International Encyclopedia of Media Effects* (S. 1–14). American Cancer Society. https://doi.org/10.1002/9781118783764.wbieme0083

Greenaway, K.H., Cruwys, T., Haslam, S.A. & Jetten, J. (2016). Social identities promote well-being because they satisfy global psychological needs. *European Journal of Social Psychology, 46*(3), 294–307. https://doi.org/10.1002/ejsp.2169

Hamann, K.R.S. & Reese, G. (2020). My Influence on the World (of Others): Goal Efficacy Beliefs and Efficacy Affect Predict Private, Public, and Activist Pro-environmental Behavior. *Journal of Social Issues, 76*(1), 35–53. https://doi.org/10.1111/josi.12369

Harlow, S. & Benbrook, A. (2019). How #Blacklivesmatter: Exploring the role of hip-hop celebrities in constructing racial identity on Black Twitter. *Information, Communication & Society*, *22*(3), 352–368. https://doi.org/10.1080/1369118X.2017.1386705

Haunss, S., Sommer, M. & Fritz, L. (2020). Fridays for Future – Konturen einer neuen Protestbewegung. In M. Sommer & S. Haunss (Hrsg.), *Fridays for Future – Die Jugend gegen den Klimawandel* (S. 7–14). Bielefeld: transcript.

Herrmann, U. (2020, 17. Oktober). Klimaziele und Wirtschaftswachstum: Und das Wachstum? *Die Tageszeitung: taz*. https://taz.de/!5718595/ (20.03.2021).

Hogg, M., Sherman, D., Dierselhuis, J., Maitner, A. & Moffitt, G. (2007). Uncertainty, entitativity, and group identification. *Journal of Experimental Social Psychology, 43*, 135–142. https://doi.org/10.1016/j.jesp.2005.12.008

Hohman, Z.P., Hogg, M.A. & Bligh, M.C. (2010). Identity and intergroup leadership: Asymmetrical political and national identification in response to uncertainty. *Self and Identity*, *9*(2), 113–128. https://doi.org/10.1080/15298860802605937

Jiménez-Moya, G., Miranda, D., Drury, J., Saavedra, P. & González, R. (2019). When nonactivists care: Group efficacy mediates the effect of social identification and perceived instability on the legitimacy of collective action. *Group Processes & Intergroup Relations*, *22*(4), 563–577. https://doi.org/10.1177/1368430217751631

Jones, C., Hine, D.W. & Marks, A.D.G. (2017). The Future is Now: Reducing Psychological Distance to Increase Public Engagement with Climate Change. *Risk Analysis*, *37*(2), 331–341. https://doi.org/10.1111/risa.12601

Jost, J.T., Becker, J., Osborne, D. & Badaan, V. (2017). Missing in (Collective) Action: Ideology, System Justification, and the Motivational Antecedents of Two Types of Protest Behavior. *Current Directions in Psychological Science*, *26*(2), 99–108. https://doi.org/10.1177/0963721417690633

Klandermans, P.G. (2014). Identity Politics and Politicized Identities: Identity Processes and the Dynamics of Protest. *Political Psychology*, *35*(1), 1–22. https://doi.org/10.1111/pops.12167

Kleres, J. & Wettergren, Å. (2017). Fear, hope, anger, and guilt in climate activism. *Social Movement Studies*, *16*(5), 507–519. https://doi.org/10.1080/14742837.2017.1344546

Kobiela, G., Samadi, S., Kurwan, J., Tönjes, A., Fischedick, M., Koska, T., Lechtenböhmer, S., März, S. & Schüwer, D. (2020). *CO2-neutral bis 2035: Eckpunkte eines deutschen Beitrags zur Einhaltung der 1,5-°C-Grenze; Diskussionsbeitrag für Fridays for Future Deutschland*. https://epub.wupperinst.org/frontdoor/index/index/docId/7606 (20.03.2021).

Kuhnhenn, K., Pinnow, A., Schmelzer, M. & Treu, N. (2020). *Zukunft für alle – Eine Vision für 2048*. München: Oekom.

Landmann, H. & Rohmann, A. (2020). Being moved by protest: Collective efficacy beliefs and injustice appraisals enhance collective action intentions for forest protection via positive and negative emotions. *Journal of Environmental Psychology, 71*, 101491. https://doi.org/10.1016/j.jenvp.2020.101491

Marshall, G. (2015). *Don't even think about it: Why our brains are wired to ignore climate change*. New York: Bloomsbury Publishing USA.

Marx, K. & Engels, F. (1955). *Karl Marx and Friedrich Engels: Selected Works in Two Volumes*. Pyongyang: Foreign Languages Publishing House.

Mastini, R., Kallis, G. & Hickel, J. (2021). A Green New Deal without growth? *Ecological Economics, 179*, 106832. https://doi.org/10.1016/j.ecolecon.2020.106832

Mazzoni, D., Zomeren, M. van & Cicognani, E. (2015). The Motivating Role of Perceived Right Violation and Efficacy Beliefs in Identification with the Italian Water Movement. *Political Psychology, 36*(3), 315–330. https://doi.org/10.1111/pops.12101

McGregor, I., Nash, K., Mann, N. & Phills, C.E. (2010). Anxious uncertainty and reactive approach motivation (RAM). *Journal of Personality and Social Psychology, 99*(1), 133–147. https://doi.org/10.1037/a0019701

Miller, D.A., Cronin, T., Garcia, A.L. & Branscombe, N.R. (2009). The relative impact of anger and efficacy on collective action is affected by feelings of fear. *Group Processes & Intergroup Relations, 12*(4), 445–462. https://doi.org/10.1177/1368430209105046

Mogoatlhe, L. & Gralki, P. (2020). Klimaaktivistin Vanessa Nakate kämpft für den Erhalt des Regenwalds im Kongobecken. *Global Citizen*. https://www.globalcitizen.org/de/content/vanessa-nakate-climate-activism-in-africa/ (02.12.2020).

Murray, S. (2020). *Framing a Climate Crisis: A descriptive framing analysis of how Greta Thunberg inspired the masses to take to the streets.* http://urn.kb.se/resolve?urn=urn:nbn:se:uu:diva-402643 (20.03.2021).

Opitz, N. (2019). Diversität beim Klimaprotest: Zu jung, zu weiß, zu akademisch. *Die Tageszeitung: taz*. https://taz.de/!5645995/ (13.12.2019).

Polletta, F. (1998). Contending stories: Narrative in social movements. *Qualitative sociology, 21*(4), 419–446.

Rast, D.E., Gaffney, A.M., Hogg, M.A. & Crisp, R.J. (2012). Leadership under uncertainty: When leaders who are non-prototypical group members can gain support. *Journal of Experimental Social Psychology, 48*(3), 646–653. https://doi.org/10.1016/j.jesp.2011.12.013

Rubini, M., Moscatelli, S. & Palmonari, A. (2007). Increasing Group Entitativity: Linguistic Intergroup Discrimination in the Minimal Group Paradigm. *Group Processes & Intergroup Relations, 10*(2), 280–296. https://doi.org/10.1177/1368430207075156

Rucht, D. & Rink, D. (2020). Mobilisierungsprozesse von Fridays for Future – Ein Blick hinter die Kulissen. In M. Sommer & S. Haunss (Hrsg.), *Fridays for Future – Die Jugend gegen den Klimawandel* (S. 95–114). Bielefeld: transcript.

Sabherwal, A., Ballew, M.T., Linden, S. van der, Gustafson, A., Goldberg, M.H., Maibach, E.W., Kotcher, J.E., Swim, J.K., Rosenthal, S.A. & Leiserowitz, A. (2021). The Greta Thunberg Effect: Familiarity with Greta Thunberg predicts intentions to engage in climate activism in the United States. *Journal of Applied Social Psychology, 51*(4), 321–333. https://doi.org/10.1111/jasp.12737

Schlüter, N. (2019). Wie geht es weiter mit »Fridays for Future«? jetzt.de. https://www.jetzt.de/umwelt/fridays-for-future-und-ende-gelaende-wie-geht-es-weiter-mit-der-klimaschutzbewegung (24.06.2019).

Schlüter, N. (2021). Warum wurde Greta Thunberg zur Anführerin des Klima-Protests? *jetzt.de*. https://www.jetzt.de/politik/greta-thunbergs-schulstreik-fuer-klimaschutz-ein-besuch-in-stockholm (03.01.2021).

Schoen, H. & Weins, C. (2014). Der sozialpsychologische Ansatz zur Erklärung von Wahlverhalten. In J.W. Falter & H. Schoen (Hrsg.), *Handbuch Wahlforschung* (S. 241–329). Wiesbaden: Springer Fachmedien. https://doi.org/10.1007/978-3-658-05164-8_7

Schwarz, S. (2020). Forscherin über Klimakrise und Rassismus: »Nicht alle sitzen im selben Boot«. *Die Tageszeitung: taz*. https://taz.de/!5701838/ (10.08.2020).

Simon, B. & Klandermans, B. (2001). Politicized collective identity: A social psychological analysis. *American Psychologist, 56*(4), 319–331. https://doi.org/10.1037/0003-066X.56.4.319

Sinus Institut (2019). Klimaschutz-Umfrage: Die Jugend fühlt sich im Stich gelassen. https://www.sinus-institut.de/veroeffentlichungen/meldungen/detail/news/klimaschutz-umfrage-die-jugend-fuehlt-sich-im-stich-gelassen/news-a/show/news-c/NewsItem/ (20.03.2021).

Smith, L.G.E., Thomas, E.F. & McGarty, C. (2015). »We Must Be the Change We Want to See in the World«: Integrating Norms and Identities through Social Interaction. *Political Psychology, 36*(5), 543–557. https://doi.org/10.1111/pops.12180

Snow, D.A., Vliegenthart, R. & Ketelaars, P. (2018). The Framing Perspective on Social Movements. In D.A. Snow, S.A. Soule, H. Kriesi & H.J. McCammon (Hrsg.), *The Wiley Blackwell Companion to Social Movements* (S. 392–410). Hoboken: John Wiley & Sons, Ltd. https://doi.org/10.1002/9781119168577.ch22

Sommer, M. & Haunss, S. (2020). Fridays for Future: Eine Erfolgsgeschichte vor neuen Herausforderungen. In M. Sommer & S. Haunss (Hrsg.), *Fridays for Future – Die Jugend gegen den Klimawandel* (S. 237–252). Bielefeld: transcript.

Sommer, M., Haunss, S., Gardner, B.G., Neuber, M. & Rucht, D. (2020). Wer demonstriert da? Ergebnisse von Befragungen bei Großprotesten on Fridays for Future in Deutschland im März und November 2019. In M. Sommer & S. Haunss (Hrsg.), *Fridays for Future – Die Jugend gegen den Klimawandel* (S. 15–66). Bielefeld: transcript.

Spencer-Rodgers, J., Hamilton, D. & Sherman, S. (2007). The Central Role of Entitativity in Stereotypes of Social Categories and Task Groups. *Journal of personality and social psychology, 92*, 369–388. https://doi.org/10.1037/0022-3514.92.3.369

Steffens, N.K., Schuh, S.C., Haslam, S.A., Pérez, A. & Dick, R. van. (2015). »Of the group« and »for the group«: How followership is shaped by leaders' prototypicality and group identification. *European Journal of Social Psychology, 45*(2), 180–190. https://doi.org/10.1002/ejsp.2088

Steve, G. (2020). Corona-Krise kostet Staat allein 2020 mehr als 1,3 Billionen Euro. *RND*. https://www.rnd.de/politik/corona-krise-kostet-staat-allein-2020-mehr-als-13-billionen-euro-VRM3UGOTSNHKLG6YRE7A2RUAQU.html (31.12.2020).

Stollberg, J., Fritsche, I. & Bäcker, A. (2015). Striving for group agency: Threat to personal control increases the attractiveness of agentic groups. *Frontiers in Psychology, 6*. https://doi.org/10.3389/fpsyg.2015.00649

Stollberg, J., Fritsche, I., Barth, M. & Jugert, P. (2017). Extending control perceptions to the social self: Ingroups serve the restoration of control. In M. Bukowski, I. Fritsche, A. Guinote & M. Kofta (Hrsg.), *Coping with lack of control in a social world* (S. 133–150). New York: Routledge/Taylor & Francis Group.

Stollberg, J., Fritsche, I. & Jonas, E. (2017). The Groupy Shift: Conformity to Liberal In-Group Norms as a Group-Based Response to Threatened Personal Control. *Social Cognition, 35*(4), 374–394. https://doi.org/10.1521/soco.2017.35.4.374

Stürmer, S. & Simon, B. (2004). The Role of Collective Identification in Social Movement Participation: A Panel Study in the Context of the German Gay Movement. *Personality and Social Psychology Bulletin, 30*(3), 263–277. https://doi.org/10.1177/0146167203256690

tagesschau.de (22.06.2019). CSU-Chef Söder will Kohleausstieg schon 2030. https://www.tagesschau.de/inland/soeder-kohleausstieg-101.html (20.03.2021).

Tajfel, H. (1982). Human groups and social categories: Studies in social psychology. *European Journal of Social Psychology, 12*(2), 213–215. https://doi.org/10.1002/ejsp.2420120209

Teune, S. (2020). Schulstreik – Geschichte einer Aktionsform und die Debatte über zivilen Ungehorsam. In M. Sommer & S. Haunss (Hrsg.), *Fridays for Future – Die Jugend gegen den Klimawandel* (S. 131–146). Bielefeld: transcript.

Thomas, E. F. & Louis, W. R. (2014). When Will Collective Action Be Effective? Violent and Non-Violent Protests Differentially Influence Perceptions of Legitimacy and Efficacy Among Sympathizers. *Personality and Social Psychology Bulletin, 40*(2), 263–276. https://doi.org/10.1177/0146167213510525

Thomas, E. F., Mavor, K. I. & McGarty, C. (2012). Social identities facilitate and encapsulate action-relevant constructs: A test of the social identity model of collective action. *Group Processes & Intergroup Relations, 15*(1), 75–88.

Thomas, E. F., McGarty, C. & Mavor, K. (2016). Group interaction as the crucible of social identity formation: A glimpse at the foundations of social identities for collective action. *Group Processes & Intergroup Relations, 19*(2), 137–151. https://doi.org/10.1177/1368430215612217

Thomas, E. F., McGarty, C. & Mavor, K. I. (2009). Aligning Identities, Emotions, and Beliefs to Create Commitment to Sustainable Social and Political Action. *Personality and Social Psychology Review, 13*(3), 194–218. https://doi.org/10.1177/1088868309341563

Towler, C. C., Crawford, N. N. & Bennett, R. A. (2020). Shut Up and Play: Black Athletes, Protest Politics, and Black Political Action. *Perspectives on Politics, 18*(1), 111–127. https://doi.org/10.1017/S1537592719002597

Turner, J. C., Hogg, M. A., Oakes, P. J., Reicher, S. D. & Wetherell, M. S. (1987). *Rediscovering the social group: A self-categorization theory.* Oxford: Basil Blackwell.

van Zomeren, M. (2016). Building a Tower of Babel? Integrating Core Motivations and Features of Social Structure into the Political Psychology of Political Action. *Political Psychology, 37*(S1), 87–114. https://doi.org/10.1111/pops.12322

van Zomeren, M., Kutlaca, M. & Turner-Zwinkels, F. (2018). Integrating who »we« are with what »we« (will not) stand for: A further extension of the *Social Identity Model of Collective Action. European Review of Social Psychology, 29*(1), 122–160. https://doi.org/10.1080/10463283.2018.1479347

van Zomeren, M., Postmes, T. & Spears, R. (2008). Toward an integrative social identity model of collective action: A quantitative research synthesis of three socio-psychological perspectives. *Psychological Bulletin, 134*(4), 504–535. https://doi.org/10.1037/0033-2909.134.4.504

van Zomeren, M., Saguy, T. & Schellhaas, F. M. H. (2013). Believing in »making a difference« to collective efforts: Participative efficacy beliefs as a unique predictor of collective action. *Group Processes & Intergroup Relations, 16*(5), 618–634. https://journals.sagepub.com/doi/10.1177/1368430212467476 (20.03.2021).

van Zomeren, M., Spears, R., Fischer, A. H. & Leach, C. W. (2004). Put your money where your mouth is! Explaining collective action tendencies through group-based anger and group efficacy. *Journal of Personality and Social Psychology, 87*(5), 649–664. https://doi.org/10.1037/0022-3514.87.5.649

Vansteenkiste, M., Ryan, R. M. & Soenens, B. (2020). Basic psychological need theory:

Advancements, critical themes, and future directions. *Motivation and Emotion, 44*(1), 1–31. https://doi.org/10.1007/s11031-019-09818-1
Webster, R. & Shaw, C. (2019). *Broadening engagement with just transition: Opportunities and challenges*. Oxford: Climate Outreach.
Wright, E.O. (2010). *Envisioning Real Utopias*. London: Verso Books.
Wright, J.D., Schmitt, M.T. & Mackay, C.M.L. (2020). *Access to Environmental Cognitive Alternatives Predicts Pro-Environmental Activist Behavior*. https://doi.org/10.31234/osf.io/rk79q
zdf.de (2019, 20. September). Rekordzahlen bei Klimademos: In Deutschland demonstrieren 1,4 Millionen Menschen. https://www.zdf.de/uri/2e409846-e515-4055-a7df-140ca15c9f24 (20.03.2021).
Zelik, R. (2020). Porträt – Ein-Mann-Klima-Arbeitereinheitsfront. *der Freitag*. https://www.freitag.de/autoren/der-freitag/ein-mann-klima-arbeitereinheitsfront (06.12.2020).

Biografische Notiz

Julian Bleh ist in der Klimagerechtigkeitsbewegung aktiv und arbeitet als Sozialpsychologe in verschiedenen Bereichen sozial-ökologischer Transformation; als Wissenschaftler, Prozessgestalter, Evaluator und Referent. In seiner Arbeit beim Klima*Kollektiv e.V. möchte er sozialpsychologische Erkenntnisse der Bewegungsforschung in die Praxis sozialer Bewegungen bringen.

Kirchengemeinden als Klimaschutzakteurinnen

Die Unterstützung von kollektivem Pro-Umwelthandeln im kirchlichen Kontext

Anne-Kristin Römpke

Zusammenfassung: Kirchengemeinden in Deutschland agieren (wieder) verstärkt als Klimaschutzakteurinnen. Umweltkreise analysieren die eigene Gemeinde nach öko-fairen Kriterien und gestalten sie schrittweise um (zum Beispiel innerhalb des Umweltsiegels »Grüner Hahn«). Umweltthemen finden sich in Predigten und Projekten (zum Beispiel Klimafasten) und auch bei Demonstrationen sind Gemeinden aktiv. Aus umweltpsychologischer Sicht sind Kirchen vielversprechende Orte für sozialen Wandel. Globale Umweltprobleme sind kollektiv verursacht und können entsprechend nur durch das kollektive Handeln vieler eingedämmt werden (vgl. Fritsche et al. in diesem Band). Kirchengemeinden handeln vor Ort und sind gleichzeitig Teil eines deutschlandweiten bzw. globalen Netzwerkes christlicher Gemeinden. Das kollektive Wirkpotenzial im Umweltschutz ist entsprechend groß. Der Artikel betrachtet die Vorteile dieser verschiedenen Identifikationsebenen innerhalb von Kirche anhand der Faktoren Eigengruppennormen und kollektive Wirksamkeitserwartungen und zeigt Umsetzungsmöglichkeiten für die Gemeindearbeit auf.

September 2020: Deutschlandweit gehen Menschen für mehr Klimaschutz auf die Straßen. Auch an der Leipziger Nikolaikirche (auch bekannt als Schauplatz der friedlichen Revolution) hängen viele bunte Plakate, und junge Christ:innen begleiten die Aktion mit Andachten und Gebeten fürs Klima. Schon 2019 waren deutschlandweit Kirchenmitglieder und kirchliche Initiativen bei den Protesten dabei (Epd, 2019). Zwar wird kirchliches Engagement im Klimaschutz in der breiten Öffentlichkeit bisher noch wenig wahrgenommen, doch gibt es sowohl eine klare Positionierung der verschiedenen Kirchenleitungen als auch zahlreiche Initiativen, die sich für mehr Klimaschutz einsetzen. Die Aufgabe besteht nun darin, die Gemeinden vor Ort zu gewinnen und dabei zu unterstützen, lokale Klimaakteurinnen zu werden. Kirchengemeinden umfassen Menschen aller Generationen und verschiedener Sozialisationen und können damit Multiplikatorinnen in ganz unterschiedlichen Kreisen sein (Schloz, 2003). Aus umweltpsychologischer Sicht sind die Voraussetzungen für kirchliche Umweltarbeit günstig. Die Gemeinden sind lokal vernetzt und haben einen überschaubaren Handlungsrahmen (»lokal handeln«). Gleichzeitig gehören sie aber zu einer großen deutschlandweiten und weltweiten Gemeinschaft, die die Kommunikation der kollektiven Wirksamkeit erleichtert (»global denken«). Zudem sind Gemeinden bereits als solidarische Gemeinschaftsstrukturen organisiert mit den gemeinsamen Werten von Gerechtigkeit, Frieden und Bewahrung der Schöpfung, die unmittelbar an Nachhaltigkeitsziele andocken können.

1 Aktuelle Entwicklungen

Die Evangelische Kirche in Deutschland (EKD), Papst Franziskus und auch die Arbeitsgemeinschaft Christlicher Kirchen (Unterzeichnung der *Charta oecumenica,* 2001) geben ein klares Bekenntnis zum kirchlichen bzw. christlichen Auftrag im Umweltschutz ab. So formuliert die EKD ihre Aufgabe, »Mahner, Mittler und Motor für eine nachhaltige Entwicklung im Dienst der Bewahrung der Schöpfung« zu sein (Evangelische Kirche in Deutschland, 2018, S. 14), und Papst Franziskus (2015, S. 16) stellt klar, dass der aktive Schutz der Schöpfung »wesentlich zu einem tugendhaften Leben« gehört und »weder etwas Fakultatives noch ein sekundärer Aspekt der christlichen Erfahrung« sei. Weniger explizit ist dagegen die Frage geklärt, wie genau die Umsetzung innerhalb der Gemeinden aussehen soll.

Immer mehr Landeskirchen und Bistümer haben oder entwickeln Klimaschutzkonzepte und es gibt zahlreiche Institutionen und Initiativen, die Gemeinden bei ihrem Umweltengagement unterstützen, wie zum Beispiel das Umweltmanagementsystem »Grüner Hahn«, das bereits in mehr als 900 kirchlichen Einrichtungen und Gemeinden etabliert ist und auf eine Zertifizierung nach der EU-Öko-Audit-Verordnung (EMAS III) abzielt. Die Initiative »Zukunft einkaufen« (Hörner, 2021) gibt Anleitung für Kirchengemeinden zum Thema der öko-fairen Beschaffung. Das Projekt »Gemeinde N« gibt eine Schritt-für-Schritt-Anleitung für Kirchenaktive zum Aufbau von Umweltkreisen, dem gemeinsamen Entwickeln von Zielen bis hin zur Umsetzung und Evaluation von ersten kleinen Schritten

(Römpke, 2020). Auch verschiedene Aktionsformen laden zum Mitmachen ein, wie das jährliche Klimafasten in den sieben Wochen vor Ostern (Schäfer, 2021) mit wöchentlichen Themen und Andachten zum Klimaschutzhandeln oder das Beschreiten des Pilgerwegs für Klimagerechtigkeit (Böer, 2021). Auch auf Klimaschutz-Demonstrationen finden sich vermehrt christliche Gruppen wieder.

Natürlich haben Kirchengemeinden vielfältige Aufgaben und (explizit) umweltaktive Gemeinden sind noch in der Minderheit, dennoch gibt es aus psychologischer Sicht einige Argumente, wieso gerade auch sie geeignete Orte für gesellschaftlichen Wandel und im Speziellen für Klimaschutzhandeln sind.

2 Kirchengemeinden als Orte für gesellschaftlichen Wandel

Was motiviert Menschen, sich im Umweltschutz zu engagieren? Das reine Vermitteln von Wissen über Umweltprobleme und deren Funktionsweisen zeigte sich als wenig effektiv (siehe z. B. Schultz, 2002 zum knowledge-deficit model). Auch liegt eine besondere Stärke von Kirche in einem ganz anderen Feld: Kirchengemeinschaften sind Gruppen.

Es gibt in der Umweltpsychologie mittlerweile gute Übersichten und auch Anwendungshilfen für Praktiker:innen, welche *individuellen* Faktoren sich auf Pro-Umwelt-Handeln auswirken (Hamann et al., 2016; Matthies, 2005; Steg, 2013). Angesichts von Umweltproblemen, die durch das Verhalten Einzelner nicht gelöst werden können, stoßen individuenbasierte Ansätze aber an Grenzen. Die Möglichkeiten einer Gruppe handelnder Menschen sind größer als die eines einzelnen Menschen, vor allem im Angesicht von Problemen, die durch das Verhalten vieler verursacht werden oder wurden (vgl. Fritsche et al., 2018). Zusätzlich zu individuellen Einflussfaktoren ist es daher zielführend zu analysieren, wie das Handeln in Gruppen unterstützt werden kann.

Die soziale Gruppe »Kirche« gliedert sich in mehrere Einheiten (vgl. Fritsche et al., 2021, in diesem Band zum Thema »Self-Categorization«). Am Beispiel der EKD sehen wir vor Ort zunächst vor allem die Kirchengemeinden, die lokal agieren. Die Gemeinden gehören aber zu größeren Einheiten, wie zum Beispiel den einzelnen Landeskirchen und darüber zur Evangelischen Kirche in Deutschland (dies ließe sich weiterführen über die weltweite Christenheit bis hin zur Zugehörigkeit zur Schöpfung). Für ihre aktiven Mitglieder besitzt die Kirche eine starke Relevanz auf lokaler wie auch auf überregionaler Ebene. Der eigene Alltag ist durch Ehrenämter oder die Teilnahme an kirchlichen Gruppen wie Hauskreisen, Chören oder Jugendgruppen oft stark mit der Kirchengemeinde verwoben. Entsprechend finden auch viele soziale Kontakte innerhalb des kirchlichen Lebens statt. Auch strukturell kann das Gemeindeleben mitgeformt werden, zum Beispiel durch die Wahl der Kirchenvorstände. Zudem ist die Gemeinde der Ort, an dem der Glaube an Gott mit anderen geteilt und gelebt werden kann. Es verbindet sich hier also die soziale Eingebundenheit mit dem zentralen und sinnstiftenden Element des Glaubens.

Doch auch die darüberliegenden Ebenen besitzen Relevanz. So sind zum Beispiel der Landesbischof (derzeit Landesbischof Bedford-Strohm) oder auch der Vorsitzende der deutschen Bischofskonferenz (derzeit Bischof Bätzing) regelmäßig in den Medien präsent und vertreten die Positionen »der Kirche« in breiter Öffentlichkeit. Im Gottesdienst wird das Glaubensbekenntnis »mit der gesamten Christenheit« gemeinsam gesprochen. In den Fürbitten wird für Christ:innen weltweit gebetet.

Die verschiedenen Ebenen der Identifikation mit Kirche können eine Stärke sein, da sie jeweils andere Vorteile für den aktiven kirchlichen Klimaschutz bieten. Zwei der zentralen kollektiven Faktoren sollen hier beispielhaft für den kirchlichen Kontext auf lokaler sowie überregionaler Ebene betrachtet werden: *Eigengruppennormen und Ziele* sowie die *kollektiven Wirksamkeitserwartungen* der Gruppe (vgl. Fritsche et al., 2021, in diesem Band).

2.1 Normen der Eigengruppe lokal und überregional

Das Verhalten und Denken der Menschen in der eigenen Umgebung kann eine hilfreiche Informationsquelle sein: Wenn alle am Bahnsteig nach links laufen, führt dieser Weg vermutlich zum Ausgang. Wenn alle zum Glaubensbekenntnis aufstehen, ist dies vermutlich die angemessene Verhaltensweise, wenn ich mich in die Bräuche der Gemeinde einfügen möchte. Solche *sozialen Normen* haben starken Einfluss auf Umweltschutzhandeln, sowohl individuell als auch in Gruppen. Was denken andere Menschen über Umweltschutz? Und vor allem: Was denken Menschen, die für mich wichtig sind, über Umweltschutz? So ist der Einfluss sozialer Normen vor allem dann groß, wenn es sich um Normen der Eigengruppe handelt (Masson & Fritsche, 2014). Unterscheiden kann man zwischen deskriptiven Normen (»So machen es die anderen.«) und injunktiven Normen (»So soll es gemacht werden.«).

Auf lokaler Ebene ist es zu Anfang der Umweltarbeit oft schwierig, explizite Umweltschutznormen zu finden, sowohl im kirchlichen Kontext wie auch im nicht-kirchlichen Umfeld. Die Gruppe Kirche bietet hier den Vorteil, im ersten Schritt auf die Normen der überregionalen Ebene zurückzugreifen (bis die ersten Unterstützer:innen gewonnen sind, die regionale Normen formen können).

Auf überregionaler Ebene existieren in der Gruppe Kirche die injunktiven Glaubensnormen sowie Normen durch Autoritäten und die Eigengruppengeschichte. Zudem kann deskriptiv auf Trends innerhalb der eigenen Glaubensgemeinschaft verwiesen werden.

2.2 Kollektive Wirksamkeitserwartungen lokal und überregional

Das Engagement in einer Umweltschutzgruppe ist dann attraktiv, wenn diese subjektiv gesehen gut darin ist, eigene Ziele in Bezug auf Umweltschutz zu erreichen bzw. Einfluss auf das Lösen von Umweltproblemen auszuüben (vgl. Mummendey et al., 1999; van Zomeren et al., 2008).

Teil einer kleineren Gruppe zu sein, also zum Beispiel einer Kirchengemeinde, hat Vorteile (vgl. Tabernero et al., 2015). Es muss nicht die ganze Welt verändert werden, sondern zunächst nur die eigene Gemeinde. Die Umweltschutzgruppe einer kleinen Landgemeinde kann nicht im Alleingang dafür sorgen, dass ganz Deutschland klimaneutral wird. Aber sie kann sich zum Beispiel vergleichsweise einfach dafür einsetzen, dass die eigene Kirchengemeinde Ökostrom bezieht. In einem überschaubaren Handlungsrahmen können schneller (Teil-)Erfolge erzielt und gefeiert werden, die wiederum der empfundenen kollektiven Wirksamkeit der Gruppe zugutekommen (Thomas et al., 2011). Zudem ermöglicht eine kleine Gruppe an Aktiven schnelle, effektive Absprachen und Entscheidungen sowie zeitnahes und vergleichsweise unbürokratisches Handeln. In großen Gruppen sind dagegen in der Regel langwierigere Entscheidungsvorgänge nötig. Auch dieser Umstand kann sich positiv auf die Wirksamkeitswahrnehmung der eigenen Gruppe auswirken (vgl. Kerr, 1989).

Allerdings sind die Möglichkeiten einer einzelnen Gemeinde gesamtgesellschaftlich gesehen eingeschränkt. Wenn einzig und allein die Kirchengemeinde Naunhof die eigene Beschaffung auf »ökofair« umstellt, ändert das mit Blick auf das Gesamtvolumen an Konsum in Deutschland sehr wenig. Betrachten wir allerdings alle Gemeinden und kirchlichen Einrichtungen in Deutschland zusammen, zeigt sich ein ganz anderes Bild: Nur die öffentliche Hand konsumiert im Jahr noch mehr Waren und Dienstleistungen als die Kirchen in Deutschland (Katholikenrat im Bistum Speyer, 2014), womit diese durch ihre Kaufentscheidungen eine reale Macht auf Produktionsweisen ausüben können. Je mehr Gemeinden sich auf den Weg machen, desto größer wird diese gemeinsame Wirkmacht.

Auch die jüngere Geschichte kann im Kirchenkontext kollektive Wirksamkeitserwartungen unterstützen, denn es gab bereits eine sehr erfolgreiche Umweltbewegung innerhalb der Kirchen. Eindrucksvoll sind die Erzählungen aus der Vorwendezeit in den ostdeutschen Gemeinden. Vielerorts wurde in sogenannten *Basisgruppen* an Themen und Forderungspapieren aus den Bereichen »Gerechtigkeit, Frieden und Bewahrung der Schöpfung« gearbeitet (trotz Repressionen), die dann in überregionalen Treffen zusammengetragen wurden. Die Aktivist:innen dieses sogenannten *Konziliaren Prozesses* haben mit ihrer Arbeit außerdem Impulse für die Wiedervereinigung gesetzt (Ziemer, 1995) und sind ein gutes Vorbild für erfolgreiche Graswurzelbewegungen.

Erfreulich ist, dass das Erleben von kollektiver Wirksamkeit auch positiv auf persönliche Wirksamkeitserwartungen wirken kann (Cocking & Drury, 2006; Jugert et al., 2016). Im Idealfall würden kirchliche Umweltaktive ihre positiven Erfahrungen also »mit nach Hause nehmen«, das heißt, ihr individuelles Umweltverhalten würde gestärkt.

3 Die praktische Umsetzung

Selbstverständlich ist jede Gemeinde anders, sodass es keine allgemeine Kommunikationsstrategie geben kann. Abgeleitet von psychologischen Erkenntnissen können aber Teilstrategien übernommen und für die eigene Gemeinde angepasst werden. Bezogen auf die in diesem Artikel beschriebenen kollektiven Faktoren *Eigengruppennormen* und *kollektive Wirksamkeitserwartungen* kann man zum Beispiel folgende Impulse ableiten:

Zunächst ist es hilfreich, Umweltprobleme direkt als kollektive Herausforderungen zu definieren, um den Fokus auf die Relevanz von Gruppen zu lenken. So kann darauf hingewiesen werden, dass Umweltprobleme durch das Verhalten vieler verursacht sind und daher auch zusammen mit anderen gelöst werden müssen. Zudem ist es im kirchlichen Kontext wertvoll, sowohl die lokale Identifikationsebene einzubeziehen als auch überregionale Ebenen von Kirche.

3.1 Eigengruppennormen in der Anwendung

Da Normen vor allem dann relevant sind, wenn sie von der eigenen Gruppe geteilt werden, ist es hilfreich, wenn auch der Anstoß zu kirchlichem Umweltengagement aus der Gruppe (der Christ:innen) selbst kommt. Es sollte also niemand »von außen«, wie zum Beispiel von einer weltlichen Umweltschutzinitiative, eingeladen werden einen Vortrag zu halten, sondern eine Person, die sich selbst mit dem christlichen Glauben identifiziert und »dieselbe Sprache« spricht (oder sich in diese gut eindenken kann). In der Konfirmand:innen-Arbeit könnte eine jüngere Person eher als relevant betrachtet werden, während im Senior:innen-Kreis eine ältere Person eher Gehör finden könnte. An diesem Punkt setzen zum Beispiel die Multiplikator:innen-Ausbildungen von »Gemeinde N« (Römpke, 2019) oder auch »Umkehr zum Leben« (Köhler, 2020) an. Gemeindemitglieder aus den verschiedenen Regionen werden ausgebildet, selbst in der eigenen Gemeinde einen Prozess der Nachhaltigkeit anzustoßen und zu moderieren. Zudem gibt es einen Schritt-für-Schritt-Leitfaden mit vorgefertigten Präsentationen, Einladungskarten und Analysebögen, an dem sich Gemeindemitglieder entlanghangeln können, ohne eigenes Vorwissen (Römpke, 2021).

Um lokale Normen zu stärken, kann es zudem sinnvoll sein, gut vernetzte Gemeindemitglieder zu bitten, für das Projekt zu werben, selbst wenn sie selbst zusätzlich nicht viel Zeit zur Mitarbeit haben sollten. Multiplikator:innen wie Gemeindepädagog:innen, Kantor:innen oder Friedhofsgärtner:innen könnten angesprochen werden. Eine starke Vorbildfunktion hat vor Ort natürlich in der Regel die Pfarrerin oder der Pfarrer. Bei ihr oder ihm kann zum Beispiel für eine kleine nachhaltige Predigtreihe geworben werden. Auf der Internetseite von »Nachhaltig Predigen« (Rentz, 2021) gibt es zahlreiche Predigtanregungen, die den Einstieg erleichtern (langfristig ist natürlich anzustreben, das Thema »Kirche und Nachhaltigkeit« in die kirchlichen Ausbildungen zu integrieren, wie zum

Beispiel die Kirchner:innen-Ausbildung oder das Theologiestudium). Unabhängig davon kann sie oder er gebeten werden, in den Ab-/Ankündigungen im Gottesdienst kurz von den Terminen und Neuigkeiten der Umweltarbeit zu berichten. Auch eine regelmäßige Präsenz von Umweltthemen im Gemeindeblatt kann die lokale Norm stärken.

Vor allem zu Anfang des Engagements, wenn vor Ort die sozialen Normen noch weniger stark in Richtung Umweltschutz ausgeprägt sind, kann es hilfreich sein, vor allem auch den übergeordneten Zusammenhang zwischen der christlichen Identität und dem Thema Umwelt herauszustellen, also auf die höhere Ebene der Identifikation zu wechseln. Das ist im christlichen Glauben einfach. Auch wenn das Wort »Umweltschutz« in der Bibel vergeblich gesucht wird, sind die *Glaubensnormen* der christlichen Kirchen eng verknüpft mit Anliegen der Umweltbewegung. So können der Sorge um den Schutz der Umwelt unterschiedliche Motivationen zugrunde liegen (Schultz, 2001). Neben dem Schutz der Tier- und Pflanzenwelt und der eigenen Person ist auch die Sorge um andere Menschen ein mögliches Motiv. Die Motivation, die Umwelt zu schützen vor dem Hintergrund der Sorge um andere Menschen, zeigte sich zudem als stabil, auch in Bedrohungsszenarien (Fritsche & Häfner, 2011). Die Motivation, andere Menschen zu schützen, ist wiederum verbunden mit einem der zentralen Gebote im christlichen Glauben, der *Nächstenliebe*. Im Matthäusevangelium wird von dem sogenannten *Doppelgebot der Liebe* berichtet. Dabei wird der umfassenden Liebe zu Gott dieselbe Priorität zugesprochen wie der Liebe zum Mitmenschen ([und sich selbst], Matthäus 22,37–40). Anders ausgedrückt: Umweltschutz ist eine Form der aktiven Nächstenliebe.

Auch Papst Franziskus gibt in seiner Enzyklika *Laudato Si* (2015) ein klares Bekenntnis zum Umweltschutz ab und formuliert eine starke Norm: Umweltschutz ist ein verpflichtender Teil des christlichen Lebens. Ähnlich deutlich formuliert die EKD (2018, S. 14) den Auftrag von Christ:innen: »Wir, das ist in diesem Fall die Kirche mit ihren Gemeinden sowie kirchlichen und diakonischen Einrichtungen […] können und müssen mehr tun.« Auch die Synode (das Kirchenparlament) der EKD fordert die jeweiligen Landeskirchen regelmäßig dazu auf, das eigene Engagement im Klimaschutz zu verstärken (Evangelische Kirche in Deutschland, 2020).

Auf überregionaler Ebene ist es vergleichsweise einfach möglich, positive Trends für Umweltschutz zu formulieren. Auch wenn in der eigenen Gemeinde Umweltschutz bisher wenig zentral ist, zeigen sich auf übergeordneter Ebene Entwicklungen hin zu mehr Umweltschutz: So haben zum Beispiel mittlerweile 75 % der Landeskirchen ein Klimaschutzkonzept, und die Zahl der Einrichtungen und Gemeinden, die den Grünen Hahn einführen, stieg in den letzten zwei Jahren um mehr als 10 % an.

Zudem kann auf die gruppeneigene Geschichte von Klimaschutzaktivismus verwiesen werden. Besagte Aktivist:innen des Konziliaren Prozesses der Vorwendezeit haben eine starke Norm definiert, auf die sich auch heutige Christ:innen berufen können: »In unserer Glaubensgemeinschaft hat der Umweltschutz bereits Tradition.«

3.2 Kollektive Wirksamkeitserwartungen in der Anwendung

Innerhalb des überschaubaren Handlungsrahmens der einzelnen Kirchengemeinde können relativ schnell erste kleine Vorhaben umgesetzt werden. Gemeinsam erreichte Ziele stärken das Gefühl von kollektiver Wirksamkeit und ermöglichen damit nach und nach auch ambitioniertere Vorhaben. Kirchliche Umweltaktive sollten also versuchen, sich erreichbare Ziele zu setzen und die entsprechenden Erfolge für alle sichtbar zu machen. Im Leitfaden von Gemeinde N (Römpke, 2020) wird die Gemeinde durch die gemeinsame Zielfindung geleitet. Die möglichen Ziele werden nach ihrer Schwierigkeit in der Umsetzung als auch nach ihrer Wichtigkeit sortiert und daraufhin im Konsensverfahren abgestimmt. Kirchengemeinden erfüllen vielfältige Aufgaben (religiös, sozial, kulturell, aber zum Beispiel auch in der Verwaltung). Zeit ist bei Haupt- und Ehrenamtlichen in der Regel eine knappe Ressource, sodass Hürden für erste Schritte in der Umweltarbeit so gering wie möglich gehalten werden sollten. Bei der Auswahl der ersten Ziele muss dem Rechnung getragen werden. Daraufhin folgt die konkrete Formulierung des Ziels inklusive des Zeitpunkts der Ausführung und des bzw. der Ansprechpartner:in. Eine schriftliche, konkrete Festlegung (im besten Falle öffentlich) erhöht die Wahrscheinlichkeit, dass die Umsetzung nicht im Alltagsgeschehen untergeht, sondern tatsächlich erfolgt (für eine Metaanalyse siehe Lokhorst et al., 2011). Bei komplexeren Zielen kann es sinnvoll sein, kleinere Zwischenziele zu setzen, damit eine Erreichbarkeit innerhalb überschaubarer Zeitspannen möglich ist (vgl. Hamann et al., 2016; Locke & Latham, 2013).

Erreichte Ziele oder Zwischenziele können dann möglichst greifbar präsentiert werden. So kann zum Beispiel die Menge an eingespartem CO_2

durch Stromsparmaßnahmen in einem bestimmten Gebäude anhand von Sand in einer Glasflasche mit einer CO_2-Skala dargestellt werden. In Brandenburg stellte eine Gemeinde die eigenen Umwelterfolge in Corona-Zeiten im Rahmen einer interaktiven Ausstellung im Kirchenschiff dar, inklusive Klimabingo und kleinen Rätseln. Mindestens aber sollten die Aktiven selbst ihre Erfolge feiern, sei es bei einem gemeinsamen »fairen« Kaffeetrinken oder einem Anstoßen mit veganem Wein oder Apfelsaft. Für zahlenaffine Menschen oder Gruppen können auch digitale Dokumentationshilfen wie zum Beispiel das *grüne Datenkonto* (Entwicklungspartnerschaft des Grünen Datenkontos, 2020) helfen, die eigenen Fortschritte sichtbar zu machen. Regional unterschiedlich gibt es zudem verschiedene kleine Auszeichnungen, die das Engagement einer Gemeinde sichtbar machen können. In Sachsen können Gemeinden beispielsweise für erste Schritte kleine Plaketten gut sichtbar an ihre Gemeinderäume anbringen (Beispiel: »Und Gott sah, dass das Licht gut war. Selbstverständlich kommt der Strom für unser Kirchenlicht aus erneuerbaren Energien.«).

Der Blick auf die überregionale Ebene von Kirche zeigt zusätzlich das reale gemeinsame Wirkpotenzial. Eine Gemeinde allein kann bereits etwas bewegen. Aber wirklich beeindruckend ist es, sich und den Mitaktiven vor Augen zu halten, wie viel bewegt werden kann, wenn sich umweltfreundliche Standards in allen Gemeinden durchsetzen. Sowohl die gemeinsame Wirkkraft als verantwortliche Konsument:innen als auch die Multiplikator:inneneffekte wachsen stetig mit jeder Gemeinde, die aktiv wird. Bei konkreten Aktionen, wie zum Beispiel der Beteiligung von Kirchengemeinden am Klimastreik in Form von Klimaandachten, lässt sich dieses überregionale Zusammenspiel zum Beispiel anhand von Veranstaltungskarten zeigen. So können Gemeinden für den 19. März 2021 ihre Klimaandacht auf einer Karte online bei Churches for Future eintragen, sodass bundesweit sichtbar wird, dass viele Gemeinden aktiv sind und das eigene Gemeindeengagement Teil einer größeren Bewegung ist. Bei der Aktion »Klimafasten« (Schäfer, 2021) wird in Blogs und auf Karten gezeigt, wie vielfältig das christliche Umweltengagement aussehen kann.

Für Umweltgruppen kann es zudem motivierend sein, aufzuzeigen, dass Kirchengemeinden bereits in der Vergangenheit wirksam in der Umweltbewegung mitgearbeitet haben. Zeitzeug:innen-Berichte oder ein Videoabend mit einer Dokumentation über die drei Ökumenischen Versammlungen von 1988 bis 1989 können den Blick weiten für bereits erfolgreiche Einflussnahme durch frühere Mitglieder der eigenen Gruppe.

4 Ausblick

Kollektiv verursachte Probleme wie der globale Klimawandel fordern eine breite Basis der Zusammenarbeit, um gelöst oder zumindest abgebremst zu werden. Kirchen und ihre Gemeinden können lokal wie auch überregional wirksame Nachhaltigkeitsakteurinnen sein, sowohl durch die Umstellung der eigenen Strukturen als auch in ihrer Funktion als Multiplikatorinnen. Sie können und sollten daher eingeladen werden (oder einladen), vor Ort mit allen weltoffenen Akteur:innen zusammenzuarbeiten.

Die aufgezeigten Mechanismen lassen sich selbstverständlich auch auf andere Gruppen übertragen. So kann beispielsweise die lokale Gemeindeverwaltung motiviert werden, die eigene Beschaffungspraxis umzustellen. Auch hier kann sowohl auf die Möglichkeiten vor Ort als auch auf die gemeinsame Wirksamkeit umweltaktiver Kommunen in Deutschland verwiesen werden bzw. auf das Gesamtvolumen der kommunalen Beschaffung. Aber nicht alle Gruppen haben eine strukturell übergeordnete Einheit und manche umweltaktiven Individuen gehören gar keiner expliziten Gruppenstruktur an. Fritsche und Kollegen (2018) verweisen darauf, dass Individuen sich auch als Teil einer nicht-formellen Gruppe definieren können. So könnte sich eine Person, die keine tierischen Produkte konsumiert, als Teil der Gruppe der Veganer:innen verstehen und dieser Gruppe Normen zuschreiben. An dieser Stelle wird auch deutlich, dass jeder Interventionsplanung eine genaue Analyse der jeweiligen Zielgruppe vorausgehen sollte. Die Strukturen, die Sprache, die Traditionen und Normen unterscheiden sich mitunter stark.

Zum Abschluss möchte ich dazu einladen, in der eigenen Arbeit den ganzheitlichen Gedanken der kirchlichen Umweltarbeit mit seinen Wurzeln in den Ökumenischen Versammlungen 1988/1989 mit Leben zu füllen: Nicht nur verschiedene Akteur:innen können zusammen mehr erreichen; auch die einzelnen Themenstränge gesellschaftlichen Wandels können noch enger zusammen gedacht werden. Lassen Sie uns der gemeinsamen Zielsetzung der Kirchen folgen und gleichermaßen für die untrennbaren Teilaspekte »Gerechtigkeit, Frieden und die Bewahrung der Schöpfung« (den Schutz von Menschen und Umwelt) eintreten.

> **In einfachen Worten**
>
> Kirchengemeinden in Deutschland sind verstärkt im Klimaschutz aktiv. Umweltkreise analysieren die eigene Gemeinde nach öko-

fairen Kriterien und gestalten sie schrittweise um. Umweltthemen finden sich in Predigten und Projekten, und auch auf Demonstrationen sind Gemeinden aktiv dabei. Aus umweltpsychologischer Sicht sind Kirchen vielversprechende Orte für sozialen Wandel. Globale Umweltprobleme sind durch viele verursacht und können entsprechend nur durch das Handeln vieler eingedämmt werden (vgl. Fritsche et al. in diesem Band). Kirchengemeinden handeln vor Ort. Gleichzeitig sind sie Teil eines deutschlandweiten und globalen Netzwerkes an christlichen Gemeinden. Die gemeinsamen Möglichkeiten, etwas zu bewirken, sind entsprechend groß. Der Artikel betrachtet die Möglichkeiten von Kirchengemeinden im Klimaschutz anhand von zwei umweltpsychologischen Faktoren: *Eigengruppennormen* und *kollektive Wirksamkeitserwartungen*. Es werden Umsetzungsmöglichkeiten für die Gemeindearbeit aufgezeigt.

Literatur

Böer, C. (2021). Geht doch! Ökumenischer Pilgerweg für Klimagerechtigkeit. http://www.klimapilgern.de/ (20.03.2021).

Charta oecumenica. Leitlinien für die wachsende Zusammenarbeit unter den Kirchen in Europa. (2001). Genf/St. Gallen. https://www.oekumene-ack.de/fileadmin/user_upload/Charta_Oecumenica/Charta_Oecumenica.pdf (20.03.2021).

Cocking, C. & Drury, J. (2006). Generalization of Efficacy as a Function of Collective Action and Intergroup Relations: Involvement in an Anti Roads Struggle. *Journal of Applied Social Psychology, 34,* 417–444. https://doi.org/10.1111/j.1559-1816.2004.tb02555.x

Entwicklungspartnerschaft des Grünen Datenkontos (2020). Das Grüne Datenkonto. Gemeinsam für Nachhaltigkeit in Kirchen. http://www.gruenes-datenkonto.de/ (20.03.2021).

Epd (2019). Kirchen beteiligen sich an Klimaprotesten. https://www.ekd.de/kirche-klimastreik-49897.htm (20.03.2021).

Evangelische Kirche in Deutschland (2018). *»Geliehen ist der Stern, auf dem wir leben«. Die Agenda 2030 als Herausforderung für die Kirchen: ein Impulspapier der Kammer der EKD für nachhaltige Entwicklung* (EKD-Texte, Bd. 130). Hannover: Kirchenamt der EKD.

Evangelische Kirche in Deutschland (2020). *Klimabericht für die Evangelische Kirche in Deutschland 2020. Drucksache VII/1.* Berlin: Rat der EKD. https://www.kirchen-fuer-klimagerechtigkeit.de/fileadmin/kfk_redaktion/pdf/07-TOP-VII-Klimabericht.pdf (20.03.2021).

Fritsche, I., Barth, M., Jugert, P., Masson, T. & Reese, G. (2018). A social identity model of pro-environmental action (SIMPEA). *Psychological Review, 125*(2), 245–269. https://doi.org/10.1037/rev0000090

Fritsche, I., Barth, M. & Reese, G. (2021). Klimaschutz als kollektives Handeln. Die psychologische Forschung zur Rolle sozialer Identität. In L. Dohm, F. Peter & K. van Bronswijk (Hrsg.), *Climate Action – Psychologie der Klimakrise. Handlungshemmnisse und Handlungsmöglichkeiten* (S. 229–250). Gießen: Psychosozial-Verlag.

Fritsche, I. & Häfner, K. (2011). The Malicious Effects of Existential Threat on Motivation to Protect the Natural Environment and the Role of Environmental Identity as a Moderator. *Environment and Behavior*, *44*(4), 570–590. https://doi.org/10.1177/0013916510397759

Hamann, K., Baumann, A. & Löschinger, D. (2016). *Psychologie im Umweltschutz. Handbuch zur Förderung nachhaltigen Handelns*. München: oekom.

Hörner, H.-J. (2021). Zukunft einkaufen. Glaubwürdig wirtschaften in Kirchen. http://www.zukunft-einkaufen.de/ (20.03.2021).

Jugert, P., Greenaway, K.H., Barth, M., Büchner, R., Eisentraut, S. & Fritsche, I. (2016). Collective efficacy increases pro-environmental intentions through increasing self-efficacy. *Journal of Environmental Psychology*, *48*, 12–23. https://doi.org/10.1016/j.jenvp.2016.08.003

Katholikenrat im Bistum Speyer (2014). Faires Pfarrfest »Gutes Leben. Für alle!« Leitfaden und Checkliste. https://www.gutesleben-fueralle.de/fileadmin/user_upload/1-0-2/leitfaden_faire_feste_151210.pdf (20.03.2021).

Kerr, N.L. (1989). Illusions of efficacy: The effects of group size on perceived efficacy in social dilemmas. *Journal of Experimental Social Psychology*, *25*(4), 287–313. https://doi.org/10.1016/0022-1031(89)90024-3

Köhler, S. (2020). Unser Programm für Veränderer. https://www.umkehr-zum-leben.de/programm-umkehr-jetzt-1/ (20.03.2021).

Locke, E.A. & Latham, G.P. (2013). *New developments in goal setting and task performance*. New York: Routledge.

Lokhorst, A.M., Werner, C., Staats, H., van Dijk, E. & Gale, J.L. (2011). Commitment and Behavior Change: A Meta-Analysis and Critical Review of Commitment-Making Strategies in Environmental Research. *Environment and Behavior*, *45*(1), 3–34. https://doi.org/10.1177/0013916511411477

Masson, T. & Fritsche, I. (2014). Adherence to climate change-related ingroup norms: Do dimensions of group identification matter? *European Journal of Social Psychology*, *44*. https://doi.org/10.1002/ejsp.2036

Matthies, E. (2005). Wie können PsychologInnen ihr Wissen besser an die PraktikerIn bringen? Vorschlag eines neuen, integrativen Einflussschemas umweltgerechten Alltagshandelns. *Umweltpsychologie*, *9*(1), 62–81.

Mummendey, A., Kessler, T., Klink, A. & Mielke, R. (1999). Strategies to cope with negative social identity: Predictions by social identity theory and relative deprivation theory. *Journal of Personality and Social Psychology*, *76*, 229–245. https://doi.org/10.1037/0022-3514.76.2.229

Papst Franziskus (2015). *Laudato si'. Enzyklika: über die Sorge für das gemeinsame Haus*.

Rentz, M. (2021). Nachhaltig predigen. Oder wie viel ist genug? http://nachhaltig-predigen.de/ (20.03.2021).

Römpke, A.-K. (2019). Gemeinde N. Gemeinde gemeinsam unterwegs. http://www.gemeinde-n.de/ (20.03.2021).

Römpke, A.-K. (2020). Gemeinde N – Gemeinde gemeinsam unterwegs für Gerechtig-

keit, Frieden und Bewahrung der Schöpfung. Informationen für Kirchenaktive. Brück. https://www.gemeinde-n.de/material/ (20.03.2021).
Römpke, A.-K. (2021). Gemeinde N. Materialien. http://gemeinde-n.de/material/ (20.03.2021).
Schäfer, I. (2021). Klimafasten. So viel du brauchst. www.klimafasten.de (20.03.2021).
Schloz, R. (2003). *Kirche, Horizont und Lebensrahmen. Weltsichten, Kirchenbindung, Lebensstile; vierte EKD-Erhebung über Kirchenmitgliedschaft*. Hannover: Kirchenamt der EKD.
Schultz, P.W. (2001). The structure of environmental concern: Concern for self, other people, and the biosphere. *Journal of Environmental Psychology*, *21*, 327–339. https://doi.org/10.1006/jevp.2001.0227
Schultz, W. (2002). Knowledge, Information, and Household Recycling: Examining the Knowledge-Deficit Model of Behavior Change. In T. Dietz (Hrsg.), *New tools for environmental protection. Education, information, and voluntary measures. Washington:* National Academy of Sciences.
Steg, L. (Hrsg.). (2013). *Environmental psychology. An introduction* (BPS textbooks in psychology). Chichester: The British Psychological Society/BPS Blackwell.
Tabernero, C., Hernández, B., Cuadrado, E., Luque, B. & Pereira, C. R. (2015). A multilevel perspective to explain recycling behaviour in communities. *Journal of Environmental Management*, *159*, 192–201. https://doi.org/10.1016/j.jenvman.2015.05.024
Thomas, E.F., Mavor, K.I. & McGarty, C. (2011). Social identities facilitate and encapsulate action-relevant constructs: A test of the social identity model of collective action. *Group Processes & Intergroup Relations*, *15*(1), 75–88. https://doi.org/10.1177/1368430211413619
van Zomeren, M., Postmes, T. & Spears, R. (2008). Toward an integrative Social Identity model of Collective Action: A quantitative research synthesis of three socio-psychological perspectives. *Psychological Bulletin*, *134*, 504–535. https://doi.org/10.1037/0033-2909.134.4.504
Ziemer, C. (1995). Der konziliare Prozeß in den Farben der DDR. Die politische Einordnung und Bedeutung der Ökumenischen Versammlung der Christen und Kirchen in der DDR für Gerechtigkeit, Frieden und Bewahrung der Schöpfung. In *Materialien der Enquete-Kommission »Aufarbeitung von Geschichte und Folgen der SED-Diktatur in Deutschland« (12. Wahlperiode des Deutschen Bundestages)* (S. 1430–1635).

Biografische Notiz

Anne-Kristin Römpke ist Promovendin in der Sozial- und Umweltpsychologie an der Universität Leipzig und Mitglied der Initiative Psychologie im Umweltschutz. Sie gibt regelmäßig Workshops für Umweltgruppen. Sie ist Koordinatorin des Projekts »Gemeinde N« und seit 2020 Umweltreferentin der Evangelisch-Lutherischen Landeskirche Sachsens.

Werdet politischer!

Die besondere Verantwortung von Psychologie, Psychotherapie und deren Berufsorganisationen in der Klimakrise

Katharina Simons, Mareike Schulze, Felix Peter, Karolin Heyne & Christin Schörk

Zusammenfassung: Die Erderhitzung führt neben bekannteren Folgen wie Dürren oder Meeresspiegelanstieg auch in eine Krise der psychischen Gesundheit. Zugleich ist die Klimakrise eine Folge menschlichen Handelns und fehlenden Handelns, woran psychische Verarbeitungsprozesse einen bedeutenden Anteil haben. Deshalb müssen die psychologischen Berufsgruppen auf Basis ihrer Fachlichkeit und Berufsethik eine aktive Rolle bei der Bewältigung der Klimakrise übernehmen. Anhand der vielfältigen Arbeitsfelder und berufsrechtlicher Grundlagen arbeiten wir heraus, wo die berufsethische Verpflichtung und fachliche Verantwortung von Psychologie und Psychotherapie liegen. Dabei thematisieren wir exemplarisch die Rolle von Berufsverbänden und Kammern. Der Beitrag schließt mit einem Appell an unsere Kolleg:innen und Berufsorganisationen, sich stärker politisch für eine wirksame Eindämmung des Klimawandels zu engagieren.

Es ist ein deprimierendes Video, das die World Meteorological Organization (WMO), das Sprachrohr der Vereinten Nationen für Wetter und Klima, kurz vor dem Jahreswechsel 2020/21 veröffentlicht: Das Jahr 2020 ist eines der drei wärmsten Jahre der bisherigen Aufzeichnungen. Die globale Jahresdurchschnittstemperatur liegt 1,2 Grad Celsius über dem vorindustriellen Niveau – und das trotz eines kühlenden La-Niña-Ereignisses. Das vergangene Jahrzehnt wird die wärmste je gemessene Dekade sein mit den sechs wärmsten Jahren in den letzten sechs Jahren. Die Temperatur der Ozeane ist auf ein Rekordniveau gestiegen. Die extreme Hitze begünstigt Busch- und Waldbrände, Überflutungen in Afrika und Asien und eine außergewöhnliche Hurricane-Saison im Atlantik. Millionen Menschen sind betroffen durch Tod, Zerstörung und Vertreibung – die Gesundheit und Sicherheit unzähliger Menschen ist bedroht (World Meteorological Organization, 2020).

Keine guten Nachrichten zum Jahresende und keine guten Aussichten. Es sind solche Informationen, durch die sich Menschen zunehmend bedroht fühlen. Und es sind solche Klimaveränderungen und extremen Wetterereignisse, die Jahr für Jahr immer mehr Menschen real bedrohen. Neben den enormen Folgen für die körperliche Gesundheit gibt es auch weniger offensichtliche, psychische und soziale Konsequenzen: der Verlust von Heimat und sozialen Beziehungen, Fluchterfahrungen, andauernde körperliche und traumatische Belastungen, chronischer Stress, Sorgen und Ängste, ein fundamentaler Verlust von Vertrauen (für einen ausführlichen Überblick vgl. Clayton, 2020; Sanson et al., 2019; van Susteren & Al-Delaimy, 2020). Von diesen Konsequenzen der Erderhitzung sind längst nicht mehr nur »die anderen« betroffen – auch in Deutschland und Europa leiden Menschen körperlich und psychisch unter den Folgen der Klimakrise und es kommt zu Todesfällen, die sich direkt auf anthropogene Klimaveränderungen zurückführen lassen (z. B. an der Heiden et al., 2019).

Ja, die Gesundheit unzähliger Menschen ist bedroht – und von vielen Millionen Menschen ist sie bereits signifikant beeinträchtigt (z. B. Fawzy et al., 2020). Gerade die psychischen Konsequenzen sind aufgrund der komplexen und unausweichlichen Folgen des Klimawandels kaum abschätzbar und sollten gleichzeitig nicht unterschätzt werden (vgl. Clayton et al., 2017). Die Klimakrise ist also auch eine Krise der psychischen Gesundheit. Sie ist eine Krise, an der Psycholog:innen und Psychotherapeut:innen nicht nur als Betroffene und Mitverursacher:innen beteiligt sind, sondern aufgrund ihrer Profession, im Sinne der Fachlichkeit und berufsethischen Verpflichtung, eine aktive Rolle übernehmen müssen.

1 Fachliche Verantwortung und berufsethische Verpflichtung

Das aktuelle und kommende Ausmaß des Klimawandels ist nachweislich menschengemacht. Seine für den Menschen schädlichen Konsequenzen lassen sich als Klimakrise bezeichnen, die folglich ebenso anthropogen ist. Und obwohl die Bedrohung durch die klimatischen Veränderungen seit den 1970er Jahren öffentlich bekannt ist und darüber ein starker wissenschaftlicher Konsens besteht (Cook et al., 2016; Powell, 2019), ist es bislang nicht gelungen, die Ursachen zu beheben und den Treibhausgasausstoß der Menschheit zu reduzieren (vgl. Ripple et al., 2020). Und obwohl schon viele umsetzbare Maßnahmen erarbeitet wurden (vgl. bspw. 1,5°-Klimaplan von GermanZero, 2020) und viele Menschen sich Sorgen machen oder gar Angst haben (vgl. zusammenfassend Clayton, 2020; Peter et al., im Druck), erfolgt bislang keine angemessene politische Reaktion in der Größenordnung, die eine Eindämmung der Klimakrise durch eine Transformation der menschlichen Lebens- und Wirtschaftsweise zu ermöglichen vermag.

Der Psychologie und den psychologischen Berufsgruppen kommt vor diesem Hintergrund eine doppelte Verantwortung zu (vgl. Peter et al., im Druck; Swim et al., 2009):

1. *Verstehen der psychologischen Aspekte der Klimakrise:* die Untersuchung und Erklärung menschlichen Verhaltens angesichts einer komplexen realen, anhaltenden, unsicherheitsbehafteten, globalen und existenziellen Bedrohung;
2. *Eindämmung und Bewältigung der Klimakrise:*
   a) *Adaptation:* Unterstützung bei der individuellen und kollektiven Bewältigung der sich verändernden Lebensbedingungen sowie der komplexen, überwältigenden Bedrohung;
   b) *Transformation:* Unterstützung bei der Umgestaltung unserer gesellschaftlichen und wirtschaftlichen Verhältnisse hin zu einem nachhaltigen Zusammenleben und Wirtschaften mit dem Ziel der Eindämmung weiterer Umweltzerstörungen.

Die doppelte Verantwortung und die enthaltenen Arbeitsaufträge sollen im Folgenden anhand der fachlichen Expertise von Psycholog:innen und Psychotherapeut:innen und anhand ihrer berufsethischen Grundlagen spezifiziert werden.

1.1 Fachliche Verantwortung in Wissenschaft und Forschung

Der US-amerikanische Berufsverband der Psycholog:innen, die American Psychological Association (APA), hatte vergleichsweise frühzeitig die Bedeutung der Psychologie in der Klimakrise erkannt und eine *Task Force on the Interface Between Psychology and Global Climate Change* ins Leben gerufen. Diese legte 2009 einen umfassenden Bericht vor, der die zum damaligen Zeitpunkt bekannten Beiträge der psychologischen Forschung zum Verständnis der psychologischen Dimensionen des globalen Klimawandels zusammenfasst und Forschungsempfehlungen ausspricht (Swim et al., 2009).

Der APA-Bericht nimmt dabei vor allem den wissenschaftlichen Zweig der Psychologie in den Blick: So liefere die Psychologie ein theoretisch und empirisch fundiertes Verständnis von menschlichem Verhalten. Psychologische Forschungsmethoden könnten beispielsweise individuelle und kollektive Faktoren zur Einleitung von Verhaltensänderungen identifizieren. Psycholog:innen seien zudem gut in der Lage, Interventionen zu planen, umzusetzen und zu evaluieren (ebd., S. 80).

Die psychologische Forschung könne zudem Aufschluss über wesentliche Bereiche der Klimakrise geben, zum Beispiel (vgl. ebd., S. 80f.):

- die Entwicklung eines handlungsleitenden Klimabewusstseins (vgl. Peter et al., im Druck),
- die Erfassung psychosozialer Auswirkungen der Klimakrise einschließlich emotionaler, kognitiver, behavioraler und sozialer Reaktionen,
- den Umgang mit Stress- und Bewältigungsreaktionen Einzelner sowie in der Gruppe,
- die Identifizierung struktureller, kultureller, institutioneller, kognitiver und emotionaler Handlungshemmnisse und die Erarbeitung von Möglichkeiten zu deren Überwindung,
- Verhaltensmodelle sowohl zur Erklärung der menschengemachten Ursachen des Klimawandels als auch zur Auflösung der Klimakrise.

Damit die psychologische Forschung diesem Anspruch gerecht werden kann, braucht es, wie Costanza und Kolleg:innen (2017, S. 544) fordern, realistische Modelle menschlichen Verhaltens unter unsicheren Bedingungen. Hierbei müssen nicht nur die Komplexität realer Entscheidungen und die begrenzten menschlichen Informationsverarbeitungskapazitäten berücksichtigt werden (ebd.), sondern auch die Unterscheidung zwischen kurzfristigen und längerfristigen Auswirkungen von Verhalten, die unterschiedlichen handlungsleitenden Rollen, in denen sich Menschen bewegen (bspw. Konsument:innen vs. Eltern vs. Staatsbürger:innen), die Effektivität des untersuchten Verhaltens hinsichtlich seiner umweltfreundlichen Wirkung (Nielsen et al., 2021) und nicht zuletzt der Kontext, in dem sich Menschen bewegen.

Einige psychologische Forschungsmethoden berücksichtigen bereits den Kontext menschlichen Verhaltens. Und dies ist gerade hinsichtlich der Klimakrise notwendig: Denn möchte man verstehen, warum es den

Menschen in ihren durchaus unterschiedlichen gesellschaftlichen bzw. politischen Rollen aktuell nicht gelingt, sich realitätsbezogen zu verhalten, oder wie ihnen dies zukünftig besser gelingen kann, ist es geboten, die Bedingungen und (politischen) Verhältnisse, unter denen das Verhalten stattfindet, in die Untersuchung mit einzubeziehen. Zudem wissen wir mittlerweile, dass die gesellschaftliche und ökonomische Transformation, die zur Eindämmung der Klimakrise ansteht, nicht allein mit der Veränderung individueller Konsumgewohnheiten zu erreichen ist (vgl. Kapeller & Jäger, 2020), auch wenn sie zumindest eine Art Vorbildwirkung entfalten kann (vgl. Nielsen et al., 2021).

Gerade wenn es darum geht, den Blick über Variablen auf der Ebene individuellen Verhaltens hinaus zu weiten und psychologische Erkenntnisse zur effektiven Anwendung zu verhelfen, ist es notwendig, dass die psychologische Forschung noch stärker mit anderen Forschungszweigen kooperiert. Hier bieten sich vor allem die Umweltwissenschaften, Kommunikationswissenschaften, Pädagogik, Ökonomie und Politikwissenschaften an. Auch eine Zusammenarbeit mit den selbst schon interdisziplinär angelegten Nachhaltigkeits- und Transformationswissenschaften erscheint vielversprechend. Die Komplexität der Klimakrise erfordert ein interdisziplinäres Denken und Forschen, das über die auf das individuelle und isolierte Verhalten bezogenen psychologischen Ansätze weit hinausgeht (vgl. Nielsen et al., 2021; Swim et al., 2009).

1.2 Fachliche Verantwortung in der psychologischen Praxis

In der Praxis werden Psycholog:innen dafür eingesetzt, Veränderungsprozesse zu begleiten. Sie sind Fachleute für Veränderung, nämlich im Individuum (bspw. in der Psychotherapie und psychologischer und schulpsychologischer Beratung oder rechtspsychologischer Begutachtung), in der Gruppe (bspw. Teamsupervision, Konfliktmediation, Optimierung von Kommunikationsvorhaben) und in Organisationen (Moderation von Veränderungsprozessen im Unternehmen, betriebliches Gesundheitsmanagement, Leitung von sozialen Einrichtungen, Schulentwicklung).

Gerade im Zuge der Klimakrise, wie auch der Corona-Pandemie, ist deutlich geworden, wie bedeutsam eine gelungene *Wissenschaftskommunikation* für eine angemessene, adaptive Reaktion auf Krisenereignisse ist. Dabei ist insbesondere von Bedeutung, dass wissenschaftliche Erkenntnisse und Schlussfolgerungen so transportiert werden, dass sie ihren Nutzen gesamtgesellschaftlich entfalten können, die Inhalte einen konkreten handlungsleitenden Charakter haben, die entsprechenden Verhaltensänderungen (individuell, kollektiv, politisch) tatsächlich erfolgen können und so eine Bewältigung der Krise ermöglichen. Die psychologische Praxis – sei es in der Politik-, Medien- oder Unternehmensberatung – kann helfen, verschiedene Fragestellungen hierzu zu beantworten:

- *Wie sollten Informationen aufbereitet werden, damit sie von der Zielgruppe insoweit verstanden werden können, dass ein Bewusstwerden der Klimakrise und klimaschädlicher menschlicher Verhaltensweisen erreicht wird und dass sie auch angemessenes Verhalten auslösen?* Hierbei ist zu beachten, dass es keine homogene Zielgruppe gibt, sondern dass unterschiedliche Menschen unterschiedlich angesprochen werden müssen: in ihren verschiedenen sozialen Rollen, vor dem Hintergrund unterschiedlicher mentaler Modelle, unter Berücksichtigung ihrer kulturellen Hintergründe, unter Beachtung ihrer ökonomischen Möglichkeiten etc.
- *Wie können Informationen über eine außergewöhnliche Bedrohung kommuniziert werden, ohne dass sie zu maladaptiven und langfristig die eigenen Interessen schädigenden Verarbeitungsprozessen wie Bagatellisierung, Verdrängung oder Verleugnung führen?* Hierbei geht es vor allem darum zu beachten, dass Menschen sich angesichts von Bedrohungen in der Lage fühlen müssen, an deren Auflösung mitwirken zu können. Es geht also um handlungsleitende Kommunikation, die gleichzeitig auch ermöglicht, Wohlbefinden langfristig aufrechtzuerhalten.

Während dieser Beratungsschwerpunkt insbesondere der Einleitung und Begleitung notwendiger gesellschaftlicher, aber auch wirtschaftlicher Transformationsprozesse (Herausforderung *Transformation*) dienlich sein kann, kommt der *psychosozialen und psychotherapeutischen Versorgung* eine zentrale Rolle zu – sei es durch Psycholog:innen in Beratungsstellen, im Gesundheits- und Bildungswesen und im öffentlichen Dienst oder durch Psychotherapeut:innen in der ambulanten oder stationären klinischen Versorgung. Ihre Expertise wird benötigt, um Individuen bei der Anpassung an die Umweltveränderungen zu unterstützen, laufende adaptive gesellschaftliche Transformationsprozesse zu bewältigen, mit der Bedrohung durch die Klimakrise emotional umgehen zu können und die Aufrechterhaltung von individueller Handlungsfähigkeit und individuellem Wohlbefinden und somit der psychischen Gesundheit zu stärken (Herausforderung *Adaptation*). Die beiden zentralen Versorgungsschwerpunkte in einer sich unter anderem aus Erderhitzung (aber auch Umweltverschmutzung oder Biodiversitätsverlust) entwickelnden *Gesundheitskrise* (vgl. Royal College of Psychiatrists, 2021) sind:

- *Prävention:* Wie und in welchen Kontexten können Menschen auf die Herausforderungen durch die Klimakrise und den notwendigen gesellschaftlichen Wandel vorbereitet werden? Welchen Beitrag können beispielsweise Schulen, Hochschulen oder Volkshochschulen leisten? Inwiefern lässt sich ein psychotherapeutisches Netzwerk der präventiven Grundversorgung entwickeln? Wo können Psycholog:innen und Psychotherapeut:innen als Multiplikator:innen wirken?
- *Intervention:* Wie können Menschen, die von den Folgen der Klimakrise direkt oder indirekt betroffen bzw. psychisch beeinträchtigt sind, psychosozial und psychotherapeutisch unterstützt werden? Welche Strukturen werden dafür benötigt und wie finden Betroffene und Helfende niedrigschwellig zusammen?

Die im therapeutischen Setting und der psychologischen Beratung standardmäßig erfolgende Herausarbeitung von Ressourcen sollte in diesem Zusammenhang auch auf den institutionellen Kontext übertragen werden, beispielsweise durch die gezielte Förderung von Widerstandsressourcen bzw. Resilienzfaktoren wie Selbstwirksamkeit, Emotionsverarbeitung oder Handlungskompetenz. Über Bildungseinrichtungen, insbesondere Kindertagesstätten und Schulen, kann hiermit prinzipiell die gesamte Bevölkerung erreicht werden.

1.3 Berufsethische Verpflichtung

Die Verantwortung der Psycholog:innen, sich aktiv für die Bewältigung der Klimakrise einzusetzen, lässt sich nicht nur mit den im vorangegangenen Abschnitt beschriebenen fachlichen Möglichkeiten begründen. Sie wird zudem unterfüttert durch die berufsethischen Pflichten von Psycholog:innen. Die berufsethischen Grundsätze stecken einen geeigneten Rahmen, um sich zu den Bedingungen der Klimakrise bewusst zu verhalten, Handlungsziele zu bestimmen sowie Handlungsmotivation- und antrieb zu begründen. In den Berufsordnungen für Psycholog:innen und

Psychotherapeut:innen sowie in den gesetzlichen Grundlagen der Landespsychotherapeutenkammern sind Normen definiert, die den individuellen Einsatz zum Schutz von Menschenrechten und zum Schutz unserer ökologischen und sozialen Lebensgrundlagen nahelegen. Hier lässt sich eine ethische Verpflichtung von Psycholog:innen und Psychotherapeut:innen ableiten, sich für die Bewältigung der Klimakrise zu engagieren.

Für den Berufsstand der Psycholog:innen definieren im Detail der ethische Meta-Code der Europäischen Föderation psychologischer Verbände (EFPA Meta-Code of Ethics, 2005) sowie die gemeinsamen berufsethischen Richtlinien des Berufsverbandes Deutscher Psychologinnen und Psychologen (BDP) und der Deutschen Gesellschaft für Psychologie (DGPs) von 2016 die ethischen Handlungsgrundlagen. Psychotherapeut:innen können sich zusätzlich zu den Richtlinien der Psycholog:innen an den Heilberufekammergesetzen der Länder orientieren sowie an den Berufsordnungen der Psychotherapeutenkammern, die sich eng an die Musterberufsordnung der Bundespsychotherapeutenkammer anlehnen. Die vorhandenen Richtlinien und Berufsordnungen für Psycholog:innen und Psychotherapeut:innen regeln erwartungsgemäß insbesondere das Verhältnis der Kolleg:innen zu ihren Klient:innen. Doch auch das Thema der Verantwortung für die ökologischen Lebensgrundlagen und für die Gesellschaft als Ganzes wird explizit benannt.

Der Meta-Code der EFPA dient den 38 psychologischen Mitgliedsverbänden als Grundlage für ihre eigenen ethischen Richtlinien. Darin heißt es:

»Psychologen sind sich ihrer professionellen und wissenschaftlichen Verantwortung gegenüber ihren Klienten, gegenüber der Gemeinschaft und der Gesellschaft, in der sie arbeiten und leben, bewusst. Psychologen vermeiden es Schaden zuzufügen. Sie sind für ihr Handeln verantwortlich und stellen soweit möglich sicher, dass ihre Dienstleistungen nicht missbraucht werden« (S. 2).

Die Verantwortung der Berufsgruppe geht also explizit über den Handlungsrahmen der Arbeit mit einzelnen Klient:innen hinaus.

Die Berufsethischen Richtlinien des BDP und der DGPs, die für die Mitglieder dieser beiden Verbände bindend sind und für alle anderen Psycholog:innen einen Orientierungsrahmen für ihre Berufspraxis geben sollen, beschreiben die ethischen Prinzipien des Berufsstandes noch differenzierter. Der Appell an den Berufsstand, sich gestalterisch in gesellschaftliche Prozesse einzubringen, ist nicht zu überlesen. So heißt es:

»Psychologinnen und Psychologen handeln im Sinne des Wohls und Wohlbefindens der Menschen; Sie setzen sich ein für gute natürliche, sozioökonomische und kulturelle Lebensbedingungen von Einzelnen und Gemeinschaften« (Abschnitt 1.2, Absätze 7 und 8).

Hier wird von den Kolleg:innen explizit eine am Wohl der Menschen orientierte Grundhaltung erwartet sowie ihr aktiver Einsatz für gute Lebensbedingungen, inklusive der natürlichen. Es wird also eine Verantwortung nicht nur für die individuelle Ebene, sondern auch für die kollektive und schließlich gesellschaftliche Ebene definiert.

Die Folgen aufgeschobener notwendiger politischer Entscheidungen, die resultierende Erderhitzung und die dadurch verursachten klimatischen Veränderungen bedrohen heute schon weltweit die Gesundheit und das Leben von Menschen (vgl. z. B. Royal College of Psychiatrists, 2021). Der menschenrechtlich fundierte Anspruch auf Zugang zu Nahrung, Wasser, Wohnung und Bildung steht durch vielfältige direkte und indirekte Folgen der Klimaveränderungen infrage (vgl. dazu Deutsches Institut für Menschenrechte, o. J.).

Nicht zuletzt wird in den Berufsethischen Richtlinien für Psycholog:innen konkret auf die UN-Menschenrechtscharta verwiesen (Abschnitt 1.3, Absatz 1). Psycholog:innen sind dadurch aufgefordert, sich mit ihren professionellen Möglichkeiten dafür einzusetzen, die Folgen von Menschenrechtsverletzungen öffentlich zu thematisieren und diese für die Betroffenen abzumildern (Absatz 3). Zudem sollen Psycholog:innen Menschenrechtsverletzungen aktiv entgegentreten und sich nicht daran beteiligen (Absatz 4). Schließlich sollen sie sich für Menschenrechtsbildung einsetzen (Absatz 5). Bedenkt man, dass das Nicht-Reduzieren der Emissionen in Europa katastrophale Auswirkungen auf die Lebensbedingungen im globalen Süden hat und zu Menschenrechtsverletzungen führt, lässt sich aus diesen Normen die ethische Pflicht ableiten, dass Psycholog:innen sich im Sinne globaler Gerechtigkeit für eine angemessene Klimapolitik einsetzen. Analog besteht die Pflicht zum Schutz der Menschenrechte der eigenen Kinder und nachfolgenden Generationen.

Zusammengefasst ist auf Basis der berufsethischen Grundlagen ein Engagement zur Eindämmung der Klimakrise durch Psycholog:innen nicht nur möglich, sondern geboten. Und dazu zählt neben den fachlichen Möglichkeiten auch politisches Engagement: durch Öffentlichkeitsarbeit von Verbänden und Initiativen, in der Beratung von politischen Entscheidungsträger:innen und Organisationen, in der Unterstützung von Aktivist:innen und Betroffenen. Und es gehört auch dazu, die eigenen Gewohnheiten zu reflektieren und gegebenenfalls anzupassen, um die eigene Beteiligung an weiteren Umweltzerstörungen und daraus folgenden Menschenrechtsverletzungen zu vermeiden und an der Verbreitung umweltfreundlicher Werte mitzuwirken.

2 Handlungsoptionen der Kammern aus juristischer Sicht

2.1 Rechtliche Rahmenbedingungen

Die politischen Möglichkeiten und Pflichten von Psychotherapeut:innen werden in weiteren Regelwerken bestimmt, da sie einem sogenannten freien Beruf angehören. Dabei ist zu beachten, dass nicht alle Psychotherapeut:innen zugleich Psycholog:innen sind, da es auch Psychotherapeut:innen mit anderen Grundberufen wie Erziehungswissenschaftler:in, Sozialarbeiter:in und Ärzt:in gibt. Als freier Beruf ist der Beruf des/der Psychotherapeut:in zum Zwecke seiner Selbstverwaltung, genauso wie die Ärzt:innen- oder Anwält:innenschaft, verkammert. Kammern unterliegen als öffentlich-rechtliche Körperschaften mit gesetzlich bestimmter Mitgliedschaft der Berufsangehörigen besonderen rechtlichen Vorgaben. Daher wird im Folgenden mit einigen rechtlichen Hinweisen der Rahmen für die Kammertätigkeiten skizziert und in diesem Zuge auch die Musterberufsordnung der Psychotherapeut:innen betrachtet.

Bereits in den bestehenden Heilberufsgesetzen der Länder existieren konkrete Anhaltspunkte für Aktivitäten der Kammern hinsichtlich eines Engagements für Klimaschutz. Nach § 4 Abs. 1 Nr. 1 Berliner Kammergesetz haben die Kammern beispielsweise die Aufgaben, die beruflichen Belange ihrer Angehörigen unter Beachtung der Interessen der Allgemeinheit wahrzunehmen. Der Zusatz »unter Beachtung der Interessen der Allgemeinheit« weist wesentlich darauf hin, dass die Kammern auch jenseits der Berufsbelange der Mitglieder agieren können.

Neben einem Hinweis auf die Beachtung des Gemeinwohls – der in nahezu allen Kammergesetzen für die Heilberufe besteht – enthalten einige Kammergesetze auch die Aufgaben, bei der »Prävention, der Förderung und dem Schutz der Gesundheit der Bevölkerung und der Tiere sowie der Beobachtung und Bewertung der gesundheitlichen Verhältnisse mitzuwirken« (§ 4 Abs. 1 Nr. 10 Heilberufe-Kammergesetz Baden-Württemberg). Das Heilberufe-Kammergesetz Schleswig-Holsteins enthält darüber hinaus den Hinweis, dass »die Beachtung der Belange des Umweltschutzes bei der Berufsausübung« in der Berufsordnung geregelt werden kann (§ 31 Abs. 2 Nr. 8).

Diese Rechtslage macht deutlich, dass sich der Gesetzgeber bei der Regelung der Aufgaben der Kammern bewusst war, dass die Heilberufe in einem von Umwelt und Gemeinwesen geprägten Geflecht agieren. Selbst wenn die Gesetze »nur« auf das begrifflich sehr weite Gemeinwohl hinweisen, ist dieser Formulierung unmittelbar eine Verpflichtung zur Beachtung des Umwelt- und damit auch Klimaschutzes zu entnehmen. Denn der Gehalt des Gemeinwohls wird aus der Gesamtheit der Verfassungsbestimmungen abgeleitet. Art. 20a Grundgesetz sowie vergleichbare Regelungen in allen Landesverfassungen beinhalten das Staatsziel zum Umweltschutz. Danach schützt der Staat »auch in Verantwortung für die künftigen Generationen die natürlichen Lebensgrundlagen«.

Eine solche Staatszielbestimmung schafft keinen einklagbaren Anspruch und enthält keine Wirkung aus sich heraus. Vielmehr bedarf sie der Umsetzung durch die Staatsorgane. Sie stellt ein Optimierungsgebot für die Verwirklichung eines weitgehenden rechtlichen und faktischen Umweltschutzes dar. Neben der Appellwirkung der Norm ist das enthaltene Abwägungsgebot der Kern der Verfassungsregelung. Bei allen Entscheidungen mit Gestaltungsspielraum sind demnach Umweltschutzbelange angemessen zu berücksichtigen und mit entgegenstehenden Zielvorgaben im Sinne einer jeweils weitestgehenden Verwirklichung in Einklang zu bringen.

Als Körperschaften des öffentlichen Rechts und damit als mittelbarer Teil der Staatsverwaltung sind die Kammern wie oben ausgearbeitet also auch unabhängig von der konkreten gesetzlichen Benennung der Verpflichtung zur Beachtung des Gemeinwohls an das Staatsziel Umweltschutz gebunden (Heyne, 2016).

Im Abwägungsprozess um die konkrete Bestimmung des Allgemeinwohls und der Verwirklichung des Umweltschutzstaatsziels sind die Kammern wichtige Akteure und Impulsgeber. Ihnen kommt insbesondere eine Rolle als Mittler zwischen dem Staat und den Mitgliedern zu. Insbesondere Erkenntnisse, aber auch Bemühungen um die Umsetzung von Staatszielen, sind in beide Richtungen weiterzugeben.

2.2 Möglichkeiten bei der Staatsberatung

Doch was bedeuten diese allgemeinen Vorgaben für die Tätigkeiten der Kammern im Konkreten? Herausgegriffen werden soll hier insbesondere die Aufgabe der Staatsberatung. Die Kammern sind dazu aufgerufen, im Rahmen der Interessenvertretung des Berufsstandes an Gesetzgebungsprozessen mitzuwirken sowie »auf Verlangen von Behörden in allen Berufs- oder Fachfragen Gutachten zu erstatten« (vgl. §5 S. 1 Berliner Heilberufekammergesetz). Der Themenbereich der Kammern ist insofern eingeschränkt auf bestimmte Gebiete, die die Berufsgruppe, ihre Tätigkeit oder ihre spezifischen Fachkenntnisse betreffen. Den Kammern kommt also gerade kein allgemeinpolitisches Mandat zu. Es genügt nicht, dass die Thematik in irgendeiner Weise auch die Tätigkeit der Psychotherapeut:innen oder die psychische Gesundheit der Menschen berührt. Erforderlich ist vielmehr ein spezifischer Bezug dazu (vgl. BVerwG, 2020, Rn. 21). Soweit dieser besteht, muss er auch entsprechend deutlich gemacht werden. Er muss sich also aus der Äußerung der Kammer selbst, ihrer Begründung oder dem textlichen Zusammenhang ergeben und dabei umso genauer dargelegt werden, je weniger offenkundig er ist (vgl. BVerwG, 2016, Rz. 29). Deshalb ist es notwendig, bei allen Äußerungen der Kammern im Themengebiet des Klimaschutzes stets auf dessen Bedeutung für die psychische Gesundheit hinzuweisen und entsprechende Wechselwirkungen aufzuzeigen. Dies stellt auch für die zu beratende Politik einen entsprechenden Mehrwert dar.

Neben dem Inhalt ist auf die Art und Weise der Kammeräußerungen zu achten. Auch bei emotional aufgeladenen Themen wie dem Klimawandel und seinen Folgen müssen diese stets sachlich und objektiv sein (BVerwG, 2020, Rn. 27).

Nicht unerwähnt bleiben darf, dass die Kammern aufgrund der fehlenden Freiwilligkeit der Mitgliedschaft (anders als Berufsverbände) zur Repräsentation der gesamten Mitgliedschaft angehalten sind. Sollte es also unter den Psychotherapeut:innen wesentliche abweichende fachliche Positionen zu den geäußerten Themen geben, so müssen die Minderheitspositionen in einem jeweils angemessenen Umfang benannt oder berücksichtigt werden (vgl. BVerwG, 2020, Rn. 22). Dies kann auch dazu führen, dass deutlich gemacht werden muss, dass eine fachliche Position nicht von allen Berufsträger:innen geteilt wird.

Tatsächlich werden bei den Äußerungsmöglichkeiten der Kammern zum Klimaschutz erste Schritte gegangen. So wurde auf dem 35. Deutschen

Psychotherapeutentag 2019, dem »Bundestag« der Psychotherapeut:innen, eine gemeinsame Resolution verabschiedet, die die gesellschaftliche Verantwortung der Psychotherapeut:innen hinsichtlich der Klimakrise benennt und zu nachhaltigem Handeln aufruft.

2.3 Möglichkeiten bei der Berufsaufsicht

Auch bei weiteren Aufgaben der Kammern, wie der Berufsaufsicht über die Einhaltung des gemeinsam gesetzten Berufsrechts, bestehen Optionen für die Berücksichtigung von Aspekten der Klimakrise.

Das Berufsrecht basiert auf den Berufsordnungen der Landeskammern, die für alle Mitglieder der Kammer bindend sind. So sieht zum Beispiel die Musterberufsordnung für Ärzt:innen vor, dass diese zum Erhalt der menschlichen Gesundheit an dem Erhalt der natürlichen Lebensgrundlagen mitwirken (§ 1 Abs. 2). Soweit § 1 Abs. 1 der Musterberufsordnung der Psychotherapeutenkammern regelt, dass es Ziel der Berufsausübung sei, Krankheiten vorzubeugen und die Gesundheit zu fördern, kann dieser Aspekt zwar in gewisser Hinsicht mitgedacht werden, eine ausdrückliche Regelung in den jeweiligen Berufsordnungen wäre jedoch wesentlich hilfreicher und könnte auch im Rahmen der Berufsaufsicht durchgesetzt werden (vgl. Heyne, 2016, S. 323ff.). Ein Vorbild dafür könnte die Regelung aus § 1 Abs. 2 S. 2 und 3 der Berufsordnung der Ärzt:innen in Schleswig-Holstein sein: »Ärzte haben sich für den Schutz der natürlichen Grundlagen des Lebens (Umweltschutz) einzusetzen. Sie sind verpflichtet, die Belange des Umweltschutzes im Rahmen ihrer beruflichen Tätigkeit zu wahren.« Auch wenn der Schutz der natürlichen Lebensgrundlagen in der Musterberufsordnung der Psychotherapeutenkammern nicht explizit benannt wird, so wird zumindest die Erhaltung und Weiterentwicklung der soziokulturellen Lebensgrundlagen hinsichtlich ihrer Bedeutung für die psychische Gesundheit der Menschen hervorgehoben (§ 1 Abs. 2). Hier können also Aktivitäten, die sich auf die soziokulturelle Bewältigung der Klimakrise beziehen, begründet werden. Unter Berufspflichten wird zudem auf Folgendes hingewiesen (§ 3 Abs. 2): »Bei der Berufsausübung sind die international anerkannten ethischen Prinzipien zu beachten, insbesondere die Autonomie der Patientinnen und Patienten zu respektieren, Schaden zu vermeiden, Nutzen zu mehren und Gerechtigkeit anzustreben.« Damit sind Psychotherapeut:innen aufgefordert, sich im Falle von

Unrechtsgeschehen zu positionieren. Dies kann wiederum auch auf die Klimakrise bezogen werden.

Schließlich ist es auch aus der Gemeinwohlverpflichtung und der Staatszielbestimmung heraus geboten, bei der Kammeraufgabe der Förderung und Unterstützung der Mitglieder und des Berufsstandes in geeignetem Maße die Ziele des Klimaschutzes zu berücksichtigen (Heyne, 2016). Insofern ist zum Beispiel eine Beratung oder Information zu einer umwelt- und klimaschützenden Ausgestaltung der jeweiligen Berufstätigkeit seitens der Kammern möglich. Es können spezifische Weiterbildungen, beispielsweise zu den Folgen der Klimakrise für die psychische Gesundheit und für die klinische Praxis, zu den Auswirkungen der gemeinsamen Betroffenheit auf die Therapeut:in-Patient:in-Beziehung oder die klinische Bewertung des Phänomens der »Eco Anxiety« bzw. »Eco Distress« (vgl. Clayton, 2020; Pihkala, 2020), angeboten werden. Dies könnte eine Vertiefung der Kenntnisse über Wechselbeziehungen zwischen psychischer Gesundheit, Umwelt und Klimakrise bewirken. Ein soweit sensibilisierter Berufsstand kann dann wiederum seine Fachkenntnisse besser in politische Prozesse einbringen.

Neuste Entwicklungen bei anderen Kammern machen schließlich einen Aspekt sehr deutlich: Die enge Fixierung der Äußerungen auf den Berufsstand der Mitglieder ist zunehmend überholt. So wird derzeit zum Beispiel für die Industrie- und Handelskammern eine Gesetzesänderung beraten, nach der ausdrücklich die gesamtgesellschaftliche Verantwortung der Mitglieder betont wird (Referentenentwurf IHKG, 2020).

Im Ergebnis ist zur Rolle der Psychotherapeutenkammern festzuhalten: Kammern dürfen sich aufgrund der gesetzlichen Vorgaben nicht allgemeinpolitisch zu Fragen des Umweltschutzes/Klimawandels äußern, aber sie können und sind rechtlich sogar dazu angehalten, ihre Expertise, die sie aus der Bündelung der Erkenntnisse ihrer Berufstätigkeit erhalten, in den politischen Prozess, beispielsweise im Rahmen der Staatsberatung, einzubringen. Auch darüber hinaus ist – abgeleitet aus dem Charakter der Kammern als verfassungsgebundene Körperschaften des öffentlichen Rechts – das Gemeinwohl und mit ihm der Klimaschutz ein Parameter zur Ausrichtung des Handelns der Kammern.

3 Individuelle Handlungsmöglichkeiten

Psychotherapeut:innen haben über die Möglichkeiten ihrer Kammern hinaus zahlreiche weitere Handlungsebenen zur Verfügung. Falls sie bei der

Rechtfertigung ihres Engagements in Argumentationsnot geraten, können sie neben der Berufsordnung auf zwei weitere Papiere zurückgreifen: Zum Berufsbild der Psychotherapeut:innen gehört nämlich neben der Heilbehandlung auch die Prävention psychischer Erkrankungen (PsychThG § 1, Absatz 3). Und in dem auf dem 25. Psychotherapeutentag abgestimmten Berufsbild wird die »Beeinflussung relevanter gesellschaftlicher Rahmenbedingungen« zu ihren Aufgaben dazugezählt.

Was kann man also tun? Allein das Betreiben einer Praxis verursacht durch die Wahl des Stromanbieters, der Bank, der Bezugsquelle von und dem Umgang mit Büro- und Arbeitsmaterialien oder des Verkehrsmittels für den Arbeitsweg zur Praxis möglicherweise Klimaschäden. Psychotherapeut:innen können ihre eigenen Praxen, Büros und Geschäftsstellen auf Nachhaltigkeit überprüfen und nach besten Möglichkeiten klimafreundliche Alternativen wählen.

Auch die Überprüfung möglicher indirekt verursachter Klimaschäden durch Beteiligung an Organisationen müssen geprüft werden. Oben genannte Faktoren betreffen Kammern und Verbände gleichermaßen. Ihre Mitglieder können entsprechende Umstrukturierungen fordern. Erwähnenswert sind an dieser Stelle insbesondere die Potenziale, die im Divestment der Anlagen des Berufsstandes in fossile Energien liegen (vgl. Schmiemann et al., 2021). Der 122. Deutsche Ärztetag hat bereits 2019 die Landesärztekammern und die ärztlichen Versorgungswerke aufgerufen, Investitionen nur unter Berücksichtigung der ESG-Kriterien (Environmental, Social, Governance) vorzunehmen, also nur Investitionen in Projekte und Unternehmen zu tätigen, die Umwelt- und sozialen Kriterien sowie guter Unternehmensführung verpflichtet sind.

Darüber hinaus schlägt Chmielewski (2019) vor, dass Psychotherapeut:innen beratend und aufklärend tätig werden sollten. Sie können sowohl anderen Berufsgruppen und organisierten Gruppen zur Seite stehen (zum Beispiel Naturwissenschaftler:innen bei der Wissenschaftskommunikation beraten), als auch Öffentlichkeitsarbeit betreiben, indem sie wichtige psychologische Prozesse und Mechanismen in Bezug auf die Klimakrise laiengerecht aufbereiten und dies der Gesellschaft zur Verfügung stellen. Innerhalb der Praxis sollte im Patient:innenkontakt im Sinne des Abstinenzgebots kein aufsuchendes Verhalten der Patient:innen stattfinden. Chmielewski (2019) argumentiert, dass Behandler:innen jedoch durchaus eine eigene Haltung zu einem Thema haben dürfen und diese Haltung auch authentisch kommunizieren sollten.

Im Sinne der Prävention ist neben politischem Engagement für angemessene Klimapolitik die Förderung der Klimaresilienz Einzelner, aber auch der Bevölkerung notwendig. Hier können Psychotherapeut:innen beispielsweise durch flächendeckende Gesprächsrunden zum emotionalen Austausch über die Klimakrise ihren Beitrag leisten (Dohm & Klar, 2020).

Seit 2019 leisten die »Psychologists/Psychotherapists for Future« in diesem Bereich Pionierarbeit. Sie sind ein Zusammenschluss von Psycholog:innen und Psychotherapeut:innen, der sich als fachliche Antwort auf die Klimakrise gebildet hat. Die »Psychologists/Psychotherapists for Future« arbeiten daran, auf allen denkbaren Ebenen psychologisch-psychotherapeutisches Wissen zur Abwendung und Bewältigung der Klimakrise einzubringen.

4 Handlungsmöglichkeiten der Berufs- und Fachverbände

Die Landschaft der beruflichen Interessensvertretung von Psycholog:innen und Psychotherapeut:innen reicht von psychologischen und psychotherapeutischen Berufsverbänden sowie wissenschaftlich tätigen Vereinen über Fachverbände und bundesweite Vereinigungen bis zu spezifischen Arbeitskreisen.

Diesen berufspolitischen Strukturen fällt eine besondere Verantwortung zum Handeln in der Klimakrise zu. Sie müssen in umweltpolitische Aktivitäten zur Entwicklung einer nachhaltigen Gesellschaft die notwendige psychologische Expertise einbringen. Als Sprachrohr ihrer Profession bzw. Disziplin fungieren sie gleichzeitig als Bindeglied zu politischen Entscheider:innen einerseits und breiter Gesellschaft andererseits. Dabei sind Angehörige von Berufsverbänden, auf Basis ihrer freiwilligen Mitgliedschaft, geeignete Adressat:innen für Themen, mittels derer die gesellschaftliche Rolle ihrer professionellen Expertise herausgestellt werden kann. Häufig schließen sie sich aufgrund eines Bedürfnisses nach Zugehörigkeit, Kontakt, Austausch und Mitwirkung einer fachlichen Interessensvertretung an, sodass Berufsverbände der Funktion, der professionellen Identität ihrer Mitglieder eine Orientierung zu geben, durchaus nachkommen dürfen.

Als zentrale Ansprechpartner und seriöse Quelle für berufspraktisch relevante Informationen befinden sich Berufsverbände in der dringlichen Pflicht, aktuelle politische Diskurse zu verfolgen und auch mitzugestalten.

Die Klimakrise stößt gesellschaftliche Veränderungen an, die aufgrund ihrer Komplexität zu den Themen gehören, die ein Berufsverband für seine Mitglieder aufbereiten muss.

Verbände können Hilfestellungen anbieten, den eigenen beruflichen Alltag an neu auftretende Belastungen und Problemlagen anzupassen. Dazu gehören erstens das Anbieten umwelt- und klimapsychologischer Inhalte sowie zweitens das kontinuierliche Informieren über neue fundierte Konzepte und aktuelle Forschungserkenntnisse. Berufsverbände leisten damit einen bedeutsamen Beitrag zur Förderung der wissenschaftlichen Psychologie in Theorie und Praxis sowie zur Qualitätssicherung der Berufsausübung. Gleichzeitig stellen sie vertrauenswürdige, überparteiliche Informationsquellen für Öffentlichkeit und Politik dar und stärken damit eine psychologisch-empirische Klimakommunikation.

Zudem können Berufsverbände dabei unterstützen, die professionelle Haltung ihrer Mitglieder hinsichtlich der Klimakrise zu reflektieren; insbesondere in Beratungs- und psychotherapeutischen Settings muss darauf reagiert werden, wenn Psycholog:in und Klient:in mitunter ähnliche klimabezogene Belastungen in die berufliche Situation mitbringen. Doch auch in den Kontexten Familie und Schule, im Wirtschaftsbereich, in der Verkehrs- und Politischen Psychologie sowie an Hochschulen und in der Aus-, Fort- und Weiterbildung sind Einflüsse der Klimakrise auf den beruflichen Alltag von Psycholog:innen zu sehen, für die ein professioneller Umgang entwickelt werden muss.

Ein zentraler Aspekt der Arbeit von Berufs- und Fachverbänden ist außerdem die Stärkung des berufsbezogenen Selbstbewusstseins ihrer Mitglieder. Wenn psychologische Expertise einen ständigen Platz in gesellschaftspolitischen Debatten, so auch im Klimadiskurs, erhalten soll, müssen Verbände einen essenziellen Beitrag zur Festigung und Sichtbarwerdung der gesellschaftlichen Rolle von Psycholog:innen leisten – und das nicht nur mit Blick auf die eigenen Mitglieder, sondern hinsichtlich der gesamten Profession.

Ein erster Schritt dazu kann sein, eine professionelle »Heimat« anzubieten und Möglichkeiten für eigenverantwortliches Engagement zu schaffen. Als Plattform zur Kooperation zwischen verschiedenen psychologischen Berufs- und Forschungsfeldern können Berufs- und Fachverbände nicht nur Austausch initiieren, sondern auch umfangreiche professionelle Expertise zusammenbringen. Daraus entstehendes klimapsychologisches Engagement in Arbeitsgruppen oder Expert:innenkreisen, berufspolitische Aktivitäten in Form von Stellungnahmen oder Positionspapieren sowie fachlicher Austausch auf Kongressen und Symposien bieten Psycholog:innen einen neuen Raum autonomen Kompetenzerlebens an. Indem Berufsverbände ihre Mitglieder zum Aktivwerden animieren, helfen sie, ein Bewusstsein für die Relevanz der eigenen professionellen Expertise bei der Bewältigung gesellschaftlicher Krisen zu entwickeln.

Auf dieser Ebene gibt es, angestoßen durch die Vorschläge der »Psychologists/Psychotherapists for Future«, mittlerweile erste Aktivitäten. Nach einer gemeinsamen Resolution der im Gesprächskreis II vernetzten psychotherapeutischen Verbände wurde das Thema in mehreren größeren Veranstaltungen durch verschiedene Verbände aufgegriffen. Zudem werden in vielen psychologischen und psychotherapeutischen Verbänden Arbeitsgemeinschaften gebildet und deren klimapolitische Arbeit auf einem regelmäßig stattfindenden Klimaforum »Klimawandel und Psychotherapie« koordiniert.

Der Klimawandel als globale Krise kann auch auf globaler Ebene bearbeitet werden. Im Rahmen klimapolitischen Engagements bieten große Berufsverbände eine sehr gut nutzbare Verbindung zu europäischen und internationalen Netzwerken wie der *EFPA*, der *International Union of Psychological Science* oder der *Global Psychology Alliance*. Dadurch werden nicht nur die Einigkeit der Profession betont und multinationale Kooperationen ermöglicht, sondern politische Forderungen und psychologische Interventionsangebote erhalten eine größere Schlagkraft.

Einen weiteren Zweck von Berufs- und Fachverbänden stellt die Förderung der Berufsorientierung psychologischer Aus- und Fortbildung dar. Hier müssen sich umweltpsychologische Inhalte verstärkt niederschlagen, damit psychologische Expertise den Herausforderungen der Klimakrise langfristig erfolgreich begegnen kann. Dazu gehört auch das Erschließen neuer bzw. der Ausbau bekannter Berufsfelder für Psycholog:innen; sowohl in Disziplinen innerhalb des eigenen Fachs als auch in interdisziplinären Teams. Indem sie entsprechende Weiterbildungen oder Zertifizierungen anbieten, können Berufs- und Fachverbände weiteren Einfluss auf die Entwicklung der Profession und der Qualitätssicherung psychologischer Arbeit nehmen. Einen wesentlichen Beitrag zur Nachwuchsförderung leisten sie außerdem, wenn Absolvent:innen und Berufsanfänger:innen durch gezieltes Informieren und Beraten für Berufsfelder innerhalb der Umwelt- und Klimapsychologie begeistert werden können. Zuarbeit wird hier durch das Institut für medizinische und pharmazeutische Prüfungsfragen (IMPP) geleistet, das aktuell Fragen zur Klimakrise und deren gesundheitlichen Auswirkungen für den Gegenstandskatalog der Approbationsprüfungen aller Heilberufe erarbeitet.

Die Bearbeitung gesellschaftspolitisch relevanter Themenbereiche stellt für Berufsverbände nicht zuletzt ein zentrales Mittel zur Gewinnung und Bindung von Mitgliedern dar, insbesondere jüngerer Kolleg:innen, die langfristig über die berufliche Laufbahn begleitet werden können. Auf lange Sicht muss erreicht werden, dass Verbände diese Profilierungschance nicht nur als kurzweiliges Marketingmittel verstehen, sondern sich einer ernsthaften Unterstützung klimapsychologischen Engagements verpflichten. Das Selbstverständnis vieler psychologischer Verbände orientiert sich an humanistischen Werten und dem Wohle von Menschen und Gesellschaft, was ihre Position innerhalb der Klimakrise umso mehr verdeutlicht und stärkt.

5 Ausblick: Werdet politisch(er)!

Wir als Psycholog:innen und Psychotherapeut:innen sind aufgrund unserer professionellen Rolle gegenüber unseren Klient:innen und Patient:innen darin geschult, uns als Person zurückzunehmen und unserem Gegenüber Platz für Entwicklung einzuräumen. Diese Form der Professionalität im Arbeitsalltag sollte uns jedoch nicht davon abhalten, uns an politischen oder gesellschaftlichen Prozessen zu beteiligen. Wie aufgezeigt, stecken die gesetzlichen Regelwerke und Berufsordnungen einen Rahmen, der ein gesellschaftspolitisches Engagement erlaubt und zum Teil sogar fordert, wenn es um den Erhalt der sozialen und ökologischen Lebensgrundlagen geht. Zudem enthalten die ethischen Richtlinien das Gebot, sich Unrecht entgegenzustellen, insbesondere bei der Verletzung von Menschenrechten.

Die psychischen Prozesse der Bagatellisierung und Verdrängung sind im Alltag häufig nachvollziehbar und auch gesund, sonst würden wir täglich in Sorgen ertrinken – das wissen wir als Psycholog:innen und Psychotherapeut:innen nur allzu gut. Doch im Falle der Klima- und Nachhaltigkeitskrise machen solche kognitiven Prozesse es schwer, eine angemessene Reaktion zu zeigen: Sie mögen uns zwar kurzfristig vor den psychischen Folgen der Auseinandersetzung mit einem unlösbar scheinenden Problem schützen – auf mittlere und lange Sicht sind sie jedoch dysfunktional und verhindern eine *realitätsbezogene, langfristig wirksame* Anpassung des Verhaltens an die neue Situation im Sinne von Transformation.

Unsere Berufsethik stützt unsere Motivation, Schaden von Menschen abzuhalten und sich für umfängliche Prävention einzusetzen. Unsere fachliche Expertise gibt uns das Rüstzeug, dies in verschiedenen Bereichen unserer arbeitsteiligen Welt professionell anzugehen: in der Wissenschaft, in der Kommunikation, im Berufsleben, der Schule und in der Heilbehandlung. Psychologie durchdringt unseren Alltag. Als Multiplikator:innen, Netzwerker:innen und Hilfeleistende können wir daran mitwirken, dass die Notwendigkeit in alle Gesellschaftsbereiche durchdringt, gemeinsam die nötigen gesellschaftlichen Veränderungen umzusetzen und damit die Klimakrise zu stoppen. Lasst uns ganz im Sinne der kritischen Psychologie (vgl. z. B. Adams, 2021) unsere Kompetenz nicht allein auf Reparaturarbeiten in einer ungesunden, stressreichen Wirklichkeit konzentrieren. Lasst uns vielmehr im Sinne positiver Psychologie (vgl. z. B. Grund & Brock, 2019) darauf schauen, was unser Leben jetzt und morgen nachhaltiger und lebenswerter macht.

Mit unseren Verbänden und Kammern verfügen wir bereits über Institutionen, die uns dabei helfen können und auch sollten, die großen Herausforderungen der globalen, komplexen und existenziellen Klima- und Nachhaltigkeitskrise zu meistern. Für eine Lösung braucht es letztlich politische Entscheidungen, an denen wir nicht nur als Bürger:innen mitwirken, sondern auch als Berufsgruppe. In diesem Sinne sollten wir gemeinsam politischer werden.

In einfachen Worten

Psycholog:innen und Psychotherapeut:innen verfügen über Fachwissen zu menschlichem Erleben und Verhalten. Mit diesem Wissen können sie helfen, die Klimakrise zu bewältigen. Weil sie helfen können, sollten sie auch helfen. Ihre Berufsregeln erlauben ein politisches Einmischen, wenn eine Verbindung zu ihrer beruflichen Arbeit gegeben ist. Psycholog:innen und Psychotherapeut:innen sind durch ihre Berufsordnungen sogar dazu aufgerufen zu helfen, die Lebensgrundlagen zu bewahren. Auch der Verletzung von Menschenrechten müssen sie entgegentreten. Denn es ist Unrecht, dem Fortschreiten der Klimakrise tatenlos zuzusehen. Die Berufsverbände der Psycholog:innen haben viele Mittel und Möglichkeiten, die Bewältigung der Klimakrise auf vielfältige Weise zu unterstützen.

Literatur

Adams, M. (2021). Critical psychologies and climate change. *Current Opinion in Psychology, 42*, 13–18- https://doi.org/10.1016/j.copsyc.2021.01.007
an der Heiden, M., Buchholz, U. & Uphoff, H. (2019). Schätzung der Zahl hitzebedingter Sterbefälle und Betrachtung der Exzess-Mortalität; Berlin und Hessen, Sommer 2018. *Epidemiologisches Bulletin*, (23), 193–197.
BDP & GDPs (2016). *Berufsethische Richtlinien des BDP und der DGPs* (zugleich Berufsordnung des BDP). https://www.bdp-verband.de/binaries/content/assets/beruf/ber-foederation-2016.pdf (04.03.2020).
BPtK (2014). Muster-Berufsordnung für die Psychologischen Psychotherapeutinnen und Psychotherapeuten und Kinder- und Jugendlichenpsychotherapeutinnen und Kinder- und Jugendlichenpsychotherapeuten. https://www.bptk.de/wp-content/uploads/2019/01/Muster-Berufsordnung_der_BPtK.pdf (04.03.2020).
Bundesärztekammer (2019). 122. Deutscher Ärztetag – Beschlussprotokoll. https://www.bundesaerztekammer.de/fileadmin/user_upload/downloads/pdf-Ordner/122.DAET/122DAETBeschlussprotokoll.pdf (12.03.2021).
Bundespsychotherapeutenkammer (2019). Resolution verabschiedet vom 35. DPT. Der 35. DPT ruft zu Klimaschutz und nachhaltigem Handeln auf [Resolution]. Bundespsychotherapeutenkammer. https://www.bptk.de/wp-content/uploads/2019/11/TOP-14-Resolution-Der-35.-DPT-ruft-zu-Klimaschutz-und-nachhaltigem-Handeln-auf.pdf (04.03.2020).
BVerwG, Urteil vom 23.3.2016 – 10 C 4.15.
BVerwG, Urteil vom 14.10.2020 – 8 C 23.19.
Chmielewski, F. (2019). Die Verleugnung der Apokalypse – der Umgang mit der Klimakrise aus der Perspektive der Existenziellen Psychotherapie. *Psychotherapeutenjournal*, (3), 253–260.
Clayton, S. (2020). Climate anxiety: Psychological responses to climate change. *Journal of Anxiety Disorders, 74*, 102263. https://doi.org/10.1016/j.janxdis.2020.102263
Clayton, S., Manning, C., College, M., Krygsman, K. & Speiser, M. (2017). Mental Health and Our Changing Climate: Impacts, Implications, and Guidance. *American Psychological Association, and ecoAmerica*. https://www.apa.org/news/press/releases/2017/03/mental-health-climate.pdf (04.03.2020).
Cook, J., Oreskes, N., Doran, P.T., Anderegg, W.R.L., Verheggen, B., Maibach, E.W., Carlton, J.S., Lewandowsky, S., Skuce, A.G., Green, S.A., Nuccitelli, D., Jacobs, P., Richardson, M., Winkler, B., Painting, R. & Rice, K. (2016). Consensus on consensus: A synthesis of consensus estimates on human-caused global warming. *Environmental Research Letters, 11*(4), 048002. https://doi.org/10.1088/1748-9326/11/4/048002
Costanza, R., Atkins, P.W.B., Bolton, M., Cork, S., Grigg, N.J., Kasser, T. & Kubiszewski, I. (2017). Overcoming societal addictions: What can we learn from individual therapies? *Ecological Economics, 131*, 543–550. https://doi.org/10.1016/j.ecolecon.2016.09.023
Deutsches Institut für Menschenrechte (o.J.). Klima und Nachhaltigkeit. https://www.institut-fuer-menschenrechte.de/themen/klima-und-nachhaltigkeit (20.02.21).
Dohm, L. & Klar, M. (2020). Klimakrise und Klimaresilienz: Die Verantwortung der Psychotherapie. *psychosozial, 43*(3), 99–114.

EFPA (2005). Meta-Code of Ethics. http://ethics.efpa.eu/metaand-model-code/meta-code/ (04.03.2020).

Fawzy, S., Osman, A.I., Doran, J. & Rooney, D.W. (2020). Strategies for mitigation of climate change: A review. *Environmental Chemistry Letters, 18*(6), 2069–2094.

GermanZero (2020). Der 1,5-Grad Klimaplan für Deutschland. Gemeinsamer Aufbruch gegen die Klimakrise. *GermanZero e.V.* https://assets.website-files.com/5e663c02af4002dcdcab78dc/5ece7812eb97a0be582bad67_Der%201%2C5-Grad-Klimaplan%20f%C3%BCr%20Deutschland.pdf (04.03.2020).

Grund, J. & Brock, A. (2019). Why We Should Empty Pandora's Box to Create a Sustainable Future: Hope, Sustainability and Its Implications for Education. *Sustainability, 11*(3), 893. https://doi.org/10.3390/su11030893

Heyne, K. (2016). *Kammern und Umweltschutz: Auswirkungen des Umweltrechts auf die Aufgaben der Kammern unter Einbeziehung von Gemeinwohl und Staatszielbestimmungen*. Baden-Baden: Nomos. https://doi.org/10.5771/9783845271477-427

Kapeller, M.L. & Jäger, G. (2020). Threat and Anxiety in the Climate Debate – An Agent-Based Model to Investigate Climate Scepticism and Pro-Environmental Behaviour. *Sustainability, 12*(5), 1823. https://doi.org/10.3390/su12051823

Nielsen, K.S., Clayton, S., Stern, P.C., Dietz, T., Capstick, S. & Whitmarsh, L. (2021). How psychology can help limit climate change. *American Psychologist, 76*(1), 130–144. https://doi.org/10.1037/amp0000624

Peter, F., van Bronswijk, K. & Rodenstein, B. (im Druck). Facetten der Klimaangst. Psychologische Grundlagen der Entwicklung eines handlungsleitenden Klimabewusstseins. In B. Rieken, R. Popp & P. Raile (Hrsg.), *Eco-anxiety – Zukunftsangst und Klimawandel. Interdisziplinäre Zugänge.* Münster: Waxmann (Psychotherapiewissenschaft in Forschung, Profession und Kultur).

Pihkala, P. (2020). Eco-Anxiety and Environmental Education. *Sustainability, 12*(23), 10149. https://doi.org/10.3390/su122310149

Powell, J. (2019). Scientists Reach 100% Consensus on Anthropogenic Global Warming. *Bulletin of Science, Technology & Society, 37*(4), 183–184. https://doi.org/10.1177/0270467619886266

Psychotherapeutengesetz vom 15. November 2019 (BGBl. I S. 1604), das durch Artikel 17 des Gesetzes vom 19. Mai 2020 (BGBl. I S. 1018) geändert worden ist.

Referentenentwurf des Bundesministeriums für Wirtschaft und Energie, Entwurf eines Zweiten Gesetzes zur Änderung des Gesetzes zur vorläufigen Regelung des Rechts der Industrie- und Handelskammern (IHKG) vom 14.12.2020.

Resolution der Generalversammlung 217 A (III). Allgemeine Erklärung der Menschenrechte (1948). https://www.un.org/depts/german/menschenrechte/aemr.pdf (04.03.2020).

Ripple, W.J., Wolf, C., Newsome, T.M., Barnard, P. & Moomaw, W.R. (2020). World Scientists' Warning of a Climate Emergency. *BioScience, 70*(1), 8–12.

Royal College of Psychiatrists (2021) *Position Statement PS03/21: Our planet's climate and ecological emergency*. https://www.rcpsych.ac.uk/docs/default-source/improving-care/better-mh-policy/position-statements/position-statement-ps03-21-climate-and-ecological-emergencies-2021.pdf (23.05.2021).

Sanson, A.V., Hoorn, J.V. & Burke, S.E.L. (2019). Responding to the Impacts of the Climate Crisis on Children and Youth. *Child Development Perspectives, 13*(4), 201–207.

Schmiemann, G., Steuber, C., Gogolewska, J., Lehmkuhl, D., Herrmann, M. & Schulz, C.M.

(2021). *Ärztliche Verantwortung in der Klimakrise – zwischen Ethik und Monetik – Divestment im und durch den Gesundheitssektor.* Universität Bremen – Fachbereich 11: Human- und Gesundheitswissenschaften. https://doi.org/10.26092/elib/483 (12.03.2021).
Swim, J., Clayton, S., Doherty, T., Gifford, R., Howard, G., Reser, J., Stern, P. & Weber, E. (2009). *Psychology and Global Climate Change: Addressing a Multi-faceted Phenomenon and Set of Challenges* [Report of the American Psychological Association Task Force on the Interface Between Psychology and Global Climate Change]. APA. https://www.apa.org/science/about/publications/climate-change-booklet.pdf (04.03.2020).
van Susteren, L. & Al-Delaimy, W.K. (2020). Psychological Impacts of Climate Change and Recommendations. In W.K. Al-Delaimy, V. Ramanathan & M. Sánchez Sorondo (Hrsg.), *Health of People, Health of Planet and Our Responsibility: Climate Change, Air Pollution and Health* (S. 177–192). Basel: Springer International Publishing. https://doi.org/10.1007/978-3-030-31125-4_14
World Meteorological Organization. (30. Dezember 2020). Climate Change Continues. https://twitter.com/WMO/status/1344257439680626693?s=19 (04.03.2020).

Biografische Notizen

Katharina Simons, Dipl.-Psych., MPH, approbierte Verhaltenstherapeutin. Sie ist Mitglied der Psychologists/Psychotherapists for Future (Psy4F) und engagiert sich dort für eine Professionalisierung und Ausweitung des psychotherapeutischen Engagements in der Klimakrise. In der Deutschen Psychotherapeutenvereinigung ist sie Sprecherin der Klima-AG.

Mareike Schulze, Dipl.-Psych., Psychologische Psychotherapeutin (tiefenpsychologisch fundiert), arbeitet in eigener Praxis in Rheinland-Pfalz. Sie ist Mitbegründerin der Psy4F und Vorstandsmitglied des Psychologists/Psychotherapists for Future e.V.

Felix Peter, Dr., Dipl.-Psych., hat zu Gerechtigkeit und Sozialklima im pädagogischen Kontext promoviert. Er ist Mitglied des Presse-Teams der Psy4F und der Arbeitsgruppe »Psychologie & Klima« im Berufsverband Deutscher Psychologinnen und Psychologen (BDP).

Karolin Heyne, Dr. jur., Regierungsrätin, arbeitet als Juristin in den Wissenschaftlichen Diensten des Deutschen Bundestages, Fachbereich Verfassung und Verwaltung. Ihr wissenschaftlicher Schwerpunkt ist das Kammerrecht, einschließlich der Promotion »Kammern und Umweltschutz«.

Christin Schörk, cand. M.Sc. Psych., studierte Psychologie, Kulturwissenschaft und Gender Studies. Sie ist Referentin für Berufspolitik im Berufsverband Deutscher Psychologinnen und Psychologen e.V. und dort in der Arbeitsgruppe »Psychologie & Klima« aktiv.

Klimagerecht

Verantwortung und Handlungsspielräume in der Klimakrise

Nisha Toussaint-Teachout, David J. Petersen & Maximilian Soos

Zusammenfassung: In dem Beitrag wird sich zuerst der theoretischen Frage von Verantwortung in der Klimakrise genähert und zentrale Prinzipien herausgestellt. In Schlaglichtern werden anschließend Macht- und Herrschaftsstrukturen in den Fokus gerückt und Wege hin zu einer klimagerechten Welt zur Diskussion gestellt. Dabei werden sowohl die Rolle von Wirtschaft, sozialen Kipppunkten und intersektionalen Ansätzen erläutert, wie auch unterschiedliche Transformationsstrategien aufgezeigt.

Wenn wir als Aktivist*innen auf die Klimakrise aufmerksam machen, dann fordern wir konsequentes Handeln ein. Es meint: Werdet eurer Verantwortung gerecht und handelt angemessen. Diese Forderung erheben wir, weil die aktuelle Klimapolitik durch eine Umsetzungs- und Ambitionslücke gekennzeichnet ist (Sachverständigenrat für Umweltfragen, 2020, S. 70–75) und die Ziele des Pariser Klimaabkommens so nicht erreicht werden können. Doch wer ist eigentlich verantwortlich? Und vor allem – wer ist hierbei zuständig, etwas zu machen? Das Ziel ist nicht, Schuldige zu finden, sondern die Klimakrise zu bewältigen.

Die Frage nach Verantwortung zielt also erstens darauf ab, Zuständige in die Verantwortung zu nehmen und auf Möglichkeitsräume aufmerksam zu machen, und zweitens, diese Bewältigung angemessen und gerecht zu gestalten. Dazu ist nicht nur nötig, dass aktuelle klimawissenschaftliche Erkenntnisse ernst genommen werden, sondern auch für die globale Ungleichheit in der Betroffenheit und den Handlungsspielräumen zu sensibilisieren. Wir wollen zeigen, wie eng die multiplen Krisen mit der Art und Weise verwoben sind, wie gewirtschaftet wird und wie daraus Orientierungspunkte für Zukunftsfähigkeit entstehen. Ausgehend davon fragen wir, wie die Transformation in eine klimagerechtere Welt (noch) gelingen kann, und zeigen mögliche Wege auf.

1 Verantwortung in der Klimakrise

Die Geschichte der Klimapolitik ist eine Geschichte von Verantwortungsverweigerung und -übernahme. Das gilt bis heute: Es gibt keine politische Debatte zum Klima, in der nicht von der eigenen Verantwortung abgelenkt und auf die Verantwortung anderer verwiesen wird. Gleichzeitig übernehmen Aktivist*innen, NGOs und andere zivilgesellschaftliche Gruppen Verantwortung. Wenn die gegenwärtige Praxis der Klimazerstörung als globale Ungerechtigkeit verstanden wird, dann leisten einige Akteur*innen nicht den erforderlichen Beitrag zur Herstellung von Gerechtigkeit und kommen ihrer Verantwortung nicht nach (Hahn, 2017).

1.1 Verantwortungsstruktur

Meist wird Verantwortung mit einer Verantwortungsstruktur erklärt, zu der in der Regel verschiedene Elemente gehören. Heidbrink (2017) erklärt: »Verantwortung lässt sich grundsätzlich definieren als das Einstehen eines Akteurs für die Folgen seiner Handlungen in Relation zu einer geltenden Norm.« Es wird also gefragt: Wer ist für was gegenüber wem verantwortlich? Als wichtige Elemente lassen sich Verantwortungssubjekt, Verantwortungsobjekt und Verantwortungsadressat voneinander unterscheiden (Braun & Baatz, 2017).

Das Verantwortungsobjekt unserer Analyse ist die Klimakrise. Üblicherweise wird zwischen der Verursachung und der Bewältigung der Klimakrise unterschieden. Die Verursachung lässt sich mit historischen und gegenwärtigen Emissionen beantworten. Die Bewältigung der Klimakrise selbst wird üblicherweise in Emissionsreduktion, Anpassung und Kompensation unterteilt (Martens, 2014, S. 6–10).

Da das Klimasystem keinen moralischen Selbstwert hat, unterscheidet sich das Verantwortungsobjekt vom Verantwortungsadressaten. Wir sind nicht dem physikalischen Klimasystem gegenüber verantwortlich, sondern den moralisch relevanten Lebewesen, die von der Klimakrise betroffen sind. Das physikalische Phänomen stellt die Verbindung von Verantwortlichen und Betroffenen her. Das Klimasystem ist indirekt moralisch relevant, weil es zu erheblichen Verschlechterungen für Betroffene führt. Erst eine Verknüpfung der physikalischen Beschreibung mit einem Wertesystem ermöglicht es, in der Klimakrise von Verantwortung zu sprechen. Als

Anknüpfungspunkte können grundsätzlich verschiedene Wertesysteme verwendet werden (Ethikkonzepte, Menschenrechte, Nachhaltigkeitsziele wie die SDGs u.Ä.). Aber sobald durch die Erderhitzung eine Verschlechterung in Bezug auf die Idealvorstellung eines moralischen Wertesystems eintritt, ist das Klimasystem und die Erderhitzung moralisch relevant und Gegenstand von Verantwortung (Braun & Baatz, 2017).

1.2 Verantwortungsprinzipien

In einer ersten Annäherung scheint die gesamte Menschheit das relevante Verantwortungssubjekt zu sein, da die Klimakrise menschengemacht ist und nur von der Menschheit begrenzt und bewältigt werden kann (Wallimann-Helmer, 2017). Die Frage nach dem Verantwortungssubjekt fällt auseinander in die Fragen *Wer ist verantwortlich für das Problem?* und *Wer ist verantwortlich für die Lösung?* Die Verantwortung für das Problem Klimakrise können wir als historische Verantwortung adressieren. Diese historische Frage ist fast trivial, denn sie lässt sich einfach mit der Zurechnung von historischen Emissionen beantworten. Die andere Frage ist, wer dafür verantwortlich ist, dass wir sie bewältigen. Teilweise werden beide Fragen miteinander verknüpft und von der historischen Verantwortung auch eine Verantwortung für die Bewältigung der Klimakrise abgeleitet (Martens, 2014, S. 8–20).

Deshalb ist eine nähere Bestimmung notwendig. Mögliche Verantwortungssubjekte für die Bewältigung sind alle natürlichen und unnatürlichen Personen, die klimarelevante Handlungsoptionen haben und prinzipiell als Verantwortungssubjekte adressierbar sind (Wallimann-Helmer, 2017). Also alle Personen und Organisationen, die noch etwas zur Bewältigung der Klimakrise beitragen können. Das Verursacherprinzip schlägt hier vor, dass die Verursacher*innen des Problems auch für die Lösung zuständig sind. In der Klimakrise ist dies aber nicht vollständig umsetzbar, da nicht mehr alle historisch verantwortlichen Akteur*innen auch heute noch relevante Handlungsoptionen haben.

Als weitere Prinzipien werden meist noch das Fähigkeitsprinzip und das Nutznießerprinzip genannt. Das Fähigkeitsprinzip orientiert sich im Gegensatz zum Verursacherprinzip nicht an einer Schuldfrage, sondern fragt rein lösungsorientiert, welche Akteur*innen wie viel Verantwortung tragen können. Hier wird zum Beispiel Verantwortung nach Reichtum verteilt. Das Nutznießerprinzip leitet Verantwortung aus dem Profitieren vom Status quo ab. Wer von einer Ungerechtigkeit profitiert, ist für die Überwindung der Ungerechtigkeit verantwortlich. Normalerweise wird eine Kombination der Prinzipien für eine gerechte Verantwortungszuweisung vorgeschlagen (Braun & Baatz, 2017).

Um Nutznießer- und Verursacherprinzip in Bezug zu setzen, braucht es einen genaueren Blick auf historische Verantwortung. Es gibt zwei Varianten, aus der historischen Rolle Verantwortung abzuleiten. In der ersten Variante werden die Verursacher*innen eines Problems auch für die Lösung des Problems verantwortlich erklärt. Auch wenn diese Variante mit Verursacherprinzip relativ intuitiv ist, gibt es Kritik. Denn es stellt sich die Frage, ob die Bedingungen für Verantwortung bei kollektiven Akteur*innen gegeben sind, wenn die teilnehmenden Individuen nicht mehr die gleichen sind und nicht zu allen Zeitpunkten der Verursachung ein ausreichendes Verständnis des eigenen Handelns gegeben war (Wallimann-Helmer, 2017).

Der Einwand, dass Verantwortung Verständnis als Bedingung hat, bedarf einer Einordnung. Nach Wallimann-Helmer (2017) ist spätestens 1990 mit dem ersten IPCC-Bericht diese Bedingung erfüllt. Dieser Zeitpunkt kann aber höchstens als letztmöglicher Zeitpunkt für Verantwortung für Emissionen gewählt werden, da schon weit vorher wissenschaftliche Erkenntnisse über den Treibhauseffekt verfügbar waren (Braun & Baatz, 2017). Außerdem ist Verständnis zwar eine Bedingung für Verantwortung, diese Bedingung wird allerdings auch von einer Sorgfaltspflicht, sich zu informieren, begleitet (Heidbrink, 2017). Des Weiteren steigen die weltweiten Emissionen immer noch und so wurden große Mengen an Treibhausgasen in den Jahrzehnten ausgestoßen, als der Treibhausgaseffekt schon bekannt und sogar schon als politisches Problem adressiert wurde. So stiegen die Emissionen 2019 auf ein Rekordhoch und die G20-Staaten waren in der letzten Dekade für circa 78 % der globalen Emissionen verantwortlich (United Nations Environment Programme, 2020, S. XIVf.). Für einen sehr großen Teil der historischen Emissionen ist die Bedingung deshalb erfüllt.

Historische Verantwortung ist außerdem kein abgeschlossenes Kapitel der Vergangenheit, denn die heutige Bedeutung historischer Verantwortung wird unter dem Aspekt der Klimagerechtigkeit besonders deutlich. Klimaungerechtigkeit durch unterschiedlichen historischen Beitrag zur Klimakrise ist kein Phänomen der Vergangenheit, sondern besteht fort und summiert sich auf. Deswegen geht es eben nicht nur um Schuld oder eine nachträgliche Bewertung eines abgeschlossenen Ereignisses. Es geht um Aufarbeitung und Umgang mit einer Situation, die durch unser Handeln entstanden ist und sich weiter fortsetzt. Zimmermann spricht deshalb im Kontext historischer Verantwortung von »historische[r] Nicht-Vergangenheit oder historische[r] Unüberholtheit« (Zimmermann, 2006), weil sie unsere moralische Gegenwart und Zukunft betrifft (Zimmermann, 2006, 2017).

Hier entsteht ein fließender Übergang zum Nutznießerprinzip. In dieser zweiten Variante der historischen Verantwortung wird nicht über Verursachung argumentiert, sondern über eine Form der ausgleichenden Gerechtigkeit. Es geht also um eine Korrektur aus Gründen der Gerechtigkeit. Deshalb sprechen, unabhängig von internationalen Vereinbarungen, auch allein gerechtigkeitstheoretische Überlegungen dafür, dass Staaten mit hohen historischen Emissionen in hohem Maße verantwortlich sind, weil sie von den Emissionen profitiert haben, die Schäden aber besonders in anderen Teilen der Welt auftreten (werden).

Für eine gerechte Lastenverteilung werden meist von Verursacherprinzip, Fähigkeitsprinzip und Nutznießerprinzip mindestens zwei gemeinsam angewendet (Braun & Baatz, 2017). Angesichts der Dringlichkeit empfiehlt sich bei der Emissionsreduktion eher das Fähigkeitsprinzip. In einer Notsituation hat die Überwindung der Not Vorrang vor Verteilungsfragen. Aber deswegen sind die anderen Prinzipien nicht obsolet, denn um der historischen Verantwortung mit Verursacher- und Nutznießerprinzip gerecht zu werden, kommen auch gerechtigkeitsbezogene Instrumente infrage, die bei der Begrenzung der Erderhitzung irrelevant sind. Diese zwei Prinzipien werden bei Anpassungs- und Kompensationsmaßnahmen deshalb stärker zu berücksichtigen sein. So werden etwa internationale Fonds für gerechte Ausgleichszahlungen diskutiert (Birnbacher, 2015).

1.3 Staaten als zentrale Verantwortungssubjekte

Nach diesen theoretischen Überlegungen zur Verantwortungsstruktur bleibt noch die Frage nach den konkreten Verantwortungssubjekten. Aufgrund der grenzüberschreitenden Eigenschaften der Klimakrise wäre eine globale Steuerung naheliegend. Aber globale Institutionen sind aktuell nicht vorhanden oder zu wenig einflussreich und somit hinsichtlich des

Zeithorizonts kein zentrales Verantwortungssubjekt. Deshalb stehen die Nationalstaaten als zentrale Akteur*innen der internationalen Klimapolitik in der Verantwortung. Viele nicht-staatliche Akteur*innen scheinen nach dem Fähigkeitsprinzip nicht geeignet, da für sie der Umgang mit der Klimakrise ohne staatliche Unterstützung zu komplex ist (Wallimann-Helmer, 2017).

Dass Staaten die Hauptverantwortung tragen, entspricht auch den internationalen Abkommen zum Klimaschutz. Durch die Unterzeichnung erfüllen die Staaten eine weitere Bedingung für Verantwortlichkeit, nämlich die Anerkennung derselben, und vollziehen eine darüber hinausreichende Normsetzung (ebd.). Diese ist wichtig, weil Verantwortung im Kontext der Klimakrise nicht ohne Weiteres an ein bestimmtes Normensystem anknüpfen kann (Braun & Baatz, 2017). Im Artikel 3.1 der Klimarahmenkonvention von 1992 sind das Verursacherprinzip und das Leistungsfähigkeitsprinzip enthalten (Birnbacher, 2015). Hier wird von der gemeinsamen, aber unterschiedlichen Verantwortung gesprochen (United Nations, 1992). Der Prinzipienpluralismus ist also sinnvoll und anerkannt. Konkret verweisen hier auch alle drei Prinzipien in den meisten Fällen auf die gleichen kollektiven Akteur*innen bzw. Staaten, nämlich die Industrienationen (Birnbacher, 2015). Verantwortlich sind Industriestaaten deshalb, weil sie die fossilen Brennstoffe genutzt haben, von ihnen profitiert haben und immer noch davon profitieren und am meisten Möglichkeiten haben, zur Lösung beizutragen.

Somit sind also die Staaten, insbesondere die Industrienationen, als zentrale Verantwortungssubjekte identifiziert. Nun kommen die Staaten ihrer Verantwortung aber nicht ausreichend nach. So errechnet beispielsweise der Emissions Gap Report jährlich die Differenz zwischen den internationalen Klimazielen, den tatsächlichen einzelstaatlichen Reduktionszielen und den aktuell eingeschlagenen Reduktionspfaden. Der Report von 2020 beantwortet die Frage, ob Staaten dabei sind, die Emissionslücke zu schließen, klar mit einem Nein. Stattdessen wird aufgezeigt, dass die Emissionen bis ins Jahr 2019 weiterhin gestiegen sind und die aktuellen Reduktionspfade nicht geeignet sind, die Einhaltung des Pariser Klimaabkommens zu gewährleisten (United Nations Environment Programme, 2020, S. XIV-XXII).

Auch wenn Staaten zentrale Verantwortungsträger sind, können wir uns angesichts ihres bisherigen Versagens nicht auf sie verlassen, sondern müssen auch auf andere Akteur*innen und Strukturen schauen. In der globalen Governance-Struktur kommen noch viele weitere Akteur*innen für den erforderlichen Wandel in Betracht. Neben internationalen und transnationalen Institutionen können etwa in der Wirtschaftssphäre Unternehmen oder Banken, im Bildungssystem Schulen oder Universitäten, Medien und Wissenschaft, aber auch Individuen und zivilgesellschaftliche Gruppen den Wandel beeinflussen. Wichtig ist, dass Wandel zwar nur über Akteur*innen funktionieren kann, aber die Transformation auch Strukturen und nicht nur das Handeln der Akteur*innen berücksichtigen muss.

2 Vom Privileg, etwas (nicht) tun zu müssen

Die theoretische Frage nach Verantwortung hilft verschiedene Dimensionen und Zuständigkeiten zu identifizieren. Für das Gelingen einer sozialökologischen Transformation ist jedoch entscheidend, dass Akteur*innen daraus praktische Konsequenzen ableiten und sich ihrer Handlungsspielräume bewusstwerden. Dies bedeutet gleichwohl nicht, zentrale Verantwortungsträger aus ihrer Verantwortung zu entlassen. Ganz im Gegenteil: Um Handlungsspielräume überhaupt zu erkennen, reicht ein Appell an individuelles Handeln nicht aus. Vielmehr ist ein Einbezug von systemischen Zusammenhängen und den Wirkungen gesellschaftlicher Strukturen erforderlich. Zumal es offenlegt, wo unsere Vorstellungskraft verkümmert ist und warum es auch ein neues Wirtschaftsverständnis braucht. Die konzeptionelle Engführung von Wirtschaft als Markt verkennt beispielsweise zentrale Handlungsspielräume, weil eine erfolgreiche Wirtschaftspolitik im Wesentlichen auf ein wachsendes Bruttosozialprodukt (BIP) und die Profitmaximierung von Unternehmen verkürzt wird (siehe Kapitel 2.4).

Zunächst aber zur Vorstellung, dass die Allgemeinheit mit individuellem Handeln systemische Veränderungen bewirken könnte. Diese Sichtweise läuft Gefahr, insbesondere die Frage der Zuständigkeit falsch zu beantworten. Wenn die reichsten zehn Prozent der Weltbevölkerung (630 Millionen Menschen) für mehr als die Hälfte (52 Prozent) des CO_2-Ausstoßes im Zeitraum von 1990 bis 2015 verantwortlich gemacht werden können (Oxfam, 2020a), dann wird ein allgemeiner Appell an den/die Konsument*in der komplexen globalen Problemlage nicht gerecht. Das Verursacher-, Nutznießer- und Leistungsfähigkeitsprinzip gerät aus dem Blick, ebenso systemische Ursachen.

2.1 Handlungsspielräume im Angesicht von sozialer Ungleichheit

Heutige Handlungsspielräume sind maßgeblich durch (globale) soziale Ungleichheit geprägt. So besitzen beispielsweise 2.153 Personen mehr Vermögen als 60 Prozent der Weltbevölkerung zusammen. Männer verfügen dabei über 50 Prozent mehr Vermögen als Frauen (Oxfam, 2020b). Dies erzeugt tiefgreifende Asymmetrien, die einen ungleichen Zugang oder gar Ausschluss von Personengruppen zu gesellschaftlichen Aushandlungsprozessen schaffen. Intersektionale Perspektiven betonen hierbei verschiedene Wechselverhältnisse, »dass also gesellschaftliche Strukturkategorien [z.B. rassistische Zuschreibungen, Klasse, Geschlecht und Körper] auf Subjekte und deren Subjektivierung einwirken und gleichzeitig die Subjekte genau diese Strukturen generieren und affirmieren« (Umweltbundesamt [UBA], 2020a, S. 91).

Die Debatte um »Flugscham« hat beispielsweise Privilegien offengelegt: Trotz einer rasanten Zunahme der Passagierzahlen in den letzten Jahren profitiert nur ein bestimmter Bruchteil der Menschheit von dieser Möglichkeit des Reisens (vgl. Kretzschmar & Schmelzer, 2019; Dummer, 2018). Wer hingegen die Demokratisierung des Reisens ernst meint, darf solche Asymmetrien nicht verschweigen. Zumal schon heute deutlich wird, wie sehr es hier an einer nachhaltigen Praxis fehlt. Es verweist auf die Notwendigkeit, dass Macht- und Herrschaftsfragen bei der Entwicklung von angemessenen Antworten stets mitgedacht werden sollten. Einerseits, um wirksamen Klimaschutz voranzutreiben. Andererseits, um zugleich auf den Abbau von Privilegien hinzuwirken und soziale Ungleichheit nicht durch schlecht gestaltete Klimaschutzmaßnahmen weiter zu verschärfen (für Handlungsbedarfe und Empfehlungen in Bezug auf Genderaspekte siehe z.B. UBA, 2020a, S. 170–183).

Diese Kritik am individuellen Ansatz bedeutet nicht, dass es unsinnig ist, persönlich mit gutem Beispiel voranzugehen. Dies bleibt wichtig, weil es Referenzbeispiele schafft und ein Erleben von Alternativen ermöglicht, die wiederum Orientierung und neue Erfahrungsräume bilden. Jedoch sind individuelle (Konsum-)Entscheidungen stets voraussetzungsreich. Sie sind dabei nicht nur durch Privilegien, sondern auch durch vorhandene Infrastrukturen geprägt.

2.2 Handlungsspielräume im Angesicht von Infrastrukturen

In der Debatte um eine nachhaltige Mobilität wird der prägende Einfluss von Infrastrukturen besonders sichtbar (Pfadabhängigkeiten). Es macht deutlich, dass die Vorstellung, innovative Technologien oder gesellschaftlicher Fortschritt im Allgemeinen seien ein bloßes Ergebnis von Angebot und Nachfrage, ebenfalls zu hinterfragen ist.

Die aktuelle Bevorteilung des motorisierten Individualverkehrs – im Straßenverkehr, steuerlich und durch ungleiche Subventionierung – erschwert die Etablierung von alternativen Mobilitätskonzepten. Die Normalisierung dessen erzeugt ein Anspruchsdenken, während die systematische Benachteiligung und Gefährdung von anderen Verkehrsteilnehmer*innen (Öffentlicher Verkehr, Fahrrad- und Fußverkehr) weitgehend hingenommen wird. Beispielsweise der enorme Flächenverbrauch durch private und geschäftliche PKW (Mobilitätsmonitor, 2019), die Zersiedelung von Landschaften, Unfallopfer und Verkehrstote wie auch schädliche Umwelteinwirkungen wie Treibhausgase, Schadstoffe und Lärm (UBA, 2020b).

All dies verdeutlicht, wie virulent die Frage nach dem guten bzw. einem gelingenden Leben für alle aktuell bereits ist. Was als vermeintliche Normalität gilt, ist niemals alternativlos, sondern Ergebnis gesellschaftlich-historischer Entwicklungen. Eine öffentliche Debatte über notwendige gesellschaftliche Veränderungen ist daher nicht der Versuch einer autoritären Verfügung über das Individuum, sondern legt Werte und Normen (Normativität) sowie bestehende Widersprüche in der Umsetzung offen. Beispielsweise in der Frage, was eine lebenswerte Stadt ausmacht und wie dies aktuell erlebt wird.

2.3 Zur Rolle der Normativität

Mit der Auseinandersetzung mit Normativität geht die Absicht einher, die Widersprüche der heutigen Welt konstruktiv und demokratisch bearbeiten zu wollen. Der Diskurs um eine CO_2-Bepreisung ist ein weiteres Beispiel dafür, dass es genau daran häufig mangelt. So wird beispielsweise oftmals nicht näher thematisiert, dass die konkrete Festsetzung eines Preises (CO_2-Steuer) oder auch die Begrenzung der Zertifikatsmenge (Emissionshandel) stets eine hochpolitische Angelegenheit bleibt. Eine Fokussierung auf Kosteneffizienz – zum Beispiel CO_2 nur dort einzusparen, wo es aktuell ökonomisch am günstigsten ist – enthält normative Setzungen, die ebenfalls nicht alternativlos sind. Zumal es mit anderen Rationalitäten und Werten kollidiert (vgl. Huwe & Fritsch, 2020; Pissarskoi, 2019). In der Transformationsdebatte ist es daher essenziell, dass die Normativität von Vorstellungen sowie zugrundeliegende Annahmen und Prämissen herausgestellt und auf Widersprüche geprüft werden.

Dies gilt gleichsam für die Vorstellung der Profitmaximierung. Hier liegt die wirkmächtige Vorstellung zugrunde, dass eine egozentrierte Nutzenmaximierung des/der Einzelnen zu einem größtmöglichen Wohlstand für alle führen würde (Deimling, 2021). Es lassen sich also auch mentale Infrastrukturen identifizieren, die historisch-gesellschaftlich wirksam geworden sind (Welzer, 2011). Die Auseinandersetzung damit ist auch deshalb nötig, da das Modell einer profit- und wachstumsorientierten Ökonomie – im Angesicht der Komplexität und Geschwindigkeit heutiger Krisen – immer sichtbarer an seine Grenzen gerät. Doch obwohl die Gefährdungen existenziell geworden sind, fällt das Krisenmanagement allgemein weiterhin strukturkonservierend aus. Laut dem Green Recovery Tracker (2021) beträgt die Ausgabenquote für Klimaschutz über alle deutschen Konjunkturmaßnahmen hinweg nur 22 Prozent.

Es wird deutlich, wie sehr in diesen Zeiten eine Wissenschaft und Politik gefragt ist, die sich zuständig zeigt und sich kritisch mit vorhandenen und neuen Erkenntnissen auseinandersetzt. Zugleich braucht es einen öffentlichen Diskursraum für Auseinandersetzungen um langfristig-orientierte Strategien, in denen notwendigerweise auch ein tiefgreifender Strukturwandel verhandelt wird. Dies lässt auch andere Akteur*innen der öffentlichen Debatte in den Fokus rücken.

So ist auch ein Journalismus gefragt, der über die heutigen Krisen und immensen Herausforderungen ausreichend berichtet, ohne zu dramatisieren, und zugleich eine kritisch-konstruktive Plattform für eine Debatte um angemessene Konsequenzen und neue Wohlfahrtsverständnisse eröffnet. Dabei sollten Medienschaffende nicht nur über Zusammenhänge und globale Ausmaße der Klimakrise berichten, sondern auch die Untätigkeit von Politik und Unternehmen mit wissenschaftlichen Erkenntnissen kontrastieren sowie mögliche Lösungswege kontextualisieren und einordnen (Nisbet, 2019).

2.4 Zum Mythos »Markt vs. Staat«

Die Widersprüchlichkeit heutiger Wirtschaftspolitik wird besonders in der staatlichen Subventionspolitik deutlich. Subventionen werden, insbesondere von Ökonom*innen, häufig als Markt- und Wettbewerbsverzerrung problematisiert. Dabei lässt sich beobachten, dass diese Sorge vor allem genutzt wird, um zum Beispiel den notwendigen Ausbau von erneuerbaren Energien zu verzögern (Kemfert, 2020), nicht jedoch in Bezug auf den notwendigen Abbau klimaschädlicher Subventionen. Obwohl die Summe klimaschädlicher Subventionen allein für Deutschland auf über 57 Milliarden Euro pro Jahr beziffert wird, zeichnet sich politisch keine grundlegende Änderung dieser Praxis ab (Fiedler & Runkel, 2020). Dabei verfestigen diese Subventionen nicht nur Pfadabhängigkeiten des fossilen Energieregimes, sie erschweren es Alternativen zusätzlich, sich im Markt etablieren zu können. So lässt sich durchaus feststellen, dass vorherrschende ökonomische Perspektiven ihren Anteil daran haben, wirksamen Klimaschutz auszubremsen, oder sogar teilweise in eine Klimawandelleugnung übergehen (Ötsch, 2020).

Zumal neoliberale Vorstellungen die staatlichen Gestaltungsmöglichkeiten systematisch gegenüber dem Marktmechanismus diskreditieren und alternative Gestaltungsmöglichkeiten zur Marktlogik verschleiern (Heller & Sagvosdkin, 2020). Die Coronakrise zeigt hingegen eindrücklich, dass dem Staat eine maßgebliche Rolle hinsichtlich des Krisenmanagements und der Gestaltung von Wirtschaft zukommt. In der neoliberalen Erzählung hat die Rolle des Staates jedoch eine Umdeutung erfahren: Zur primären Aufgabe wurde der Schutz der Marktsphäre erklärt (Slobodian, 2019). Internationale Verträge wurden entsprechend konzipiert.

Ein prominentes Beispiel dafür sind Schiedsgerichte, die internationalen Unternehmen eine Sanktionierung staatlichen Handelns ermöglichen. Vertragsrechtlich wurde hier ausschließlich das Recht dieser Unternehmen auf Profit gestärkt, ohne dies mit Pflichten oder anderen Abwägungen zu verknüpfen. Das Kohlekraftwerk Moorburg hätte beispielsweise niemals gebaut werden dürfen. Dennoch hat Vattenfall, durch eine Klage vor einem Schiedsgericht, die Aufhebung einiger wasserrechtlicher Auflagen erwirken und so die Inbetriebnahme – trotz energiewirtschaftlicher, umweltrechtlicher und klimapolitischer Einwände – durchsetzen können (Pinzler, 2015). Schon damals war absehbar, dass es auch unternehmerisch eine fragwürdige Investition darstellen würde: Nach nur fünf Jahren wurde der Betrieb eingestellt. Vattenfall gelang es gleichwohl, sich für die Abschaltung noch staatliche Entschädigungszahlungen zu sichern (Mittendorff, 2020). In ähnlicher Manier klagt RWE aktuell gegen den niederländischen Kohleausstieg (Bünder et al., 2021).

Dies wirft einen Schatten auf den Handlungswillen des Staates: Wenn es nämlich darum geht, wirksame Sanktionsmöglichkeiten gegenüber Unternehmenspraktiken zu schaffen, die Menschen-, Arbeits-, Tier- und Umweltrechte verletzen, fallen diese auffällig unambitioniert aus. Jüngst zeigte sich dies in der Entscheidung um ein Lieferkettengesetz, das Unternehmen auch im Ausland zur Einhaltung dieser Rechte verpflichten soll. So wird kritisiert, dass aufgrund des jahrelangen Lobbying der Unternehmensverbände vom ursprünglichen Gesetzesvorhaben kaum etwas übriggeblieben sei (Laghai & Steiner, 2021).

Warum soll es in Ordnung sein, das Pariser Abkommen zu brechen, nicht aber einen Straßenbauvertrag, fragten sich schon Luisa Neubauer und Carola Rackete (2020) im Kontext des Protestes gegen die Rodungen im Dannenröder Forst für eine Autobahn. Hier deutet sich ein weiterer Grundkonflikt an. Die Notwendigkeit, politische Rahmenbedingungen neu zu bewerten und flexibel anpassen zu können, steigt im Angesicht der Dringlichkeit von existenziellen und komplexen Krisen (zum Beispiel nötige Verschärfungen bei deutschen Klimazielen). Letztlich ist auch Wirtschaft kein Naturgesetz, sondern ein gestaltbarer sozialer Prozess.

3 Wege zu einer zukunftsfähigen Ökonomie

Wie kann also eine gerechte Reduktion von Konsum und Produktion gelingen, die zu einer radikal anderen Wirtschaftsweise führt, die letztlich allen Menschen dient? Diese Frage wird maßgeblich von Konzepten des *Degrowth* vorangetrieben (Schmelzer & Vetter, 2019), einer Strömung innerhalb des Postwachstumsdiskurses. Fakt ist, dass es bislang keine »Gewissheit für das Gelingen einer hinreichend starken Entkopplung« von Wirtschaftswachstum und Ressourcenverbrauch gibt (aus dem Moore & Hofmann, 2020), weswegen sogenanntes grünes bzw. qualitatives Wachstum als Lösungsansatz momentan nicht zu überzeugen vermag. Umgekehrt gilt aber auch für Konzepte des Degrowth, dass bislang ungewiss ist, »ob und insbesondere, wie die Lebensqualität erhalten werden kann, wenn das BIP pro Kopf (sehr) stark abnimmt« (ebd.). Diese Schlussfolgerung des Ansatzes für eine vorsorgeorientierte Postwachstumsposition lässt sich noch weiter zuspitzen: Eine hohes BIP basiert auf einer »imperialen Lebensweise« (Brand & Wissen, 2017), die letztlich auf Kosten anderer wirtschaftet (weitere kritische Einordnungen siehe Schubert-Zunder et al., 2020).

In der deutschen Debatte lassen sich so dann auch eine große Spannbreite unterschiedlicher Lesarten dieser Krise ausmachen:

- neoliberale Kritiken, die rein marktwirtschaftliche Instrumente als Lösung propagieren (Freytag, 2020),
- Kapitalismuskritiken, die den Wachstumszwang kritisieren und in einer Reparatur der Marktwirtschaft eine Lösung sehen, bei der zum Beispiel vor allem Leistungsgerechtigkeit wiederhergestellt werden soll (Richters & Simoneit, 2019),
- sowie Kapitalismuskritiken, die den vorherrschenden Marktfundamentalismus kritisieren und eine eingebettete Ökonomie begründen, in der die Marktsphäre nur als ein Teil des gesellschaftlichen Systems verstanden wird (vgl. Biesecker, 2003; Novy et al., 2020) und radikal andere, solidarische Lebensweisen eingefordert werden (I. L. A. Kollektiv, 2019).

Die entscheidende Frage ist, welche Ansätze angemessene Antworten auf die multiplen Krisen dieser Zeit liefern können. Dies beeinflusst nicht nur maßgeblich unsere Vorstellungskraft des Machbaren und Möglichen, sondern letztlich auch die Gestaltbarkeit zukünftiger Handlungsspielräume.

Zukunftsfähigkeit meint das Vorhaben, Zukunft demokratisch gestalten zu können. Dazu ist es entscheidend, dass mögliche Folgen und Auswirkungen des vergangenen und gegenwärtigen Handelns auch in Bezug auf künftige Gestaltungsmöglichkeiten mitgedacht und entsprechende Fähigkeiten ausgebildet werden, die einen gelingenden Umgang mit der Komplexität dieser Welt ermöglichen.

Leider sind wir diesbezüglich denkbar schlecht aufgestellt. Es fängt bei einem Bildungssystem an, in dem vorwiegend Werte vermittelt werden, die uns auf Kosten von Natur und Menschen wirtschaften lassen. So werden beispielsweise Leistungssteigerung, Effizienz, Profitdenken und Konkurrenz als Maßstäbe für Erfolg reproduziert. Zugleich kann festgestellt werden, dass Nachhaltigkeit – trotz verschiedenster Bemühungen – weiterhin vielerorts nur unzureichend institutionell verankert ist (Bündnis Zukunftsbildung, o. J.). Das gilt allgemein auch für Wissenschaftsinstitutionen sowie im Speziellen besonders für die Wirtschaftswissenschaften (Economists for Future, 2020). Dabei fehlt es insbesondere an institutioneller Unterstützung in Bezug auf innovative Forschungsprojekte und neue öffentliche Begegnungsformate.

Zukunftsweisend erscheinen hingegen Initiativen wie das Netzwerk

Ökonomischer Wandel (NOW, o.J.). Hier haben sich unterschiedliche Akteur*innen aus verschiedenen Strömungen des Postwachstumsdiskurses zusammengefunden, um Ansätze dies- und jenseits der Marktwirtschaft in einen konstruktiven Austausch zu bringen.

Essenziell ist, dass nicht nur auf die Sphäre des Marktes und des Staates geschaut wird. Wir benötigen stattdessen ein Wirtschaftsverständnis, das einerseits die ökologischen Grundlagen wie zum Beispiel den Energie- und Materialdurchsatz jeder wirtschaftlichen Tätigkeit adäquat berücksichtigt. Andererseits braucht es ein Bewusstsein für die sozialen Fundamente. Dies betrifft vor allem die Sphäre der Versorgungsökonomien, die Existenz ermöglichen und den Selbsterhalt sicherstellen (Thieme, 2020). Dieser Sektor wird maßgeblich durch Haushalte getragen (u.a. Sorgearbeit). Gleichwohl erfahren diese systemrelevanten Tätigkeiten bislang wenig gesellschaftliche Anerkennung und bleiben in wirtschaftspolitischen Diskursen nahezu unsichtbar – insbesondere, wenn es sich um unbezahlte Arbeit handelt (Knobloch, 2021). Auch die Rolle der Non-Profit-Ökonomien wird in solchen Debatten weitgehend ausgeblendet. Dabei zeigt allein der wirksame Protest von Fridays for Future, wie entscheidend jene Akteur*innen für den sozialen Fortschritt sein können.

Es gilt anzuerkennen, dass das Funktionieren einer Marktwirtschaft nicht nur an weitere ökonomische Sphären geknüpft ist, sondern von diesen fundamental abhängt. Der Staat schafft hierbei einerseits wirtschaftspolitische Rahmenbedingungen. Andererseits agiert er in einer ambivalenten Rolle, gerade weil auch hier profit- und wachstumsorientierte Marktlogiken dominieren. Impulse für eine Neuausrichtung dieser Logik lassen sich zum Beispiel in Ansätzen für ein Neues Unternehmertum entdecken (vgl. Felber, 2018; Käufer & Scharmer, 2021). Ebenso gilt es Wertschöpfungsprozesse und die Rolle des Staates als Innovationstreiber genauer zu betrachten (Mazzucato, 2019) und sich zum Beispiel der Infrastrukturen der Alltagsökonomie (Bärnthaler et al., 2020) bewusster zu werden. Ob Konzepte einer Donut-Ökonomie (Raworth, 2020), Implikationen einer Postwachstumsökonomie (Lange et al., 2019) oder Kriterien für eine nachhaltige Sozialpolitik (Bohnenberger, 2020) – es gibt viel zu erkunden.

Somit ist nicht nur Einsicht für einen tiefgreifenden Strukturwandel geboten, sondern auch die Vorstellungskraft vom Möglichen und Machbaren zu weiten. Dazu ist es erforderlich, sich in umfassenden Betrachtungen zu üben, sich mit Vielfalt zu konfrontieren, bestehende und neue Ansätze zu entdecken, sich irritieren zu lassen. Dieser Suchprozess ist existenziell und erfordert daher umso mehr volle Kreativität. Diese muss auf Zukunftsfähigkeit gerichtet werden, damit endlich angemessene Antworten entwickelt werden und nicht bloß politische Kompromisse, die bei einer Privilegienabsicherung der Verursacher*innen verharrt.

4 Transformation

Es ist offensichtlich, dass sich vieles verändern muss, wenn wir der Klima- und Gerechtigkeitskrise und Bedrohung menschlichen Lebens auf der Erde entgegentreten wollen. Im Folgenden soll es also um mögliche Wege der Transformation gehen. Das paradoxe Moment, das wir die letzten Jahrzehnte bis heute beobachten können, ist, dass genau die relevanten Akteur*innen sich weitgehend weigern, adäquate Handlungen einzuleiten, um ihrer Verantwortung und Zuständigkeit gerecht zu werden. Stattdessen können wir beobachten, dass besonders zivilgesellschaftliche Gruppen im nicht-staatlichen und nicht-institutionellen Rahmen versuchen, die notwendige Transformation anzustoßen. Wie das Individuum, das sich kollektiv organisiert, als Katalysator einen Raum für weitreichende politische und ökonomische Veränderungen schaffen kann, wird an der Theorie der Sozialen Kipppunkte erforscht.

4.1 Soziale Kipppunkte

Soziale Kippelemente sind sozioökonomische Teilbereiche, die in unseren etablierten und oft trägen Gesellschaftssystemen zu großer Veränderung führen können (Otto et al., 2020). Schon kleine quantitative Veränderungen dieser Elemente stoßen sich selbst verstärkende, vergleichsweise schnelle Veränderungsprozesse an. Ähnlich wie bei den Kipppunkten im Klimasystem resultieren die sozialen Kipppunkte in einem langfristig veränderten Zustand des Systems, in diesem Fall des sozialen Systems (ebd.). Während wir Klimakipppunkte vermeiden sollten, sind positive soziale Kippdynamiken erstrebenswert, denn sie stärken die Transformation in eine klimastabilere Welt. Zu ihnen zählen u. a. die Umgestaltung von Informationsströmen, des Bildungssystems und besonders des Normen- und Wertesystems (ebd.).

Soziale Normen sind eine Voraussetzung für Gesetze und Gesetzesänderungen. Die Macht einer Gesellschaft im Angesicht der Klimakrise ist also, die momentane Praxis des fossilen Kapitalismus zu delegitimieren und öffentlich zu erkennen, dass sie nicht dem heutigen Wertesystem entspricht (ebd.). Diese Veränderung des normativen Verständnisses wird von jeder einzelnen Person gefördert, die es zu ihrer Selbstverständlichkeit macht und auch so kommuniziert. Die soziale Kippdynamik wird verstärkt, wenn eine Mehrheit der »social and public opinion leaders« sich für eine Klimaethik ausspricht und sich diese gesellschaftlich etabliert (Otto et al., 2020, S. 2360). Der Wertewandel wird also vom Individuum angestoßen, das sich immer auch als politisches Subjekt versteht und damit gesellschaftlich Veränderung schafft.

Dabei ist die Herausforderung der Ethik heute, die Lücke zwischen Theorie und Praxis zu überwinden – wobei dies ein Hauptproblem von Moral und Politik ist (Pelluchon, 2019). Das gleichzeitig Absurde, aber auch Hoffnungsvolle an der derzeitigen Situation ist ja gerade, dass wir starke normative Standards politisch bereits vereinbart haben, beispielsweise die Menschenrechte, die Ziele für nachhaltige Entwicklung (SDGs) oder das Pariser Klimaabkommen. Darüber hinaus verfügen wir über Wissen zu vielseitigen Ansätzen zur Bewältigung der Klimakrise. Dies alles bewegt sich zu viel zu großen Teilen noch in einem Möglichkeitsraum, statt sich in der Realität niederzuschlagen. Aber dass es diese Possibilität gibt, zeigt, dass eine lebenswerte Zukunftsvision existiert und diese gar nicht so fern ist. Nun ist es an der Zeit die nötige Arbeit zu investieren, um diese Zukunft zu realisieren, solange sie noch möglich ist.

4.2 Zivilgesellschaftliches Engagement

Besonders zivilgesellschaftliches Engagement spielt eine Schlüsselrolle als sozialer Kipppunkt. Graswurzelorganisationen verschiedenster Formen haben das Potenzial, sich zu einem globalen Netzwerk der sozialen Widerstandsbewegungen zusammenzuschließen (Otto et al., 2020). Gerade in den letzten Jahren kristallisieren sich Klimaorganisationen als Katalysatoren von größeren klimapolitischen Anstrengungen heraus. Die Kombination aus jahrzehntelanger Vorarbeit indigener Bevölkerungen und Bewegungen wie der Anti-Atombewegung in Deutschland mit den jüngeren Gruppen wie Ende Gelände und Fridays for Future hat zu einer erkennbaren Diskursverschiebung geführt. So war der Umwelt- und Klimaschutz bei der Europawahl 2019 mit einem Zuwachs von 28 Prozent zur vorherigen Wahl ein wahlentscheidendes Thema

(Tagesschau, 16.05.2019). Zudem sind laut ARD-Deutschlandtrend 63 Prozent der Befragten davon überzeugt, dass Klimaschutz generell Vorrang haben sollte, auch vor Wirtschaftswachstum (ZDF, 20.09.2019). Die Forderung nach Klimagerechtigkeit ist hingegen aktuell noch weit davon entfernt, in ernsthafte politische Maßnahmen gegossen zu werden. Doch in politischen und öffentlichen Diskursen haben Klimaschutz und -gerechtigkeit nachhaltig einen festen Platz bekommen – zumindest in Deutschland (Scheitle, 2020).

Bei der Frage nach Wandel ist wichtig zu erkennen, dass es um die Kombination von verschiedensten Formen der Politik, des Protests und des Aufbaus von alternativen Strukturen geht. Nach Überlegungen des Soziologen Erik O. Wright kann Transformation dann gelingen, wenn drei komplementäre Strategien verfolgt werden, die ineinandergreifen. Zum einen braucht es Freiräume, um Alternativen aufzubauen und nachhaltige Lebensweisen zu etablieren. Diese Räume geben Menschen die Möglichkeit, nach Wright »Realutopien« entstehen zu lassen (Schmelzer et al., 2019, Kapitel 4). Weiterhin muss direkt am politischen Apparat angesetzt werden und in Form einer »revolutionären Realpolitik«, wie Rosa Luxemburg es sagte, gehandelt werden. Politische Vorschläge können hier als Reformmaßnahmen aufgefasst werden, obwohl sie effektiv Strukturen grundlegend neu ausrichten (ebd.). Ein Beispiel hierfür wäre ein bedingungsloses Grundeinkommen oder die Umverteilung von Subventionen.

Der dritte Modus ist der Aufbau einer Gegenmacht, also der Widerstand gegen die jetzigen Strukturen und Protest für neue Selbstverständlichkeiten (ebd.). Dazu gehören auch ziviler Ungehorsam und andere Aktionsformen, die sich in der Vergangenheit bereits als effektiv erwiesen haben. Als Beispiel dafür sind das Civil Rights Movement zu nennen oder die feministischen Kämpfe der Suffragetten (Brownlee, 2017). Die sozial-ökologische Transformation, die es braucht, um in Richtung einer klimagerechten Zukunft zu steuern, ist dementsprechend ein Wechselspiel von reformistischen und revolutionären Maßnahmen, das durch die ganze Gesellschaft und jedes einzelne Mitglied beeinflusst wird.

4.3 Intersektionalität

Für einen nachhaltigen Wandel ist es unabdingbar, die systemischen Wurzeln der Klimakrise zu behandeln. In 2.1 wurden bereits Strukturen genannt, die dazu beitragen, dass überhaupt Natur und Menschen ausgebeutet und verschiedenartig diskriminiert werden. Die Klimakrise ist in der Gestalt, in der sie auftritt, untrennbar mit Privilegien, mit Strukturen des Kolonialismus und Rassismus, des Patriarchats und Kapitalismus verbunden (Satgar, 2018). Die Tatsache, dass MAPA (Most Affected People and Areas), vor allem im globalen Süden, am stärksten von den Konsequenzen des Klimawandels betroffen sind, aber nur acht Prozent der »safe global carbon budget« übersteigenden Emissionen seit 1850 ausstoßen, während der globale Norden für 92 Prozent verantwortlich ist, zeigt dies in erschreckender Weise (Hickel, 2020). Hinzu kommt die signifikant höhere Belastung von FINT (Frauen, Inter, Non-binary, Trans) sowie Menschen, die zu anderen marginalisierten Gruppen gehören wie BIPOC (Black, Indigenous, People of Color) und weitere (Arora-Jonsson, 2011).

Um Klimagerechtigkeit ernst zu nehmen und auch die unterdrückerischen Strukturen in uns selbst und der Gesellschaft zu dekonstruieren, ist eine tiefgehende strukturelle Arbeit notwendig. Dazu gehört die Bildung, Aufklärung und Umsetzung von Antirassismus, Feminismus und Kapitalismuskritik. Dies ist ein Prozess, der im individuellen Bereich anfangen, schließlich aber darüber hinaus in die sozialen Umfelder, die gesellschaftlichen Kontexte und besonders in die politische Arbeit getragen werden muss. Erst das Verständnis, dass rein technische Ansätze die Gerechtigkeitskrise des Klimawandels nicht lösen werden, kann dazu führen, radikale Veränderung für denkbare Zukünfte für alle einzuleiten.

4.4 Betroffenheit, Fridays for Future und Widersprüchlichkeiten

Die intersektionale Beschaffenheit der Klimakrise beeinflusst Zukunftsperspektiven und Handlungsansätze stark. So ist der Protest entgegen geläufiger Annahme nicht nur der Widerstand gegen die momentanen Zustände, sondern ein produktiver Protest für eine andere Art zu leben, zu wirtschaften, zu sein. Die Vision ist keine rein ökologische oder negative, im Sinne des reinen Widerstands. Die Vision der Klimagerechtigkeit ist weitaus durchschlagender und positiver: Es geht über die Ökosysteme hinaus darum, wie wir als Gesellschaft insgesamt für alle besser leben können. Das bedeutet, auf alle Überschneidungen der Betroffenheit von Klima und Menschenrechten zu achten und das Bild einer nachhaltig gerechten Welt voranzustellen. Ideen wie *Buen Vivir,* das *Gute Leben für Alle,*

Ernährungssouveränität oder Degrowth sind Visionen für diese mögliche Welt (Guerrero, 2018).

Die Klimakrise und der (kollektive) Umgang mit ihr offenbaren einen seltsamen Bruch: Wie bereits in Abschnitt 3 dargestellt, gibt es Verantwortung und Betroffenheit. In der klimakrisenhaften Welt korreliert kollektive Verantwortung oft nicht mit Betroffenheit. Das bedeutet, dass die Verantwortlichen dafür zuständig sind, Verletzte und Verletzliche, also Betroffene zu schützen, und diese betroffenen Personengruppen meist nicht verantwortlich sind. Der Status quo der Klimakrise zeigt allerdings, dass besonders Indigene und MAPA sich selbst organisieren, um ernsthafte Klimamaßnahmen zum Schutz ihrer Existenzen einzufordern. Auch die Jugendbewegung Fridays for Future setzt sich aus jungen, oft weiblich sozialisierten Menschen zusammen, die im Zuge der Generationen- und Geschlechterungerechtigkeit unter den Folgen der Erderhitzung verstärkt leiden werden. Spätestens seit dem Club-of-Rome-Bericht *Die Grenzen des Wachstums* von 1972 oder der Exxon-Studie von 1981 sind die Gefahren der Klimakrise bekannt (Hall, 2015). Trotzdem kommen die nach den Verantwortungsprinzipien Verantwortlichen ihrer Aufgabe nicht nach. Diese Lücke zwischen Theorie und Praxis füllen nun gerade die Akteur*innen, die die größte Betroffenheit und Verletzlichkeit haben und die über geringere politische Handlungs- und Entscheidungsmacht verfügen.

Dabei sind jetzt, über zwei Jahre nach der Entstehung von Fridays for Future, die Anstrengungen in der Bewegung groß, den Fokus auf eine umfassende gegenwärtige und zukünftige Klimagerechtigkeit für alle zu legen. Dies geschieht durch die zunehmende Beschäftigung mit Antifaschismus, Antirassismus und Feminismus, oder beispielsweise gemeinsame Kampagnen mit Ver.di zu einer Mobilitätswende, die auch für die Arbeiter*innen zukunftsfähig ist. Allerdings ist dies nur der Anfang und die Arbeit zu den sozialen und strukturellen Aspekten der Klimakrise weiterhin ausbaubar.

Obwohl ein einzelner junger Mensch kaum politische Macht besitzt, hat es gerade die Organisierung von jungen Menschen in den letzten Jahren geschafft, die politische und gesellschaftliche Landschaft entscheidend zu verändern. Die Protest- und Bewegungskultur ist vor allem ein dringend notwendiger demokratischer Prozess: Sie wirft Licht auf vernachlässigte Themenkomplexe und wissenschaftliche Erkenntnisse, Bedürfnisse und Personengruppen, die momentan ignoriert werden. Dabei geht es vor allem darum, öffentlich die richtigen Fragen zu stellen, damit offensichtliche Widersprüche aufzudecken und Scheinlösungen zu kritisieren (Satgar, 2018).

Bewegungen wie Fridays for Future, NGOs, aber auch Besetzungen und jede einzelne Bürger*in sind diejenigen, die die großen und kleinen Machtfragen stellen und Antworten einfordern können. Die Widersprüche zwischen Verantwortung und tatsächlichem Tun sind offensichtlich genug – und die globale Gesellschaft ist auf dem Weg, dies nicht länger zu dulden.

5 Fazit und Zukunft

Wir haben es im Status quo mit zwei gefährlichen Widersprüchen zu tun: Abkommen, Rechte und Lösungsansätze machen klar, in welche Richtung es gehen sollte. Zwischen diesen Standards und ihrer Realisierung ist eine bisher nicht geschlossene Lücke. Zudem beobachten wir den Bruch zwischen Verantwortung und tatsächlicher sich in Ergebnissen festsetzender Verantwortungsübernahme. Diese Brüche aufzulösen und zu überwinden ist die Aufgabe unserer Zeit. Es gibt vielfältige Perspektiven für die klimagerechte Welt von morgen. Sicher ist: Es braucht grundlegende Veränderung in unseren umgesetzten Werten und Normen, unserer Wirtschafts- und unserer Lebensweise.

Im Zuge dieser Transformation werden auch Diskurse angestoßen, die auf den ersten Blick nicht mit der Klimakrise verbunden sind. Dazu gehören das intersektionale Verständnis von Unterdrückungsstrukturen und Umweltfragen, das Verhältnis von Mensch und Natur, die ethische, global gerechte Neuausrichtung unserer gesellschaftlichen Strukturen, ein starkes politisches Mitspracherecht für Kinder, Jugendliche und Betroffene, und die Frage nach dem guten Leben für alle. Wie kann es sein, dass junge und betroffene Menschen sich erst in Massenbewegungen organisieren müssen, um überhaupt nur Aufmerksamkeit für ihre gefährdeten Menschenrechte und den kritischen Zustand unserer Ökosysteme zu bekommen? Wieso wird seit Jahrzehnten bei einer existenziellen Bedrohung und eindeutigen Beweislage nicht auf wissenschaftliche Erkenntnisse und Forderungen gehört?

Taten als Antworten auf diese Fragen müssen politisch eingefordert werden. Das Phänomen der Erderhitzung ist selbst ein Indikator dafür, dass die gesellschaftlichen Strukturen, die von einigen wenigen Menschen gebaut wurden, für die vielen heute nicht passen. Dass uns der jetzige Zustand global betrachtet nicht dient und zu multiplen Krisen führt, kann eine unheimlich positive Erkenntnis sein, wenn wir daraus das Veränderungsmoment ziehen, es besser zu machen. Sobald wir anerkennen, dass unsere aktuellen Systeme und Netzwerke keine resilienten sind, stehen wir vor der Aufgabe, resilientere Strukturen aufzubauen – in jenem Sinne, dass sie nachhaltig bestehen, sich weiterentwickeln und konstruktiv mit Herausforderungen umgehen können (Mersmann et al., 2014).

Das bedeutet, dass eine Zukunft vorstellbar wird, die von ernst genommener Verantwortung geprägt ist und kollektiver Aktivität, die verhindert, dass Krisen auf Kosten von Mensch und Natur in sich selbst verstärkenden Dynamiken produziert und vorangetrieben werden. Organisationen wie Fridays for Future oder das Black Earth Collective und die letzten Jahre des klimagerechten Widerstandes zeigen erste Einblicke einer möglichen Zukunft, die jetzt in der Gegenwart beginnt. Das Gelingen der Transformation im Angesicht der Klimakrise steht unter der Bedingung, dass soziale Kippdynamiken durch zivilgesellschaftliches Handeln beschleunigt und die Handlungsspielräume von Verantwortlichen ausgeschöpft werden. Ermutigend ist, dass all die Akteur*innen in Politik, Wirtschaft und Gesellschaft keine isolierten Einheiten darstellen, sondern verbundene Systeme, ja miteinander verbundene Menschen sind. Wir können und müssen daher aufeinander Einfluss nehmen, durch Protest und Gespräche, durch Dekonstruktion und gemeinsames Neuaufbauen, durch fundierte Kritik und visionäres Handeln. Die klimagerechte Welt ist nötig – und wird erst durch uns alle möglich.

In einfachen Worten

Die Klimakrise ist nicht gelöst, weil Verantwortliche nicht handeln. Verantwortlich sind vor allem die Industriestaaten. Denn sie haben die Krise verursacht und können am meisten zur Lösung beitragen. Aber auch andere Akteur*innen sind wichtig. Jedoch haben nicht alle die gleichen Handlungsmöglichkeiten. Beispielsweise können privilegierte Menschen mehr machen als benachteiligte. Wir sollten daher auch unsere Organisationsformen und Gewohnheiten betrachten. Die Wirtschaft zerstört das Klima und unsere Lebensgrundlagen. Wir brauchen aber eine Wirtschaft, die allen Menschen dient und die Lebensgrundlagen schützt. Für eine große Veränderung dieses Zustandes braucht es zivilgesellschaftliches Engagement, ein Verständnis für Ungerechtigkeiten und neue Lösungswege. Politik, Wirtschaft und Gesellschaft sind miteinander verbunden und müssen für echte Klimagerechtigkeit zusammenarbeiten.

Literatur

Arora-Jonsson, S. (2011). Virtue and vulnerability: Discourses on women, gender and climate change. *Global environmental change, 21*(2), 744–751.

aus dem Moore, N. & Hofmann, D. (2020). *Die vorsorgeorientierte Postwachstumsposition.* https://www.exploring-economics.org/de/entdecken/die-vorsorgeorientierte-postwachstumsposition/ (20.02.2021).

Bärnthaler, R., Novy, A., Plank, L. & Strickner, A. (2020). *Die Alltagsökonomie für ein gutes Leben.* https://makronom.de/die-alltagsoekonomie-fuer-ein-gutes-leben-37108 (20.02.2021).

Biesecker, A. & Kesting, S. (2003). *Mikroökonomik. Eine Einführung aus sozial-ökologischer Perspektive.* Oldenburg: de Gruyter.

Birnbacher, D. (2015). Klimagerechtigkeit – Verursacher- oder Leistungsfähigkeitsprinzip? In A. Kallhof (Hrsg.), *Klimagerechtigkeit und Klimaethik* (S. 67–80). Berlin/Boston: Walter de Gruyter.

Bohnenberger, K. (2020). Money, Vouchers, Public Infrastructures? A Framework for Sustainable Welfare Benefits. *Sustainability 2020* (12), 596. https://doi.org/10.3390/su12020596

Brand, U. & Wissen, M. (2017). *Imperiale Lebensweise. Zur Ausbeutung von Mensch und Natur im globalen Kapitalismus.* München: oekom.

Braun, F. & Baatz, C. (2017). Klimaverantwortung. In L. Heidbrink, L. Langbehn & J. Loh (Hrsg.), *Handbuch Verantwortung* (S. 855–886). Wiesbaden: Springer VS.

Brownlee, K. (2017). Civil Disobedience. In E. N. Zalta (Hrsg.), *The Stanford Encyclopedia of Philosophy.* Herbst 2017 Edition.

Bünder, H., Jung, M. & Smolka, K. M. (2021, 05. Februar). Klage wegen Kohleausstieg: Die zwei Gesichter von RWE. *FAZ,* https://www.faz.net/aktuell/wirtschaft/klima-energie-und-umwelt/rwe-verklagt-niederlande-wegen-kohleausstieg-17183340.html (20.02.2021).

Bündnis Zukunftsbildung (o. J.). https://www.buendnis-zukunftsbildung.de/infos.html (20.02.2021).

Deimling, D. (2021). Die BWL ist eine reine Profitlehre. https://www.stb-web.de/news/article.php/id/24677 (20.02.2021).

Dummer, N. (2018). Kommerzialisierung des Reisens: Wie das Reisen vom Luxusprodukt zur Massenware wurde. Hasso Spode im Interview. https://www.wiwo.de/politik/deutschland/kommerzialisierung-des-reisens-wie-das-reisen-vom-luxusgut-zur-massenware-wurde/22878400.html (20.02.2021).

Economists for Future (2020). Warum die Klimakrise die moderne Ökonomik herausfordert. https://www.oekonomenstimme.org/artikel/2020/05/warum-die-klimakrise-die-moderne-oekonomik-herausfordert (20.02.2021).

Felber, C. (2018). *Gemeinwohlökonomie.* München: Piper.

Fiedler, S. & Runkel, M. (2020). Klimaschädliche Subventionen: Die Großbaustelle der Klima- und Fiskalpolitik. https://makronom.de/klimaschaedliche-subventionen-die-grossbaustelle-der-klima-und-fiskalpolitik-37685 (20.02.2021).

Freytag, A. (2020). Klima oder Marktwirtschaft: Was stirbt zuerst? https://www.wiwo.de/politik/deutschland/freytags-frage-klima-oder-marktwirtschaft-was-stirbt-zuerst/26640204.html (20.02.2021).

Green Recovery Tracker (2021). Green Recovery Analyse: Deutschland. https://greenrecoverytracker.org/downloads/Deutschland_Green_Recovery_Tracker_Executive_Summary_Deutsch.pdf (20.02.2021).

Guerrero, D. G. (2018). The Limits of Capitalist Solutions to the Climate Crisis. In V. Satgar (Hrsg.), *The Climate Crisis: South African and Global Democratic Eco-Socialist Alternatives* (S. 30–46). Johannesburg: Wits University Press.

Hahn, H. (2017). Globale Verantwortung. In L. Heidbrink, L. Langbehn & J. Loh (Hrsg.), *Handbuch Verantwortung* (S. 525–542). Wiesbaden: Springer VS.

Hall, S. (2015). Exxon knew about climate change almost 40 years ago. *Scientific American, 26*. https://www.scientificamerican.com/article/exxon-knew-about-climate-change-almost-40-years-ago/ (20.02.2021).

Heidbrink, L. (2017). Definitionen und Voraussetzungen der Verantwortung. In L. Heidbrink, L. Langbehn & J. Loh (Hrsg.), *Handbuch Verantwortung* (S. 3–34). Wiesbaden: Springer VS.

Heller, H. & Sagvosdkin, V. (2020). Ideologie und Erzählung. Die Bedeutung des marktfundamentalen Metanarrativs in den Wirtschaftswissenschaften. *Working Paper Serie der Institute für Ökonomie und für Philosophie*, (5).

Hickel, J. (2020). Quantifying national responsibility for climate breakdown: an equality-based attribution approach for carbon dioxide emissions in excess of the planetary boundary. *The Lancet Planetary Health*, *4*(9), e399-e404.

Huwe, V. & Fritsch, M. (2020). Warum gute Klimapolitik über den Emissionshandel hinausgehen muss. https://makronom.de/warum-gute-klimapolitik-ueber-den-emissionshandel-hinausgehen-muss-37852 (20.02.2021).

I.L.A. Kollektiv. (2019). *Das gute Leben für alle. Wege in die solidarische Lebensweise*. München: oekom. Open Access: https://dasgutelebenfüralle.de (20.02.2021).

Käufer, K. & Scharmer, O. C. (2021). Von der Ego- zur Eco-System-Ökonomie. https://makronom.de/von-der-ego-zur-eco-system-oekonomie-38210 (20.02.2021).

Kemfert, C. (2020). 20 Jahre Erneuerbare-Energien-Gesetz: Das EEG muss erneuert werden. https://www.handelsblatt.com/meinung/gastbeitraege/gastkommentar-das-eeg-muss-erneuert-werden/25696002.html (20.02.2021).

Knobloch, U. (2021). Zukunftsfähiges Versorgen – oder vom Privileg, sich nicht um Hausarbeit kümmern zu müssen. https://makronom.de/zukunftsfaehiges-versorgen-oder-vom-privileg-sich-nicht-um-hausarbeit-kuemmern-zu-muessen-38281 (20.02.2021).

Kretzschmar, A. & Schmelzer, M. (2019). Jeder, der fliegt, ist einer zu viel. https://www.zeit.de/wissen/umwelt/2019-05/flugverzicht-klimapolitik-emissionen-verantwortung-privileg (20.02.2021).

Laghai, S. & Steiner, N. (2021). Erfolg der Lobbyisten: Wie das Lieferkettengesetz demontiert wurde. https://www1.wdr.de/daserste/monitor/sendungen/lieferkettengesetz-100.html (20.02.2021).

Lange, S., Barth, J. & Euler, J. (2019). Zur Konzeptualisierbarkeit einer Postwachstumsökonomie: Die Grenzen des wirtschaftswissenschaftlichen Mainstreams und die Potenziale theoretischer Multiperspektivität. In D. Petersen, D. Willers, E. Schmitt,

R. Birnbaum, J. Meyerhoff, S. Gießler & B. Roth (Hrsg.), *Perspektiven einer Pluralen Ökonomik* (S. 107–136). Wiesbaden: Springer VS.

Martens, J. (2014). *Gemeinsame Ziele – unterschiedliche Verantwortung. Das Gerechtigkeitsprinzip in den Klima- und Post-2015-Verhandlungen.* Bonn/Osnabrück. https://www.globalpolicy.org/sites/default/files/Report_Gemeinsame%20Ziele-%20unterschiedliche%20Verantwortung.pdf (19.02.2021).

Mazzucato, M. (2019). *Wie kommt der Wert in die Welt? Von Schöpfern und Abschöpfern.* Frankfurt/M.: Campus.

Mersmann, F., Wehnert, T., Göpel, M., Arens, S. & Ujj, O. (2014). *Shifting paradigms: unpacking transformation for climate action. A guidebook for climate finance & development practitioners.* Wuppertal Institute for Climate, Environment and Energy. https://epub.wupperinst.org/frontdoor/deliver/index/docId/5518/file/5518_Shifting_Paradigms.pdf (20.02.2021).

Mittendorff, F. (2020). Aus für Moorburg Ein Milliarden-Desaster mit Ankündigung. https://www.mopo.de/hamburg/aus-fuer-moorburg-ein-milliarden-desaster-mit-ankuendigung-37765426 (20.02.2021).

Mobilitätsmonitor (2019). 8. Mobilitätsmonitor. Mai 2019. https://www.internationales-verkehrswesen.de/mobilitaetsmonitor-8/2 (20.02.2021).

Neubauer, L. & Rackete, C. (2020). Klimakrise und Lebensgrundlagen: Wer hat die Macht, Verträge zu brechen? https://www.spiegel.de/politik/deutschland/luisa-neubauer-und-carola-rackete-ueber-protest-im-dannenroeder-forst-a-7cae1bae-331f-48d3-a231-cf25dd076bcd (20.02.2021).

Netzwerk Ökonomischer Wandel [NOW] (o.J.). https://netzwerk-oekonomischer-wandel.org (20.02.2021).

Nisbet, M. (2019). The Trouble With Climate Emergency Journalism. *Issues in Science and Technology, 35*(4), 23–26.

Novy, A., Bärnthaler, R. & Heimerl, V. (2020). *Zukunftsfähiges Wirtschaften.* Weinheim/Basel: Beltz Juventa.

Ötsch, W. (2020). Der Markt und das Klima. https://makronom.de/der-markt-und-das-klima-37474 (20.02.2021).

Otto, I.M., Donges, J.F., Cremades, R., Bhowmik, A., Hewitt, R.J., Lucht, W., Rockström, J., Allerberger, F., McCaffrey, M., Doe, Sylvanus S.P., Lenferna, A., Morán, N., van Vuuren, D.P. & Schellnhuber, H.J. (2020). Social tipping dynamics for stabilizing Earth's climate by 2050. *Proceedings of the National Academy of Sciences, 117*(5), 2354–2365.

Oxfam (2020a). Confronting Carbon Inequality. Putting climate justice at the heart of the COVID-19 recovery. https://www.oxfam.de/system/files/documents/20200921-confronting-carbon-inequality.pdf (20.02.2021).

Oxfam (2020b). Im Schatten der Profite. Wie die systematische Abwertung von Hausarbeit, Pflege und Fürsorge Ungleichheit schafft und vertieft. https://www.oxfam.de/system/files/2020_oxfam_ungleichheit_studie_deutsch_schatten-der-profite.pdf (20.02.2021).

Pelluchon, C. (2019). *Ethik der Wertschätzung. Tugenden für eine ungewisse Welt.* Darmstadt: WBG Academic.

Pinzler, P. (2015). TTIP: Verrückt, verrückter, Moorburg. https://www.zeit.de/wirtschaft/2015-04/private-schiedsgerichte-verfahren-ttip-deutschland-europa-aerger (20.02.2021).

Pissarskoi, E. (2019). Was eine moderne Klimaökonomik berücksichtigen sollte. https://www.exploring-economics.org/de/entdecken/moderne-klimaoekonomik (20.02.2021).

Raworth, K. (2020). *Die Donut-Ökonomie. Endlich ein Wirtschaftsmodell, das den Planeten nicht zerstört.* München: Hanser.

Richters, O. & Siemoneit, A. (2019). *Marktwirtschaft reparieren. Entwurf einer freiheitlichen, gerechten und nachhaltigen Utopie.* München: oekom. https://www.marktwirtschaft-reparieren.de (20.02.2021).

Sachverständigenrat für Umweltfragen [SRU] (2014). *Für eine entschlossene Umweltpolitik in Deutschland und Europa: Umweltgutachten 2020.* Berlin. https://www.umweltrat.de/SharedDocs/Downloads/DE/01_Umweltgutachten/2016_2020/2020_Umweltgutachten_Entschlossene_Umweltpolitik.pdf?__blob=publicationFile&v=30 (17.02.2021).

Satgar, V. (2018). The Anthropocene and Imperial Ecocide: Prospects for Just Transitions. In V. Satgar (Hrsg.), *The Climate Crisis: South African and Global Democratic Eco-Socialist Alternatives* (S. 47–68). Johannesburg: Wits University Press.

Scheitle, M. (2020). *Does »Fridays for Future« really matter? A Case Study about the Success of the Social Movement in Germany.* Dissertation. http://urn.kb.se/resolve?urn=urn:nbn:se:uu:diva-412028 (20.02.2021).

Schmelzer, M. & Vetter, A. (2019). *Degrowth, Postwachstum zur Einführung.* Hamburg: Junius.

Schubert-Zunder, H., Rizk, J., Becker, J., Walk, P. & Salih, P. (2020). Spielarten von Postwachstum: Die Vorsorgeorientierte Postwachstumsposition – Ein Mittelweg. https://www.exploring-economics.org/en/discover/spielarten-von-postwachstum-die-vorsorgeorienti-1/ (20.02.2021).

Slobodian, Q. (2019). *Globalisten. Das Ende der Imperien und die Geburt des Neoliberalismus.* Berlin: Suhrkamp.

Tagesschau (16.05.2019). Klimaschutz ist das wichtigste Thema. https://www.tagesschau.de/inland/europatrend-101.html (12.09.2020).

Thieme, S. (2020). Ökonomik ohne Existenznotwendigkeit? https://www.exploring-economics.org/de/entdecken/oekonomik-ohne-existenznotwendigkeit (20.02.2021).

Umweltbundesamt (2020a). *Interdependente Genderaspekte der Klimapolitik. Gendergerechtigkeit als Beitrag zu einer erfolgreichen Klimapolitik: Wirkungsanalyse, Interdependenzen mit anderen sozialen Kategorien, methodische Aspekte und Gestaltungsoptionen. Abschlussbericht.* https://www.umweltbundesamt.de/sites/default/files/medien/1410/publikationen/2020-02-06_texte_30-2020_genderaspekte-klimapolitik.pdf (20.02.2021).

Umweltbundesamt (2020b). Mobilität privater Haushalte. https://www.umweltbundesamt.de/daten/private-haushalte-konsum/mobilitaet-privater-haushalte#verkehrsaufwand-im-personentransport (20.02.2021).

United Nations (1992). *United Nations Framework Convention on Climate Change.* https://unfccc.int/sites/default/files/convention_text_with_annexes_english_for_posting.pdf (18.02.2021).

United Nations Environment Programme (2020). *Emissions Gap Report 2020.* Nairobi. https://www.unep.org/emissions-gap-report-2020 (19.02.2021).

Wallimann-Helmer, I. (2017). Kollektive Verantwortung für den Klimaschutz. *Zeitschrift für Praktische Philosophie, 4*(1), 211–238.

Welzer H. (2011). Mentale Infrastrukturen: Wie das Wachstum in die Welt und in die Seelen kam. *Publication Series on Ecology*. https://www.boell.de/de/oekologie/publikationen-mentale-infrastrukturen-schriften-oekologie-11871.html (20.02.2021).

ZDF heute (20.09.2020). Rekordzahlen bei Klimademos – Wo die meisten Menschen auf die Straße gingen. https://www.zdf.de/nachrichten/heute/fazit-fridays-for-future-und-beschluesse- klimakabinett-100.html (12.09.2020).

Zimmermann, R. (2006). Was heißt historische Verantwortung? Ein systematischer Grundriss über Moral und Geschichte. *Deutsche Zeitschrift für Philosophie, 54*(6), 853–865.

Zimmermann, R. (2017). Historische Verantwortung. In L. Heidbrink, L. Langbehn & J. Loh (Hrsg.), *Handbuch Verantwortung* (S. 625–644). Wiesbaden: Springer VS.

Biografische Notizen

Nisha Toussaint-Teachout hat 2018 Fridays for Future in Stuttgart mitgegründet und ist seitdem Aktivistin in der Klimagerechtigkeitsbewegung. Sie setzt sich außerdem für Tierrechte sowie Bildung ein und studiert Philosophie und Gesellschaftsgestaltung.

David J. Petersen, M. A. Gesellschaftstheorie, ist Mitbegründer der Initiative Economists for Future. Er engagiert sich für eine plurale Ökonomik, öffentliche Wissenschaft und Fragen einer zukunftsfähigen Wirtschaft.

Maximilian Soos studierte Philosophie an der Hochschule für Philosophie München und Umweltethik an der Universität Augsburg. Seit 2019 ist er aktiv bei Fridays for Future München.

Bewusstes Handeln besser verstehen

Die Theorie des geplanten Verhaltens im Kontext von Umwelt- und Klimaschutzverhalten

Nicole Herzog

Zusammenfassung: Die Zeit, das Ruder in Sachen Klimakrise noch herumzureißen, wird immer knapper. Einen etablierten Ansatz dazu, wie Menschen ins Handeln kommen, stellt die Theorie des geplanten Verhaltens dar, die in diesem Beitrag vorgestellt und anhand eines Fallbeispiels erläutert wird.

Den meisten Klimaengagierten ging es wohl schon einmal so: Man könnte sich die Haare raufen! Zum einen wird die Zeit immer knapper, in der wir in der Lage sind, das Ruder doch noch herumzureißen und die Temperaturerhöhung auf der Erde innerhalb von Grenzen zu halten, die uns drohende Klimakipppunkte vielleicht noch vermeiden lassen (Wuppertal Institut, 2020). Zum anderen sind viele Maßnahmen bekannt, die ergriffen werden müssten, um dieses Ziel zu erreichen – und könnten prinzipiell ab sofort umgesetzt werden.

Die Maßnahmen zur Rettung unserer Lebensgrundlagen fokussieren unterschiedliche Akteur*innen – und in den sozialen Medien und an den Stammtischen werden Diskussionen darüber geführt, wer denn jetzt eigentlich ins Handeln kommen muss: »die« Individuen, »die« Politik, »die« Wirtschaft?

Es gibt dabei einen gemeinsamen Nenner: Es muss jetzt gehandelt werden und es sind letztlich immer Menschen, die handeln müssen und sich hinter Begriffen wie »Politik« oder »Wirtschaft« verbergen. Dementsprechend lohnt sich der Blick darauf, wie ganz konkrete Menschen dazu kommen, bestimmte Verhaltensweisen zu zeigen. Einer der bekanntesten handlungspsychologischen Ansätze zur Erklärung und Vorhersage menschlichen Verhaltens ist die Theory of Planned Behavior (im Folgenden abgekürzt mit TPB) – auf Deutsch: die Theorie des geplanten Verhaltens (Ajzen, 1985, 1991, 2014, 2020).

1 Einstellungen und Verhalten

Die TPB stellt die *Verhaltensabsicht (Intention)* als zentrale Variable für tatsächliches, willentliches Verhalten in den Mittelpunkt (Ajzen, 1991, 2020;

Madden et al., 1992). Ajzen (1991) geht davon aus, dass Intentionen Indikatoren dafür sind, wie viel Aufwand Menschen zu betreiben bereit sind, um eine Handlung auszuführen. Je größer die Absicht, desto wahrscheinlicher wird die Handlung ausgeführt, vorausgesetzt, dass dies überhaupt im Bereich der willentlichen Kontrolle der Person liegt (wahrgenommene Verhaltenskontrolle; Ajzen, 1991). Diese Verbindung zwischen Intention und Verhalten wurde in zahlreichen Studien belegt (vgl. z. B. die Metaanalyse von Metaanalysen von Sheeran, 2002).

Man könnte es als Binsenweisheit betrachten, dass Einstellung und Verhalten zusammenhängen, nur stellt sich eben die Frage: wie? Tatsächlich hat die Forschung zu Einstellungen in der Psychologie eine lange Tradition und es wurde schon frühzeitig davon ausgegangen, dass Einstellungen der Schlüssel zum Verstehen menschlichen Verhaltens seien (Thomas & Znaniecki, 1919). Doch menschliches Erleben und Verhalten sind viel zu komplex, um sie auf einzelne Faktoren reduzieren zu können.

Tatsächlich mussten Wissenschaftler*innen wiederholt zur Kenntnis nehmen, dass der Zusammenhang zwischen Einstellungen und Verhalten, wenn überhaupt, oft ziemlich schwach ausfiel (Wicker, 1969). Bei der Untersuchung dieses Problems stellte sich heraus, dass bei der Messung von Einstellungen und Verhalten gemeinsame Elemente gegeben sein müssen und zwischen globalen und spezifischen Einstellungen zu unterscheiden ist. Spezifisch wäre beispielsweise die Einstellung zur Wahl des Verkehrsmittels für den morgendlichen Arbeitsweg. Global wäre hingegen die Einstellung, dass umweltbewusstes Verhalten wichtig und erstrebenswert ist.

Mit dieser Erkenntnis konnte spezifisches Verhalten schließlich besser von spezifischen Einstellungen vorhergesagt werden (Ajzen et al., 2019). Möchte man hingegen einen breiteren Ansatz untersuchen, hat es sich bewährt, potenzielle Verhaltensweisen breit abzufragen und zu aggregieren (ebd.). Stellen wir uns vor, was in einer spezifischen Situation alles relevant für unser Verhalten sein kann: Habe ich ein starkes Umweltbewusstsein, also eine umweltfreundliche Einstellung, heißt das noch lange nicht, dass ich mich in jeder Situation umweltbewusst verhalte bzw. verhalten kann. Stehe ich beispielsweise morgens vor der Entscheidung, das Auto oder das Fahrrad zu nehmen, spielen auch situative Faktoren eine Rolle. Wie ist das Wetter? Habe ich vielleicht Muskelkater? Muss ich an diesem Tag die Einkäufe transportieren? ... Wird bei der Messung des Verhaltens ein zusammengefasstes Maß über viele verschiedene Situationen genutzt (Aggregation), mitteln sich diese weiteren Einflüsse, so die Annahme, heraus.

Einstellung und Verhalten müssen letztlich in Bezug auf ihr Ziel, den situativen Kontext, den Zeitpunkt sowie die konkrete Handlung übereinstimmen, um kompatibel zu sein (Fishbein & Ajzen, 1975). Möchten wir beispielsweise wissen, warum Personen das Auto am nächsten Morgen auf dem Weg zur Arbeit nutzen (Verhalten), sollte die Einstellungsmessung genau diese Elemente (Ziel-, Kontext-, Verhaltens- und Zeitelemente) ebenfalls abfragen.

2 Fallbeispiel: Das Dilemma von Herrn S.

Dazu ein Beispiel: Herr S. ist ein umweltbewusster Mensch und weiß um den Einfluss der eigenen Ernährung auf das Klima. Er hat gelesen, dass die Fleischproduktion für einen Teil der klimaschädlichen Treibhausgase verantwortlich ist. Deshalb entwickelt er die Absicht, auf tierische Produkte zu verzichten. Zu Hause, wenn er selbst kocht, klappt das auch zunächst ganz gut und er freut sich, so direkt etwas für die Umwelt tun zu können. Außerdem bekommt die fleischlose Ernährung seiner Verdauung auch ganz gut. Allerdings kann Herr S. nicht nur zu Hause essen, sondern ist an Arbeitstagen auf das gemeinsame Mittagessen mit den Kolleg*innen in der Betriebskantine angewiesen. Dort stößt er mit seiner Absicht, kein Fleisch zu essen, schnell an Grenzen, auf die er überhaupt keinen Einfluss hat (reale Verhaltenskontrolle). Denn in der Mensa gibt es nur Gerichte mit tierischen Produkten.

Möchte Herr S. etwas anderes essen als Reis oder Kartoffeln, muss er in diesem Zwangskontext nun doch tierische Produkte konsumieren. Nun könnte er auch auf das gemeinsame Essen in der Mensa verzichten und sich selbst sein Essen mitbringen. Aber er ist auch ein geselliger Mensch und schätzt seine Kolleg*innen sehr. Ein Verzicht auf den täglichen persönlichen Austausch würde mittelfristig auch seinem Wohlbefinden schaden. Deshalb entscheidet er sich, weiter in die Mensa zu gehen und den Konsum von tierischen Produkten in Kauf zu nehmen. Dies steht jedoch im Konflikt mit seiner umweltfreundlichen Einstellung und das versetzt ihn in einen aversiven Zustand – er erlebt eine kognitive Dissonanz (Festinger, 1957), die ihm sehr unangenehm ist und die er deshalb loswerden möchte.

Während Herr S. nun in der Mensa das Schnitzel isst, bekämpft er also innerlich den aversiven Zustand, indem er sich denkt, dass er ja ansonsten schon viel für das Klima tut und es da nicht ins Gewicht fällt, dass er weiter ab und zu Fleisch zu sich nimmt. Er fängt mit der Zeit auch an, sich Argumente für die omnivore Ernährung zurechtzulegen und wertet die Entscheidung für das gesellige Beisammensein auf, indem er sich vor Augen führt, welche Vorteile die gemeinsame Mittagspause für das Teamklima hat (vgl. Hiss, 2021, in diesem Band).

3 Der Einfluss der Umstände und der bedeutsamen Anderen

Es ist klar, dass wir nur solche Handlungen ausführen können, zu denen wir auch tatsächlich im Stande sind. Wenn ich beispielsweise weiß, dass ich den Arbeitsweg mit dem Fahrrad bewältigen kann, statt mit dem Auto, liegt eine Verhaltensänderung in Bezug auf die Verkehrsmittelwahl im Bereich des Möglichen. Neben der prinzipiellen Möglichkeit das Verhalten zu zeigen, ist es dabei auch relevant, ob mir die notwendigen Ressourcen (Fähigkeiten, Zeit, Geld, kooperierende Menschen usw.) zur Verfügung stehen (Ajzen, 1991).

Allerdings greift es zu kurz, davon auszugehen, dass allein die harten Fakten ausschlaggebend sind. Vielleicht glaube ich nur, dass ich nicht in der Lage bin, ein Verhalten zu zeigen, obwohl ich es tatsächlich doch wäre. Neben der tatsächlichen Verhaltenskontrolle muss deshalb auch die wahrgenommene Verhaltenskontrolle berücksichtigt werden. Diese Variable beschreibt die wahrgenommene Schwierigkeit (oder Leichtigkeit), mit der ein Verhalten ausgeführt werden kann, und trägt damit auch zurückliegenden Erfahrungen sowie erwarteten Hindernissen Rechnung (ebd.).

Doch nicht nur der Kontext zwingt uns mitunter, unsere Einstellungen über den Haufen zu werfen. So sehr wir in stark individualistischen Gesellschaften auch davon ausgehen, dass wir unsere Entscheidungen individuell autark treffen: Unser soziales Umfeld hat großen Einfluss auf unser Verhalten. Es ist uns wichtig, was die bedeutsamen Anderen in unserem Leben (Freund*innen, Partner*innen, Kolleg*innen, Familie etc.) über unser Verhalten und unsere Entscheidungen denken, beziehungsweise was wir glauben, wie diese unser Verhalten bewerten. In unsere Entscheidungen fließen also normative Überzeugungen ein, was die TPB ebenfalls berücksichtigt (Ajzen, 2020).

Dabei werden zwei normative Überzeugungen unterschieden: *Proskriptive normative Überzeugungen* beziehen sich auf die subjektive Einschätzung (oder Erwartung), was unser Umfeld über das Verhalten denkt; und *deskriptive normative Überzeugungen* beziehen sich darauf, ob wichtige Andere das Verhalten selbst ausführen (ebd.). Sehen wir beispielsweise, dass unsere Kolleg*innen alle mit dem Fahrrad statt dem Auto zur Arbeit fahren, und denken wir, dass unsere Kolleg*innen es als positiv bewerten würden, wenn wir den Drahtesel nehmen, fließt beides möglicherweise in unsere Wahl mit ein, ebenfalls das Fahrrad zu nehmen. Deshalb kann es auch einen Unterschied machen, zum Beispiel den Fahrradhelm für andere gut sichtbar im Büro zu platzieren.

4 Die Theorie des geplanten Verhaltens im Überblick

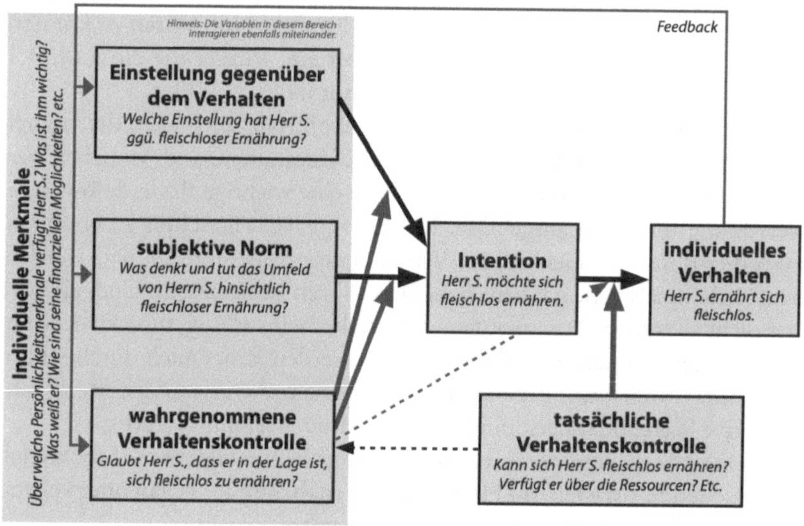

Abbildung 1: Die Theorie des geplanten Verhaltens am Beispiel von Herrn S. (eigene Darstellung und Übersetzung in Anlehnung an Ajzen, 1991, sowie erweitert auf Basis von Ajzen, 2020)

In der TPB wird also angenommen, dass das Verhalten (Fleischverzicht, Fahrradfahren) auf der Absicht, dieses Verhalten auszuführen, beruht. Die Verhaltensabsicht (»ich will mich nur noch fleischlos ernähren und mit dem Fahrrad zur Arbeit fahren«) wiederum speist sich aus der Einstellung gegenüber diesem Verhalten (»Fleischverzicht und Radfahren sind umweltfreundlich und somit gut, weil ich ein umweltfreundlicher Mensch bin«) und der subjektiven Norm (»meine umweltbewussten Kolleg*innen fahren mit dem Rad zur Arbeit und verzichten auf Fleisch«). Der Zusammenhang zwischen Einstellung und Absicht bzw. subjektiver Norm und Absicht wird dabei durch die wahrgenommene Verhaltenskontrolle moderiert (ebd.). Das bedeutet, dass die Ausprägung beider Zusammenhänge davon abhängt, wie stark ich das beabsichtigte Verhalten überhaupt für persönlich kontrollierbar, also durchführbar halte.

Nochmal zurück zu Herrn S.: Obwohl er die Einstellung hat, dass es gut wäre, auf tierische Produkte zu verzichten, und davon ausgeht, dass sein Umfeld dies gutheißt (proskriptive Norm) und sogar selbst umsetzt (deskriptive Norm), hängt die Wirkung von individueller Einstellung und subjektiver Norm davon ab, inwiefern Herr S. überhaupt glaubt, dass es innerhalb des Machbaren liegt, auf tierische Produkte verzichten zu können. Schätzt er dies als unmöglich für sich selbst ein, wird er die Absicht, sich fleischlos zu ernähren, womöglich überhaupt nicht ausbilden.

Neben der wahrgenommenen Verhaltenskontrolle spielt auch die tatsächliche Verhaltenskontrolle als Moderator des Zusammenhangs zwischen Verhaltensabsicht und tatsächlichem Verhalten eine wichtige Rolle. Selbst wenn Herr S. die Intention ausgebildet haben sollte, sich fleischlos zu ernähren, kann dies durch die tatsächliche Verhaltenskontrolle unterminiert werden, wenn er beispielsweise gar kein fleischloses Essen kaufen kann. Und, als wäre dies nicht alles schon komplex genug: Verhaltenseinstellung, subjektive Norm und wahrgenommene Verhaltenskontrolle werden ferner auch durch »Hintergrundfaktoren« wie Persönlichkeitsmerkmale, demografische Merkmale, subjektive Werte oder persönliche Eigenschaften beeinflusst (ebd.).

In einem stark vereinfachten Beispiel könnte dies bedeuten: Möchte ich als Forschende*r wissen, ob Herr S. seine Ernährung auf vegan oder vegetarisch umstellen würde, brauche ich Informationen darüber,

- inwieweit Herr S. beispielsweise ein umweltbewusster Mensch ist,
- welche Einstellung er gegenüber fleischloser Ernährung hat,
- was er darüber denkt, was sein Umfeld darüber denkt,
- was er darüber denkt, inwiefern sein Umfeld das auch tut,
- inwiefern er glaubt, in der Lage zu sein, sich jeden Tag den ganzen Tag fleischlos zu ernähren,
- inwieweit er daraus die Absicht entwickelt, sich fleischlos zu ernähren,
- inwiefern es schließlich seine Lebensumstände tatsächlich auch erlauben, sich jeden Tag den ganzen Tag fleischlos zu ernähren.

5 Fazit

Die TPB hat sich in unterschiedlichen Kontexten und in Bezug auf Umweltverhaltensweisen empirisch bewährt. Es stellen sich jedoch die Fragen, bei was genau sie in Bezug auf die Klimakrise und den damit notwendigen gesellschaftlichen Transformationen hilfreich sein kann und wie sie allgemein zu bewerten ist. Vorteilhaft bei der TPB ist, dass Verhalten mit vergleichsweise wenigen Prädiktoren gut vorhergesagt werden kann. Sie liefert für Forschende somit ein gutes Rahmenmodell für die Untersuchung von Verhalten, und auch die Ergebnisse von unterschiedlichen Untersuchungen sind dementsprechend gut miteinander vergleichbar (Yuriev et al., 2020). Sie kann somit einen guten Beitrag dazu leisten herauszufinden, welche Maßnahmen in einer Intervention mit dem Ziel der Steigerung von Umwelt- und Klimaschutzverhalten anvisiert werden sollten.

Deutlich wird, dass aufgrund der unbedingt nötigen Verhaltenskontrolle dringend die gesellschaftlichen und politischen Rahmenbedingungen verbessert werden müssen, um umwelt- und klimafreundliches Verhalten in der Breite zu ermöglichen. Mit Blick auf das Fallbeispiel wären hier zum Beispiel an den Ausbau einer Radwegeinfrastruktur sowie das Angebot eines ebenso schmackhaften vegetarischen und veganen Essens in Kantinen zu denken.

> In einfachen Worten
>
> Die Theorie des geplanten Verhaltens stellt die Verhaltensabsicht in den Mittelpunkt unseres bewussten Verhaltens. Außerdem hängt unser Verhalten dieser Theorie zufolge davon ab, welche Einstellung wir gegenüber dem Verhalten haben und was andere unserer Vorstellung nach über dieses Verhalten denken. Wichtig ist auch, wie gut wir dieses Verhalten überhaupt ausführen können bzw. glauben, ausführen zu können. Die Theorie bietet eine gute Grundlage für die Erforschung von willentlichem Verhalten im Umwelt- und Klimaschutz. Ferner hilft sie dabei herauszufinden, welche Maßnahmen bei einer Intervention zu umwelt- und klimabewussterem Verhalten hilfreich sein können.

Literatur

Ajzen, I. (1985). From Intentions to Actions: A Theory of Planned Behavior. In J. Kuhl & J. Beckmann (Hrsg.), *Action Control: From Cognition to Behavior* (S. 11–39). Berlin, Heidelberg: Springer. https://doi.org/10.1007/978-3-642-69746-3_2

Ajzen, I. (1991). The theory of planned behavior. *Organizational Behavior and Human Decision Processes, 50*(2), 179–211. https://doi.org/10.1016/0749-5978(91)90020-t

Ajzen, I. (2014). The theory of planned behaviour is alive and well, and not ready to retire: a commentary on Sniehotta, Presseau, and Araújo-Soares. *Health psychology review, 9*(2), 131–137. https://doi.org/10.1080/17437199.2014.883474

Ajzen, I. (2020). The theory of planned behavior: Frequently asked questions. *Human Behavior and Emerging Technologies, 2*(4), 314–324. https://doi.org/10.1002/hbe2.195

Ajzen, I., Fishbein, M., Lohmann, S. & Albarracin, D. (2019). The Influence of Attitudes on Behavior. In D. Albarracin & B.T. Johnson (Hrsg.), *The handbook of attitudes.* New York: Routledge, Taylor & Francis Group.

Festinger, L. (1957). *A Theory of Cognitive Dissonance.* Stanford: Stanford University Press.

Fishbein, M. & Ajzen, I. (1975). *Belief, attitude, intention and behavior: an introduction to theory and research.* Reading: Addison-Wesley. https://trid.trb.org/view/1150648 (06.07.2021).

Hiss, D. (2021). Hitze, Extremwetter und kognitive Dissonanz. Warum die kognitive Dissonanz in der Klimakrise allgegenwärtig ist und was das für die Klimakommunikation bedeutet. In L. Dohm, F. Peter & K. van Bronswijk (Hrsg.), *Climate Action – Psychologie der Klimakrise. Handlungshemmnisse und Handlungsmöglichkeiten* (S. 141–157). Gießen: Psychosozial-Verlag.

Madden, T.J., Ellen, P.S. & Ajzen, I. (1992). A Comparison of the Theory of Planned Behavior and the Theory of Reasoned Action. *Personality and Social Psychology Bulletin, 18*(1), 3–9. https://doi.org/10.1177/0146167292181001

Sheeran, P. (2002). Intention—behavior relations: a conceptual and empirical review. *European Review of Social Psychology, 12*(1), 1–36.

Thomas, W.I. & Znaniecki, F. (1919). *The Polish peasant in Europe and America: Monograph of an immigrant group.* Nabu Press.

Wicker, A.W. (1969). Attitudes versus Actions: The Relationship of Verbal and Overt Behavioral Responses to Attitude Objects. *Journal of Social Issues, 25*(4), 41–78. https://doi.org/10.1111/j.1540-4560.1969.tb00619.x

Wuppertal Institut (2020). CO2-neutral bis 2035: Eckpunkte eines deutschen Beitrags zur Einhaltung der 1, 5-°C-Grenze. https://epub.wupperinst.org/files/7606/7606_co2-neutral_2035.pdf (03.03.2021).

Yuriev, A., Dahmen, M., Paillé, P., Boiral, O. & Guillaumie, L. (2020). Pro-environmental behaviors through the lens of the theory of planned behavior: A scoping review. *Resources, Conservation and Recycling, 155,* 104660. https://doi.org/10.1016/j.resconrec.2019.104660

Biografische Notiz

Nicole Herzog, M.Sc., studierte Psychologie an der Technischen Universität Darmstadt und ist dort als Wissenschaftliche Mitarbeiterin in der Hochschuldidaktik tätig. Seit 2020 engagiert sie sich bei den Psychologists for Future.

Was motiviert zu nachhaltigem Handeln?

Perspektiven aus der umweltpsychologisch-transdisziplinären Praxis

Katharina Beyerl

Zusammenfassung: Angesichts der globalen sozial-ökologischen Krise stellt sich die Frage, warum viele Menschen scheinbar unbeirrt konsumorientierte Lebensstile weiterverfolgen, von denen eigentlich bekannt ist, dass sie sowohl andere Lebewesen als auch die natürlichen Lebensgrundlagen auf der Erde erheblich beeinträchtigen. Dieser Beitrag nähert sich möglichen Antworten auf diese Frage und schildert basierend auf Perspektiven aus der umweltpsychologisch-transdisziplinären Praxis, was zu nachhaltigerem Handeln motivieren könnte. Die wichtigste Antwort lautet: Nachhaltiges Verhalten muss leichter umsetzbar werden als nicht nachhaltiges. Dazu bedarf es eines veränderten Angebots an Waren und Dienstleistungen sowie entsprechender politischer und regulativer Rahmenbedingungen. Zur Schaffung dieser Veränderungen sind Entscheidungen von Menschen auf allen Ebenen der Gesellschaft notwendig – von Privatpersonen bis hin zu politischen Entscheidungsträger*innen. Die Entscheidungen Einzelner werden durch individuelle Wahrnehmungen von i) Problemen, ii) Strategien zum Umgang damit und iii) sozialen Prozesse geprägt. Das Verständnis dieser Wahrnehmungen kann dabei helfen, das eigene und das Verhalten anderer besser nachzuvollziehen und zugrundeliegende Hürden im Prozess der sozial-ökologischen Transformation besser zu verstehen und abzubauen. Im letzten Teil des Beitrags werden Tipps zur Erleichterung der Umsetzung nachhaltigerer Verhaltensweisen zusammengefasst.

Die häufigste Frage, die ich als Umweltpsychologin sinngemäß in jeweils abgewandelten Formulierungen gestellt bekomme, lautet: Warum handeln wir nicht nachhaltig, obwohl wir es doch eigentlich besser wissen? Und meist schließt sich direkt eine zweite Frage an: Was könnte uns denn helfen, uns nachhaltiger zu verhalten? Auch für diesen Beitrag kamen die Herausgeber*innen mit der Frage auf mich zu: Warum tun wir zu wenig gegen den Klimawandel und wie schaffen wir es, unser Verhalten zu verändern? In diesem Kapitel möchte ich kurz meine Perspektiven aus der umweltpsychologisch-transdisziplinären Arbeit schildern, die verschiedene

Ansätze zusammenfasst. Dabei werde ich mich auf nachhaltiges Verhalten allgemein beziehen – denn nur auf den Klimawandel zu fokussieren, wäre fatal.

1 Klimawandel als *eine* globale Herausforderung in der sozio-ökologischen Krise

Der Klimawandel ist mittlerweile als globale Herausforderung in der gesellschaftlichen Aufmerksamkeit angekommen. Das ist ein wesentlicher Fortschritt, um Bedingungen für Verhaltensänderungen zu schaffen. Dennoch ist es wichtig, sich zu vergegenwärtigen, dass der Klimawandel nicht *die*, sondern *eine* globale Herausforderung ist. Besonders deutlich wird das in Darstellungen der planetaren Grenzen, welche die ökologische Tragfähigkeit der Erde definieren (Steffen et al., 2015). Von den neun Grenzen, die Will Steffen und Kolleg*innen identifizieren, sind bereits zwei erheblich überschritten: Die erste Grenze bezieht sich auf die Unversehrtheit der Biosphäre, wobei insbesondere der Verlust der Biodiversität – also das Artensterben in der Tier- und Pflanzenwelt – bereits so weit fortgeschritten ist, dass Expert*innen von einem sechsten großen Massensterben in der Weltgeschichte sprechen (Barnosky et al., 2011 und 2014; Ceballos et al., 2015). Die zweite Grenze bezieht sich auf biogeochemische Kreisläufe, speziell den Stickstoff- und den Phosphor-Kreislauf, die vor allem durch die Überdüngung erheblich gestört sind. Zudem erreicht eine dritte Grenze zunehmend bedrohliche Ausmaße, nämlich die Landnutzungsveränderung und die Abholzung von Wäldern. Tatsächlich reiht sich der Klimawandel in der Einschätzung der Expert*innen erst an vierter Stelle ein. Dieser Vergleich zeigt, wie wichtig es ist, den Klimawandel in Kontext zu setzen, auch wenn am Ende alle natürlichen Kreisläufe auf der Erde miteinander verknüpft sind.

Die natürlichen Kreisläufe auf der Erde werden zunehmend von Menschen beeinflusst, sodass Wissenschaftler mittlerweile davon ausgehen, dass wir uns in einer neuen geochronologischen Epoche befinden, dem Anthropozän (Crutzen, 2006; Steffen, Crutzen & McNeill, 2007). Es gibt quasi keinen Ort mehr auf der Erde, an dem nicht Effekte menschlichen Wirkens nachweisbar wären. Biologische, geologische und atmosphärische Prozesse unterliegen immer stärker dem Einfluss menschlichen Tuns. Egal ob Belastung der Umwelt mit Kunststoffen, Luftverschmutzung, Anstieg des pH-Wertes in Meeren, Veränderungen des Nachthimmels durch künstliche Lichtquellen oder Übernutzung natürlicher Ressourcen – überall hinterlässt die Menschheit ihren Fußabdruck und verursacht in relativ kurzer Zeit massive, teilweise nie dagewesene Veränderungen, deren langfristige Wirkungen bisher kaum abschätzbar sind.

Vor allem unser Lebensstil im globalen Norden zieht zahllose Lebewesen in Mitleidenschaft, darunter Tiere, Pflanzen, aber auch unsere Mitmenschen. Durch unsere Ernährungsmuster, Konsum, Energienutzung, Mobilität, aber auch durch unsere nicht-nachhaltigen Investitionen schaden wir anderen, ohne dass wir es wollen. Unsere Gesellschaft hat sich einem an finanziellem Profit orientierten Wirtschaftssystem verschrieben, in dem Produktionsprozesse, Waren und Dienstleistungen so globalisiert sind, dass Lieferketten und Finanztransaktionen für die bzw. den Einzelne*n kaum nachvollziehbar sind. Auch sind Orte von Produktion, Konsum und Abfallentsorgung oft räumlich entkoppelt. Dieser Umstand macht uns den Konsum einerseits sehr bequem, führt aber andererseits zu massiven Problemen, da wir die Konsequenzen unseres Handelns meist nicht direkt spüren.

Wir erleben nicht unmittelbar, wie Millionen Rinder, Schweine oder Hühner in Massentierhaltung und auf Tiertransporten leiden oder wie Wildtiere mit Plastikteilen im Magen verhungern. Wir sind nicht vor Ort, wenn Näher*innen in Textilfabriken in Bangladesch oder papierlose Immigrant*innen im Mar del Plástico beim Gemüseanbau ausgebeutet werden. Den meisten von uns bleibt es erspart, direkt zu sehen, unter welchen Bedingungen Metalle oder seltene Erden dem Boden abgerungen werden, wie die Herstellung von Jeans im Used Look durch den Staub von Sandstrahlgeräten junge Menschen schwer erkranken lässt oder wie Müllsammler*innen Gesundheitsgefahren ausgesetzt sind.

Auch wenn wir grundsätzlich um dieses Leid und die sozial-ökologische Krise wissen, verschließen viele Menschen im Alltag doch allzu oft die Augen und auch ihre Herzen davor. Warum wir das tun, ist psychologisch gut zu erklären: Wenn wir all das ständig an uns heranließen, würde uns das Leid übermannen. Umweltpsycholog*innen nennen das den *finite pool of worry* – die begrenzte Kapazität, sich zu sorgen (Hansen et al., 2004). Zudem ist es schlichtweg nicht möglich für Konsument*innen, bei jedem Produkt und jeder Dienstleistung einen Überblick über Inhaltsstoffe, Produktionsbedingungen, Lieferketten, Verpackungen und Entsorgung zu haben. Diese Komplexität ist nicht mehr nachvollziehbar, und auch Gütesiegel, die den Verbraucher*innen Entscheidungen erleichtern sollen, werden teilweise als verwirrend und wenig überzeugend wahrgenommen.

So ist es in der konsumorientierten Gesellschaft, die vor allem im globalen Norden dominiert, mit all den Erwartungen und Verpflichtungen schwer, rundum umwelt- und sozialverträglich zu leben. Damit meine ich vor allem, sich so zu verhalten, dass die natürlichen und sozialen Lebensgrundlagen möglichst wenig beeinträchtigt werden und ein gutes Leben für alle möglich wird. Das schließt den Schutz von Klima, Artenvielfalt, Ökosystemen und auch von sozialen Grundlagen ein. Kate Raworth (2018) stellt in ihren Schilderungen zur Doughnut-Ökonomie zwölf soziale Grundlagen dar, die nicht unterschritten werden sollten. Diese Grundlagen umfassen unter anderem sichere Ernährung und Unterkunft, Gesundheit, Bildung, Einkommen und Arbeit, Geschlechtergerechtigkeit und soziale Gerechtigkeit. Damit ergänzt Raworth die neun planetaren Grenzen von Steffen und Kolleg*innen (2015), die nicht überschritten werden sollten, um ein sicheres und gerechtes Leben für die Menschheit zu gewährleisten.

Warum ist es nun schwer, sich in unserer Gesellschaft nachhaltig zu verhalten? Einerseits sind Produktionsprozesse, Lieferketten und Investitionen so komplex, dass für jede*n Einzelne*n schwer zu entscheiden ist, welches Produkt denn nun wirklich nachhaltig ist. Andererseits macht es uns unsere soziale und gebaute Umwelt schwer, uns nachhaltig zu verhalten. Gebaute Umwelt bezieht sich auf Energie- und Verkehrsinfrastruktur, Gebäude, Einkaufsstätten und alle gebaute Infrastruktur, die uns umgibt. Mit sozialer Umwelt sind Erwartungen gemeint, denen wir glauben entsprechen zu wollen oder zu müssen, egal ob es nun neue Kleidung ist, ein Eigenheim oder eine schicke Wohnung, ein neues Auto, die Fernreise im Urlaub oder die neueste Unterhaltungselektronik. Da die Produktion und der Transport von Dingen oftmals einen negativen sozio-ökologischen Fußabdruck hat, ist eine Konsumgesellschaft wie die unsere, die zudem noch auf fossiler Energieversorgung beruht, zwangsläufig nicht-nachhaltig. Und um in dieser Gesellschaft über die Runden zu kommen, gehen die meisten von uns einer Erwerbstätigkeit nach, die oft wiederum Mobilität und zeitliche Effektivität verlangt, sodass vieles schnell unterwegs erledigt wird und der Zeitdruck eher zum möglichst kostengünstigen Erwerb von Dingen als zum selbst Herstellen oder Reparieren bewegt. Dieses Eingebundensein in bestehende soziale und lebensweltliche Strukturen und Gewohnheiten führt leider dazu, dass, obwohl die Bekämpfung sozialer und ökologischer Probleme grundsätzlich vielen Menschen wichtig ist (z. B. Rubik et al., 2019), diese Themen im Alltag immer wieder untergehen und sich zu selten in nachhaltiges Handeln übersetzen.

2 Was bewegt uns zu nachhaltigerem Verhalten?

Umso gerechtfertigter ist die Frage, was uns zu nachhaltigerem Verhalten bewegen würde und wie wir die Lücke zwischen grundsätzlicher Einstellung und tatsächlichem Verhalten schließen können. Viele Ansätze beschäftigen sich immer wieder mit der Schaffung von Umweltbewusstsein und Motivation, um sich nachhaltiger zu verhalten. Jedoch treffen diese Ansätze seit Langem immer wieder auf ganz objektive Hürden.

Wer beispielsweise beim Einkaufen schon einmal versucht hat, auf Plastikverpackungen zu verzichten, wird schnell merken, dass man dabei immer wieder an Grenzen im Angebot stößt. Wer auf dem Dorf lebt und in die Stadt zum Arbeiten will, wird es schwer haben, mit öffentlichen Verkehrsmitteln zu fahren, wenn der Bus nur zwei Mal am Tag fährt. Wer in einem Ort ohne Bio- oder Unverpacktladen lebt, wo es nur Discount-Supermärkte gibt, wird dort ein sehr eingeschränktes Angebot an regionalen, saisonalen und ökologisch hergestellten Lebensmitteln vorfinden. Wer in einem Mietshaus lebt, wird wahrscheinlich länger ein Auto mit Verbrennungsmotor behalten, weil die selbstbestimmte Installation einer Ladesäule unmöglich scheint. Wer beruflich international reisen muss, wird es schwer haben, auf Flugreisen zu verzichten, wenn die Reiserichtlinien des Arbeitgebers oder der Arbeitgeberin nicht explizit nachhaltige Mobilität fördern. Und so gibt es vielfältige Beispiele, wo nachhaltiges Verhalten immer wieder an Grenzen stößt und nicht nachhaltiges Verhalten leichter umsetzbar ist, weil es der aktuell verfügbare und akzeptierte Standard ist.

2.1 Nachhaltige Verhaltensangebote

Daher ist die erste Antwort auf die Frage, was uns zu nachhaltigerem Verhalten bewegt, klar: ein verändertes Angebot an Waren und Dienstleistungen und eine veränderte Infrastruktur. Durch attraktive nachhaltige Verhaltensangebote, die preiswert, einfach umsetzbar, chic und allgemein verfügbar sind, würde nachhaltiges Verhalten zum Standard, ohne dass man bei jeder Konsum- oder Mobilitätsentscheidung Expert*in für Ökobilanzierung sein müsste. Doch wie können ein verändertes Angebot an Waren und Dienstleistungen, eine veränderte Infrastruktur und entsprechende politische Rahmenbedingungen erreicht werden?

Dazu ist in erster Linie notwendig, dass Probleme und Verantwortlichkeiten wahrgenommen werden sowie entsprechende Lösungswege gesehen und umgesetzt werden. Je nachdem, wie erfolgreich entsprechende Lösungsstrategien sind, müssten diese dann gegebenenfalls verfeinert und angepasst werden. All diese Prozesse sind in erheblichem Maße von Wahrnehmungen aller Beteiligten geprägt und können auf unterschiedlichen Ebenen erfolgen, sowohl im privaten Bereich als auch auf professioneller Ebene. Die grundlegenden psychologischen Prozesse menschlicher Entscheidungen sind immer ähnlich.

Warum sind individuelle Wahrnehmungen und Entscheidungen so wichtig? Auch wenn vielfach Veränderungen von Rahmenbedingungen durch »die Politik« oder ein verändertes Angebot durch »die Wirtschaft« gefordert werden, sind es doch immer Menschen, die basierend auf ihren Wahrnehmungen Entscheidungen treffen. Individuelle Entscheidungen prägen aggregiert über viele Menschen unsere sozial-ökologischen Verhältnisse, egal ob durch Bratwurstessen, in Urlaub fliegen, politisches Wahlverhalten oder bei Abstimmungen in Gremien. Wenn ich also von Individuen spreche, schließt das Akteur*innen auf allen Ebenen ein. Jede*r kann zu einer gesellschaftlichen Transformation hin zu nachhaltigeren Lebensstilen beitragen, indem sowohl durch Nachfrage und Konsumentscheidungen das Angebot an Waren und Dienstleistungen verändert wird als auch durch Wahl- und Abstimmungsverhalten institutionelle und politische Rahmenbedingungen.

2.2 Die Rolle von Wahrnehmungen

Was meine ich nun mit Wahrnehmungen? In meinen Arbeiten definiere ich Wahrnehmungen als die subjektive Art, wie Menschen jemanden oder etwas erleben und verstehen, wobei dies bewusste und unbewusste Prozesse der Sinnfindung in einer komplexen sozialen und natürlichen Welt sowie affektive Zustände und Reaktionen einbezieht (Beyerl et al., 2016). Der Prozess der Wahrnehmung bezieht sich dabei nicht nur auf die Rezeption von Information, sondern schließt die Interpretation von Phänomenen in einem spezifischen Kontext ein. Damit fasse ich Wahrnehmung breiter als andere Psycholog*innen, die darin vorrangig den Prozess der Organisation und Interpretation sensorischer Information von Umweltreizen in der externen, dreidimensionalen Welt verstehen (z. B. Gerrig & Zimbardo, 2008).

In Zusammenarbeit mit Akteur*innen aus der Praxis und anderen Disziplinen hat sich bewährt, zu differenzieren, welche Wahrnehmungen bei der Bekämpfung der sozio-ökologischen Krise – und damit auch des Klimawandels – eine wesentliche Rolle spielen. Diese Differenzierung ist hilfreich, um zu verstehen, warum Menschen überhaupt motiviert sind, etwas zu unternehmen oder nicht. Die Gliederung basiert auf verschiedenen psychologischen Theorien, darunter Ajzens Theorie des geplanten Verhaltens (1991), dem Norm-Aktivierungs-Modell von Schwartz (1977), der Schutz-Motivations-Theorie (Rogers & Prentice-Dunn, 1997) und dem transaktionalen Modell von Stress und Coping (Lazarus & Folkman, 1984). Auch neuere Modelle wurden in die Überlegungen einbezogen, dabei vor allem das integrative sozio-kognitive Modell privater proaktiver Klimawandelanpassung (Grothmann & Patt, 2005), Bambergs Modell der selbstregulierten Verhaltensänderung (2013) und das Modell von Klöckner (2013). Da es nicht das Ziel dieses Beitrags ist, auf die Besonderheiten der einzelnen Theorien einzugehen, möchte ich an dieser Stelle auf das Buch von Steg et al. (2013) für einen Schnelleinstieg verweisen.

Hinsichtlich des Klimawandels können relevante Wahrnehmungen im Wesentlichen in drei Bereiche unterschieden werden (Abb. 1). Diese Bereiche umfassen Wahrnehmungen von a) Umweltveränderungen, assoziierten Effekten und Risiken, Ursachen sowie der Notwendigkeit von Interventionen; b) Strategien zum Umgang; c) Akteur*innen, Verantwortlichkeiten, Beiträgen und sozialen Prozessen. Die Wahrnehmung der verschiedenen Aspekte beeinflusst erheblich die Motivation, den Klimawandel aktiv zu bekämpfen.

Wahrnehmung von Umweltveränderungen, assoziierten Effekten und Risiken, Ursachen sowie Notwendigkeit von Intervention

Wird der Klimawandel wahrgenommen? Einerseits kann man den Klimawandel als globales Phänomen wahrnehmen, von dem man intellektuell weiß, welches man aber aus Umweltreizen selbst nicht abzulesen vermag. Andererseits kann man Umweltveränderungen wahrnehmen, wie beispielsweise wärmere Temperaturen, selteneren Schneefall oder Dürreperioden, die man als Folgen des Klimawandels interpretiert. In den meisten Fällen

Abbildung 1: Relevante Wahrnehmungen im Umgang mit der sozio-ökologischen Krise und modulierende Faktoren

speist sich die Wahrnehmung des Klimawandels aus einer Kombination von indirektem, vermitteltem Erleben, zum Beispiel über die Medien, und direkten eigenen Beobachtungen. Wer den Klimawandel an sich anzweifelt, wird auch kaum gewillt sein, etwas dagegen zu unternehmen.

Werden potenzielle Effekte und Risiken wahrgenommen? Wenn das Phänomen Klimawandel generell bzw. Umweltveränderungen wahrgenommen werden, stellt sich die Frage, inwiefern damit assoziierte potenzielle Effekte und Risiken für das eigene und das Leben anderer oder die Umwelt wahrgenommen und interpretiert werden. Abhängig davon, wie gravierend diese Einschätzung ausfällt, steigt oder sinkt die Motivation, den Klimawandel und Umweltveränderungen zu bekämpfen bzw. Schäden durch Anpassung zu verringern.

Werden Ursachen für die Veränderungen wahrgenommen? Die Wahrnehmung von Ursachen für die Veränderungen beeinflusst wiederum, wo Maßnahmen zur Bekämpfung ansetzen. Diejenigen, die anthropogene Treibhausgasemissionen als Ursachen des Klimawandels erkennen, werden eher motiviert sein, zu versuchen, diese Emissionen zu reduzieren als andere, die beispielsweise hauptsächlich natürliche Ursachen für den Klimawandel verantwortlich machen.

Wird die Notwendigkeit der Intervention wahrgenommen? Wer nicht die Notwendigkeit sieht, aktiv etwas gegen den Klimawandel zu tun, weil er oder sie davon überzeugt ist, dass das Problem noch nicht so gravierend ist, wird auch relativ unmotiviert sein, etwas dagegen zu unternehmen.

Insgesamt bezieht sich dieser erste Bereich von Wahrnehmungen auf die Umweltveränderungen, deren Ursachen und Auswirkungen. Die Problemwahrnehmung allein reicht jedoch leider nicht aus, um bewusst und aktiv gegen den Klimawandel oder die sozial-ökologische Krise anzukämpfen. Wichtige Voraussetzung dafür ist auch die Wahrnehmung von Coping-Strategien.

Wahrnehmung von Strategien zum Umgang mit Problemen

Wie werden Strategien zum Umgang mit Problemen wahrgenommen? Unabhängig von der Art des Problems, dem man sich gegenübersieht, also egal ob Klimawandel, Artensterben oder Plastikflut, ist die Wahrnehmung von Strategien zum Umgang mit dem Problem essenziell. Als wie effizient werden solche Strategien wahrgenommen, wie kosten- und zeitintensiv, wie einfach umsetzbar, und wie gestalten sich soziale Kosten (Verurteilung durch andere) und Nutzen (Anerkennung und Unterstützung)? Diese Wahrnehmungen werden alle beeinflussen, wie man verschiedene Strategien bewertet, und damit auch die Motivation, diese umzusetzen.

Wie wird die eigene Fähigkeit zur Umsetzung dieser Strategien wahrgenommen? Neben den gerade beschriebenen, relativ sachbezogenen

Wahrnehmungen bezüglich verschiedener Strategien, um mit einem Problem umzugehen, spielen auch Wahrnehmungen der eigenen Fähigkeiten, Fertigkeiten und Ressourcen zur Umsetzung eine wichtige Rolle (Bandura, 1977; Hamann & Reese, 2020). Auch wenn man vielleicht der Überzeugung ist, dass es gut für die Bekämpfung der sozio-ökologischen Krise wäre, eigenes Obst und Gemüse anzubauen, Mode selbst zu schneidern oder Kosmetik selbst herzustellen, fehlen eventuell Fähigkeiten und Ressourcen zur Umsetzung. Zudem werden auch fördernde oder behindernde Umstände wahrgenommen, welche die Motivation, eine Strategie umzusetzen, beeinträchtigen können. Zusammenfassen kann man diese Überlegungen als wahrgenommene Verhaltenskontrolle, die menschliches Handeln in erheblichem Maß beeinflusst (Ajzen, 2001, 2002).

Wahrnehmung von Akteur*innen, Verantwortlichkeiten, Beiträgen

Da wir Menschen soziale Wesen sind und unser Verhalten in vielerlei Weise davon geprägt wird, wie wir andere Menschen und deren Verhalten wahrnehmen, sind Wahrnehmungen von Problem und möglichen Lösungsstrategien allein in den meisten Fällen nicht ausreichend, um Verhalten zu motivieren oder zu hemmen. Hinzu kommen folgende Aspekte:

*Wie werden andere Akteur*innen wahrgenommen?* Wenn es um die Verursachung und Bekämpfung der sozio-ökologischen Krise geht, sind viele verschiedene Akteur*innen beteiligt, sowohl im Familien- und Freundeskreis, im beruflichen oder kommunalen Umfeld, in der Gemeinde, aber auch national und international. Dabei entfalten sich in vielfältiger Weise soziale Dynamiken ganz unabhängig vom eigentlichen Problem oder der Problemlösung. Wer kennt und wer mag wen und wen nicht, wer kann miteinander und wer nicht, wo gibt es eventuell alte Rivalitäten oder Verbindlichkeiten? Vor allem bei Aufgaben, die nur gemeinsam mit anderen umsetzbar sind, kann es hilfreich sein, sich solcher Dynamiken bewusst zu sein, um die Motivationen der Beteiligten besser zu verstehen und Kommunikation transparenter zu gestalten.

Wie werden Verantwortlichkeiten wahrgenommen? Ein weiterer zentraler Faktor, der die Motivation für Verhalten beeinflusst, bezieht sich auf die Wahrnehmung von Verantwortlichkeiten für Probleme und deren Lösung. Wer beispielsweise beim Klimawandel für rasches und entschlossenes Handeln hauptsächlich Politik, Wirtschaft oder andere Länder in der Verantwortung sieht, wird vermutlich weniger motiviert sein, selbst etwas gegen das Problem zu unternehmen.

Wird die Verteilung von Beiträgen im Prozess wahrgenommen? Zudem wird die Motivation, sich an einer gemeinsamen Anstrengung zu beteiligen, davon beeinflusst werden, ob die Beiträge anderer Beteiligter als gerecht verteilt und entsprechend ihrer Möglichkeiten wahrgenommen werden. Große negative Abweichungen von den eigenen und sozial akzeptierten Vorstellungen können somit schnell zu Motivationsverlust führen.

Werden soziale Konflikte oder Unterstützung wahrgenommen? Darüber hinaus spielt die Wahrnehmung vom sozialen Umgang miteinander eine wesentliche Rolle, wenn es darum geht, sich für etwas zu engagieren. Werden andere als unterstützend wahrgenommen, steigt die Motivation, etwas umzusetzen. Wenn der Einsatz für etwas vor allem in dem sozialen Umfeld, das einem persönlich wichtig ist, immer wieder zu Konflikten führt, bringt einen das schnell in eine Zwickmühle und führt zu kognitiver Dissonanz.

Die Unterscheidung solcher Wahrnehmungen ist nie ganz trennscharf und immer auch von sozio-demografischen und individuell psychologischen Charakteristika sowie sozialen Prozessen beeinflusst (vgl. Beyerl et al., 2016). Die Gliederung hat sich jedoch als hilfreich erwiesen, um festzustellen, an welcher Stelle ein Prozess eventuell hakt. Zudem ist es wichtig, sich bewusst zu sein, dass die Bekämpfung der sozial-ökologischen Krise im Allgemeinen und des Klimawandels im Speziellen viele verschiedene und konkrete Verhaltensweisen erfordert. Wenn Umfragen beispielsweise ergeben, dass Umweltschutz der Mehrheit der Befragten wichtig sei, bedeutet das noch lange nicht, dass sie auch spezifische Verhaltensweisen als umsetzenswert erachten und beispielsweise auf Fleisch, Flugreisen, Fast Fashion oder das neueste Mobiltelefon verzichten. Und eben diese Vielfalt an Verhaltensweisen einer Vielzahl von Menschen macht es so mühsam, die sozial-ökologische Krise schnell und effektiv zu bekämpfen, wobei zudem der eigene Beitrag zur Krise und der Problemlösung so verschwindend gering erscheint.

3 Der innere Schweinehund und Ideen, um ihn auszutricksen

Wer kennt ihn nicht, den inneren Schweinehund, oder wie der Liedermacher Reinhard Mey genderbetont sagen würde, die innere Schweinehündin, wenn es um nachhaltiges Verhalten geht? Nachhaltiges Leben erfordert viele verschiedene Verhaltensweisen – und das jeden Tag. Die sozial-ökologische Transformation hin zu nachhaltigeren Lebensstilen ist ein gesamtgesellschaftlicher Marathon und ein ständiges miteinander Aushandeln, wie wir leben wollen. Selbst den Menschen, die sich nach Möglichkeit nachhaltig verhalten wollen und die sowohl Problem als auch Lösungsstrategien erkannt haben, fällt es schwer, sich jeden Tag diszipliniert und konsequent zu verhalten. Welche Tricks können uns dabei helfen, um motiviert zu bleiben und nachhaltiges Verhalten möglichst beständig umzusetzen?

1. *Es geht nicht darum, immer perfekt zu sein.* Um Frustration von vornherein zu vermeiden, kann es helfen, sich zu vergegenwärtigen, dass perfekt nachhaltiges Verhalten aktuell kaum möglich ist. Alles, was wir tun, hat einen sozio-ökologischen Effekt, denn als Menschen atmen und essen wir, müssen uns kleiden, waschen, wohltemperiert halten, fortbewegen. Die Frage ist, wie der sozio-ökologische Effekt unseres Verhaltens möglichst so gestaltet werden kann, dass andere Lebewesen und die Umwelt so wenig wie möglich beeinträchtigt werden. Dieses Ziel können wir individuell anstreben und versuchen, im Alltag möglichst umzusetzen. Gleichzeitig sollte das Vorhaben nicht an Perfektionismus scheitern, sodass man deshalb aufgibt. Die sozial-ökologische Transformation hin zu nachhaltigeren Lebensstilen ist ein längerfristiger, gesamtgesellschaftlicher Prozess, in dem die Entscheidung jedes und jeder Einzelnen zählt – privat und beruflich. Denn nur basierend darauf werden auch Rahmenbedingungen, Angebot und Infrastruktur schrittweise verändert.
2. *Erreichbare Ziele zu einem bestimmten Zeitpunkt.* Aus der Motivationspsychologie ist bekannt, dass es hilfreich sein kann, sich erreichbare, mittelschwere Ziele bis zu einem bestimmten Zeitpunkt zu setzen. Beispielsweise kann man sich vornehmen, Energieverbrauch, Flugreisen, Fleischkonsum oder Abfallaufkommen zu reduzieren. Wenn das für eine bestimmte Zeit klappt und Rückmeldungen zu Erreichtem zusätzlich bekräftigen, können diese Zeiträume ausgeweitet werden oder neue Punkte auf die Liste kommen. Sinnvoll ist dabei, sich zu informieren, welche Veränderungen den größtmöglichen sozio-ökologischen Effekt haben.
3. *Zeitfenster nutzen.* Zur Erleichterung von Umstellungen sind Zeit- und Gelegenheitsfenster gut, um Verhalten und Gewohnheiten zu verändern. Ein Umzug kann Anlass sein, die Wahl von Energieanbie-

ter oder Einkaufsstätte umzustellen, oder die eigene Mobilität nachhaltiger zu gestalten. Ein Jobwechsel, Heirat oder ein Kind kann motivieren, ein Konto bei einer nachhaltigen Bank zu eröffnen. Nicht alltägliche Renovierungen und Neuanschaffungen können dazu beitragen, die Rahmenbedingungen für tägliches Verhalten zu optimieren. Ebenso gibt es auch auf institutioneller und politischer Ebene immer wieder Zeitfenster, um nachhaltige Entscheidungen zu treffen und umzusetzen.

4. *Sich mit anderen zusammenschließen.* Bei alledem kann es helfen, soziale Unterstützung zu suchen. Die Kommunikation eigener Ziele und gemeinsame Zielsetzung schafft den Ansporn, unsere Ankündigungen auch erfüllen zu wollen. Sich bei der Umsetzung von Zielen gegenseitig zu unterstützen, kann zusätzlich motivieren. Zudem werden strukturelle Veränderungen, die nachhaltiges Verhalten einfacher machen, eher Realität, wenn viele Menschen gemeinsam Veränderungen einfordern und ihr Verhalten ändern.
5. *Sich nicht entmutigen lassen.* Über die Jahre habe ich immer wieder Menschen kennengelernt, die meinen, wir schaffen die notwendigen Veränderungen sowieso nicht mehr rechtzeitig. Zweifellos ist die gesamtgesellschaftliche Transformation hin zu nachhaltigeren Lebensstilen eine riesige Aufgabe. Aufzugeben bringt uns jedoch auch nicht weiter. Václav Havel wird der Satz zugeschrieben »Hoffnung ist nicht die Überzeugung, dass etwas gut ausgeht, sondern die Gewissheit, dass etwas Sinn hat, egal wie es ausgeht.« Sich an diesem Gedanken zu orientieren, kann bei all den täglichen Bemühungen erheblich unterstützen, um weiterzumachen und nicht aufzugeben.

4 Fazit

Insgesamt prägen die Entscheidungen jedes und jeder Einzelnen auf allen Ebenen – sowohl in der Familie als auch im Freizeitverein, im Beruf, in der Kommune oder in politischen Gremien – die sozialen und ökologischen Verhältnisse, in denen wir leben. Jede Entscheidung beruht auf Wahrnehmungen, die wiederum von einer Vielzahl von Faktoren beeinflusst werden. Das Verständnis individueller Wahrnehmungen kann helfen, um den Prozess einer sozial-ökologischen Transformation besser zu gestalten, das eigene und das Verhalten anderer eher nachzuvollziehen, und dadurch bei der gemeinsamen Aushandlung davon, an welchen Werten wir unsere Gesellschaft ausrichten und wie wir leben wollen, gut zu kommunizieren.

> In einfachen Worten
>
> Die Menschen verändern die Bedingungen für das Leben auf unserem Planeten immer mehr. Die Produktion von Energie, Lebensmitteln und anderen Dingen belastet oft die Luft, das Wasser und den Erdboden. Um das Leben auf unserem Planeten besser zu schützen, müssen wir vieles ändern. Wir müssen nachhaltiger leben. Nachhaltig bedeutet, dass es der Natur und anderen Lebewesen gut geht. Dazu kann jeder und jede von uns beitragen. Wir können seltener mit dem Flugzeug reisen. Statt Fleisch können wir Obst und Gemüse aus der Region essen. Und bevor wir Kleidung oder Dinge wegwerfen, sollten wir sie lange nutzen. Das Verhalten jedes einzelnen Menschen ist wichtig. Das Verhalten jedes Menschen wird von Wahrnehmungen geprägt. Wahrnehmungen sind unsere Gedanken zu allem, was wir sehen, hören, riechen, schmecken oder fühlen. Es ist wichtig zu verstehen, wie die Menschen Probleme und Möglichkeiten zur Lösung von Problemen wahrnehmen. Dann können wir gemeinsam die Voraussetzungen für ein nachhaltiges Leben schaffen.

Literatur

Ajzen, I. (1991). The theory of planned behavior. *Organizational Behavior and Human Decision Processes, 50,* 179–211. https://doi.org/10.1016/0749-5978(91)90020-T

Ajzen, I. (2001). Nature and operation of attitudes. *Annual Review of Psychology, 52,* 27–58. https://doi.org/10.1146/annurev.psych.52.1.27

Ajzen, I. (2002). Perceived behavioural control, self-efficacy, locus of control, and the theory of planned behavior. *Journal of Applied Social Psychology, 32,* 665–683. https://doi.org/10.1111/j.1559-1816.2002.tb00236.x

Bamberg, S. (2013). Changing environmentally harmful behaviors: a stage model of self-regulated behavioural change. *Journal of Environmental Psychology, 34,* 151–159. https://doi.org/10.1016/j.jenvp.2013.01.002

Bandura, A. (1977). Self-efficacy: toward a unifying theory of behavioural change. *Psychological Review, 84,* 191–215. https://doi.org/10.1037/0033-295X.84.2.191

Barnosky, A.D., Brown, J.H., Daily, G.C., Dirzo, R., Ehrlich, A.H., Ehrlich, P.R., Eronen, J.T., Fortelius, M., Hadly, E.A., Leopold, E.B., Mooney, H.A., Peterson Myers, J., Naylor, R.L., Palumbi, S., Stenseth, N.C. & Wake, M.H. (2014). Introducing the scientific consensus on maintaining humanity's life support systems in the 21st century: Information for policy makers. *The Anthropocene Review, 1*(1), 78–109.

Barnosky, A.D., Matzke, N., Tomiya, S., Wogan, G.O., Swartz, B., Quental, T.B., Marshall, C., McGuire, J.L., Lindsey, E.L., Maguire, K.C., Mersey, B. & Ferrer, E.A. (2011). Has the Earth's sixth mass extinction already arrived? *Nature, 471*(7336), 51–57.

Beyerl, K., Putz, O. & Breckwoldt, A. (2016). The Role of Perceptions in Community-Based Marine Resource Management. *Frontiers in Marine Science, 3*(238). https://doi.org/10.3389/fmars.2016.00238

Ceballos, G., Ehrlich, P.R., Barnosky, A.D., García, A., Pringle, R.M. & Palmer, T.M. (2015). Accelerated modern human–induced species losses: Entering the sixth mass extinction. *Science advances, 1*(5), e1400253.

Crutzen, P.J. (2006). The »anthropocene«. In E. Ehlers & T. Krafft (Hrsg.), *Earth system science in the anthropocene* (S. 13–18). Berlin, Heidelberg: Springer.

Gerrig, R.J. & Zimbardo, P.G. (2008). *Psychology and Life* (18. Aufl.). Boston, MA: Allyn and Bacon.

Grothmann, T. & Patt, A. (2005). Adaptive capacity and human cognition: the process of individual adaptation to climate change. *Global Environmental Change, 15*, 199–213. https://doi.org/10.1016/j.gloenvcha.2005.01.002

Hamann, K.R. & Reese, G. (2020). My influence on the world (of others): Goal efficacy beliefs and efficacy affect predict private, public, and activist pro-environmental behavior. *Journal of Social Issues, 76*(1), 35–53.

Hansen, J., Marx, S. & Weber, E.U. (2004), *The Role of Climate Perceptions, Expectations, and Forecasts in Farmer Decision Making: The Argentine Pampas and South Florida.* Palisades, NY: International Research Institute for Climate Prediction (IRI).

Klöckner, C.A. (2013). A comprehensive model of the psychology of environmental behaviour – A meta-analysis. *Global environmental change, 23*(5), 1028–1038.

Lazarus, R.S. & Folkman, S. (1984). *Stress, Appraisal and Coping*. New York, NY: Springer.

Raworth, K. (2018). *Die Donut-Ökonomie: Endlich ein Wirtschaftsmodell, das den Planeten nicht zerstört.* München: Hanser.

Rogers, R.W. & Prentice-Dunn, S. (1997). »Protection motivation theory«. In D.S. Gochman (Hrsg.), *Handbook of Health Behaviour Research. I: Personal and Social Determinants* (S. 113–132). New York, NY: Plenum.

Rubik, F., Müller, R., Harnisch, R., Holzhauer, B., Schipperges, M. & Geiger, S. (2019). *Umweltbewusstsein in Deutschland 2018.* Bundesministerium für Umwelt, Naturschutz und nukleare Sicherheit (BMU) und Umweltbundesamt (UBA) (Hrsg.).

Schwartz, S.H. (1977). »Normative influences on altruism«. In L. Berkowitz (Hrsg.), *Advances in Experimental Social Psychology, Bd. 10* (S. 221–279). New York, NY: Academic Press.

Steffen, W., Crutzen, P.J. & McNeill, J.R. (2007). The Anthropocene: Are Humans Now Overwhelming the Great Forces of Nature? *Ambio, 36*(8), 614–621.

Steffen, W., Richardson, K., Rockström, J., Cornell, S.E., Fetzer, I., Bennett, E.M., Biggs, R., Carpenter, S.R., de Vries, W., de Wit, C.A., Folke, C., Gerten, D., Heinke, J., Mace, G.M., Persson, L.M., Ramanathan, V., Reyers, B. & Sörlin, S. (2015). Planetary boundaries: Guiding human development on a changing planet. *Science, 347*(6223).

Steg, L., van den Berg, A.E. & de Groot, J.I.M. (Hrsg.). (2013). *Environmental Psychology: An Introduction*. Oxford, UK: BPS Blackwell.

Tröger, J. & Reese, G. (2021). Talkin' bout a revolution: an expert interview study exploring barriers and keys to engender change towards societal sufficiency orientation. *Sustainability Science*, 1–14.

Biografische Notiz

Katharina Beyerl ist Diplom-Psychologin mit Fokus auf Umweltpsychologie und promovierte Geografin. Sie beschäftigt sich mit Wahrnehmungen der globalen sozial-ökologischen Krise und Motivationen zur Umsetzung möglicher Bewältigungsstrategien, um langfristig zu nachhaltigeren Lebensstilen beizutragen.

Psychologie des sozial-ökologischen Wandels

Eine offene virtuelle Vorlesung

Benedikt Seger, Marlis Wullenkord, Karen Hamann, Parissa Chokrai & Helen Landmann

Zusammenfassung: Immer deutlicher zeichnet sich ab, dass wir die ökologischen und sozialen Herausforderungen unseres Jahrhunderts nicht allein durch technischen Fortschritt lösen können, sondern einen umfangreichen Wandel unseres gesellschaftlichen Zusammenlebens brauchen. Die Psychologie als Wissenschaft individuellen Erlebens, Denkens und Verhaltens spielt deshalb eine wichtige Rolle für den sozial-ökologischen Wandel. Um dafür möglichst viele wissenschaftliche Erkenntnisse aus der Psychologie für Studierende, Akteur*innen des Wandels und eine breite Öffentlichkeit zugänglich zu machen, entstand aus der Initiative Psychologie im Umweltschutz (IPU) in Zusammenarbeit mit renommierten Wissenschaftler*innen eine offene virtuelle Vorlesungsreihe nach dem Prinzip der offenen Bildungsmaterialien (Open Educational Resources). Die zehn Vorlesungseinheiten umfassen Konzepte und Modelle zu sozial-ökologischem Wandel, Mensch-Umwelt-Interaktionen, Einflussfaktoren auf individuelles und kollektives Umweltverhalten und Ideen des Guten Lebens in sozial-ökologisch nachhaltigen Gesellschaften. In diesem Beitrag werden die Inhalte der Vorlesungsreihe zusammengefasst. Sie zeigen Ansatzpunkte auf, wie sich die Psychologie in eine interdisziplinäre Nachhaltigkeitsforschung einbetten lässt und wie sich Menschen mithilfe der Psychologie für einen sozial-ökologischen Wandel einsetzen können.

Vor der Umsetzung stand eine große Idee: Sozial-ökologische Nachhaltigkeit soll als psychologisches Anwendungsfach stärker in der Hochschullehre im deutschsprachigen Raum verankert werden. Dabei sollten Studierende aller Fachrichtungen und Nachhaltigkeits-Aktive, die nicht an einer Hochschule eingeschrieben sind, in den Blick genommen werden. Der Arbeitskreis Lehre der Initiative Psychologie im Umweltschutz (IPU) e. V. (https://ipu-ev.de/) setzte sich deshalb das Ziel, virtuelles Lernmaterial zu entwickeln und als offenes Bildungsmaterial (Open Educational Resource) zur Verfügung zu stellen. Mithilfe von allgemein zugänglichem Wissen

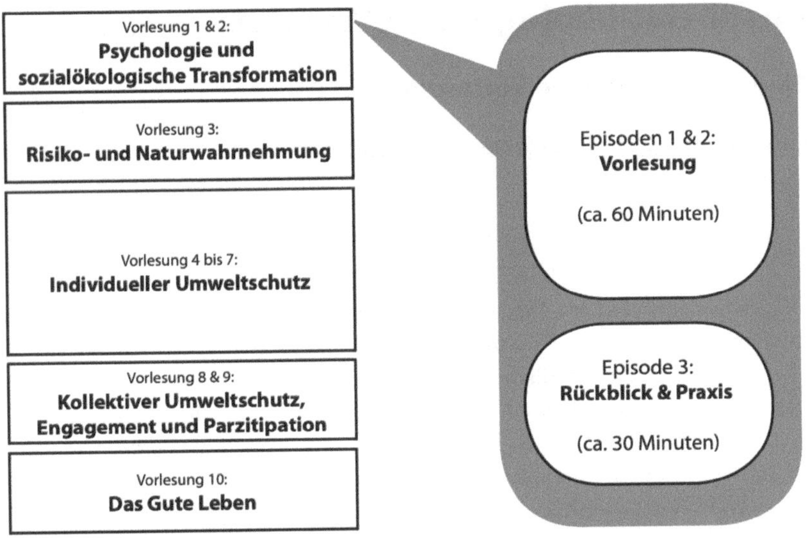

Abbildung 1: Überblick über die Vorlesungsreihe »Psychologie des sozial-ökologischen Wandels« und den Aufbau einer Vorlesungseinheit

wollen wir so den sozial-ökologischen Wandel unterstützen. Der Arbeitskreis konnte dafür die Virtuelle Akademie Nachhaltigkeit (https://www.va-bne.de/) als Kooperationspartnerin gewinnen. Um für Menschen mit unterschiedlichen Hintergründen interessant zu sein, stellte die Vorlesung die folgende Kernfrage: *Welchen Beitrag kann die Psychologie für einen Wandel hin zu einer sozial-ökologischen Gesellschaft leisten?*

Auf dieser Grundlage wurde eine aus zehn Einheiten bestehende Online-Vorlesungsreihe erarbeitet, die seit Dezember 2020 zur Verfügung steht (IPU, 2020; Abb. 1). In den Einheiten 1 und 2 werden Zielsetzungen und Rahmenbedingungen einer Psychologie des sozial-ökologischen Wandels erörtert. Im weiteren Verlauf der Vorlesungsreihe werden psychologische Erkenntnisse veranschaulicht, die für den sozial-ökologischen Wandel von Bedeutung sein können. Im Speziellen sind dies die individuelle Wahrnehmung und Bewertung von Umwelt und Umweltrisiken (Einheit 3), privater Umweltschutz (Einheiten 4–7), kollektives Handeln und Protest (Einheit 8) sowie Partizipation (Einheit 9). In Einheit 10 werden psychologische Prozesse aufgezeigt, die das *gute Leben* in einer sozial-ökologisch gewandelten Gesellschaft beschreiben könnten. Jede dieser Einheiten besteht aus drei Episoden à 30 Minuten. In den ersten beiden Episoden geben Expert*innen des Forschungsgebiets einen wissenschaftlichen Überblick. Die dritte Episode besteht aus einem Rückblick mit praktischer Anwendung von Marlis Wullenkord und Karen Hamann. Hier werden die zuvor besprochenen Themen aus praxisorientierter Perspektive zusammengefasst und in eine Mehrebenen-Perspektive gesellschaftlichen Wandels eingeordnet. Danach werden die Zuhörenden durch Übungen zu einer Selbstreflexion des Themas eingeladen. Zum Schluss besprechen die beiden Moderatorinnen ihre eigenen Reflexionen, um vielseitige und inspirierende Erkenntnisse zu ermöglichen.

1 Die Rolle der Psychologie für ein menschenwürdiges Leben in planetaren Grenzen

In der ersten Vorlesungseinheit erklärt Prof. Sebastian Bamberg die Zielsetzung einer Psychologie des sozial-ökologischen Wandels. Dafür wird das Konzept der planetaren Grenzen vorgestellt, also der Belastungsgrenzen von Erdsystemen wie Klima und Biodiversität (Rockström et al., 2009). Wenn diese Grenzen überschritten sind, stößt das Prozesse an, die sich selbst verstärken und so die Lebensgrundlagen der Menschheit gefährden können. Einen Ansatz zur Einhaltung der planetaren Grenzen unter Einhaltung sozialer Standards bietet die Doughnut-Ökonomie (Raworth, 2017). Raworth beschreibt den Bereich, in dem ein würdevolles Leben für zehn Milliarden Menschen möglich ist und der gleichzeitig die ökologische Lebensgrundlage bewahrt. Dabei bilden die planetaren Grenzen die äußere, die sozialen Mindeststandards die innere Begrenzung. Grafisch lässt sich dieser Bereich als Kreis mit einem Loch in der Mitte – einem Donut – darstellen. Ein würdevolles Leben in den planetaren Grenzen ist die Vision, an der die Vorlesung ausgerichtet ist.

In der zweiten Vorlesungseinheit beleuchtet Bamberg die Rolle der Psychologie für den Wandel hin zu einem menschenwürdigen Leben in planetaren Grenzen. In Deutschland verbrauchen selbst Haushalte mit sehr niedrigem Ressourcenverbrauch noch zu viel, um die planetaren Grenzen einhalten zu können (Buhl et al., 2019). Individuelle Verhaltensänderungen (zum Beispiel Strom sparen, Müll trennen, weniger Auto fahren) sind daher zwar notwendig, aber nicht ausreichend für einen sozial-ökologischen Wandel. Vielmehr ist es wichtig, Systeme zu berücksichtigen, in die Menschen eingebettet sind.

Die Mehrebenen-Perspektive (Geels, 2011; Geels & Schoot, 2007) definiert drei Ebenen von gesellschaftlichen Systemen: Die *Landschaft* ist die oberste Ebene und umfasst Megatrends wie den Klimawandel, kulturelle Entwicklungen und unser Wirtschaftssystem. *Sozio-technische Regime* bezeichnen institutionalisierte, etablierte gesellschaftliche Strukturen, die den Status quo aufrechterhalten (zum Beispiel politische Institutionen, Technologien). *Nischen* sind geschützte Räume (zum Beispiel Protestbewegungen, Start-ups), in denen radikale Innovationen entwickelt und erprobt werden können. Hierbei gilt: Je höher die Ebenen, desto stabiler sind sie und desto langsamer lassen sie sich verändern – sie sind träge, institutionalisiert und kulturell verankert. Gleichzeitig ist Veränderung auf höheren Ebenen langanhaltender und effektreicher als auf niedrigen Ebenen. Sozio-technische Regime erzeugen sogenannte Pfadabhängigkeiten *(Lock-Ins)*, die die Handlungsmöglichkeiten von Individuen erheblich einschränken. Zu diesen Lock-Ins gehören rechtliche und wirtschaftliche Zwänge, aber auch Denkgewohnheiten, die dazu führen, dass sich Menschen alternative Lebensstile kaum vorstellen können. Dennoch werden Regime manchmal durch Veränderungen auf der Landschaftsebene destabilisiert (zum Beispiel durch Naturkatastrophen, Atomunfälle oder Pandemien) und es tun sich Möglichkeitsfenster für Nischenakteur*innen auf, ihre radikalen Innovationen im Regime zu verankern. Die verschiedenen Ebenen greifen also komplex ineinander und können so einen gesellschaftlichen Wandel bewirken.

In der Vorlesungsreihe soll die Mehrebenen-Perspektive dazu anregen, individuelles Umweltverhalten nicht isoliert, sondern eingebettet in Nischen, Regime und Landschaften zu betrachten (Göpel, 2016): Menschen können Regeln aufrechterhalten oder verändern, sie können mitwirken, dass bestimmte Ressourcen wie öffentlicher Nahverkehr zur Verfügung stehen, sie wählen politische Vertreter*innen, und sie können sich vor allem in Nischen gemeinsam mit anderen für den sozial-ökologischen Wandel einsetzen.

2 Wie nehmen Menschen ihre Umwelt und Umweltrisiken wahr?

Dr. Claudia Menzel spricht in der dritten Vorlesungseinheit über Risikobewertung, Naturwahrnehmung und die Rolle der Natur für menschliches Wohlbefinden. Im Gegensatz zu wissenschaftlich fundierter Risikobewertung ist die Alltagsbewertung von Menschen durch subjektive Faktoren geprägt, wie Emotionen, Werte oder die Einschätzung, eine Krisensituation unter Kontrolle zu haben (Sjöberg, 2007). In der Klimakrise kommt erschwerend hinzu, dass das Verhalten einzelner Personen keine direkt wahrnehmbaren Spuren hinterlässt. Ob sich also der Verzicht auf Flugreisen positiv oder die alltäglichen Fahrten mit dem Auto negativ auf die Klimabilanz auswirken, können Menschen nicht direkt beobachten und damit nicht ohne Weiteres in ihre Risikoabschätzung einfließen lassen. Menschliche Wahrnehmung kann darüber hinaus durch bestimmte Denkmuster und -strategien verzerrt werden, sogenannte *Heuristiken*. Nach der Affektheuristik beispielsweise führen positive Emotionen eher zu einer verminderten Risikowahrnehmung, während negative Emotionen eher zu höherer Risikobewertung führen (Finucane et al., 2000). Auch sozio-technische Regime haben einen Einfluss auf die individuelle Bewertung von Umweltrisiken. Wenn etwa politische Instanzen primär Atom- und Kohlekraft fördern, neigen Verbraucher*innen eher dazu, die Risiken zu unterschätzen, die von diesen Energiequellen ausgehen. Die Wahrnehmung eines Risikos ist damit eine notwendige, wenngleich keine hinreichende Voraussetzung zur Handlungsbereitschaft (Wachinger et al., 2013).

Die Wahrnehmung unserer Umwelt kann auch unser Wohlbefinden beeinflussen. Einige Studien belegen die vielfältigen positiven Effekte natürlicher Umwelten auf Menschen. Naturnahe Umwelten gehen mit weniger Stress, besseren kognitiven Fähigkeiten, einem positiveren Selbstbild und einer erhöhten physischen Gesundheit einher (Barton et al., 2009; Bratman et al., 2012). Umweltverschmutzungen wie beispielsweise Lärm-, Licht-, Luftverschmutzung oder Müll verringern die Erholungswirkung (Wyles et al., 2016). Auch die bebaute Umwelt (zum Beispiel der eigene Wohnort) kann zu einem Stressor werden und sich negativ auf die psychische wie physische Gesundheit auswirken (Park & Evans, 2016). Darüber hinaus gibt es Hinweise, dass Menschen, die in grüneren Umgebungen leben, eine höhere Bereitschaft zu umweltfreundlichem Handeln zeigen (Zhang & Tu, 2021).

3 Warum verhalten wir uns mehr oder weniger umweltfreundlich?

Die Vorlesungseinheiten 4 bis 7 von Dr. Sonja Geiger beschäftigen sich mit der Erklärung privaten Umweltverhaltens von Einzelpersonen. Aus Praxissicht kann dieser Teil Anregungen für Kampagnen und Aktionen geben, die nachhaltigeres Verhalten im privaten Bereich fördern wollen, wie beispielsweise Informationskampagnen zur Veränderung von Ernährung, Konsum oder Mobilität.

Während der letzten Jahrzehnte hat die Psychologie individuelles Umweltverhalten intensiv erforscht, daher nimmt es hier entsprechend viel Raum ein. Es lässt sich anhand des Würfelmodells nachhaltigen Konsumverhaltens (Geiger et al., 2017) in drei Dimensionen einordnen: Nachhaltigkeit (ökologisch und sozial-ökonomisch), Konsumphasen (Beschaffung, Nutzung und Entsorgung) und Verhaltensbereiche (u. a. Ernährung, Kleidung, Wohnen und Mobilität). Psychologische Handlungsmodelle erklären dabei, warum wir uns (nicht) nachhaltig verhalten. Hierbei wird oft zwischen rationalen und normativen Modellen unterschieden. Rationale Modelle wie die Theorie des geplanten Verhaltens (vgl. Herzog, 2021, in diesem Band) betrachten Umweltverhalten als Ergebnis einer rationalen, durch Eigeninteresse motivierten Abwägung möglicher Verhaltenskonsequenzen (Ajzen, 1991; Bamberg & Möser, 2007). Im Gegensatz dazu gehen normative Modelle davon aus, dass Umweltverhalten eine Form selbstlosen (altruistischen) Verhaltens darstellt und von Norm- und Wertvorstellungen motiviert ist (Steg et al., 2014).

In der ersten Episode von Vorlesungseinheit 5 wird die *Umwelteinstellung* behandelt, die als ein- oder mehrdimensionales Konzept verstanden werden kann. Eindimensionale Konzepte betrachten Umwelteinstellungen als die psychologische Tendenz, die natürliche Umwelt als (nicht) schützenswert zu betrachten (Milfont & Duckitt, 2010). Mehrdimensionale Konzepte haben gegenüber eindimensionalen jedoch den Vorteil, dass sie zum einen die überlebenswichtige Nutzung natürlicher Ressourcen unabhängig von der Idee der Bewahrung betrachten (Milfont & Duckitt, 2004). Zum anderen bieten sie mehr Ansatzpunkte zur Erklärung von Umweltverhalten und damit auch mehr Ansatzpunkte für Kampagnen zur Veränderung privaten Umweltverhaltens. Als mehrdimensionales Konzept ist im deutschsprachigen Raum vor allem das Umweltbewusstsein bekannt. Spada (1990) unterscheidet hierbei zwischen kognitiven (gedankenbezogenen), affektiven (gefühlsbezogenen) und konativen (handlungsbezogenen) Aspekten. Die Studie »Umweltbewusstsein in Deutschland« (Umweltbundesamt, 2019), die sich an Spadas Konzept orientiert, wird alle zwei Jahre in Deutschland durchgeführt. Sie zeigt immer wieder auf, dass viele Menschen zwar ein starkes Umweltbewusstsein haben, sich aber trotzdem nicht entsprechend umweltschützend verhalten. Dieser Effekt ist bereits seit Längerem als *Einstellungs-Verhaltens-Lücke* bekannt (Fuhrer & Wölfing, 1997). Kampagnen und Aktionen zur Förderung umweltfreundlichen Verhaltens sollten daher nicht nur an der Einstellung selbst ansetzen, sondern vielmehr die Einstellungs-Verhaltens-Lücke überbrücken. Das kann durch Veränderungen der Handlungssituation erfolgen, wodurch Hürden für das Verhalten (zum Beispiel hohe Kosten) verringert werden und die wahrgenommene Verhaltenskontrolle (im Sinne der Theorie geplanten Verhaltens) erhöht wird. Ein weiterer Ansatzpunkt sind soziale Normen, mit denen sich die zweite Episode dieser Vorlesungseinheit beschäftigt.

Soziale Normen sind Denk- und Verhaltensregeln der Gesellschaft oder einer Gruppe, die von den Mitgliedern entweder vorgelebt (deskriptive Norm) oder eingefordert werden (präskriptive Norm). Individuen tendieren dazu, soziale Normen zu befolgen: Zum einen signalisieren Normen oft den effektivsten Weg zu einem bestimmten Ziel, zum anderen wird ein Individuum, das soziale Normen befolgt, vom Umfeld eher akzeptiert. Beachtenswert ist hierbei, dass vor allem deskriptive soziale Normen in ihrem Einfluss häufig unterschätzt werden (Nolan et al., 2008), da sie in hohem Maße unbewusst wirken. Dass auch Medienschaffende sich dieses Einflusses nicht immer bewusst sind, zeigen Kampagnenvideos, die einen Aufruf zu umweltschützendem Verhalten mit Bildern von Umweltzerstörung verknüpfen. In diesem Fall steht die präskriptive Norm (»wir müssen die Umwelt schützen«) einer deskriptiven Norm (»wir zerstören die Umwelt«) entgegen. Um soziale Normen für den Umweltschutz nutzbar zu machen, sollten erwünschte (präskriptive) und gelebte (deskriptive) Normen positiv darauf verweisen (Smith et al., 2012).

Die sechste Einheit der Vorlesungsreihe behandelt *Werte* und *Wissen*. Schwartz (1992) definiert Werte als erwünschte, situationsübergreifende Ziele, die als Leitprinzipien zur Lebensführung dienen (zum Beispiel Toleranz, Erfolg, Tradition, Fürsorge). Steg et al. (2014) ermittelten vier Wertegruppen, die für nachhaltiges Verhalten relevant sind. Demnach stehen am Wohlergehen der Menschheit orientierte *altruistische* und an der Erhaltung irdischen Lebens orientierte *biosphärische* Werte in positivem Zusammenhang mit nachhaltigem Verhalten, während am eigenen Wohl orientierte *egoistische* und an Genuss orientierte *hedonistische* Werte damit negativ zusammenhängen. In ähnlicher Weise sind persönliche Normen Leitprinzipien individuellen Handelns. Im Umweltschutz-Kontext ist vor allem die *persönliche Umweltschutznorm* relevant, also die persönliche Einschätzung, zu umweltschützendem Verhalten verpflichtet zu sein (Klöckner & Matthies, 2004). Eine Verhaltensänderung setzt außerdem entsprechendes Wissen voraus – und zwar in drei Formen: Wissen über ökologische und sozio-technische Systeme sowie bestehende sozial-ökologische Probleme *(Systemwissen)*, Wissen über Handlungsoptionen zur Lösung dieser Probleme *(Handlungswissen)* und über die Wirkung dieser Handlungen (*Effektivitätswissen*; Frick et al., 2004).

Die siebte Einheit weist auf die Unterscheidung zwischen Verhaltensabsichten *(Intentionen)* und Verhaltensauswirkungen *(Impact)* hin. Verhaltensweisen mit hohem Impact, wie Flugreisen oder Fleischkonsum, werden als *Big Points* bezeichnet, während Big Points mit starker Wirkung *Keypoints* genannt werden (Bilharz, 2008). An psychologischer Forschung wird immer wieder kritisiert, dass sie Big Points und Keypoints zu wenig beachtet (Csutora, 2012). Umfragen in der Allgemeinbevölkerung ergeben zudem, dass Menschen die Wirksamkeit verschiedener Verhaltensweisen häufig nicht realistisch einschätzen – der wahrgenommene und der tatsächliche Impact weichen teils deutlich voneinander ab (Bilstein, 2019). Zum Beispiel wird der Verzicht auf Plastiktüten in Befragungen oft als Big Point genannt, obwohl er im Hinblick auf das Klima nur eine minimale Rolle spielt. Auf dieser Grundlage erörtert die zweite Episode, welchen Beitrag individuelle Verhaltensänderung zum sozial-ökologischen Wandel leisten kann und wo ihre Grenzen sind. Ein Beitrag besteht in der theoriebasierten Entwicklung von Kampagnen und Aktionen zur individuellen und privaten Verhaltensänderung (Hamann et al., 2016). Einige Grenzen dieses Ansatzes liegen darin, dass der Einfluss von individuellem Handeln zur Reduktion von globalen Umweltproblemen relativ gering ist. Der Handlungsspielraum der meisten Individuen im Hinblick auf direkte Veränderungen der Umwelt ist eingeschränkt, während größere Organisationen wie Staaten, Unternehmen, Bildungs- und Forschungseinrichtungen oder Massenmedien mehr Handlungsmöglichkeiten und damit mehr Verantwortung haben. In der dritten Episode wird schließlich auf den ökologischen Handabdruck verwiesen, mit dem der Einfluss von individuellem Handeln auf unterschiedliche Strukturen in sozio-technischen Systemen erfasst werden kann (Heitfeld et al., 2019; Pandya et al., 2012).

4 Warum engagieren sich Menschen gemeinsam für den Umweltschutz?

In der achten Vorlesungseinheit beleuchtet Prof. Gerhard Reese, weshalb und unter welchen Bedingungen sich Menschen gemeinsam für ein Ziel wie den sozial-ökologischen Wandel einsetzen. *Kollektives Handeln* (d.h. koordiniertes Handeln mehrerer Menschen für ein gemeinsames Ziel) kann sich an den Normen einer Gesellschaft orientieren (zum Beispiel, wenn Menschen an einer angemeldeten Demonstration gegen den Kohleabbau teilnehmen) oder diese Regeln brechen (zum Beispiel durch die Besetzung des Hambacher Walds; Landmann & Rohmann, 2020a). Diese gemeinsamen Formen des Handelns nehmen eine zentrale Rolle im sozial-ökologischen Wandel ein, weil sie das Potenzial haben, sozio-technische Regime zu verändern. Menschen beteiligen sich an kollektiven Aktionen, wenn sie sich mit einer (Protest-)Gruppe identifizieren, wenn sie Ungerechtigkeit verspüren und wenn sie an ihre gemeinsame Wirksamkeit glauben (van Zomeren et al., 2008). Im Kontext von Umweltschutz bedeutet dies, dass sich Menschen eher engagieren, wenn sie sich beispielsweise mit der gesamten Menschheit identifizieren, also auch mit Betroffenen von Umweltproblemen oder einer aktivistischen Gruppe wie Fridays for Future (*soziale Identität*; Reese, 2016).

Ein weiterer Grund, sich zu engagieren, ist die Wahrnehmung von Ungerechtigkeit, nämlich dass die Folgen von Umweltproblemen von den nächsten Generationen und weniger privilegierten Menschen getragen werden müssen *(Ungerechtigkeitsempfinden)*. Vor allem wenn Menschen glauben, dass sie gemeinsam etwas an diesen Missständen ändern können, etwa indem sie klimapolitische Entscheidungen beeinflussen, steigt die Wahrscheinlichkeit, dass sie sich an gemeinsamen Aktionen für den Umweltschutz beteiligen *(kollektive Wirksamkeitserwartung)*. Diese Prozesse sind eng mit Emotionen verknüpft: Aktivist*innen im Umweltschutz ärgern sich über Ungerechtigkeiten und fühlen sich bewegt von der Idee, gemeinsam etwas ändern zu können (Landmann & Rohmann, 2020b). Zur Förderung von kollektivem Umweltengagement schlagen Fritsche et al. (2018) daher vor, die Identität als Weltbürger*in zu fördern und zu betonen, dass Menschen gemeinsam gegen Umweltprobleme vorgehen können.

5 Wie kann Partizipation gestaltet werden?

Die ökologische Krise ist nur im Kollektiv, das heißt möglichst mit allen Akteur*innen der globalen Menschengemeinschaft, zu bewältigen. Gesellschaften sind dabei auf die Teilhabe *(Partizipation)* ihrer Mitglieder an Politik und Planung angewiesen, wenn der sozial-ökologische Wandel gelingen soll. Partizipation ist daher Gegenstand der neunten Vorlesungseinheit von Dr. Anke Blöbaum.

Baasch und Blöbaum (2017) verstehen unter Partizipation die »Beteiligung von Akteuren oder Akteursgruppen an Themen, Fragestellungen, Prozessen und/oder an der Entwicklung von Lösungen« (S. 13). Dabei kann zwischen Top-down- und Bottom-up-Prozessen unterschieden werden (Horelli & Wallin, 2013). Bei Top-down-Prozessen werden beispielsweise international vereinbarte Nachhaltigkeitsziele zentral »von oben« (zum Beispiel von Regierungen) nach »unten« vorgegeben. Dies beschränkt sich in der Praxis häufig auf Informationskampagnen (Arnstein, 1969) und beinhaltet damit keine echte Partizipationsmöglichkeit im Sinne von Mit-Entscheidung. Das politische Engagement von Bürger*innen dagegen beschreibt Bottom-up-Partizipation mit umgekehrter Wirkrichtung. Zum Beispiel können in Nischen Graswurzelbewegungen entstehen, deren Aktivitäten dann in einem politischen Prozess Einfluss auf das sozio-technische Regime nehmen. Grundsätzlich sollten Partizipationsverfahren möglichst viel Gestaltungsspielraum bieten, Kontexte berücksichtigen, den Teilnehmenden weitreichende Entscheidungsmacht einräumen und sie idealerweise bereits bei der Konzeptualisierung von Projekten einbeziehen (Horelli & Wallin, 2013).

In der zweiten Episode stehen die psychologischen Prozesse von Partizipation im Fokus. Dabei ist es unabdingbar, Konfliktpotenziale, gegensätzliche Ziele zwischen einzelnen Akteur*innen oder (Konflikt-)Parteien, deren Gerechtigkeitsempfinden sowie die jeweilige Gruppenstruktur zu analysieren und angemessen zu berücksichtigen. Was Menschen als gerecht empfinden, ist subjektiv und hängt von verschiedenen Einflussfaktoren ab. Für manche ist es beispielsweise gerecht, wenn alle dasselbe bekommen. Andere finden es gerechter, wenn die jeweilige Bedürftigkeit berücksichtigt wird (Adams, 1965; Paterson, 2001).

Auch Gruppenprozesse können die Durchführung von Beteiligungsverfahren sowohl positiv als auch negativ beeinflussen. Kulturell diverse Gruppen weisen beispielsweise eine höhere Teamzufriedenheit auf als kulturell eher homogene Teams (Stahl et al., 2009). Andererseits können Gruppenprozesse impulsive Entscheidungen begünstigen oder Selbstreflexion erschweren, was eine Reihe von weiteren Nachteilen mit sich bringen kann. In Gruppen, die ein hohes Harmoniebedürfnis haben, kann es zum Beispiel zu Gruppendenken kommen. Hierbei streben die Mitglieder einer Gruppe in übermäßigem Maße nach Konformität und laufen Gefahr, ungünstige und folgenschwere Entscheidungen zu treffen (Janis, 1972). Um solchen Prozessen von Anfang an entgegenzuwirken, sollten Außenstehende in Partizipationsprojekte einbezogen und eine Kultur geschaffen werden, die auch kritischen Meinungen Raum gibt.

6 Das gute Leben in sozial-ökologisch nachhaltigen Gesellschaften

Die zehnte und letzte Einheit bildet zusammen mit den ersten beiden den Rahmen der Vorlesungsreihe und zeichnet eine Vision des *guten Lebens* in nachhaltigen Gesellschaften.

Die erste Episode von Sebastian Neubert beschreibt zunächst eine Wachstumskritik, wie sie Raworths Doughnut-Ökonomie (2017) zugrunde liegt. Kein Land ist bisher auf dem richtigen Weg, den Donut wie in Raworths Modell zu erreichen, also gleichzeitig soziale und ökologische Nachhaltigkeits-Ziele zu erfüllen (O'Neill et al., 2018). Dies lässt sich auf das aktuelle Wachstums-Paradigma zurückzuführen. Daher ist es sinnvoll, das Konzept der Postwachstums-Gesellschaft hinzuzuziehen (Parrique et al., 2019). Laut Kallis et al. (2018) ist es möglich, in einem System gut zu leben, das nicht wächst oder sogar schrumpft und damit einen radikal geringeren Ressourcendurchsatz hat (Postwachstums-Hypothese). Eine solche Postwachstums-Gesellschaft könnte Wohlbefinden fördern, mit einer stress-senkenden Arbeitszeitreduktion einhergehen und gleichzeitig die ökologische Belastung des Erdsystems verringern (z. B. Isham et al., 2019).

In der zweiten Episode erklärt Marlis Wullenkord die Selbstbestimmungstheorie (Deci & Ryan, 2000; Ryan & Deci, 2017). Menschen haben drei psychologische Grundbedürfnisse, die für ein gutes und gesundes Leben befriedigt sein müssen: soziale Eingebundenheit (Zugehörigkeit), Kompetenz (Wirksamkeit) und Autonomie (Selbstbestimmung). Wenn diese Bedürfnisse befriedigt sind, dann geht es uns gut, wir können uns den Herausforderungen des Lebens stellen und sind intrinsisch motiviert, uns beispielsweise umweltschützend zu verhalten und damit proaktiv mit der Klimakrise umzugehen (Wullenkord, 2020). Auch Engagement für den sozial-ökologischen Wandel, zum Beispiel in einer solidarischen Landwirtschaft, wird langfristig gestärkt, wenn sich Freiwillige als wirksam, selbstbestimmt und sozial eingebunden empfinden (Quested et al.,

2018; Reznickova & Zepeda, 2016). Wenn in Nachhaltigkeits-Projekten psychologische Grundbedürfnisse befriedigt werden (zum Beispiel durch flache Hierarchien, Wertschätzung und herausfordernde, aber nicht überwältigende Aufgaben), dann sind Freiwillige intrinsisch motiviert, sich zu engagieren und bleiben länger aktiv. Vor allem das Bedürfnis nach sozialer Eingebundenheit spielt dafür eine wichtige Rolle. Bedürfnisorientierte Kommunikationsstrategien und die Bedürfnis-befriedigende Gestaltung sozialer Kontexte können somit wichtige Werkzeuge für den sozial-ökologischen Wandel darstellen.

7 Ausblick

Der Arbeitskreis Lehre der IPU hat sich zum Ziel gesetzt, die Psychologie des sozial-ökologischen Wandels stärker in der Hochschullehre im deutschsprachigen Raum zu verankern. Wir hoffen, dass sowohl psychologie- als auch nachhaltigkeitsinteressierte Studierende sich damit Einblicke in einen nachhaltigkeitsbezogenen Anwendungsbereich der Psychologie verschaffen können. Wir hoffen auch, dass Transformationsforscher*innen aus verschiedenen Disziplinen dank der Einordnung der Inhalte in die Mehrebenen-Perspektive zu Ideen für eine interdisziplinäre Nachhaltigkeitsforschung inspiriert werden, welche die Psychologie mit einbezieht. Hier steht die Forschung allerdings noch am Anfang und wir sehen gerade bei der Psychologie das Potenzial, ihre Inhalte und Konzepte für interdisziplinäre Transformationsforschung zugänglicher zu machen (Wullenkord & Hamann, 2021). Auch für Menschen, die sich bereits in sozialen Bewegungen für den sozial-ökologischen Wandel engagieren, bietet die Vorlesung einige Ansatzpunkte für Kampagnenarbeit, Projektplanung und Selbstreflexion. Insbesondere – aber keineswegs ausschließlich – in den Praxisepisoden der jeweiligen Vorlesungseinheiten regen wir dazu an, die jeweiligen Inhalte auf die eigene Lebenswelt anzuwenden. Zudem werden praktische Implikationen für individuelle Verhaltensänderung, kollektives Engagement und partizipative Verfahren erarbeitet.

> In einfachen Worten
>
> Als »Initiative Psychologie im Umweltschutz« haben wir eine Vorlesung entworfen. Diese ist frei im Internet verfügbar: https://

ipu-ev.de/bildungsmaterialien/online-vorlesung. Sie heißt »Psychologie des sozial-ökologischen Wandels«. Die Vorlesung beschäftigt sich mit diesen Fragen:

1. Was kann die Psychologie tun, um Veränderungen zu mehr Umweltschutz und Gemeinschaft zu fördern?
2. Wie nehmen Menschen ihre Umwelt und Umweltprobleme wahr?
3. Wie können wir unser eigenes Umweltverhalten verändern?
4. Was braucht es, damit Menschen sich gemeinsam für solche Veränderungen einsetzen?
5. Wie könnte das gute Leben in einer nachhaltigen Gesellschaft aus psychologischer Sicht aussehen?

Wir laden alle Menschen ein, sich die Vorlesung anzuschauen und gemeinsam mit uns weitere Bildungsmaterialien zu entwickeln.

Literatur

Adams, J.S. (1965). Inequity In Social Exchange. *Advances in Experimental Social Psychology, 2*, 267–299. https://doi.org/10.1016/s0065-2601(08)60108-2

Ajzen, I. (1991). The theory of planned behavior. *Organizational Behavior and Human Decision Processes, 50*(2), 179–211. https://doi.org/10.1016/0749-5978(91)90020-T

Arnstein, S.R. (1969). A ladder of citizen participation. *Journal of the American Institute of planners, 35*(4), 216–224. https://doi.org/10.1080/01944366908977225

Baasch, S. & Blöbaum, A. (2017). Umweltbezogene Partizipation als gesellschaftliche und methodische Herausforderung. *Umweltpsychologie, 41*(2), 11–33.

Bamberg, S. & Möser, G. (2007). Twenty years after Hines, Hungerford, and Tomera: A new meta-analysis of psycho-social determinants of pro-environmental behaviour. *Journal of Environmental Psychology, 27*(1), 14–25. https://doi.org/10.1016/j.jenvp.2006.12.002

Barton, J., Hine, R. & Pretty, J. (2009). The health benefits of walking in greenspaces of high natural and heritage value. *Journal of Integrative Environmental Sciences, (6)*4, 261–278. https://doi.org/10.1080/19438150903378425

Bilharz, M. (2008). *»Key points« nachhaltigen Konsums: Ein strukturpolitisch fundierter Strategieansatz für die Nachhaltigkeitskommunikation im Kontext aktivierender Verbraucherpolitik*. Marburg: Metropolis.

Bilstein, F. (2019). What reduces our personal CO2 footprint? We have no clue! https://www.linkedin.com/pulse/what-reduces-our-personal-co2-footprint-we-have-clue-frank-bilstein/ (31.12.2020).

Bratman, G.N., Hamilton, J.P. & Daily, G.C. (2012). The impacts of nature experience on human cognitive function and mental health. *Annals of the New York Academy of Sciences, 1249*(1), 118–136. https://doi.org/10.1111/j.1749-6632.2011.06400.x

Buhl, J., Liedtke, C., Teubler, J. & Bienge, K. (2019). The Material Footprint of private households in Germany: Linking the natural resource use and socioeconomic characteristics of users from an online footprint calculator in Germany. *Sustainable Production and Consumption, 20*, 74–83. https://doi.org/10.1016/j.spc.2019.05.001

Csutora, M. (2012). One More Awareness Gap? The Behaviour-Impact Gap Problem. *Journal of Consumer Policy, 35*(1), 145–163. https://doi.org/10.1007/s10603-012-9187-8

Deci, E.L. & Ryan, R.M. (2000). The »what« and »why« of goal pursuits: Human needs and the self-determination of behavior. *Psychological Inquiry, 11*(4), 227–268. https://doi.org/10.1207/S15327965PLI1104_01

Finucane, M.L., Alhakami, A., Slovic, P. & Johnson, S.M. (2000). The affect heuristic in judgments of risks and benefits. *Journal of Behavioral Decision Making, 13*(1), 1–17. https://doi.org/10.1002/(SICI)1099-0771(200001/03)13:1<1::AID-BDM333>3.0.CO;2-S

Frick, J., Kaiser, F.G. & Wilson, M. (2004). Environmental knowledge and conservation behavior: exploring prevalence and structure in a representative sample. *Personality and Individual Differences, 37*, 1597–1613. https://doi.org/10.1016/j.paid.2004.02.015

Fritsche, I., Barth, M., Jugert, P., Masson, T. & Reese, G. (2018). A social identity model of pro-environmental action (SIMPEA). *Psychological Review 125*(2), 245–269. https://doi.org/10.1037/rev0000090

Fuhrer, U. & Wölfing, S. (1997). *Von den sozialen Grundlagen des Umweltbewußtseins zum verantwortlichen Umwelthandeln.* Bern: Huber.

Geels, F.W. (2011). The multi-level perspective on sustainability transitions: Responses to seven criticisms. *Environmental Innovation and Societal Transitions, 1*, 24–40. https://doi.org/10.1016/j.eist.2011.02.002

Geels, F.W. & Schoot, J. (2007). Typology of sociotechnical transition pathways. *Research Policy, 36*, 399–417. https://doi.org/10.1016/j.respol.2007.01.003

Geiger, S.M., Fischer, D. & Schrader, U. (2017). Measuring what matters in sustainable consumption: an integrative framework for the selection of relevant behaviors. *Sustainable Development, 26*(1), 18–33. https://doi.org/10.1002/sd.1688

Göpel, M. (2016). *The Great Mindshift. How a New Economic Paradigm and Sustainability Transformations go Hand in Hand.* Mosbach: Afes-Press. https://doi.org/10.1007/978-3-319-43766-8

Hamann, K.R.S., Baumann, A. & Löschinger, D. (2016). *Psychologie im Umweltschutz. Handbuch zur Förderung nachhaltigen Handelns.* München: oekom. www.wandel-werk.org/materialien (14.02.2021).

Heitfeld, M., Reif, A. & Rostock, S. (2019). *Hand Print: Wandel in Bewegung setzen – Dein Handabdruck macht den Unterschied!* Bonn: Germanwatch. https://germanwatch.org/de/handprint (01.01.2021).

Herzog, N. (2021). Bewusstes Handeln besser verstehen. Die Theorie des geplanten Verhaltens im Kontext von Umwelt- und Klimaschutzverhalten. In L. Dohm, F. Peter & K. van Bronswijk (Hrsg.), *Climate Action – Psychologie der Klimakrise. Handlungshemmnisse und Handlungsmöglichkeiten* (S. 347–354). Gießen: Psychosozial-Verlag.

Horelli, L. & Wallin, S. (2013). Towards an architecture of opportunities. In: L. Horelli

(Hrsg.), *New Approaches to Urban Planning Insights from Participatory Communities* (S. 153–160). Helsinki: Aalto University.

Initiative Psychologie im Umweltschutz e.V. (2020). Die Online-Vorlesung »Psychologie des sozial-ökologischen Wandels«. https://ipu-ev.de/bildungsmaterialien/online-vorlesung/ (06.03.2021).

Isham, A., Gatersleben, B. & Jackson, T. (2019). Flow Activities as a Route to Living Well With Less. *Environment and Behavior, 51*(4), 431–461. https://doi.org/10.1177/0013916518799826

Janis, I.I. (1972). *Victims of groupthink*. Boston: Houghton-Mifflin.

Kallis, G., Kostakis, V., Lange, S., Muraca, B., Paulson, S. & Schmelzer, M. (2018). Research On Degrowth. *Annual Review of Environment and Resources, 43*(1), 291–316. https://doi.org/10.1146/annurev-environ-102017-025941

Klöckner, C.A. & Matthies, E. (2004). How habits interfere with norm-directed behaviour. A normative decision-making model for travel mode choice. *Journal of Environmental Psychology, 24,* 319–327. https://doi.org/10.1016/j.jenvp.2004.08.004

Landmann, H. & Rohmann, A. (2020a). »Wir sind hier, wir sind laut, weil ihr uns die Zukunft klaut!« – Warum engagieren sich Menschen gemeinsam für den Umweltschutz? *The Inquisitive Mind.* https://de.in-mind.org/article/wir-sind-hier-wir-sind-laut-weil-ihr-uns-die-zukunft-klaut-warum-engagieren-sich-menschen (14.02.2021).

Landmann, H. & Rohmann, A. (2020b). Being moved by protest: Collective efficacy beliefs and injustice appraisals enhance collective action intentions for forest protection via positive and negative emotions. *Journal of Environmental Psychology, 71*. https://doi.org/10.1016/j.jenvp.2020.101491

Milfont, T.L. & Duckitt, J. (2004). The structure of environmental attitudes: A first- and second-order confirmatory factor analysis. *Journal of Environmental Psychology, 24*(3), 289–303. https://doi.org/10.1016/j.jenvp.2004.09.001

Milfont, T.L. & Duckitt, J. (2010). The environmental attitudes inventory: a valid and reliable measure to assess the structure of environmental attitudes. *Journal of Environmental Psychology, 30*(1), 80–94. https://doi.org/10.1016/j.jenvp.2009.09.001

Nolan, J., Schultz, P., Cialdini, R., Goldstein, N. & Griskevicius, V. (2008). Normative Social Influence is Underdetected. *Personality and Social Psychology Bulletin, 34*(7), 913–923. https://doi.org/10.1177%2F0146167208316691

O'Neill, D.W., Fanning, A.L., Lamb, W.F. & Steinberger, J.K. (2018). A good life for all within planetary boundaries. *Nature Sustainability, 1*(2), 88–95. https://doi.org/10.1038/s41893-018-0021-4

Pandya, M., Vyas, P. & Schwarz, R. (2012). *From Footprint to Handprint. Our personal action for sustainable development*. Ahmedabad: Centre for Environment Education. https://www.handprint.in/pdf/Handprint%20article%20GEER%20final.pdf (01.01.2021).

Park, G. & Evans, G.W. (2016). Environmental stressors, urban design and planning: Implications for human behaviour and health. *Journal of Urban Design, 21*(4), 453–470. https://doi.org/10.1080/13574809.2016.1194189

Parrique, T., Barth, J., Briens, F., Kerschner, C., Kraus-Polk, A., Kuokkanen, A. & Spangenberg, J.H. (2019). *Decoupling Debunked. Evidence and arguments against green growth as a sole strategy for sustainability.* Brüssel: European Environmental Bureau.

Paterson, M. (2001). Principles of justice in the context of global climate negotiations.

In U. Luterbacher & D.F. Sprinz (Hrsg.), *International Relations and Global Climate Change* (S. 119–126). Cambridge, MA: MIT Press.

Quested, E., Thøgersen-Ntoumani, C., Uren, H., Hardcastle, S.J. & Ryan, R.M. (2018). Community Gardening: Basic Psychological Needs as Mechanisms to Enhance Individual and Community Well-Being. *Ecopsychology, 10*(3), 173–180. https://doi.org/10.1089/eco.2018.0002

Raworth, K. (2017). *Doughnut economics: Seven ways to think like a 21st-century economist.* London: Chelsea Green Publishing.

Reese, G. (2016). Common human identity and the path to global climate justice. *Climatic Change, 134,* 521–531. https://doi.org/10.1007/s10584-015-1548-2

Reznickova, A. & Zepeda, L. (2016). Can self-determination theory explain the self-perpetuation of social innovations? A case study of slow food at the University of Wisconsin-Madison. *Journal of Community & Applied Social Psychology, 26*(1), 3–17. https://doi.org/10.1002/casp.2229

Rockström, J., Steffen, W., Noone, K., Persson, Å., Chapin, F.S., Lambin, E.F., Lenton, T.M., Scheffer, M., Folke, C., Schellnhuber, H.J., Nykvist, B., de Wit, C.A., Hughes, T., van der Leeuw, S., Rodhe, H., Sörlin, S., Snyder, P.K., Costanza, R., Svedin, U., Falkenmark, M., Karlberg, L., Corell, R.W., Fabry, V.J., Hansen, J., Walker, B., Liverman, D., Richardson, K., Crutzen, P. & Foley, J.A. (2009). A safe operating space for humanity. *Nature, 461*(7263), 472–475. https://doi.org/10.1038/461472a

Ryan, R.M. & Deci, E.L. (2017). *Self-determination theory: Basic psychological needs in motivation, development, and wellness.* New York: Guilford Press.

Schwartz, S.H. (1992). Studying values: Personal adventure, future directions. *Journal of Cross-Cultural Psychology, 42*(2), 307–319. https://doi.org/10.1177/0022022110396925

Sjöberg, L. (2007). Emotions and risk perception. *Risk Management, 9,* 223–237. https://doi.org/10.1057/palgrave.rm.8250038

Smith, J., Louis, W., Terry, D., Greenaway, K., Clarke, M. & Cheng, X. (2012). Congruent or conflicted? The impact of injunctive and descriptive norms on environmental intentions. *Journal of Environmental Psychology, 32*(4), 353–361. https://doi.org/10.1016/j.jenvp.2012.06.001

Spada, H. (1990). Umweltbewusstsein: Einstellung und Verhalten. In L. Kruse-Graumann (Hrsg.), *Ökologische Psychologie: Ein Handbuch in Schlüsselbegriffen* (S. 623–631). München: Psychologie Verlags Union.

Stahl, G.K., Maznevski, M.L., Voigt, A. & Jonsen, K. (2009). Unraveling the effects of cultural diversity in teams: A meta-analysis of research on multicultural work groups. *Journal of International Business Studies, 41*(4), 690–709. https://doi.org/10.1057/jibs.2009.85

Steg, L., Perlaviciute, G., van der Werff, E. & Lurvink, J. (2014). The Significance of Hedonic Values for Environmentally Relevant Attitudes, Preferences, and Actions. *Environment and Behavior, 46*(2), 163–192. https://doi.org/10.1177/0013916512454730

Umweltbundesamt (2019). *Umweltbewusstsein in Deutschland 2018. Ergebnisse einer repräsentativen Bevölkerungsumfrage.* www.umweltbundesamt.de/sites/default/files/medien/1410/publikationen/ubs2018_-_m_3.3_basisdatenbroschuere_barrierefrei-02_cps_bf.pdf (14.02.2021).

van Zomeren, M., Postmes, T. & Spears, R. (2008). Toward an integrative social identity model of collective action: A quantitative research synthesis of three socio-psychological perspectives. *Psychological Bulletin, 134*(4), 504–535. https://doi.org/10.1037/0033-2909.134.4.504

Wachinger, G., Renn, O., Begg, C. & Kuhlicke, C. (2013). The Risk Perception Paradox-Implications for Governance and Communication of Natural Hazards: The Risk Perception Paradox. *Risk Analysis, 33*(6), 1049–1065. https://doi.org/10.1111/j.1539-6924.2012.01942.x

Wullenkord, M.C. (2020). Climate change through the lens of Self-Determination Theory: How considering basic psychological needs may bring environmental psychology forward. *Umweltpsychologie, 24*(2), 110–129.

Wullenkord, M.C. & Hamann, K.R.S. (2021, eingereicht). We Need to Change: Integrating Psychological Perspectives into the Multilevel Perspective on Socio-Ecological Transformations. *Frontiers in Psychology, 12*, 655352. https://doi.org/10.3389/fpsyg.2021.655352

Wyles, K.J., Pahl, S., Thomas, K. & Thompson, R.C. (2016). Factors That Can Undermine the Psychological Benefits of Coastal Environments: Exploring the Effect of Tidal State, Presence, and Type of Litter. *Environment and Behavior, 48*(9), 1095–1126. https://doi.org/10.1177/0013916515592177

Zhang, D. & Tu, Y. (2021). Green building, pro-environmental behavior and well-being: Evidence from Singapore. *Cities, 108*, 102980. https://doi.org/10.1016/j.cities.2020.102980

Biografische Notizen

Benedikt Seger ist wissenschaftlicher Mitarbeiter und Dozent am Lehrstuhl für Entwicklungspsychologie und im Zentrum für Mediendidaktik der Universität Würzburg. Er ist seit 2014 in der IPU aktiv und hat den Arbeitskreis Lehre 2017 mitgegründet.

Marlis Wullenkord ist Doktorandin am Lehrstuhl für Umweltpsychologie der Universität Koblenz-Landau und forscht und lehrt dort zur Rolle psychologischer Grundbedürfnisse für den Umgang mit der Klimakrise. Sie engagiert sich seit 2015 in der IPU und hat dort 2017 den Arbeitskreis Lehre mitgegründet.

Karen Hamann ist Doktorandin am Lehrstuhl für Umweltpsychologie der Universität Koblenz-Landau und forscht dort zu psychologischem Empowerment von Engagierten im Umweltschutz. Als Bildungsreferentin und systemische Begleiterin gibt sie mit dem Wandelwerk e.V. umweltpsychologische Vorträge, Workshops und Trainings für den sozial-ökologischen Wandel.

Parissa Chokrai ist Sozial- und Umweltpsychologin und erforscht als wissenschaftliche Mitarbeiterin Einflussfaktoren (radikalen) pro-ökologischen Verhaltens. Seit 2017 ist sie Mitglied der IPU. Darüber hinaus engagiert sie sich in verschiedenen bürgerschaftlichen Initiativen für mehr Demokratie und einen sozial-ökologischen Wandel.

Helen Landmann lehrt an der FernUniversität Hagen Community Psychology und forscht zur Rolle von Emotionen für das soziale Zusammenleben in den Bereichen Umweltschutz, Radikalisierung und Integration. Sie engagiert sich seit 2005 in der IPU und ist seit 2018 Sprecherin des Fachnetzwerks Sozialpsychologie zu Flucht und Integration.

Teil 3
Handlungspraxis

DU MACHST EINEN UNTERSCHIED

Illustration: Jai Wanigesinghe

Geht nicht? Gibt's nicht!

Handlungsmöglichkeiten aus der »Klimapraxis«

Politisiert euch! Oder: Nichts tun ist auch politisch!

Ein Appell an Psycholog*innen und Psychotherapeut*innen

Die Klimakrise ist das wichtigste Thema unserer Zeit. Sie ist furchteinflößend und bietet zugleich ein regelrecht beflügelndes Potenzial zu grundlegender (persönlicher wie gesellschaftlicher) Veränderung. Sie birgt die Chance auf einen großen Wandel.

Das Verständnis der Klimakrise kam über Umwege zu mir und durchdrang mich mit einer emotionalen Wucht, die mich letztlich befähigte, aus meinem eigenen politischen Koma zu erwachen. Alles andere ordnete sich plötzlich in einer scheinbaren Selbstverständlichkeit der Wichtigkeit dieses Themas unter.

Die Erkenntnis, wie viel fachliches Wissen meine Berufsgruppe hat, um bei der Bewältigung der Klimakrise zu helfen, und der Ärger darüber, dass eben diese aber in der ganzen Debatte um die Klimakrise gar nicht auftauchte, war eine der Haupttriebfedern für die Gründung der Psychologists/Psychotherapists for Future. Und Tausende von Psycholog*innen und Psychotherapeut*innen fühlten sich angesprochen, was die überwältigende Resonanz auf diese Initiative zeigt.

Als Beziehungswissenschaftlerin sehe ich es als meine berufsethische Verpflichtung, mich auch in gesellschaftliche und politische Prozesse und Entscheidungen jenseits der Heilbehandlungen einzubringen. Es gibt unzählige Wege, unser breites Fachwissen in die Bewältigung dieser größten je da gewesenen Menschheitskrise einzubringen. Ich bin dankbar für jede*n, der/die hilft.

Mareike Schulze ist Mit-Initiatorin der Psychologists/Psychotherapists for Future (www.psy4f.org).

Nutzt und fördert die Möglichkeiten des Rechts!

Eine Klimapolitik, die die Existenz der Menschheit aufs Spiel setzt, widerspricht nicht nur unserem Rechtsgefühl, sondern auch dem Recht. Zivilgesellschaftliches Handeln zur Einforderung des Rechts ist daher nicht nur selbstwirksam, sondern wichtig für uns alle.

Die praktische Umsetzung stößt naturgemäß an Grenzen. Was nicht nur daran liegt, dass es keinen großen Sinn ergibt, den nächstbesten Rechtsanwalt mit der Bitte aufzusuchen, eine Klage zur Rettung des Klimas aufzusetzen. Das deutsche Rechtssystem ist vielmehr traditionell so strukturiert, dass nur solche Personen klagebefugt sind, die nachweisen können, unmittelbar von den Folgen des Klimawandels betroffen zu sein. Bei Treibhausgasen, die heute ausgestoßen werden, ihre Wirkung aber erst in Jahrzehnten entfalten, fällt dies schwer. Das Bundesverfassungsgericht hat den Rechtszugang in seinem historischen Klimaschutzbeschluss vom 24. März 2021 gleichwohl eröffnet, da Freiheitsrechte verletzt werden, wenn heute nicht genügend für den Klimaschutz getan wird. Der Klimaschutz ist damit justiziabel, er kann vor Gericht eingeklagt werden. Die Einhaltung des Pariser Klimaschutzabkommens ist ein Verfassungsauftrag geworden.

Diese völlig neue Rechtslage kann in klimarelevanten Rechtsstreiten zur Anwendung gebracht werden. Verschiedene Klimainitiativen tun dies bereits. Diesen Initiativen, ob organisiert durch die Deutsche Umwelthilfe, Greenpeace oder Germanwatch, kann man sich anschließen oder anderweitig unterstützen.

Wenn man dafür ist, dass es ein solches Klimaschutzrecht auch auf der Ebene der Europäischen Union gibt, muss die Europäische Grundrechte-Charta um ein Grundrecht auf Umweltschutz ergänzt werden. Dazu kann man sich mit seiner Unterschrift der Initiative »Jeder Mensch« anschließen, die den im April 2021 veröffentlichten und auf Ferdinand von Schirach zurückgehenden Vorschlag zur Schaffung neuer zeitgemäßer Grundrechte verwirklichen will. Auch ohne Jurist*in zu sein: Das Recht betrifft uns alle, wir können in Klimafragen viel mit dem Recht und viel für das Recht tun. Wir tun es letztlich für uns selbst.

Remo Klinger, Prof. Dr., ist Rechtsanwalt, und Mitglied bei den Lawyers for Future. Er hat zwei der vier erfolgreichen Klima-Verfassungsbeschwerden vor dem Bundesverfassungsgericht vertreten.

Energiewende in Bürgerhand

Der Schock über die Atomkatastrophe von Tschernobyl lässt im Jahre 1986 eine kleine Gruppe von Bürger:innen im kleinen Schwarzwalddorf Schönau aktiv werden. Der Plan der Bürgerinitiative »Eltern für eine atomfreie Zukunft«: Mit Energiesparen und ökologischem Strom sollte die gefährliche Atomkraft überflüssig gemacht werden. Doch der örtliche Energieversorger weigert sich, auf die Forderungen der Bürger:innen einzugehen.

Der Initiative wird klar, dass sie selbst das Stromnetz übernehmen muss. Zehn Jahre, zwei nervenaufreibende Bürgerentscheide und eine bundesweite Medienkampagne später ist das Ziel erreicht: Das örtliche Stromnetz wird in Bürgerhände übergeben und die neu gegründeten *Elektrizitätswerke Schönau EWS* beweisen den Zweifler:innen, dass das funktionieren kann. Mittlerweile haben sich die EWS als einer der bundesweit führenden Ökoenergieanbieter etabliert. Doch auch mit über 200.000 Kund:innen bleibt der Grundgedanke der gleiche: gemeinsam was bewegen!

Seit 2009 sind die EWS eine eingetragene Genossenschaft. Das erleichtert die Teilhabe von Menschen an der Produktion und Verteilung von Energie. Mithilfe der eingezahlten Anteile realisieren die EWS ökologische Erzeugungsanlagen und Energienetze, um die Bürgerenergiewende voranzubringen. In den jährlichen Generalversammlungen können die Mitglieder sich demokratisch beteiligen.

Auch die Ökostrom- und Gaskund:innen der EWS leisten automatisch ihren Beitrag zur Energiewende: Beim Stromeinkauf gibt es keine Zusammenarbeit mit Konzernen, die an Kohle- oder Atomgeschäften beteiligt sind. Der Strom wird überwiegend aus Neuanlagen bezogen, um so den Ausbau von erneuerbaren Energien weiter voranzutreiben. Zudem ist in jedem Tarif der »Sonnencent« enthalten. Mit diesem unterstützen die EWS Kund:innen, die selbst eine Solaranlage realisieren wollen, und fördern weitere dezentrale umwelt- und klimafreundliche Energieprojekte sowie Kampagnen.

Der Weg hin zu einer dezentralen, komplett regenerativen Energiewelt ist sicher kein Spaziergang, aber die »Stromrebellen« haben schon einmal gezeigt, dass mit Entschlossenheit und gemeinschaftlicher Anstrengung auch scheinbar Unmögliches zu schaffen ist.

Robert Goldbach ist Content-Manager bei den Elektrizitätswerken Schönau EWS, www.ews-schoenau.de.

Klimagerechtigkeit in Zeiten des Wandels der Wirtschaft

Wenn von Klimagerechtigkeit die Rede ist, wird zuallererst an die Folgen des Klimawandels für die Länder des globalen Südens gedacht. Doch selbst in den reichen Industrienationen bestehen große soziale Unterschiede. Deswegen ist es aus gewerkschaftlicher Sicht notwendig, die Interessen der Lohnabhängigen im Rahmen des Strukturwandels für eine gesicherte Zukunft zu vertreten und gleichzeitig den Umbau der fossilen Industrien mit voranzutreiben.

Bis vor wenigen Jahren war es Hauptziel der Gewerkschaften, Arbeitsplätze in den klimaschädlichen Industrien gegen alle Argumente der Wissenschaft zu verteidigen. Seit einigen Jahren wird ein Positionswechsel vollzogen. Ob dadurch die Ziele des Pariser Abkommens eingehalten werden, darf bezweifelt werden. So dürfte heute klar sein, dass der von ver.di und IG BCE mitgetragene Kohleausstieg bis 2038 viel zu spät kommt. Auch das fehlende Konzept der IG Metall zum Umbau der Autoindustrie zur E-Mobilität ist zu kritisieren.

Aus unserer Sicht müssen die Gewerkschaften sich in Zusammenarbeit mit der Wissenschaft und der Klimabewegung um eigene Konzepte für den Umbau der jeweiligen Industrien bemühen. Warum zum Beispiel sollen in den Braunkohlerevieren keine Wind- und Solarparks entstehen, die die bestehenden Arbeitsplätze, bei entsprechender Umschulung und Weiterqualifizierung, erhalten? Im Automobilbereich müssen die Konzerne zu Mobilitätskonzernen umgebaut werden: Es braucht viel größere Kapazitäten zum Bau von Bussen, Zügen und Straßenbahnen und neue Konzepte für eine bessere Anbindung der außerstädtischen Bevölkerung an den ÖPNV.

Solche Konzepte zu entwickeln, bei weitestgehendem Erhalt der Arbeitsplätze und Einkommen, ist eine der dringlichsten Aufgaben für Gewerkschaften. Die Tarifmacht kann aber auch für eine Arbeitszeitverkürzung genutzt werden. Damit würde nicht nur der soziale Schutz der Beschäftigten, sondern auch dem Erhalt der Lebensgrundlagen auf diesem Planeten gedient.

Eins wissen wir alle: Auf einem toten Planeten gibt es keine Arbeitsplätze.

Helmut Born ist Mitglied der Initiative »Gewerkschafter*innen für Klimaschutz«.

Klimaaktivismus im ländlichen Raum

Die zwei größten Probleme für die Mobilisierung für Klimagerechtigkeit auf dem Land bestehen in der Demografie und der geringeren Diversität der Bevölkerung des ländlichen Raums. Unter den SchülerInnen herrscht eine völlig andere politische Mentalität. Von Themen wie »Verkehrswende« wird hier wenig gehalten, das Auto ist immer noch das beherrschende Verkehrsmittel. Von vielen werden die Forderungen von Fridays for Future daher als radikal angesehen. Zu Beginn war eine Organisation im eigenen Ort bzw. an der eigenen Schule schlichtweg nicht möglich. Es kam sogar zu extremem Mobbing durch MitschülerInnen, wenn wir Fridays for Future ansprachen. Deshalb organisierten wir uns größtenteils in der nächstgrößeren Stadt.

Erst im Oktober 2020 gründeten wir unsere eigene Ortsgruppe in unserer Heimatstadt. Die Mobilität auf dem Land verlangt zudem aufgrund der großen Entfernungen eine dezentrale Organisation. Wir organisieren nur zu den großen Streiks einen eigenen bzw. fahren dann mit der Bahn zum nächstgrößten.

Um in der Bevölkerung bekannter zu werden, ist ein guter Pressekontakt wichtig, man kennt die RedakteurInnen hier persönlich. Zu vielen Ereignissen in unserer Kommune positionieren wir uns mit offenen Briefen bzw. in Pressemitteilungen. Ein weiterer Punkt ist die regionale Vernetzung. Wir haben einen besonders guten Draht zur regionalen Parents-for-Future-Gruppe. Wir unterstützen uns bei verschiedenen Aktionen und planen auch viel zusammen.

Inzwischen vernetzen wir uns auch mit weiteren zivilgesellschaftlichen Organisationen, um einen größeren Druck auf die Politik auszuüben bzw. mehr Akzeptanz in der Zivilbevölkerung zu bekommen. Die Geschichte lehrt uns, dass Aktivismus im ländlichen Raum durchaus zum Erfolg führen kann, beispielsweise in der Anti-AKW-Bewegung in Gorleben oder Wackersdorf. Genauso zeigen es uns die vielen anderen Klimagerechtigkeitsgruppen im ländlichen Raum, die sich engagieren. Kleinere Strukturen bergen eben manchmal auch die Chance für die große Veränderung.

Kay Rabe von Kühlewein ist Mitglied bei Fridays for Future.

Ein Konzept für die Zukunft: Solidarische Landwirtschaft – die Ernte teilen!

2014 lernten wir auf La Palma ein Schweizer Ehepaar kennen, das dort mit seinem Projekt *Autarca* ein nachhaltiges Leben anstrebt und Interessierten diese Möglichkeit näherbringt.

So kamen wir zum Video »Strategie der krummen Gurken« der Freiburger Solawi »Gartencoop«, eine der ersten Solidarischen Landwirtschaften, die in den 2010er Jahren entstanden. Wir sahen darin eine Anleitung zum Nachmachen. Und so organisierten wir im Herbst 2014 eine Informationsveranstaltung. Davon inspiriert wurde 2015 der gemeinnützige Verein *Solawi Bodensee* gegründet. Wir konnten einen Hektar Land einer Beteiligten pachten und auf »unserem« Acker starten. Als PsychologInnen hatten wir keine Ahnung von Bodenqualität und Gemüseanbau, doch konnten wir unser Know-how für Öffentlichkeitsarbeit, Organisationsentwicklung, Crowdfunding, Soziokratie und Großgruppenmoderation einbringen.

Nahrungsmittel und Landwirtschaft sind Eckpfeiler der menschlichen Existenz. Unser Anliegen war es, einen persönlichen Bezug und eine soziale Verbindung zur Lebensmittelgewinnung und -verteilung und damit mehr Ernährungssouveränität zu entwickeln. Ein konsequent ökologischer Anbau, Saisonalität, samenfeste Sorten, kurze Wege und Bildung waren nur einige der Merkmale unseres Projektes.

Rob Hopkins Buch *Einfach jetzt machen!* lieferte uns das Motto, unter dem wir unser ehrenamtliches Engagement für die Solawi Bodensee als Vorstandsmitglieder vier Jahre lang begleiteten. In dieser Zeit verdoppelten sich der Ertrag, die Anbaufläche, die Zahl der Festangestellten, die Mitgliederzahl, die Bildungsangebote und die Klimaprojekte. Einige Aktivitäten, die sich innerhalb der Solawi entwickelten, waren: die Arbeit mit Geflüchteten, ein Kinderacker mit dem lokalen Kindergarten, das Bienenprojekt, die Aktionen »Kurze Wege für den Klimaschutz« und »Biodiversität und Permakultur«. Vielfalt im Boden, auf dem Acker und im sozialen Bereich begann fortan zu sprießen.

Odette Lassonczyk ist Psychologin aus Friedrichshafen.

Markus Hener ist Psychologe aus Friedrichshafen.

Wälder in der Klimakrise: Kann der Wald uns retten?

Endlich ist sie da, die Betroffenheit, die es vielleicht braucht – für eine Waldwende in Deutschland und weltweit. Bilder brennender Wälder im Amazonas, verbrannter Koalas in Australien und flüchtender Menschen in Kalifornien haben sie ausgelöst. In Deutschland beunruhigen von Käfern befallene Fichten, die immer mehr das Landschaftsbild prägen.

Aber auch die Pandemie trägt zu einem neuen Bewusstsein bei. Wissenschaftliche Erkenntnisse und Warnungen des Weltbiodiversitätsrates, dass Pandemien wie COVID-19 unmittelbar mit der Zerstörung natürlicher Lebensräume wie Wäldern zusammenhängen, machen nachdenklich. Zahlreiche Menschen haben die letzten Monate für ausgiebige Spaziergänge im Wald genutzt. Und genau hier liegt eine Chance: Eine neue Wertschätzung von Natur ist ein wichtiger Baustein zu einem neuen Umgang mit ihr.

Wenn Wälder weiter Sauerstoff produzieren, den Planeten vor Hitze und dem Austrocknen der Böden schützen, Trinkwasser liefern und Pflanzen und Tieren Lebensraum bieten sollen, dann müssen sie dazu Raum bekommen. Dazu ist es auch notwendig, dass wir alle entsprechend handeln. Genauso lebensnotwendig, wie aus der Verbrennung fossiler Rohstoffe auszusteigen, ist es, auf Produkte zu verzichten, die Wälder unseres Planeten als eine der wichtigsten Grundlagen für Leben zerstören. Das bedeutet: weniger Holz länger und sinnvoller zu nutzen. Weniger Fleisch zu essen, für das Wälder im Amazonas zerstört werden. Kein Holz einzuschlagen, um es zu verbrennen oder zu Klopapier zu machen.

Das Narrativ »Holz ist ein nachwachsender Rohstoff« und »Nutzen Sie Holz, das ist gut für's Klima« hält sich hartnäckig, es wiegt Verbraucher:innen in falscher Sicherheit. Doch eine Papiertüte statt einer Plastiktüte zu nutzen, mag zwar den Plastikverbrauch teilweise verringern, aber es bringt neue Probleme – für den Wald. Und Holz zu verbrennen schadet dem Klima ebenso wie der Artenvielfalt. Auch Baumpflanzen kann all das nicht kompensieren: Das Klima kennt kein »offsetting«. Um der Klimakrise zu begegnen, braucht es daher einen Systemwechsel. Wahre Klimalösungen reduzieren den Ausstoß klimaschädlicher Gase, ohne neue Probleme zu verursachen.

Sandra Hieke ist Diplom-Forstwirtin und arbeitet als Waldexpertin bei Greenpeace e.V.

Initiative Buirer für Buir – Wege zum Erfolg

März 2006: Erörterungstermin für die geplante Verlegung der BAB A4 an den Ortsrand von Buir. 1.200 von rund 4.000 Buirer*innen hatten einen Einwand gemacht. Bei der Erörterung inszenierte sich die Bezirksregierung als Obrigkeit, RWE als Machtfaktor – und es gab einen handfesten Datenschutzskandal.

Grund der A4-Verlegung war die RWE-Planung des Tagebau Hambach. Jede Karte, Folie war mit RWE-Logo versehen, die Anzahl der RWE-Anwälte enorm, der Auftritt gutsherrenartig. Obwohl alle Einwendungen durch eine Geheimnummer anonymisiert sein sollten, kannte RWE alle Einwände mit Klarnamen und Adressen.

Bereits am nächsten Tag trafen sich empörte Buirer*innen, kurz darauf erfolgte die Gründung unserer Initiative.

Für alle war aktiv werden neu. Wahrgenommenes Unrecht und Sorge vor den Gefahren der A4 direkt vor Ort waren die Treiber. Innerhalb kurzer Zeit wurden wir zu Expert*innen zu Gesundheitsfolgen, Planungsgrundlagen, Verkehrsentwicklung – und den eigentlichen Grund der Verlegung: RWE-Braunkohle.

Wir haben uns so gefunden, wie wir heute noch sind: ein kreativer, bunter Haufen entschlossener Menschen mit der Haltung, Zukunftsperspektiven zu gestalten. Wir wurden anerkannt und nachgefragt in der Klimabewegung, von Presse und Medien. 2018 wurde Antje Grothus in die Kohlekommission berufen. Etabliert haben wir uns erst lokal, dann regional und schließlich national.

Mit ersten Erfolgen stieg der Mut: Wir zeigten Gesicht, malten Transparente, organisierten Versammlungen und ergriffen das Wort. Wir gewannen immer mehr Freund*innen und wurden eine feste Größe in der Klimabewegung. Wir erlebten auch Räumungen, Rodungen, Gewalt gegen uns und unser Eigentum – aber auch unglaubliche Solidarität und Wertschätzung. Ende 2020 wurden wir von der *taz* mit dem Jury-Preis der Panter-Stiftung ausgezeichnet.

All das wäre nicht passiert ohne Fleiß, gegenseitige Wertschätzung, Beharrlichkeit und intensive Kommunikation unserer aktiven Mitglieder – und ohne die Menschen, die unsere Arbeit schätzen und unterstützen.

Andreas Büttgen und *Erhard Georg* sind Mitglieder der Initiative Buirer für Buir (https://www.buirerfuerbuir.de/).

Das erste Stück der Veränderung

Der Klimawandel schien für mich lange Zeit abstrakt und fern. Die Taten von einzelnen Personen fallen da gar nicht ins Gewicht, man kann es also genauso gut lassen, habe ich mir gesagt. Aber schließlich habe ich doch mal vorbeigeschaut in der Greenpeace-Ortsgruppe in meiner Stadt. Ich war etwas skeptisch, bis ich beim Kennenlern-Treffen dort erfahren habe, dass man nicht nur in der eigenen Stadt mit Greenpeace aktiv werden kann, sondern auch bei überregionalen Aktionen mitmachen kann. Ein Bild von der Blockade eines Abraumbaggers wurde gezeigt: Leute jeden Alters standen mit Handbannern davor, ganz geordnet, sehr ernst.

Vor meiner ersten Aktion war ich mir dann nicht ganz sicher, ob ich das nicht lieber bleiben lassen wollte. Immerhin war ich gerade ein wenig erkältet, und sicher würde man vor Ort belastbar sein müssen. Aber schließlich bin ich hingefahren. Als ich dann all diese motivierten Menschen von überall her traf, wurde mir klar, wie sehr ich da mitmachen wollte.

Etwa 50 Personen waren wir hinterher auf der Polizeiwache, die meisten von uns noch in den gelben Überlebensanzügen mit dem Greenpeace-Logo, die Kletterer teilweise noch in ihren Geschirren. In den frühen Morgenstunden war es eiskalt gewesen. Mittlerweile war die Sonne rausgekommen, und die gefütterten Overalls vorne offen, Klettverschlüsse um schlammig gewordene Wanderstiefel gelockert. Die Stimmung war dennoch bestens. Immerhin hatte sie ja geklappt, unsere Aktion gegen den Braunkohle-Abbau. Ich habe eine Mischung aus Erschöpfung, Zufriedenheit und ein bisschen Trotz empfunden. Klar war auch ich nicht gerne auf der Wache, aber ich war bereit, auszuharren. Wir sangen Lieder, um die Wartezeit zu verkürzen.

Als ich einen Tag später wieder nach Hause kam, war übrigens auch die Erkältung weg. Erstaunlich: Die Unüberschaubarkeit des Klimaproblems wirkte plötzlich weniger einschüchternd, die Lage weniger aussichtslos, als ich erst einmal begonnen hatte mit dem Aktivismus. Die Entscheidung, bei sich selbst anzufangen, beinhaltet womöglich bereits ein Stück der Veränderung, die in der Welt notwendig ist.

Aram de Bruyn Ouboter ist Greenpeace-Aktivist.

Rechtspopulistischer »Klimaskepsis« radikal höflich entgegentreten

Ein Bekannter erzählt von seinem neuen Auto. Als Sie fragen, ob Autos angesichts der ökologischen Krise eine Zukunft haben, sagt er: »Jetzt fängst du auch mit der Klimahysterie an? Nur weil fremdgesteuerte Mädchen Panik machen, können wir uns doch nicht alles wegnehmen lassen! Von sogenannten Experten lass ich mir nicht den Mund verbieten!« Wie reagieren Sie auf diesen Ausbruch?

Das Wichtigste ist, eine Haltung dazu zu finden, worauf Sie eingehen und welchen Punkten Sie dagegen klar widersprechen. Denn das Beispiel steht für rechtspopulistische »Klimaskepsis«: Klimaschutz wird als Bedrohung durch »die da oben« und politische Feindbilder dargestellt. Kritik an Klimapolitik oder das Leugnen der menschengemachten Erderhitzung sind zwar nicht per se rechtspopulistisch – es gibt aber Überschneidungen: im Nutzen von Verschwörungserzählungen (»wegnehmen«), in misogynen (»fremdgesteuert«, »Hysterie«) und wissenschaftsfeindlichen Aussagen (»sogenannte Experten«), in der Selbstinszenierung als Opfer (»Mund verbieten«), oft auch in Rassismus, Antisemitismus und anderen Formen von Menschen- und Demokratiefeindlichkeit.

Die Gefahr rechtspopulistischer Argumentationsmuster ist, dass sie verschiedene solcher Einstellungen verbinden und anschlussfähig machen. Rechtspopulistischer »Klimaskepsis« sollte darum immer widersprochen werden – weil der Klimawandel die Frage betrifft, in welcher Gesellschaft Sie (nicht) leben wollen; weil schon kleiner Widerspruch viel bewirkt, und weil es gerade im eigenen Umfeld möglich ist, aus radikal höflicher Gegenrede (bestimmt in der Sache, respektvoll im Ton) in konstruktive Gespräche überzugehen.

Was dabei hilft: ruhig bleiben, offene Fragen stellen, persönliche Perspektiven einbringen. Fragen Sie sich auch, was Sie in der jeweiligen Situation erreichen wollen und können: Wie tickt ihr Gegenüber? Wer ist noch dabei? Wie viel Zeit haben Sie? Diese Faktoren haben Einfluss auf das Gespräch und helfen Ihnen oft mehr als faktenbasierte Argumente. Haben Sie Mut, etwas zu sagen und schauen Sie für Tipps gerne hier: www.kleinerfuenf.de/unsere-materialien-fuer-dich.

Tobias Gralke und *Ebba Laing* sind Mitglieder bei Tadel verpflichtet! e.V.

Barrieren bewusst machen und abbauen

Katja Diehl

Was bedeutet es, sich mit einem Kinderwagen, Rollator oder Rollstuhl durch die Stadt zu bewegen? Diese Frage kann nur beantworten, wer auch täglich so unterwegs ist. Unsere Städte wurden nach dem Zweiten Weltkrieg von einer sehr homogenen Gruppe geplant und wieder aufgebaut: von weißen Männern. Zu einer Zeit, als die klassische Kleinfamilie noch ein Ideal und das Auto ein mächtiges Symbol der wieder auflebenden Wirtschaft war. Letztlich baute man also Straßen und Parkplätze für eine männlich dominierte Mobilität und ordnete die weibliche ihr unter. Dem Ideal der autogerechten Stadt wurden nicht nur historische Gebäude und Plätze geopfert, sondern auch der Fokus auf muskelbetriebene und öffentliche Mobilität und gut gestaltete öffentliche Räume.

Städte ohne Lebensqualität

Die Unterwerfung der Städte unter das Auto, die bald auch auf dem Land und in den Vorstädten kopiert wurde, bedeutete die Abkehr von der Stadt der kurzen Wege zugunsten einer Stadt, die man schnell durchfahren kann. Lebendige, gemischte Quartiere mit lebendigen Nachbarschaften und guten Nahversorgungseinrichtungen wurden durch mehrspurige Straßen ersetzt. Das Auto im Zentrum – nicht die Menschen, die in der Stadt leben. Wer kein Auto hat, sieht sich mit engen Wegen, weit auseinanderliegenden Zielen und vor allem mit Zeitverlust konfrontiert. Frauen, Kinder und ältere oder anderweitig mobilitätseingeschränkte Menschen bewegen sich so in einem öffentlichen Raum, der ihre Geschwindigkeit und ihre Bedürfnisse ignoriert. Darüber hinaus sind Frauen gezwungen, sich in einem öffentlichen Raum zu bewegen, der für sie subjektiv sehr viel gefährlicher ist als für einen Mann.

Was tun?

Der erste Schritt zur Verbesserung: Den Menschen wieder in den Fokus der Städte rücken, das heißt auch, die Geschwindigkeit dort entschleunigen. Die 3.100 Menschen, die wir jährlich dem Straßenverkehr opfern, ohne dass es uns sonderlich trifft, wieder als Menschenleben begreifen und die nachweislich über 110 Personen, die durch jeden einzelnen Verlust beeinträchtigt werden, als Ansporn zur Lebensrettung sehen. Kindern die Möglichkeit geben, ihre Mobilität selbst entdecken zu dürfen und nicht im Auto sitzend ihrer Umwelt entzogen bewegt zu werden. Menschen mit Beeinträchtigung mobilisieren. Ähnlich wie die Klimagerechtigkeit ist auch die Gerechtigkeit von Mobilität ein Instrument, Augenhöhe erstmalig wiederherzustellen. Privilegien des Autos allen zu geben, heißt aber auch, dem Auto Raum zu nehmen.

Was tun – jetzt!? Ich? Ja! DU!

Nur 50 Prozent der Deutschen bewegen sich in der Woche 150 Minuten moderat oder 75 Minuten intensiv. Dabei hat, wer täglich mit dem Fahrrad zur Arbeit fährt und in der Mittagspause einen kleinen Spaziergang einlegt, bereits das Mindestmaß erfüllt. Was sagt uns das? Mobilität ist – wenn wir wollen – schon der Sport, zu dem wir heute noch im Auto fahren.

Wenn Du in einer größeren Stadt wohnst, habe ich ein Rezept für Dich, das Du mal nachkochen könntest. Es könnte bei regelmäßigem Genuss zur persönlichen *#Autokorrektur* führen. Denn: Du musst nicht sofort Dein Auto abschaffen, wenn Du aber Lust hast, es zu reduzieren – dann hier entlang:

Schreibe alle Wege auf, die Du mit dem Auto zurücklegst, inklusive Wegezweck. Erfasse das Geld, das Du jährlich in Dein Auto investierst: Versicherungen, Sprit, Werkstatt ... Mach Dir eine Stempelkarte und markiere bei jeder Autofahrt, ob Du aus Bequemlichkeit fährst. Nimm Dir vor, im ersten Monat Deiner *#Autokorrektur* je Woche einen Weg anders zu gestalten. Steigere Deinen Autoentzug. Vor allem in der Freizeit, aber auch in sich wiederholenden Wegen liegen Möglichkeiten der Veränderung. Wie wäre es mit einem Monatsticket ÖPNV? Einen Monat viel zu Fuß? Mal ein Leihfahrrad? Du sparst jetzt ja Geld beim Auto. Wie lange steht Dein Auto am Tag? Wenn Du es benutzt: Sind diese Wege gegebenenfalls mit

ÖPNV, Mietwagen, Taxi oder Carsharing zu machen? Dann ist es jetzt soweit! *#Autokorrektur*!

Und wenn Du irgendwo wohnst, wo Dir noch keine Alternativen geboten werden: Werde laut! Denn irgendwann kommen wir alle in die Situation, kein Auto mehr fahren zu können oder zu wollen. Dann sind wir immobil, wenn es keine anderen Möglichkeiten gibt. Von denen erfährst Du bei mir auf Twitter, in meinem Podcast und in meinem Blog.

Biografische Notiz

Katja Diehl ist Zukunftsaktivistin aus Hamburg mit Schwerpunkt neue Mobilität (https://katja-diehl.de/).

Are you ready to be brave?

Englische Originalversion des Vorworts

Kaossara Sani

My name is Kaossara Sani, I am from Togo (West Africa). Like most people, I also ignored the climate disaster because I was not personally affected. For me, climate change was just a concept or trend in the mainstream media.

Even when I heard that due to the sea level rise people in Aneho, a major coastal city in my country, were displaced, I did not see the problem as a threat. I was like, »oh sure, these kinds of events are common, it happened in the past too, it's a natural disaster«.

I told myself that even when people lose their homes and even when I am sad to see or hear that people are suffering, there is nothing I can do.

»What can I do?«, I asked myself. »Nothing, I have no strength and I cannot fight against nature.« I grew up in the coastal area of my country since I was 15. My own house is not far from the sea and I can see the advance of the sea every day.

I can see the sea taking the place of our main road, many houses and even some hotels.

Honestly, I was not afraid since it didn't affect me.

I was sure the government would find a solution and even, if one day, the sea would displace me, that would only be in ten or 20 years and we still would have the new main road. »So don't worry«, I said to myself. In 2019 at the end of my studies in sociology, I was working as a volunteer with NGOs which support homeless children and children coming from poor families.

Most of my work was to help them get back to school or support their families financially to encourage them to send their children to school, especially girls.

It has been a wonderful and painful adventure in my life experience. I have met so many children who dream and work hard to become great people in the future despite their poverty. I have also assisted many of them who lead sad lives in the city, far from their parents and who have to work and live in marketplaces at the age of seven.

My work with these children opened my eyes to the power of kindness and humanity. A lot of people are afraid to approach homeless people, I was not. Then I decided to start a project to help street children, street beggars and homeless people with physical disabilities.

Unfortunately, I didn't get any support. I was very sad. One day, in December 2019, I went back home when I met a boy at the market. He was collecting plastic packaging on the ground when a woman shouted at him and told him to go to school. He replied that he was working, he couldn't go to school, he had to feed himself. I immediately asked him how old he was and where his parents were. He told me that he was nine years old and that his parents were in the village.

After a long discussion I told him that I could help him return to his village with the support of an NGO that works with street children. He was very happy and accepted to follow me. We arrived at the NGO structure in the evening and they told me that they could only help him if I first registered him with a public or government organization. I didn't know the poor boy, it was already late, and I could only bring him to another NGO the next day.

If I took him home, I could have a serious problem with the law if something bad happened to him, and I had no right to take him back to his village. What to do?

It was a dilemma. I brought him back to the marketplace where I found him and I promised to come the next day and bring him to another NGO.

The next day when I went back to the place where I told him to wait for me, I didn't see him again; he didn't show up again. I waited for him all day – but nothing. I was devastated and empty, I tasted failure and I told to myself that I was useless, that I couldn't even change the destiny of this child.

Soon, after many days of research, I realized that most homeless people and beggars come from villages and rural areas to look for work in cities, but unfortunately the reality in the city is different and they become beggars and homeless people.

More than 80 Prozent of the people in my country, as everywhere in Africa, live in rural areas with agriculture as their main activity. They depend on nature for survival. Fishermen living in the coastal region also complain that their activity is no longer productive.

Everything is collapsing, livestock, fishing, and agriculture in the name of climate change and soon the sea level rise will displace us. I was angry and accused my country's government of being horrible, turning its back on poor people and not seeing the problem of climate change as an emergency for the good of people and children.

I then started my social media activism and raising awareness about coastal erosion in my country and joined the Congo Rain Forest Campaign and after that I co-founded the Act On Sahel movement with a group of activists from the Sahel region.

After many months of activism and climate change self-study, I absolutely understood that I should not blame my government for anything because the ones I really had to blame are rich and industrialized countries building their progress and wealth by burning fossil fuels and finance transnational partnerships. And guilt-free overuse of the world's natural resources for poor countries and the next generation. I have realized that the world economy is built on an unfair system that continues to increase the wealth of the rich around the world, resulting in the destruction of nature.

I have understood that citizens in rich and industrialized countries can heat their homes, drive an SUV, travel by plane for their great vacations, buy too many goods, all at the expense of many innocent people.

All this modern and luxurious life in rich and industrialized countries is built on the sacrifice of indigenous people who live in the forest and lose everything, see the fire on their rivers, drink contaminated water and see their land invaded by large farms, factories, and fossil fuel companies. Their children can die of cancer for the world's economy and the addiction to fossil fuels. I just realized that all these children in my country and Africa are suffering under the name of a man-made problem: climate change.

My fight for climate change is a fight for justice, it's a fight for all the street beggars I have met, all the children with whom I have worked, it is for the poor boy I have met and couldn't help.

It is for all those who are losing their lives on the open sea on their way to join Europe from the Sahel region in Africa. It's for all people, men, women, black, white, brown, indigenous and for nature. My fight is a fight for survival.

To all those who are more privileged than me and who are reading me, the climate change is not a joke, it is the worst thing our modern civilization is leaving for the next generation.

Please don't wait before taking action, don't say it's not urgent yet, don't underestimate the problem, it's real.

Educate yourself, raise your voice, go out and strike, yell at your government, and take action. Please stop over-consumption, respect nature, go hiking or cycling once a week.

When you eat your chocolate, make sure that it isn't from the destruction of a forest or a child's labor. When buying your electric car, make sure that no children have worked in a mine to find the cobalt.

Fighting for climate change is fighting for human rights and if I can fight and raise my voice, you can also do your best for us, for you and for the next generation. Maybe we can't fight against nature, but we can fight against the system which is destroying nature.

Biografische Notiz

Kaossara Sani, Sociologist, is a climate justice and peace advocate from Togo. She founded the Africa Optimism movement and co-founded the #ActOnSahel movement. She works as a freelance writer and global climate justice promoter.

Kein Ende, sondern ein Anfang: Ohne Hemmung Handlungsmöglichkeiten nutzen!

Nachwort

Lea Dohm, Felix Peter & Katharina van Bronswijk

Die Klima-, Gerechtigkeits- und Nachhaltigkeitskrise ist eine komplexe Angelegenheit. Sie erfordert eine komplexe Antwort von uns Menschen. Und diese liegt auf dem Tisch: eine globale Transformation über die verschiedenen Ebenen und Bereiche menschlichen Zusammenlebens hinweg. Alle – wir, Sie, Ihre Familien, Freund:innen, Kolleg:innen, Nachbar:innen etc. – sind Teil dieser Antwort. Das heißt nicht, dass jede:r von uns nun ständig komplexe Handlungen vollführen muss, was uns zweifellos alle überfordern würde. Nein, es heißt, dass wir gemeinsam in unseren Netzwerken mit vergleichsweise einfachen Aktivitäten komplexe kollektive Veränderungen einleiten können. Wir alle sind mit »dem System«, unserer Gesellschaft, verbunden. Im Handlungsteil und den konkreten Beispielen am Ende dieses Buches haben Sie schon erste Inspirationen dazu erhalten, wie Sie wirksam werden können.

Ilona Otto, Professorin für Gesellschaftliche Auswirkungen des Klimawandels am Wegener Center für Klima und Globalen Wandel an der Universität Graz, hat mit ihren Kolleg:innen eine Übersicht über »social tipping points« zusammengestellt (Otto et al., 2019). Das sind »Kipppunkte« in unserem gesellschaftlichen System, die dem nachhaltigen Wandel die Siebenmeilenstiefel anziehen. Wir können dazu beitragen, dass solche Meilensteine erreicht werden, und somit selbst Veränderungsbeschleuniger:innen sein. Überlegen Sie für sich, wo Ihre Andockpunkte an unsere Gesellschaft und ihre Subsysteme sind, in welche Netzwerke Sie jetzt schon integriert sind und an welchen Sie in Ihrem Umfeld noch teilnehmen könnten – wo Sie also Ihre persönliche Haltung und Ihr individuelles Verhalten in kollektive Wirksamkeit übersetzen können.

Konkrete Möglichkeiten für einen sofortigen Anfang wären beispielsweise:

- Sie können dazu beitragen, dass *soziale Normen* sich verändern – wie wichtig das ist, haben Sie in diesem Buch erfahren: Sprechen Sie mit anderen Menschen über ökologische Fragen und Klimagerechtigkeit und leben Sie den Wandel vor. Schreiben Sie Leser:innenbriefe und zeigen Sie, dass Sie konstruktive Medienberichterstattung wünschen. Gehen Sie demonstrieren und teilen Sie Ihr Klimahandlungswissen über Ihre sozialen Medien und in Ihren analogen sozialen Netzwerken.
- Eng verwandt damit ist *Klima-Bildung:* Nehmen Sie das Thema mit in Ihre Schule, Universität, Ausbildungsstätte, Ihr Unternehmen oder Ihren Verein. Das Problem in Verbindung mit seinen vielseitigen Lösungsmöglichkeiten zu kennen, lockt uns aus der Ohnmachtsfalle. Information und Diskussion regen unser Denken an, stärken unser Problembewusstsein, vergrößern unser Handlungswissen – so können wir gemeinsam praktikable Lösungen entdecken.
- Schließen Sie sich einer der vielen Gruppen in der *Klimagerechtigkeitsbewegung* an: Hier können Sie sich für das Erreichen weiterer sozialer Kipppunkte gemeinsam mit anderen einsetzen – zum Beispiel dafür, dass die Energiegewinnung dezentral wird und in Bürger:innen-Hände kommt, wir also alle von der Energiewende profitieren. Oder, indem Sie daran mitwirken, dass Ihre Kommune klimaneutral wird. Unterstützen Sie Initiativen für nachhaltiges Bauen und eine echte Mobilitätswende. Als Bewohner:innen unserer Städte und Gemeinden wissen wir am besten, wie wir gerne leben möchten. Im Einsatz für »Divestment« können Sie dafür sorgen, dass fossile Energieträger wirklich unrentabel werden und dass in einen ökologischen gesellschaftlichen Wandel statt in Technologien von gestern investiert wird. Vielleicht mögen Sie auch einen Blick auf Ihre Banken und Versicherer werfen: Möglicherweise gibt es eine nachhaltige Alternative?
- Gehen Sie in die Bürger:innen-Sprechstunde und *sprechen Sie mit Politiker:innen* über Ihre Sorgen und Wünsche. Erzählen Sie, was Sie gerne tun würden, wenn dafür politisch die Weichen gestellt wären. Erzählen Sie auch, was Ihnen gar nicht möglich ist, weil Ihnen noch zu oft die Hände gebunden sind. Städte müssen lebenswerter und nachhaltig umgebaut werden, für den ländlichen Raum braucht es einen echten öffentlichen Nahverkehr, die CO_2-Bilanz eines Produktes muss für uns als Verbraucher:innen beim Einkauf transparent gemacht werden, damit wir eine informierte Entscheidungsgrundlage haben. All dies sind Dinge, über die Sie mit Ihren Abgeordneten sprechen können. Wir können diese

Veränderungen nicht allein bewirken – in unserer Demokratie müssen wir das zum Glück auch gar nicht. Eine demokratische Gesellschaft bedeutet soziale Arbeitsteilung. Die Grundlage effektiver sozialer Arbeitsteilung in unserer Gesellschaft sind Kommunikation und Partizipation. Und Sie können durch Kommunikation mit Ihren politischen Vertreter:innen partizipieren, wie es der »Schwarm for Future« beispielsweise tut (https://schwarmforfuture.net/).

– Zu guter Letzt: *Wählen Sie (für) eine lebenswerte Zukunft:* Sorgen Sie mit dafür, dass Ihnen in der Bürger:innen-Sprechstunde eine Person gegenübersitzt, der Sie zutrauen, Ihre Anliegen in der Politik zu vertreten. Oder steigen Sie selbst in die Politik mit ein.

Wir sind uns bewusst, dass wir solche Empfehlungen aus einer ziemlich privilegierten Position heraus aussprechen. Kaossara Sanis Worte in diesem Buch haben uns dies noch einmal deutlich vor Augen geführt. Wir leben und arbeiten in gesicherten Verhältnissen in einem der wohlhabendsten Staaten in einer der stabilsten und von der Klimakrise derzeit noch vergleichsweise wenig betroffenen Regionen der Welt, die zudem über Jahrhunderte von der Ausbeutung der übrigen Welt profitiert hat. Es ist zudem ein Privileg, sich über die Klimakrise Sorgen machen zu können und keine deutlich drängenderen Sorgen und Ängste zu haben. Ein Privileg, das jedoch auch in Mitteleuropa nicht allen hier lebenden Menschen zufällt. Es sind in der Summe Privilegien, die eine besondere Verantwortung bedeuten.

Die Klimakrise ist menschengemacht – ihre Lösungen auch. Wir sind ausgerüstet für *#ClimateAction.* Wir können es schaffen, unser Boot in sicheres Fahrwasser zu bringen, wenn wir gemeinsam paddeln und uns nicht gegenseitig behindern. Und wenn wir, gerade die in vielfacher Hinsicht privilegierten Menschen unter uns, unsere ganze Kraft und Macht solidarisch einsetzen. Packen Sie ein paar der Werkzeuge und Energieriegel aus diesem Buch in Ihren Rucksack. Packen wir es an!

Literatur

Otto, I. M., Donges, J. F., Cremades, R., Bhowmik, A., Hewitt, R. J., Lucht, W., Rockström, J., Allerberger, F., McCaffrey, M., Doe, S. S. P., Lenferna, A., Morán, N., van Vuuren, D. P. & Schellnhuber, H. J. (2019). Social tipping dynamics for stabilizing Earth's climate by 2050. *PNAS, 117*(5), 2354-2365. www.pnas.org/cgi/doi/10.1073/pnas.1900577117 (06.07.2021).

Psychosozial-Verlag

Steven Taylor

Die Pandemie als psychologische Herausforderung

Ansätze für ein psychosoziales Krisenmanagement

2020 · 185 Seiten · Broschur
ISBN 978-3-8379-3035-1

»Eine wertvolle Grundlage für politische Entscheidungsträger.«
Dean McKay

»Ein umfassender Überblick über die psychologischen Zusammenhänge und Folgen von Pandemien.«
Bunmi O. Olatunji

Schon lange vor dem neuartigen Coronavirus wurden Szenarien für die Bekämpfung von Pandemien entworfen. Psychologischen Faktoren und emotionalen Belastungen wurde dabei bemerkenswert wenig Aufmerksamkeit zuteil. Mit der Zielsetzung, diese psychosoziale Dimension stärker zu beleuchten, erschien im Herbst 2019 die englischsprachige Originalausgabe dieses Buches – nur wenige Wochen vor dem Ausbruch von COVID-19 im chinesischen Wuhan.

Auf der Grundlage der wissenschaftlichen Literatur zu früheren Pandemien untersucht Steven Taylor die psychologischen Folgen von Pandemien und ihrer Bekämpfung. Er verdeutlicht, dass die Psychologie bei der (Nicht-)Einhaltung von Abstandsregelungen und Hygieneempfehlungen sowie beim Umgang mit der pandemischen Bedrohung und den damit verbundenen Einschränkungen eine wichtige Rolle spielt. Anhand zahlreicher Fallberichte erörtert er die vielfältigen Reaktionen: weitverbreitete Ängste vor Ansteckung und wirtschaftlichem Ruin, Panikkäufe, Verschwörungstheorien, Rassismus, unangepasstes Verhalten sowie Abwehrreaktionen, aber auch die Zunahme von Altruismus.

Walltorstr. 10 · 35390 Gießen · Tel. 0641-969978-18 · Fax 0641-969978-19
bestellung@psychosozial-verlag.de · www.psychosozial-verlag.de